Rafael Seligmann

Revier im Wandel

Die Kohle-Saga geht weiter

| Hoffmann und Campe |

1. Auflage 2008

Copyright © 2008 by HOFFMANN UND CAMPE VERLAG, Hamburg
www.hoca.de
Koordination: Sven Scharnhorst, Dr. Jessica Renndorfer
Gestaltung und Satz: Teresa Nunes/Redaktion 4
Umschlagfoto: Elleringmann/laif,
Idris Kolodziej (Hintergrundbild);
Foto des Autors: Sören Stache – GHOST
Druck und Bindung: GGP Media GmbH, Pößneck

Printed in Germany

ISBN 978-3-455-50048-6

HOFFMANN
UND CAMPE

Ein Unternehmen der
GANSKE VERLAGSGRUPPE

Meiner Frau Elisabeth

Für Unterstützung und Expertise danken wir: Dr. Michael Farrenkopf, Leiter Montanhistorisches Dokumentationszentrum und Forschungsleiter Bergbaugeschichte, Deutsches Bergbaumuseum, Dr. Martin Junker, Leiter Zentralstab Kernbereich Produktionssteuerung, RAG, Professor Dr. Oliver Langefeld, Leiter der Fachabteilung für Maschinelle Betriebsmittel und Verfahren im Institut für Bergbau der TU Clausthal, Prof. Dr. Franz-Josef Wodopia, Geschäftsführendes Vorstandsmitglied und Hauptgeschäftsführer Gesamtverband Steinkohle.

Inhalt

Aufbruch
1969–1971 9

Der Journalist
1972–1981 72

Deutliche Worte und Taten
1982–1988 112

Einig Vaterland
1989 131

Der Preis des Wandels
1990–1995 159

Ende der Eiszeit
1996–2000 222

Mit vereinten Kräften
2001–2002 279

Wach und lebendig
2003 312

Aufbruch

Nach ihrer zärtlichen Hochzeitsnacht wurden Renata und Anton am frühen Morgen durch schrilles Läuten des Telefons aus dem wohligen Schlaf gerissen. Mit dem Reflex der Hebamme fuhr Renata auf und wollte aus dem Bett springen, doch ihr Mann – ja, jetzt ihr Mann! – hielt sie mit kräftigem, nacktem Arm fest. „Du bleibst da!", murmelte Done. „Es könnte eine Geburt sein …", meinte Renata. „Es kann kei Geburt net sein … scho gar net an unserer Hochzeitsnacht." Da Anton seine Augen noch nicht geöffnet hatte, wollte er glauben, es sei noch Nacht. Renata war geneigt, sich wieder an ihren bettwarmen Gemahl zu schmiegen. Doch das Telefon hörte nicht auf zu klingeln. Wie stets siegte Renatas Pflichtgefühl über ihr momentanes Bedürfnis nach Nähe und Ruhe. Sie entwand sich Antons Griff und verließ das Hochzeitsbett, was eine unflätige Bemerkung ihres Mannes zur Folge hatte.

„Aus! … Herzanfall! … Ihr seid schuld! Ihr wart euch zu fein, um Otto zu eurer Hochzeit einzuladen … das hat er nicht ertragen! Ihr habt ihm das Herz gebrochen!" Renata hatte Mühe, die hysterisch schluchzende und keifende Maria so weit zu beruhigen, dass sie preisgab, ihr Otto sei im Morgengrauen im Badezimmer zusammengebrochen und ringe seit einer Stunde nach Luft. „Hast du einen Arzt gerufen?", wollte Renata wissen. Doch die Schwägerin war nicht fähig zu antworten. Renata hängte ein und verständigte den Rettungsdienst. Dann wusch sie sich hastig das Gesicht und zog sich leise im Bad an, damit Anton nicht vollends aus dem Schlaf gerissen wurde. Als sie in den Flur trat, stand ihr Gemahl verschlafen, doch vollständig angekleidet vor ihr. „Warum bist du aufgestanden? Du sollst doch schlafen, an deinem Hochzeitsmorgen …"

„An unserem!", antwortete Done mit belegter Stimme. „Wenn du di anziehst, muss es was Ernstes sei. Und da bin i dabei. Schließlich bin i dein Mann. Dafür hast mich doch g'nommen." – „Nicht nur dafür." Renata umarmte ihn. Gemeinsam eilte das Paar aus dem Haus.

In der Notaufnahme des Evangelischen Krankenhauses teilte ihnen der diensthabende Arzt mit, dass Otto Bialo bereits während des Krankentransportes verstorben sei. Alle Reanimationsmaßnahmen auf der Fahrt und dann in der Klinik waren vergeblich. „Man hat uns zu spät verständigt. Sonst hätten wir unter Umständen wirksame Rettungsmaßnahmen einleiten können", meinte der Arzt bedauernd und berichtete, dass „die begleitende Ehefrau einen Nervenzusammenbruch erlitten hat. Wir mussten sie medikamentös ruhigstellen." Hätte die dumme Kuh mich rechtzeitig angerufen, statt hysterisch rumzuflennen, wäre Otto noch am Leben, ging es Renata durch den Kopf. Doch der Gedanke war vergeblich.

Otto war tot! Renatas Herz krampfte sich zusammen. Trotz der sechzehn Jahre Altersunterschied hing sie sehr an ihrem großen Bruder. Seine aufrechte, bisweilen ruppige und sture Art hatte Renata zunehmend an den Vater erinnert. Auch Otto kannte sein Leben lang in erster Linie die Arbeit unter Tage. Er hatte den Pütt gebraucht, ja er war geradezu davon besessen gewesen. Daher hatte er, nachdem er vor mehr als fünfzehn Jahren in Rente gegangen war, die Orientierung verloren und sich mehr und

mehr zurückgezogen. Renata nahm sich vor, ihrem Bruder eine
würdige Beerdigung auszurichten.

Ihr schien es, als ob der wolkenlose, blaue Himmel und
die strahlende Sonne Otto auf seinem letzten Weg all das Licht
mitgeben wollten, das ihm während seines Lebens vorenthalten
geblieben war. Die Trauergäste, vor allem jene, die Otto Bialo
am wichtigsten waren, seine Kumpel und seine Familie, wollten
den Verstorbenen ehren. Die Vorhalle der Aussegnungskapelle
war schwarz von Menschen, schwarz vor allem wegen der Berg-
kittel der Trauernden mit blitzenden Goldknöpfen, geziert von
Schlägel und Eisen. Der Talar des Pfarrers war ebenfalls schwarz.
Nur die vielen Grauschöpfe der Friedhofsbesucher hoben sich ab
von dem schwarzen Einerlei. Pater Pius Bauer hielt eine würdige
Abschiedspredigt. Dabei betonte er das unermüdliche Pflichtgefühl des Verstorbenen und meinte, dieses habe aus einem tiefen
Glauben hergerührt. Renata und alle, die Otto Bialo kannten,
wussten es besser. Der Bergmann hatte sich nie um Überirdisches
geschert. „Ich habe unter Tage keine Hölle gefunden und auch
nie gehört, dass ein Pilot in den Himmel geflogen ist. Im Krieg
haben uns die Bomber die Hölle vom Himmel geschickt", pflegte
Otto zu sagen. Damit war für ihn das Thema „Überirdisches" erledigt gewesen.

Als Renata an der Seite Antons den Friedhof verließ, kam
ihr unwillkürlich ihr verstorbener Freund Samuel Rubinstein
in den Sinn. Der Arzt hatte Renata erzählt, Juden würden sich
beim Verlassen eines Friedhofs als Zeichen des Abschiednehmens
von dem Dahingegangenen die Hände waschen und dabei
Gott danken, dass er ihnen die Rückkehr in die Welt der Lebenden gestatte. „Als junger Mann habe ich dieses Ritual ignoriert.
Doch im Laufe der Jahre verstehe ich zunehmend den Sinn des
religiösen Brauchs. Die Lebenszeit ist unser kostbarstes Gut.
Wir haben die Pflicht, sie zu nutzen."

Wie stets, wenn sie an Rubinstein dachte, überkamen Renata Gefühle der Rührung, aber auch der Wehmut. Sie nahm sich vor, ihre Tage noch intensiver als bislang zu genießen, zumal sie nun Ehefrau eines so liebenswerten, aber auch schutzbedürftigen Mannes war. Bislang hatte sich Renata über ihre Kinderlosigkeit hinweggetröstet, indem sie an die vielen Menschenkinder dachte, denen sie auf die Welt geholfen hatte. Um nicht wenige von ihnen hatte sie sich auch später gekümmert. Deren Anwesenheit bei ihrer Hochzeit war der Beweis, dass dies gewürdigt wurde. Doch Renata hatte sich längst eingestanden, dass die Beziehung zu „ihren" Kindern eher der eigenen Sentimentalität als der Wirklichkeit entsprach. Done aber brauchte sie tatsächlich, ihre hinter einer rauen Schale verborgene Mütterlichkeit. Damit würde ihr Leben als Frau reicher und glücklicher werden.

Nach dem Friedhofsgang trafen sich die Bialos und zahlreiche Gäste zum Leichenschmaus im „Napoli". Heiner hatte lange gebraucht, seine Mutter zu dem Essen zu überreden. Maria wollte nicht verwinden, dass sie und ihr Mann nicht zur Hochzeitsfeier in die Villa ihres Schwagers gebeten worden waren. „Diese Kränkung hat meinen Otto umgebracht!", zeterte sie so lange, bis es ihrem Sohn zu bunt wurde. „Vater hat sich einen Dreck um Kurt geschert! Er wollte den alten Nazi nicht sehen. Beleidigt warst du, Mutter, weil du in Kurts piekfeinem Haus nicht dabei sein durftest. Deshalb hast du Vater die Hölle heiß gemacht …" – „Lüge! Ich habe niemals …", protestierte Maria mit hochfahrender Stimme. „Gut! Dann komm jetzt mit …", Heiner wandte sich zur Tür, „oder lass es bleiben." – „Halt, wie seh ich denn aus? Ich muss mich noch zurechtmachen."

Der Leichenschmaus verlief zunächst harmonisch. Giuseppe Brandi hatte mit seiner Nichte Grazia, die nach dem Tod seines Bruders Fausto nach Herne gekommen war und im Lokal des Onkels arbeitete, ein vorzügliches Ossobuco zubereitet. Die deftigen Kalbshaxen, serviert mit Risotto, mundeten allen. Umso mehr, als die Gäste mit reichlich Chianti bewirtet wurden. Der Rotwein beflügelte Kurt, der Renata zuvor versprochen hatte, sich „zurückzuhalten", aus seinem Herzen keine Mördergrube zu machen. Vom Alkohol befeuert, erhob sich Kurt, schlug mit der Gabel gegen sein Glas, um sich Gehör zu verschaffen. Mit gerötetem Gesicht begann er eine Rede „über meinen lieben dahingegangenen Bruder". Otto sei ein fleißiger, pflichttreuer deutscher Kumpel gewesen, selbst in der „harten Zeit des Nationalsozialismus, der gar nicht so schlecht gewesen ist, wie man heute sagt …" Ein gezischtes „Kurt!" von Renata und ihr strenger Blick brachten den Redner unverzüglich dazu, auch die „zunächst nicht erkennbaren dunklen Seiten der Bewegung" zu erwähnen. „Kurz und gut, ich habe durch uneigennützigen persönlichen Einsatz dafür gesorgt, dass unser Otto wieder als Kumpel einfahren konnte. Das war sein Leben." Kurt schwang sein Glas empor und brachte einen Toast auf den Verstorbenen aus.

Doch statt seine Rede zu beenden und sich zu setzen, konnte Kurt sich nicht enthalten, seinen Bruder einen „rechtschaffenen, aber doch ein wenig beschränkten Mann" zu nennen, der die „Zeichen der Zeit zu spät begriffen hat. Politisch und beruflich." Kurt war dermaßen vom eigenen Wort fasziniert, dass er die zunehmende Verärgerung der Anwesenden nicht merkte. Der Wein stachelte ihn noch an. „Unser Otto wollte nicht wahrhaben, dass sich unsere Werte längst geändert haben. Wo früher deutsche Arbeit zählte, ist heute Unternehmergeist gefragt", tönte er. – „Ohne unsere Arbeit kannst du einen Dreck unternehmen!" Kurt ließ sich von dem groben Einwand seines Neffen Heinrich nicht beirren.

„Ja, ja! Arbeit muss sein. Aber als selbständiger Unternehmer, wie ihr hier in eurer Spaghettiklitsche. Nicht vor Ort. Drum hast auch du gewechselt, Heinilein. Die Zeit der Kohle ist vorbei." – „Die Zeit der Kohle is nimmer vorbei!", ließ sich Anton vernehmen, der bis dahin, wie üblich, geschwiegen hatte. „Die Menschen werden immer Kohle brauchen." – „Da hab ich meine Zweifel …" Kurts Einwurf provozierte den Bergmann dermaßen, dass sein bajuwarischer Zorn durchbrach. „Die Kohle wird's no gebn, und die Menschn werden sie noch haben wolln, wenn du scho längst verreckt bist!", schrie er. – „Bravo! Glück auf!", rief Heiner spontan. Damit war der Leichenschmaus beendet.

Am nächsten Morgen traten Renata und Anton Kraus ihre Hochzeitsreise an. Sie führte sie, wie konnte es anders sein, in Antons alte Heimat. Renata war noch nie in Bayern gewesen. Die üppige Landschaft des Voralpenlandes, vor allem die Vielfalt des Chiemgaus, erfreute sogleich ihre Sinne. Während der Zugfahrt von München nach Südosten schweifte ihr Blick von der weiten Wasserfläche des Chiemsees nach Süden über sanft ansteigende Weiden und Almen bis zu den hochaufragenden Gipfeln der Alpen. Anton schmunzelte über Renatas spontanen Ausspruch „Das ist ja noch schöner wie in ‚Meine Lieder – meine Träume'." – „Der Fuilm spuilt ja auch in Österreich, net hier …"

Die Flitterwöchner bezogen Quartier im Gasthaus „Seestüberl" in Prien. Als Anton die Koffer aufs Zimmer geschafft hatte, atmete er tief durch und meinte: „So, jetzt pack i meine Angelrute aus, dann a g'scheites Weißbier, und ab geht's zum Angeln …" – „Nein, geangelt wird jetzt gleich!", rief Renata. Noch während Anton sein „Wie?" ausstieß, packte Renata ihren Mann an der Hüfte und zog ihn auf das hochbeinige Bauernbett. „Mein Herr Gemahl", lachte sie, um ernster fortzufahren, „wenn ich dir nicht zu alt bin, dann tu, was ich von dir erwarte!" – „Ja, freilich."

Das verliebte Paar verbrachte eine fröhliche und zugleich beschauliche Woche. Renatas anfänglicher Einspruch machte Anton deutlich, dass die Zeit seiner Eigenbrötelei vorbei war. Er konnte nicht länger angeln, Bier trinken, stundenlang lesen oder beliebig ausschlafen, wie es ihm gefiel. Als Ehemann hatte er Rücksicht auf seine Frau zu nehmen. Doch dieses Opfer nahm er gern in Kauf. Denn der Done war gescheit genug, seine Junggesellenjahre nicht nachträglich zu verklären. Gewiss, er hatte sich seine Freizeit nach Belieben einteilen können, doch Anton erinnerte sich an das Gefühl der Verlassenheit, das er vor allem in harten und einsamen Momenten empfunden hatte. Auch an sein Bedürfnis, schöne Empfindungen mit einem geliebten Menschen, mit einer Frau zu teilen. Von dieser fortwährenden Sehnsucht hatte ihn erst Renata befreit, deren Fröhlichkeit und Zuversicht den schwerblütigen Bajuwaren aufblühen ließen. So empfand Done die Gemeinschaft mit Renata nicht als Einengung, sondern als Bereicherung. Und Renata war klug genug, ihrem Mann die nötigen Freiräume zu geben.

Am wohlsten aber fühlte sich das Paar zusammen, bei Radtouren durch den Chiemgau, auf einer Bergwanderung zur Kampenwand, aber auch während ausgedehnter Ruderpartien auf dem Chiemsee. Done warf die Angel aus, danach saßen beide stundenlang auf der Bootsbank und genossen das frühsommerliche Alpenpanorama. Nachmittags kehrten sie zu einer Vesper beim „Kirchenwirt" auf der Klosterinsel Frauenchiemsee ein. Danach ruderten sie wieder auf den See hinaus und beobachteten, wie sich die Sonne immer tiefer senkte, um schließlich als feurige Halbkugel im Westen unterzugehen. Sie führten angeregte Gespräche, verstanden es aber auch zu schweigen. Abends ließen sie sich im „Seestüberl" ihre geangelten Renken und Äschen braten, tranken Bier und Wein. Alsbald begaben sie sich heiter auf ihr Zimmer und hatten einander lieb.

Am Samstag, einen Tag vor ihrer Rückkehr ins Revier, wurden die Flitterwöchner von Antons Neffen besucht, dem Sohn seiner ältesten Schwester Therese, die früh verstorben war. Der „rote Ludwig" werde nicht allein wegen seines Haarschopfes so genannt, sondern vor allem wegen seines „Hirnkastels", meinte der Done und erklärte Renata, der junge Mann habe stets rot, also links, gedacht, seit er überhaupt denken konnte – „und das war recht früh". Ludwig sei ständig krank gewesen; er litt an Asthma. Der Junge wehrte sich gegen seine Krankheit, er war wild und stellte dauernd etwas an. Für die Schule interessierte er sich überhaupt nicht. Obgleich die Lehrer keinen Zweifel an seiner Intelligenz hatten, gaben sie ihm schlechte Noten, denn er war faul und störte obendrein den Unterricht, wo er konnte. Auf diese Weise kam der Besuch des Gymnasiums für ihn nicht in Frage. Das war dem schmächtigen Ludwig nur recht, denn er wollte unbedingt Bergmann werden, „wie es sich für einen anständigen Mann gehört". „Und das im Alter von zehn!" Anton musste lachen, als er Renata von seinem Neffen berichtete. Ludwig habe trotz seiner Atemwegserkrankung seine Bergmannsausbildung in Penzberg absolviert. Daneben habe er sich in der Gewerkschaftsjugend aktiv hervorgetan. Die Arbeit unter Tage, die feuchte Wärme, vor allem der Kohlenstaub hatten jedoch Ludwigs Atembeschwerden verstärkt. Am Ende habe der Grubenarzt darauf bestanden, dass der junge Mann nicht länger unter Tage arbeitete.

Davon ließ sich der enthusiastische Bergmann jedoch keineswegs entmutigen. Er ergatterte eine Stelle in der Zechenverwaltung. Doch die Routine des Bürojobs langweilte Ludwig schnell. Er wollte kein Sesselfurzer sein. So engagierte er sich vermehrt in der Gewerkschaft. Dort freundete er sich rasch mit Fritz Schober an. Der Gewerkschaftssekretär war für den Bereich Fortbildung verantwortlich. Der zehn Jahre ältere, erfahrene Gewerkschafter war von Ludwigs Enthusiasmus angetan und nahm den Heißsporn unter seine Fittiche.

Bald wurde Ludwig zum Jugendsprecher gewählt. Am liebsten aber schrieb er Beiträge für die Bergwerkszeitung „Unter Tage". Als er erstmals seinen Namen „Ludwig Gruber" gedruckt sah, barst der Autor schier vor Stolz. Er hatte seine Berufung gefunden. Da seine Arbeit ehrenamtlich war, zeigte sich die Redaktion erfreut über den Eifer ihres neuen Mitarbeiters und gab ihm viel Raum für seine Artikel. Fritz Schober überarbeitete Ludwigs Beiträge und gab ihm Tipps. Der Einsatz des jungen Schreibers wurde anerkannt. Ludwig wurde Redaktionsmitglied von „Unter Tage".

Der Jungredakteur entwickelte weitreichende Pläne, „seine" Zeitung umzumodeln. Er wollte die Leserschaft nicht auf Bergleute beschränken, sondern umgekehrt, mit Hilfe ihrer Zeitung, um Unterstützung für deren Anliegen in der Bevölkerung werben. Zu diesem Zweck musste die Gazette moderner, also leserfreundlicher, werden. Während Ludwig Gruber an einem neuen Zeitungskonzept bastelte, wurde das Ende der Penzberger Zeche besiegelt. Jähe Wut, Trauer und Gewissensbisse erfassten Ludwig. Er warf sich vor, zu sehr mit der theoretischen Zukunft seiner Zeitung beschäftigt gewesen zu sein, anstatt für die praktischen Interessen der Kumpel zu kämpfen. Gruber schwor sich, fortan stets zuvorderst die konkreten Anliegen der Bergleute zu verteidigen. Diese Überzeugung ließ ihn das Angebot der Gewerkschaftsleitung ablehnen, auch nach Schließung der Zeche als bezahlter DGB-Jugendsekretär in Penzberg zu bleiben, um den jüngeren, nun arbeitslosen Kollegen zu helfen, eine neue Beschäftigung zu finden. Das mochten andere tun. Ludwig Gruber hingegen hegte den Ehrgeiz, als Journalist für die Rechte der Arbeiter zu kämpfen.

Doch dies ließ sich für Ludwig in seiner Heimat nicht realisieren. Denn die wenigen unabhängigen oberbayrischen Zeitungen und die Regionalredaktionen im „Pfaffenwinkel" waren „tiefschwarz". Sie kümmerten sich um Kirche, Brauchtum, Landwirtschaft und die CSU. Ein offensives Eintreten für Belange der Arbeiterschaft galt den Redaktionen als links, ja geradezu als des Kommunismus verdächtig. Gruber war es daher nicht möglich, seine Artikel in ihren Blättern unterzubringen. Ludwig bewarb sich bei allen möglichen Zeitungen um ein Volontariat. Doch die Blätter verlangten zumindest Abitur. Daher nutzte Ludwig die Zeit. In der Abendschule holte er die mittlere Reife nach, tagsüber jobbte er als Hilfskraft in einer holzverarbeitenden Fabrik. Als die Firmenleitung dahinterkam, dass Gruber versuchte, die Belegschaft zur Bildung eines Betriebsrates zu überreden, wurde ihm unter einem Vorwand gekündigt. Kurz danach erhielt er erstmals eine positive Antwort auf eine Bewerbung. Ein Lokalblatt aus Rosenheim bot ihm ein Zeitungsvolontariat an. Ohne zu zögern, zog Gruber in die kleine Stadt südöstlich von München.

Als der Done seinem Neffen auf einer Postkarte mitteilte, dass er sich auf Hochzeitsreise am nahe gelegenen Chiemsee aufhielt, machte sich Ludwig an seinem ersten freien Tag auf den Weg zum Onkel. Er beeindruckte Renata. Zwar war der rothaarige junge Mann – anders als ihr Done – humorlos; er sprach konzentriert, hochdeutsch. Aber man spürte den Eifer für seine Mission, das Eintreten für eine gerechte Ordnung der Gesellschaft. Die Schönheit der Landschaft und das angenehme Frühsommerwetter berührten Ludwig nicht: „Hier ist es immer schön, und im Sommer ist es warm. Aber davon haben die Menschen wenig, außer die Hotelbesitzer, die von den Gästen leben." Dones Vorschlag einer gemeinsamen Angel- und Ruderpartie lehnte sein Neffe rundweg ab. Da müsse man schweigen, um die Fische nicht an ihrem Verhängnis zu hindern. Anton ging auf den Wunsch seines Neffen ein, sich auszusprechen. „Das kann lang dauern", zwinkerte er Renata zu. „Der Luggi will immer alles ganz genau wissen." Also setzte man sich in einen sonnigen Biergarten unweit des Sees. Während das Paar dem Gerstensaft zusprach, begnügte sich der Neffe mit Limonade. Er wollte einen klaren Kopf behalten. „Bier macht dumpf."

Ludwig klagte, in Rosenheim sei die Einstellung der Redaktion noch „verstockt konservativer" als in Penzberg. Er habe genug und wolle nach München und dort für eine linke Zeitung arbeiten. Woraufhin sein Onkel sich einen kräftigen Schluck genehmigte, den Neffen ironisch ansah und kopfschüttelnd meinte: „In Altbayern gibt's kei linke Zeitung …" – „Aber die …" – „Nix da. Die Leut hier wollen, dass alles so bleibt, wie's ist. Am liebsten hätten sie ihren Kini Ludwig wieder, obgleich der ihr Geld verprasst hat." Zum Beispiel hier am Chiemsee, wo er auf der Herreninsel ein Schloss bauen ließ, in dem er angeblich nie übernachtet habe. „Naa, Bua", beschied Done, „die Bayern wollen ihre königliche Ruah. Feuerköpfe wie du stören da nur." – „Aber München wählt doch rot", beharrte Ludwig. „Sag'n ma lieber rosa. Der Bürgermeister Jochen Vogel ist ein wackerer Mann. Er wird München die U-Bahn und die Olympischen Spiele bringen. Und des war's."

Erstaunt nahm Renata das unnachsichtige Urteil ihres Mannes zur Kenntnis, das dessen Neffen sichtlich deprimierte. Doch Anton wäre nicht Anton, wenn er es dabei belassen und nicht einen Hintergedanken gehabt hätte. So war es auch jetzt. Nach einem weiteren kräftigen Zug legte der Onkel seinem Neffen die Hand auf den Arm. „Sag Bayern Pfia God, Wiggerl. Das schöne Land ist zu starr für einen unruhigen Kopf wie dich." Anton grinste. „Mir ging's genauso. Komm zu uns ins Revier. Da tut sich was. Da zählt noch, was die Arbeiter wolln. Und wir haben gute Kollegen, die verstehen sich durchzusetzen. Der Heinz Oskar Vetter von der IG Bergbau und Energie, der dieses Jahr in den DGB-Bundesvorstand soll. Und der Adolf Schmidt, der als Nachfolger von Walter Arendt Chef der Bergbaugewerkschaft werden wird. Das sind Männer, auf die sich die Kumpel verlassen können. Die werden's nicht erlauben, dass die Gruben dichtgemacht werden, so wie in Penzberg da in unserem schönen Bayernland. Das wird auch unsere Regierung net zulassen. Der Heinz Kühn ist a echter Sozi. Von altem Schrot und Korn. Der weiß, dass ganz

Nordrhein-Westfalen, ja sogar ganz Deutschland auf den Bergbau angewiesen ist. Wenn wir den aufgeben, dann guat Nacht, Deitschland!"

Der sich sonst so gemütlich gebende Anton ereiferte sich zunehmend und hatte dabei unwillkürlich das Revier zu seiner Heimat gemacht. Doch Kraus war noch keineswegs am Ende seiner Suada. „Komm zu uns, Bua. Jetzt zählt's. Im Herbst sind Bundestagswahlen. Da gilt die Wette. Mir langt der alte Schönredner und Ex-Nazi, der Kanzler Kiesinger. Der Willy muss ans Ruder! Die Schwarzen beschimpfen ihn, weil er '33 den Nazis den Rücken gekehrt hat und ins Ausland gegangen ist, um die braune Bande zu bekämpfen. Das war eine große Tat für einen jungen Burschen. Der Willy ist im Kopf jung geblieben. Und rot. Der wird die deutschen Hirne durchlüften."

Der Done achtete nicht darauf, dass die anderen Gäste seine Litanei mit düsteren Mienen zur Kenntnis nahmen. Statt seine Stimme zu dämpfen, sprach der alte Trotzkopf noch lauter. „Wir brauchen jetzt jeden Mann, Ludwig!" Nach einem verschmitzten Blick auf Renata ergänzte er: „... und jede Frau. Wir in NRW werden die Wahl entscheiden. Net das verschlafne Bayern." – „Aber wo soll ich wohnen?" – „Bei uns!" Renata wollte auffahren. Anton hatte, ohne sie zu fragen, entschieden und seinen Neffen auf unabsehbare Zeit in ihr Haus geladen. Dennoch freute sie sich über die spontane Menschlichkeit ihres Mannes. Anders als bei ihrem einstigen Verlobten Karl-Wilhelm zählte für Anton der familiäre Zusammenhalt mehr als der eigene Egoismus. Man würde miteinander auskommen. Renata musste an die unmenschliche Zeit der Naziherrschaft, an die Not des Krieges denken, die von den meisten vergessen oder zumindest verdrängt wurden. Sie wollte den Wohlstand, vor allem aber ihre späte Liebe genießen. Und wenn Dones eifriger Neffe sie eine Weile dabei begleitete, sollte es ihr recht sein.

„Meinst du, ich finde bei euch Arbeit als Journalist?", fuhr Ludwig derweil fort. Anton Kraus kannte sich in der schreibenden Zunft nicht aus. Doch er wollte den Neffen nicht entmutigen. Er tätschelte Ludwigs Hand, lächelte ihm dabei zu und meinte mit warmer Stimme: „Des passt scho, Bua. Mach dir keine Sorgen. Komm recht bald zu uns ins Revier." Anton hob sein Glas, doch statt des üblichen „Prost!" ließ er ein herzliches „Glück auf!" erschallen.

Am Abend plagten Anton Gewissensbisse. Schließlich rang er sich durch, seiner Frau zu gestehen, dass er dem Neffen vielleicht zu viel versprochen habe. Renata lachte Antons Sorgen fort: „Versprochen hast du gar nichts. Und außerdem, so wie ich den Ludwig einschätze, wird der in seiner Journalistentätigkeit prima ohne uns zurechtkommen."

Am ersten Arbeitstag nach den Ferien wurde Done von den Kumpeln auf General Blumenthal natürlich gehänselt. Schon im Fahrkorb kniff ihn sein Kollege Turgut mit gespielter Sorge in den Bizeps, um zu prüfen, ob der frischgebackene Ehemann in den Flitterwochen nicht zu viel Muskelschmalz eingebüßt hatte. „Hast du noch Saft und Kraft, die Schaufel zu halten? Oder sollen wir deine Krankenturnerin holen, damit sie dich stützt?" – „Pass bloß auf, dass du noch gnug Saft hast, die Schaufel zu halten, sonst hau i si dir übern Schädel, sog i dir", konterte Kraus, ehe er die Glückwünsche Turguts und seiner Kameradschaft entgegennahm. Done versprach, die Kumpel nach Feierabend zum Weißbier-Einstand einzuladen. „Aber net gleich. Ich muss das Weißbier noch besorgen." – „Wenn das mal keine Ausrede ist!", feixten die Kumpel auf dem Weg durch die Strecke.

Es war tatsächlich eine Ausrede. Während er vor Ort im Berg malochte, zwang sich Done zur Konzentration auf seine Arbeit, um das schwere Gerät fachgerecht einzusetzen. Doch seine Gedanken schweiften ab. In wenigen Tagen würde Ludwig bei ih-

nen eintreffen. Wie und wo sollte der Junge Arbeit finden? Kraus'
Unruhe fiel den Kameraden nach Schichtende auf und sorgte für
neuen Spott. „Kannst es wohl gar nicht erwarten, nach Hause
zu Mutti zu kommen?" – „Obacht, dass i nicht zu dia kimm …",
brummelte Done lahm. Er hatte anderes zu tun, als sich mit den
Kollegen zu kabbeln.

Fritz Schober brachte seinen Kollegen und Freund Ludwig an den Münchner Hauptbahnhof zum Nachtzug nach Dortmund. „Schad ist's, Luggi, dass du fortgehst. Für uns. Für dich
ist es die richtige Entscheidung. Hier ist's zu eng für einen wie
dich. Du wirst deinen Weg gehen. Aber vergiss uns nicht ganz in
deiner neuen Heimat. Und vergiss auch die Gewerkschaft nicht."
– „Nein, Fritz, niemals", schluckte Ludwig einen Rührungskloß
hinunter, schüttelte dem Freund und Mentor kräftig die Hand
und stieg in den Zug.

Das Zusammenleben mit Ludwig in Renatas und Antons
Dreizimmerwohnung klappte besser, als Renata zu hoffen gewagt
hatte. Beim Einzug hatte sich Renata ein kleines Zimmer für sich
ausbedungen. Hier standen ihr Schreibtisch, ihre medizinischen
Fachbücher und die Nähmaschine. Renata machte in ihrem Reich
eine Ecke für den Gast frei und legte dort eine Matratze hin. Auch
an ein kleines Regal hatte sie gedacht. Zum Arbeiten konnte er
ihren Schreibtisch benutzen.

Ludwig entpuppte sich als freundlicher, unproblematischer
Gast. „Er schmutzt nicht", spöttelte Anton. Ludwig hielt pe-
dantisch Ordnung und war fast den ganzen Tag unterwegs. Der
Zugereiste aus dem Süden nahm das Revier auf seine Weise in
Besitz. Er besuchte die Stadtzentren von Essen, Bochum, Dortmund, Gelsenkirchen, Mülheim, Recklinghausen, Duisburg.
Ludwig begnügte sich nicht damit, die Villa Hügel und das Mu-
seum Folkwang zu besichtigen. Viel faszinierender fand er es, die
großen Schachtanlagen wie Zollverein in Essen oder Prosper in

Bottrop zu besuchen. Ludwig fuhr immer wieder an den gewaltigen Fördertürmen und Schornsteinen vorbei, ohne dass seine Begeisterung nachließ. Er konnte einfach nicht genug bekommen vom Anblick der Zechenlandschaft. Bei Nacht nahm ihn der nicht enden wollende Lichterteppich gefangen. Am liebsten wäre Ludwig eingefahren. Doch dieses Abenteuer wollte er sich erst gönnen, wenn er mit einem Auftrag in der Tasche darüber schreiben konnte.

Neben den Zechen interessierten Ludwig die riesigen Kokereien und Brikettfabriken sowie die Stahlwerke von Krupp, Thyssen, Hoesch in Essen, Duisburg-Rheinhausen oder Dortmund. Gruber konnte sich vom Anblick der feuerspeienden Hochöfen und der tosenden Walzwerke kaum losreißen. Sein Herz hüpfte beim Anblick der Fördergerüste, der trutzigen Malakow-Türme und der rauchenden Schlote, der sich lang dahinstreckenden Arbeitersiedlungen, die nur ab und an durch landwirtschaftliche Flächen unterbrochen wurden, die ihn an Niederbayern erinnerten. „Hier bringen mich keine zehn Pferde mehr weg!", frohlockte er.

Doch er war nicht der Mann, sich dauerhaft von seiner Begeisterung überwältigen zu lassen. Um zur Gemeinschaft des Reviers zu gehören, musste Ludwig sich durch seine Arbeit nützlich machen. Doch wie sollte er das beginnen? Wen konnte er um Rat fragen? Sonst hatte er sich immer mit Fritz Schober besprochen. Doch der war weit weg in Penzberg.

Eines Nachmittags, als Ludwig von seinen Streifzügen nach Hause zurückkehrte, fand er Anton und Renata im Wohnzimmer im Gespräch mit einem Herrn im schwarzen Talar. Renata und Anton waren zwar keine Kirchgänger, doch sie schätzten den gütigen und klugen Gemeindepfarrer Baumann. Dieser wiederum unterhielt sich gern mit der gescheiten früheren Hebamme und ihrem verschlossenen, herzensguten Mann. Renata stellte Ludwig vor. An der Reaktion des Priesters begriff Ludwig, dass Renata und Anton schon über ihn gesprochen hatten.

Anders als sein Onkel Anton war Ludwig nicht wortkarg. Er informierte Pfarrer Baumann ausführlich über seine politischen Überzeugungen und darüber, dass er mithelfen wolle, dass mit Willy Brandt Deutschland endlich von einem anständigen Mann und Sozialisten regiert würde. Ludwig Gruber selbst wolle als Journalist die Belange der Arbeiter, vor allem der Kumpel, offensiv in der Öffentlichkeit vertreten.

Der Pfarrer hörte geduldig zu. Als Ludwig endlich seinen Redestrom unterbrach, stellte der Kirchenmann einiges klar. Auch er halte Willy Brandt für einen anständigen Mann. Doch mit dem Sozialismus habe er, der Seelsorger, es nicht. „Ich bin für soziale Gerechtigkeit, weil ich Christ bin. Also ein Schwarzer im wahrsten Sinne. Sieht man schon an meiner Kluft." Baumann amüsierte sich kurze Zeit über Ludwigs roten Kopf, um dann zu präzisieren: „Aber weder in der Kirche noch im Bergbau machen wir Wahlkampf. Uns geht es wie Ihnen darum, die Situation unserer Gemeindemitglieder, von denen viele Kumpel sind, und deren Zechen zu stabilisieren. Ich hoffe, die neugegründete Ruhrkohle AG, die den gesamten Steinkohlenbergbau hier im Revier zusammenfasst, wird uns dabei helfen." Daher sei es ihm einerlei, ob Ludwig rot oder schwarz sei – Hauptsache, er stehe für die Idee des Steinkohlenbergbaus und seiner Menschen ein. „Das tue ich ganz gewiss!", versicherte Ludwig erleichtert.

Pfarrer Baumann wusste um die schwierige Situation, in der Ludwig sich befand. Überall wurden Mittel gekürzt. Die knappen Gelder mussten vor allem dazu dienen, die Arbeitsplätze der Bergleute durch Optimierung der Kohleproduktion so lange wie möglich zu sichern. Andererseits war es gerade in einer Zeit des Umbruchs wichtig, den Kumpeln Mut zu machen und sie über ihre Rechte und Möglichkeiten gewissenhaft zu informieren. Da konnte so ein junger, idealistischer Journalist wie Ludwig Gruber wertvolle Arbeit leisten.

Pfarrer Baumann hielt Ludwig an, eine Liste der in Frage kommenden Redaktionen von Bergwerkszeitungen, Kohlemagazinen und allgemeinen Zeitungen im Revier sowie die jeweiligen Ansprechpartner zusammenzustellen. „Und dann setzen Sie sich ans Telefon. Verlieren Sie den Mut nicht, Ludwig. Der Herr wird mit Ihnen sein."

Ludwig machte sich umgehend an die Arbeit. Er stellte eine Liste mit Adressen und Ansprechpartnern in den in Frage kommenden Blättern zusammen und rief voller Enthusiasmus bei den Zeitschriften und Zeitungen an. Das Echo war jedoch durchweg indifferent. Man signalisierte prinzipielles Interesse, im Übrigen vertröstete man den Anrufer auf später. Ludwig war ratlos. Irgendetwas musste er falsch machen – nur was? Renata spürte Ludwigs Niedergeschlagenheit. Der zunächst so tatendurstige junge Mann vergrub sich nun oft stundenlang in seinem Zimmerchen. Sie wollte ihrem Gast nicht zu nahe treten, konnte ihm jedoch nur helfen, wenn sie erfuhr, was ihn bedrückte.

Bei Kaffee und Kuchen gelang es Renata schließlich, Ludwigs Vertrauen so weit zu gewinnen, dass er ihr von seinen erfolglosen Versuchen, eine Arbeit als Journalist zu finden, erzählte. „Weißt du, warum sie dich nicht nehmen?" – „Nein, das ist es ja gerade. Ich habe keine Ahnung!" – „Da würde ich aber mal nachfragen." – „Genau!", rief Ludwig, „ich war zu zurückhaltend – ach was! – zu feige zu fragen, was ich falsch mache oder was ich nicht kann." Er atmete durch und straffte seinen Oberkörper. „Aber damit ist jetzt Schluss." Ludwig erhob sich. „Darf ich später euer Telefon benutzen?" – „Nein!", lehnte Renata ab. Ludwig sah sie verwirrt an, ehe Renata fortfuhr: „Nicht später, jetzt sofort!"

Die Entscheidung, seine Befangenheit zu überwinden und den Mut aufzubringen, nach den eigenen Fehlern zu fragen, war die Voraussetzung für Ludwig Grubers journalistische Karriere. Er vergaß nie, wer ihm geholfen hatte, diesen Weg einzuschlagen. Seit diesem Nachmittag verehrte er Renata und nannte sie liebevoll „Tante", was diese wiederum lachend als „Alterserscheinung" hinnahm.

Bereits mit seinem zweiten Anruf hatte Ludwig Erfolg. Auf sein Nachfragen bei der Redaktion der „Revier Zeitung" redete der Chefredakteur nicht lange um den heißen Brei herum. „Sie haben uns angerufen. Das ist freundlich und nett von Ihnen. Aber das ist nicht genug. Ich kenne Sie nicht. Sie haben mir nicht gesagt, was Sie können. Wenn Sie bei uns mitarbeiten wollen, müssen Sie sich schon die Mühe machen, unsere Redaktion zu besuchen und uns sagen, worüber Sie schreiben möchten, Herr Gruber." – „Nichts lieber als das. Wann haben Sie Zeit für mich?" – „Am besten gleich Montag früh." So machte Ludwig an einem Tag gleich zweimal Bekanntschaft mit der praktischen Art der Menschen im Revier im Umgang miteinander und bei der Arbeit.

Ludwig begab sich sofort auf den Weg in die Stadtbibliothek. Er studierte die Bergbauzeitungen, die in dicken Bänden gebunden waren, und machte sich Notizen. Am Wochenende zerbrach sich Ludwig an Renatas Schreibtisch den Kopf über Reportagethemen und skizzierte die entsprechenden Artikel. Dabei merkte er nicht, wie die Zeit verging. Bis schließlich Renata ins Zimmer trat, das Licht einschaltete und den eifrigen Schreiber ermahnte: „Rom ist auch nicht an einem Tag erbaut worden, Ludwig." – „Sicher, Tante. Aber ich möchte gut vorbereitet sein, wenn ich Montag die Redaktion besuche." – „Das bist du mit deinem Fleiß gewiss schon längst."

Ludwig wünschte, dass es so sei. Doch er wusste genau, dass er während seiner Lehrjahre in Penzberg und dem nachfolgenden Zeitungsvolontariat noch viel zu wenig gelernt hatte, um kompetent über den Bergbau im Revier berichten zu können. Gruber begriff, dass er seinen Wissensdurst zur Quelle seiner Arbeit machen konnte. Indem er seine Erfahrungen und Kenntnisse systematisierte. Auf diese Idee hatte ihn das kleine Regal gebracht, welches die Tante ihm ins Zimmer gestellt hatte. Noch war es leer. Doch Ludwig war entschlossen, das Gestell zum Grundstock seines journalistischen Bergbau-Archivs zu machen.

Renata kannte Ludwigs Pläne nicht, doch sie spürte seine Begeisterung und schätzte seinen klugen Kopf. Der junge Journalist würde Erfolg haben, wenn er sich nicht zum Sklaven seines Eifers machte. „Ludwig", mahnte sie, „du hast genug getan. Wir gehen heute Abend früh zu Bett. Denn ich will mir nachts die Mondlandung in Fernsehen ansehen." – „Ich bin dabei!" Ludwig teilte Renatas Neugierde. Er kannte den Disput des Ehepaares. Beide lasen gern und konnten dem Fernsehen wenig abgewinnen. Im Prinzip. Doch Renata wollte sich die erste Landung des Menschen auf dem Mond nicht entgehen lassen, und es war ihr leichtgefallen, ihren Anton zum Kauf eines Fernsehgerätes zu überreden. Denn Done liebte Fußball. Und die Aussicht, jeden Samstag bei einer Maß Bier die Sportschau auf der heimischen Couch verfolgen zu können, ließ seinen Widerstand schmelzen.

In der zweiten Juliwoche wurde das TV-Gerät installiert. Done durfte es mit der Sportschau einweihen. Doch an der Mondlandung zeigte er kein Interesse. „Des les i eh am nächsten Tag in der Zeitung." Hinweise auf das historische Ereignis prallten an Antons Sturheit ab. „Historisch wär's nur, wenn der Mond danach andersrum laufen tät."

Renata und Ludwig ließen sich nicht abhalten. Gebannt verfolgten sie in den frühen Morgenstunden des 21. Juli 1969 am Bildschirm, wie der Astronaut Neil Armstrong von der Raumfähre Eagle auf den Mond schwebte mit dem Spruch „Ein kleiner Schritt für einen Menschen, aber ein großer Sprung für die Menschheit." – „Und wir waren Zeuge!", rief Renata aufgeregt und drückte Ludwig einen kräftigen Schmatz auf die Backe, was dessen Gesicht heftig aufflammen ließ.

Ludwig erschien bereits eine halbe Stunde vor dem verabredeten Termin bei der Redaktion der „Revier Zeitung" in der Dortmunder Schützenstraße unweit des Hauptbahnhofs. Obgleich das Blatt in einer Auflage von 150 000 Exemplaren gedruckt wurde, begnügte man sich mit nur vier Redakteuren. Sie waren in zwei Zimmern untergebracht. Die für die Seitengestaltung zuständige Grafikerin besaß einen eigenen kleinen Raum. Mit schnellem Auge taxierte Chefredakteur Herbert Lary seinen Gast. Der junge Mann brannte vor Ehrgeiz und war meinungsfreudig. Mit solchen Journalisten arbeitete der erfahrene Zeitungsmacher am liebsten. Das Schreiben nach den Erfordernissen seiner Leser würde er dem Neuen schon eintrichtern. „Vergessen Sie alles, was Sie über den Steinkohlenbergbau gelesen haben!", sagte er zu Ludwig, als dieser ihm von den eigenen Erfahrungen und Vorbereitungen berichtete. „Schauen Sie sich eine Woche lang in allen Zechen um, die Sie erreichen können. Sprechen Sie mit den Kumpeln, studieren Sie die Gruben. Und dann schreiben Sie mir Ihre Eindrücke nieder: ‚Als Bayer im Revier'. Eigenen Mist haben wir schon zur Genüge abgedruckt. 400 Zeilen bis nächsten Dienstag."

Ludwigs Frage nach der Machart seines Artikels, „Reportage oder Analyse …?", quittierte Lary mit einem Abwinken. „Alles Geschwätz. Jeder hat seinen eigenen Stil. Lassen Sie sich in kein Schema pressen. Der Leser soll die Welt durch Ihre Augen sehen, nicht durch meine oder seine …" Der Chefredakteur kramte aus dem dicken Papierhaufen auf seinem Schreibtisch ein grelles Boulevardblatt hervor. Das erstaunte seinen Gast: „Sie lesen ‚Bild'?"

„Nicht täglich. Aber die heutige Überschrift ist genial." Ludwig las: „Der Mond ist jetzt ein Ami."

Am nächsten Morgen fuhr Ludwig auf Prosper in Bottrop ein. Als er im Fahrkorb in rasendem Tempo den Schacht hinuntersauste, trommelte sein Herz gegen die Rippen. Endlich, endlich war er wieder in seinem Metier. Nicht mehr als Bergmann, das ließen seine empfindlichen Atemorgane nicht zu, aber als selbstbewusster Kumpel, als schreibender Chronist seiner Kollegen vor Ort. In der folgenden Woche besuchte der Reporter zehn Bergwerke. Ludwig sprach mit den Hauern vor Ort, inspizierte die Anlagen, ließ sich über technische Neuerungen informieren, konnte sich nicht satt sehen und hören. Abends machte er sich zu Hause umfangreiche Notizen.

Samstagvormittag hob Ludwig von seinem Postsparbuch einen größeren Betrag ab und erfüllte sich mit dem Geld einen langgehegten Wunsch. Er kaufte sich eine robuste, gleichwohl leichte Triumph-Reiseschreibmaschine. Er konnte es gar nicht abwarten, nach Hause zu kommen, um seine Reportage in die Tasten zu hauen. Die ersten Sätze hatte Ludwig bereits im Kopf: „In Bayern, wo ich herkomme, ragen die Berge in den Himmel. Die Menschen schauen sie an, trinken ihr Bier und sind stolz darauf. Das war mir immer schon zu langweilig. Im Revier habe ich endlich meine Heimat gefunden. Hier teufen die Bergleute ihre Schächte tausend Meter und mehr in die Erde. Inmitten unberührter Kohlenflöze, die zuvor kein menschliches Auge sah. Hier unten reißen die Hauer im Schweiße ihres Angesichtes der Erde ihren Schatz aus dem Leib. Von diesem Reichtum lebt ganz Deutschland. Im Ruhrgebiet wird malocht. Wir müssen die Kumpel anerkennen, die durch ihre Arbeit unseren Wohlstand schaffen."

Ludwig arbeitete die ganze Nacht an seinem Artikel. Anton genehmigte sich zwei Bier als Schlaftrunk gegen das Geklapper der Schreibmaschine. Renata hatte Verständnis für Ludwigs Ehrgeiz. Nachts um eins braute sie dem Schreiber eine Kanne Kaffee. Ludwig bedankte sich nur kurz; er war vollständig gefangen in seiner Arbeit.

Am Dienstagmorgen fuhr Ludwig nach Dortmund in die Redaktion, um Lary persönlich seinen Artikel zu überreichen. Der las den Beitrag sorgfältig durch. „Gefällt mir", urteilte der Chefredakteur. „Nur den Einstieg möchte ich ändern. Was fällt Ihnen als Bayer bei uns auf?" – „Verglichen mit dem Ruhrbergbau ist Bayern eine Spielwiese", antwortete Ludwig. „Genau so beginnen Sie Ihren Artikel." Zum Abschied drückte Lary seinem Gast die Hand und sagte bestimmt: „Übrigens, ab heute sind Sie unser fester freier Mitarbeiter." – „Fest frei – was bedeutet das?" – „Dass Sie zum festen Stamm unserer Schreiber gehören, mir aber leider das Geld fehlt, Sie fest anzustellen."

Ludwig Gruber hätte am liebsten die ganze Welt umarmt. Da seine Arme dafür zu kurz waren, begnügte er sich damit, Tante und Onkel zu herzen – um ihnen anschließend von seinem beruflichen Durchbruch zu erzählen. Anton freute sich über Ludwigs Erfolg, konnte sich jedoch nicht enthalten, seinen Neffen zu necken: „Der Kuss eines Mannes ist so viel wert wie die Liebe eines Ochsen …" Renata lachte unwillkürlich über Dones Scherz, bemerkte jedoch sogleich, dass der empfindliche Ludwig gekränkt seinen Kopf hängenließ. Woraufhin sie umgehend konterte: „Das mag für dich gelten, Anton. Mir selbst gefällt es, von Ludwig geküsst zu werden!" Sie reckte ihm ihre Wange entgegen; doch dessen Übermut war infolge des Gespötts seines Onkels verflogen. Ludwig schämte sich, Renata erneut zu küssen. Die ließ sich nicht beirren und fiel ihm um den Hals. „Jetzt langt's mit der Busselei. I hab Hunger!" Anton wandte sich an seinen Neffen. „Wie wär's, Herr Journalist, magst uns nicht zum Essen einladen?" – „Nichts lieber als das, Onkel Done. Geht schon vor, ich muss noch schnell meine Unterlagen abheften."

Als Ludwig im „Napoli" eintrudelte, saßen Anton und Renata bereits bei Tisch. Zu ihnen hatte sich ein gutaussehender jüngerer Mann gesellt, den Renata Ludwig als ihren Neffen vorstellte.

Friedrich A. hatte vor kurzem sein Chemiestudium an der Universität Köln abgeschlossen. Done gebot Ludwig, Platz zu nehmen, und bestellte gegen dessen Protest ein Weißbier, welches im „Napoli" stets für Anton bereitgehalten wurde. „I stoß doch mit dir net mit Limonade auf deinen neuen Posten an. Wo kommen wir denn da hin?" – „Ein Artikel ist noch kein Posten", erwiderte Ludwig und ärgerte sich sogleich über die Belehrung. Doch der Onkel ließ sich davon nicht beirren. „Das ist noch viel mehr, Ludwig. Denn das Schreiben über den Bergbau – das ist dein Leben!"

Sobald das Bier auf dem Tisch stand, hob die Runde die Gläser. „Auf dich, Ludwig!" Weiter kam der Onkel nicht. „Nein", unterbrach ihn der Neffe sogleich, „auf dich, Onkel Anton! Ich danke dir, dass du mich zu euch ins Revier geholt hast. Und vor allem danke ich dir, Tante Renata, dass du mir Mut gemacht hast, es weiter zu versuchen, als ich schon aufgeben wollte." Die Runde stieß an.

Ludwig bemühte sich, das Gespräch von seiner Person wegzulenken. Er fragte Friedrich nach der Verbindung zwischen Kohle und Chemie. „Kohle ist unser Grundstoff", erläuterte der frischgebackene Chemie-Ingenieur. „Mittels spektroskopischer Methoden werden wir die Struktur der Kohle immer besser erforschen können", schwärmte Fritz. Mit den Kohlemolekülringen könne man in der organischen und der anorganischen Chemie eine Reihe von Materialien konstruieren, die für die künftige Wirtschaft entscheidende Bedeutung besäßen. Die enge Verbindung von Kohle und Chemie werde allenthalben anerkannt. „Zum Beispiel der Teer. Bleibt bei der Verkokung übrig und enthält zwischen 20 000 und 30 000 chemische Verbindungen. Ganz wichtig für die Herstellung von Teerfarben …" Fritz nahm rasch einen Schluck, bevor er fortfuhr. „Auch die Ruhrkohle wird in den Chemie- und Energiebereich expandieren müssen, um eine führende Rolle im Revier zu behalten." Friedrich, froh, endlich einen interessierten Zuhörer gefunden zu haben, ging ins Detail.

Ludwig antwortete nur noch spärlich. Seine Aufmerksamkeit galt längst der schlanken Bedienung. Vor allem die grünen Augen der schwarzhaarigen Schönheit hatten es dem empfindsamen Journalisten angetan. Der vertraute Umgang Grazias – so hieß die junge Frau – mit Ludwigs Begleitern beruhte auf ihrem fast verwandtschaftlichen Verhältnis. Dies berichtete Renata Ludwig, dessen Interesse sie sogleich wahrgenommen hatte. Sie bat Grazia an den Tisch und stellte sie ihrem Hausgast vor.

Je stärker Ludwig sich bemühte, seine Befangenheit zu verbergen, desto deutlicher wurde sie. Er saß mit geröteten Wangen und hüpfender Gurgel da und warf gelegentlich heimliche Blicke in Grazias Richtung. Obgleich er sich Mühe gab, den Ausführungen von Fritz zu folgen, war es offensichtlich, dass dessen Worte nicht zu ihm durchdrangen. Anton beobachtete amüsiert seinen Neffen. Um Ludwig nicht erneut zum Gespött ihres Mannes werden zu lassen, lenkte Renata das Gespräch auf den gegenwärtigen Wahlkampf. Sie wusste, hier würde Ludwig leidenschaftlich Stellung beziehen.

„Die CDU hat ja recht. Auf den Kanzler kommt es an. Aber der darf nicht länger Kiesinger heißen. An der Spitze unseres Landes muss ein Mann stehen, der auf der ganzen Welt geachtet wird. Das ist Willy Brandt, nicht der einstige Nazi Kurt Georg Kiesinger", ereiferte sich der Journalist prompt. – „Aber der is doch jetzt a Demokrat, genau wie der Willy. Beide hocken's in der gleichen Regierung – zusammen mit dem ehemaligen Wehrmachtsoffizier, dem Strauß, und dem früheren Kommunisten Wehner. Also, wenn's die Herren sich am Kabinettstisch so gut verstehn, besonders der Brandt und der Kiesinger, was regst di so auf?" Ludwig war sprachlos. In Bayern hatte sein Onkel auf die CSU geschimpft und gegen Kiesinger gewettert. Ausgerechnet hier im roten Revier gab er den abgeklärten, neutralen Beobachter. Wollte er seinen Neffen provozieren? Oder bereitete es dem eingefleischten Querkopf Freude, gegen den Strom zu schwimmen?

Nachts konnte Ludwig keinen Schlaf finden. Er musste immer an die schöne Grazia denken. Am liebsten hätte er sie bei der Hand genommen und wäre mit ihr auf und davon gelaufen, hätte sie wild umarmt und geliebt. Doch Ludwig hatte sich nicht einmal getraut, sie anzusprechen, geschweige denn, sich mit ihr zu verabreden. Aus Angst, dass Anton sich über ihn lustig machen würde. Ach was, Onkel Done! Ich war einfach zu schüchtern, gestand er sich ein.

Um sein Selbstbewusstsein aufzumöbeln, konzentrierte sich Ludwig ganz auf seine Stärke, den Journalismus. Dones beliebige Haltung stand für viele Wähler. Ludwig dagegen wollte einen flammenden Appell an die Arbeiter, speziell an die Bergleute, richten, SPD zu wählen. Gedacht, getan! Er sprang aus dem Bett und spannte ein frisches Blatt in seine Maschine.

Für gewöhnlich wies Herbert Lary aufdringlichen Autoren die Tür. Wenn er seinen freien Mitarbeitern erlauben würde, jederzeit unangemeldet bei ihm hereinzuplatzen, um ihre Themen anzupreisen, würde seine Arbeit liegenbleiben. Doch der Chefredakteur und Menschenkenner spürte, dass Ludwig Gruber unsicher war, nach Anerkennung gierte und sich dabei an ihn als Autorität klammerte. Hätte er den tatendurstigen Schreiber brüsk zurückgewiesen, würde Gruber verzagen. Also riss sich Lary von seiner Arbeit los, um mit seinem ungeduldigen Gast im Frühstücksraum, außer Hörweite der feixenden Redakteure, bei einer Tasse Kaffee ein grundsätzliches Gespräch zu führen.

Zunächst versicherte Lary seinem Gegenüber, dass er ein erfolgreicher Journalist werden würde, „aber dabei müssen Sie, wie wir alle, einige Grundsätze beachten. Am wichtigsten: Ein Journalist muss in erster Linie über Tatsachen berichten. Dazu braucht er Abstand. Erst auf dieser Basis soll er den eigenen Standpunkt deutlich machen. Ich halte nichts von sogenannten Kollegen, deren einziges Ziel es ist, den Lesern ihre Meinung aufzuschwatzen. Damit machen wir uns bei unserem Publikum unglaubwürdig. Wir sind eine Zeitung für Bergleute, kein Parteiorgan." – „Aber Willy Brandt und die SPD stehen doch auf unserer Seite …" – „Sicher." Lary verzog den Mund: „… das tun vor den Wahlen alle. Wem wir Redakteure unsere Stimme geben, geht niemanden was an. Die meisten unserer Leser wählen rot. Aber es gibt auch nicht wenige Schwarze. Hervorragende, engagierte Kollegen. In der Gewerkschaft, in der Partei sind viele CDUler, Arbeitsminister Hans Katzer etwa oder der Heiner Geißler aus Rheinland-Pfalz und der Norbert Blüm aus Hessen – alles Kollegen, aus denen was werden könnte. Kurz und gut, in meinem Blatt wird keine Parteipolitik gemacht, schon gar nicht vor den Wahlen."

Lary beobachtete, wie Ludwig enttäuscht seinen Artikel zerriss. „Nicht so heftig, Herr Kollege! Ich habe Ihnen lediglich meine Meinung gesagt. Sie können Ihren Beitrag ja einer anderen Zeitung anbieten …" – „Nein!" Ludwigs Stimme klang entschieden. „Sie haben mich überzeugt. Ich will meinen Lesern dienen, nicht sie indoktrinieren. Und da muss ich noch einiges lernen. Denn meine Kollegen sind keine Deppen. Die berichten schon seit Jahren über den Ruhrbergbau. Ihn mit den Augen eines Bayern zu beschreiben – das ist einmal interessant. Dann muss etwas Neues kommen. Nur was?"

Ludwigs hilfesuchender Blick ließ Lary unbeirrt: „Sie müssen selbst ihr Feld finden und beackern. Wofür interessieren Sie sich besonders?" – „Für alles." Ludwigs entschlossene Miene verriet, dass er die Wahrheit sprach. Das brachte Lary auf einen Gedanken. „Unsere Redakteure, auch ich, sind allesamt frühere Bergleute …" – „Ich auch …" – „… aber in Umbruchzeiten wie diesen reicht die alte Knappenromantik nicht mehr. Wir müssen uns in neue, vermeintlich trockene Sachgebiete einarbeiten. Volkswirtschaft, Betriebswirtschaft. Die Ruhrkohle ist ein Riesenkonzern. Von ihrem Wohl und Wehe hängt unser aller berufliche Existenz ab – das dürfen wir nicht nur unseren Wirtschaftsexperten überlassen, dann sind wir verraten. Meine Redakteure sind zu alt … und zu bequem, um sich mit der Materie auseinanderzusetzen. Aber Sie sind jung, erfolgshungrig und an allem interessiert, wie Sie selbst sagten. Also knien Sie sich in die Volks- und Betriebswirtschaft."

Ludwig presste die Lippen zusammen. Er zögerte. Schließlich gab er zu: „Ich habe kein Abitur …" – „Na und? Ein Grund mehr, sich den Arsch aufzureißen und sich so in das Fachgebiet einzuarbeiten, bis Sie sich darin besser auskennen als die meisten. Bis Sie unsere Leser kompetent über alle wirtschaftlichen Belange informieren können. Außerdem verfügt die Industriegewerkschaft Bergbau und Energie über hervorragende Wirtschaftsexperten. Sie sollten zu ihnen Kontakte knüpfen …" – „Hab ich bereits getan. Noch am gleichen Tag, als Sie meinen Artikel annahmen, habe ich meine Gewerkschaftsheimatadresse umgemeldet. Von Penzberg nach Herne."

Lary wollte Gruber zuletzt seinen wichtigsten Rat nicht vorenthalten: „Vertrauen Sie sich selbst. Suchen Sie sich keine Götter. Wir kochen alle nur mit Wasser. Auch ich bin nicht Zwerg Allwissend."

In den folgenden Monaten las Ludwig Gruber jede volkswirtschaftliche Schrift, derer er habhaft wurde. In der Herner Stadtbibliothek, im Gewerkschaftshaus in Dortmund und schließlich in der Bergbaubücherei Essen vertiefte er sich in Aufsätze und Bücher über Ökonomie. Wirtschaft war eben nicht gleich Wirtschaft, wie er bislang angenommen hatte. Die Disziplin war unterteilt in Nationalökonomie, Gesellschaftsökonomie und politische Ökonomie. Ludwig war zunächst verwirrt. Aber er war nicht der Mann, klein beizugeben. Das ließen weder sein Stolz noch seine Intelligenz zu. Also systematisierte er seinen Lesestoff.

Ludwig vertiefte sich in volkswirtschaftliche Theorien, ja, er wurde geradezu süchtig nach den Denkmodellen der Ökonomen. Von den Klassikern Adam Smith, David Ricardo über John Stuart Mill bis Karl Marx. Die Gedankengebäude der Philosophen und Ökonomen ließen Ludwig nicht los. Denn hier ging es nicht wie in der reinen Philosophie um Ideen und Weltbilder, sondern um Versuche, das volkswirtschaftliche Geschehen zu begreifen und mit diesem Wissen die ökonomische Situation und damit das Los der Menschen zu verbessern.

Ludwig begeisterte sich eine Weile für Karl Marx. Nicht die komplizierte Mehrwerttheorie des Denkers hatte es ihm angetan, sondern der Anspruch Marx' an seine Kollegen: „Die Philosophen haben die Welt nur verschieden interpretiert, es kommt aber darauf an, sie zu verändern."

Der Gedanke elektrisierte Ludwig – ebenso wie Millionen junger Leute in ganz Europa. Seit dem Vorjahr, seit 1968, waren aufbruchswillige Jugendliche, vor allem Studenten, entschlossen, die verkrusteten Gesellschaften des alten Kontinents drastisch – revolutionär – zu verändern. „Die Revolutionen sind die Lokomotiven der Geschichte", hatte Karl Marx hundertzwanzig Jahre zuvor geschrieben. Die Studenten in Deutschland und Frankreich wollten endlich Lokomotivführer spielen und die Gesellschaften ihrer Länder im D-Zug-Tempo in die marxistische Zukunft ziehen. Durch ihren revolutionären Elan war es den 68ern fast gelungen, in Frankreich die etablierte Republik Charles de Gaulles' zu stürzen. Doch nach wenigen Tagen fing sich das alte Regime und schlug den Umsturzversuch nieder – vor allem, weil es den Studenten nicht geglückt war, die Arbeiter, in deren Namen sie sich erhoben, für ihre Ideen zu begeistern. Die Arbeiter hatten nichts für das kommunistische Himmelreich übrig – ihnen ging es um konkrete Erhöhungen ihrer Löhne und Verbesserungen ihrer Beschäftigungsbedingungen. Um das durchzusetzen, hatten sie ihre Arbeitnehmerorganisationen, die Gewerkschaften. Die Anführer der Studentenproteste dagegen schwebten in ihren idealistischen, ideologischen Träumen.

Dies galt für Frankreich ebenso wie für Deutschland. Die aufbegehrenden Studenten hatten schlicht ihre gesellschaftliche Basis, die Arbeitnehmerschaft, ignoriert. In der Tschechoslowakei dagegen erhoben sich Arbeiter und Studenten für das gleiche Ideal, die Freiheit. Sie hatten genug von der Diktatur der Kommunistischen Partei des Landes, die lediglich ein Vasall der sowjetischen Führung war. Als sogar in der Partei pragmatische Reformer die Macht übernahmen und gemeinsam mit der Arbeiterschaft, den Studenten und Teilen der Bevölkerung mehr Freiheit im Staat durchsetzten, ließ die Moskauer Führung den „Prager Frühling" niederwalzen – aus Angst, der Keim der Freiheit könnte sich im ganzen sowjetischen Imperium ausbreiten. Der Versuch der 68er, mit revolutionären Aktionen die Macht zu übernehmen, war gescheitert – vorerst. Doch der Samen der Freiheit war gesät. Und er würde aufgehen. Im Osten wie im Westen.

Bei seinen nationalökonomischen Lesereisen begriff Ludwig immer deutlicher, warum der Ansturm der 68er fehlgeschlagen war. Die Köpfe der Bewegung waren meist bei den Modellen und Verheißungen von Karl Marx stehengeblieben. Sie träumten davon, die Welt zu verändern, ohne sich um die Wirklichkeit zu scheren. So hatte der Philosoph Ernst Bloch, einer der Väter der 68er, gefordert, dass die Wirklichkeit entsprechend geändert werden müsse, wenn sie nicht der Theorie entspräche. Doch die Realität der Ökonomie war längst weiterentwickelt worden, etwa vom britischen Wirtschaftswissenschaftler John Maynard Keynes. Der hatte unter dem Eindruck der Weltwirtschaftskrise und von Millionen Arbeitslosen in den dreißiger Jahren dem Staat die Aufgabe übertragen, mit Hilfe von Investitionen die Volkswirtschaft anzukurbeln. Auf diese Weise hatten die Vereinigten Staaten im New-Deal-Programm von Präsident Roosevelt ihrer dahinsiechenden Wirtschaft auf die Beine geholfen. Mit ähnlichen Mitteln hatten auch Karl Schiller und Franz Josef Strauß das Tief Mitte der sechziger Jahre überwunden und Deutschlands Konjunktur wieder auf Touren gebracht.

Ludwig unterbrach kurzfristig seine theoretischen Studien, um sich an einer real existierenden Sondersituation im Arbeitsprozess zu beteiligen. In Ludwigs neuer Heimat ging es zur Sache. Anfang September 1969 standen die Zeichen im Pott auf Sturm. „Das läuft auf einen astreinen Arbeitskampf hinaus", verkündete der angehende Journalist, als er gemeinsam mit Renata, Anton und dessen Freund Luis Pereira in der Küche beim Abendbrot saß.

Ludwig war gerade erst in Hochstimmung vom Tor des Hoesch-Werkes Westfalenhütte in Dortmund zurückgekehrt. Dort hatte ein Brief an die Aktionäre des Stahlkonzerns, der dank guter Geschäftslage eine Erhöhung ihrer Dividenden in Aussicht stellte, eine Lawine losgetreten. Die Löhne, die während der wirtschaftlichen Schieflage im Vorjahr 1968 ausgehandelt worden waren, und die entsprechend moderaten Tarifverträge standen im Gegensatz zu den Gewinnen des Konzerns. Das war 3000 Hoesch-Stahlkochern zu viel. Am 2. September traten sie in den Ausstand. Sie wollten eine Erhöhung ihres Stundenlohnes um 20 Pfennig erreichen. Die Konzernleitung bot ihnen jedoch lediglich 15 Pfennig an. Daraufhin verlangte die Belegschaft 30 Pfennig.

Am nächsten Tag streikten bereits mehr als 23 000 Stahlarbeiter in drei Dortmunder Hoesch-Werken. Ein mächtiger Zug formierte sich in die Dortmunder Innenstadt, wo die Arbeiter für ihre Lohnerhöhung protestierten. „Ergebnis?", fragte Anton trocken. „Immerhin 20 Pfennig mehr Lohn", trumpfte Ludwig auf und griff nach der Wurstplatte. „Passt auf, das macht Schule!"

„Ein wilder Streik ist nie gut", meinte der bedächtige Portugiese nach kurzer Pause. „Was ist denn wild an dem Streik?", ereiferte sich Ludwig. „Das brodelt doch schon eine ganze Zeit. Dann geht mal eine Fensterscheibe zu Bruch, und schon ist's ‚wild'. Braucht man denn für alles in diesem Land eine Erlaubnis?" Anton lachte auf. „Wuild bist vor allem du, Luggi!" – „Luis hasst Gewalt und traut Kommunisten nicht über den Weg. Die Leute sollen sich bloß nicht vor den falschen Karren spannen lassen", warnte Renata. „Man hört ja immer wieder, dass in den Betrieben agitiert wird. Kommunisten und APO-Leute und so …"

Ludwigs Prognose bewahrheitete sich. Der Ausstand der Stahlarbeiter trat eine Streikwelle im ganzen Land los. Nach der Eisen- und Stahlindustrie waren auch bald der öffentliche Dienst, der Schiffbau und die Textilindustrie von Ausständen betroffen.

Am 9. September legten die Kumpel auf den Dortmunder Zechen Minister Stein und Fürst Hardenberg die Arbeit nieder. In den nächsten beiden Tagen traten auch die Kumpel auf Hansa, Germania und Zollern I in den Ausstand. Die IGBE, die den Streik nicht unterstützte, sah sich vor einem Dilemma: Vor dem Gewerkschaftshaus skandierten die Kumpel „Glück auf, Glück auf, wir werden verkauft" und marschierten zur Dortmunder City, um dort zu demonstrieren. Die Gewerkschaften fühlten sich an die noch gültigen Tarifverträge gebunden. Auch wollten sie die Friedenspflicht nicht verletzen, schon gar nicht kurz vor den Bundestagswahlen. So weigerten sich die Gewerkschaften, für die Bezahlung der Streikschichten aufzukommen. Erneut wurden, besonders in der IGBE, Stimmen laut, die die Streiks auf die Agitationen der Außerparlamentarischen Opposition zurückführten. Die Gewerkschaft mahnte die Kumpel zur Einheit: „Die Antwort der Bergleute … kann nur sein: Wir lassen uns nicht verrückt machen. Wir streiken nicht gegen unsere eigenen Interessen, sondern wir kämpfen zusammen mit unserer Gewerkschaft für die

Verbesserung unserer Lebensbedingungen", lautete das Resümee der IGBE-Zeitschrift „Einheit".

Am Ende kamen für die Kumpel in den neuen Tarifverhandlungen 3,50 Mark mehr pro Schicht heraus. Zudem wurden Zulagen erhöht, und die Zahlung von Urlaubsgeld wurde eingeführt.

Unmittelbar vor den Bundestagswahlen ließ Lary durch seinen Stellvertreter Ludwig bitten, einen kurzen Beitrag über die bevorstehende Entscheidung zu verfassen. Der Artikel überraschte den Chefredakteur, denn statt ein flammendes Plädoyer für den sozialdemokratischen Kandidaten vom Stapel zu lassen, wie Lary es erwartet hatte, hielt sich der Autor an die verabredeten Vorgaben.

„Welche Partei auch immer die bevorstehenden Bundestagswahlen gewinnt, welche Koalition auch immer Deutschland in den nächsten vier Jahren regieren wird – die volkswirtschaftlichen Herausforderungen sind die gleichen. Unser Industrieland ist auf eine langfristig gesicherte Energiezufuhr angewiesen. Deshalb können wir uns nicht vollständig auf Rohölimporte verlassen, die im Moment preisgünstig sind. Denn die Erfahrung lehrt uns, dass der Markt niedrige Preise schnell hinauftreibt, weil sich auf diese Weise gut verdienen lässt. Am Ende bleiben wir auf unsere heimische Kohle angewiesen. Dieses Wissen hat im Bund die Regierung der großen Koalition aus Sozialdemokraten und Union und in Nordrhein-Westfalen das sozialdemokratisch-liberale Bündnis bewogen, durch die Gründung der Ruhrkohle AG im November 1968 die Zukunft der deutschen Industrie zu gewährleisten. Auf diese Weise wurden Hunderttausende Arbeitsplätze gesichert – direkt im Kohlebergbau, aber auch in der deutschen Bergbauzulieferindustrie, deren Bergbautechnik weltweit führend ist. Ebenso in den Energiekraftwerken, die mit heimischer Kohle betrieben werden."

„Das bedeutet, wir Bergleute müssen darauf abzielen, dass die Wähler und damit alle Parteien und die neue Bundesregierung begreifen, dass der Erhalt des deutschen Kohlenbergbaus in unser aller Interesse ist. Dieser Auftrag ist mit der Gründung der Ruhrkohle AG keineswegs beendet. Weitere Investitionen sind dringend erforderlich. Viele Anlagen sind veraltet. Ihre Sicherheitsvorkehrungen sind nicht auf dem neuesten Stand. Die notwendige Modernisierung, um die Zechen konkurrenzfähig zu halten, erfordert neue Mittel. Der Kohlebeauftragte der Regierung schätzt, dass allein die Erhaltungsinvestitionen jährlich 250 Millionen Mark kosten werden.

Für den Erhalt und die Sanierung des deutschen Steinkohlenbergbaus brauchen wir die Unterstützung aller politischen Kräfte. Eine einseitige Festlegung auf eine Partei würde dieses notwendige Bündnis gefährden. Diese Neutralität gilt für den Bergbau. Ansonsten hat jeder Kumpel, ebenso wie jeder Bürger, seine eigenen Interessen. Wem beispielsweise eine auf Frieden und Versöhnung gerichtete Ostpolitik am Herzen liegt, ist bei unserem Außenminister gut aufgehoben.“

Lary legte das Manuskript mit einem zufriedenen Lächeln beiseite. Ludwig hatte sich offenbar seine Worte zu Herzen genommen und seine Hausaufgaben gemacht. Er begann, die komplexen volkswirtschaftlichen Zusammenhänge zu begreifen, und war fähig, diese verständlich darzulegen. Der Autor machte aus seiner parteipolitischen Vorliebe kein Geheimnis, vermischte diese aber nicht mit der Pflicht, seine Leser möglichst objektiv zu informieren.

Ludwig verbrachte den Wahlabend im „Napoli“. Als Journalist wäre es professioneller gewesen, die einzelnen Parteizentralen aufzusuchen und dort die jeweilige Stimmung einzufangen, auch ein Abstecher zur Zentrale der Industriegewerkschaft Bergbau und Energie in Bochum hätte Gruber neue Eindrücke und Kontakte vermitteln können. Ludwig machte sich Vorwürfe, dass er stattdessen wie ein kleiner Bub an der Hand von Onkel und Tante ins Familienlokal tappte. Die Selbstbezichtigung hatte ihre Ursache jedoch nicht in mangelhaftem beruflichem Engagement – zu gern hätte er die Reaktion der Kollegen von der schreibenden Zunft auf das Wählervotum erlebt –, sondern in dem Wunsch, Grazia wiederzusehen. Das Bedürfnis, der schönen Bedienung nahe zu sein, wog schwerer als Ludwigs großer beruflicher Ehrgeiz. Doch statt sich einzugestehen, dass er sich in Grazia verliebt hatte, und zu versuchen, sich mit der jungen Frau allein zu verabreden, begleitete Ludwig seine Gastgeber in die Pizzeria, wobei er die stille Hoffnung hegte, „irgendwie" werde sich schon eine Gelegenheit ergeben, Grazia näherzukommen.

Das „Napoli" war am Abend des 28. September brechend voll. Was nicht zuletzt an dem neuen Farbfernseher lag. Die bunten Bilder aus den Wahlkampfzentralen der Parteien wurden von dem üblichen wichtigtuerischen Geplapper der Reporter begleitet. Die Bialos hatten sich fast vollständig versammelt. Neben Lokalbesitzer Giuseppe Brandi und seinem Kompagnon Heiner Bialo waren auch Brandis Frau Lilian und ihre Brüder Emil und Fritz gekommen. Giuseppe und Lilians Zwillinge Carlo und Carla tobten durchs Lokal. Der bedächtigere älteste Sohn, der elfjährige Mario, hatte sich mit einem Buch in eine Küchenecke zurückgezogen.

Sobald Ludwig Grazias ansichtig wurde, glühten seine Wangen auf. Sie war noch schöner, als er sie im Gedächtnis hatte. Grazia bewegte sich anmutig, sie hatte einen energischen und gleichzeitig heiteren Gesichtsausdruck, wozu nicht zuletzt schwungvolle Lachgrübchen auf jeder Wange beitrugen. Als Grazia Ludwig erspähte, begrüßte sie ihn mit einem Lächeln und warf ihren Kopf dabei aufmunternd zurück. Die Bewegung ließ Ludwig seinen Blick verschämt senken. Mit halbem Ohr verfolgte er die politische Diskussion.

„Sieht nicht so aus, als ob unsere braven Deutschen den roten Willy aufs Schild heben …", wandte sich Heiner an Ludwig, nachdem er von Renata erfahren hatte, dass dieser Journalist sei. Ehe er darauf antworten konnte, ergriff Anton das Wort. „Den Luggi musst heut net frogn. Der sieht eh nur noch rot, aber anders wie du", wobei er mit seinem Kopf vieldeutig in Grazias Richtung deutete, die sich gewandt durch die engen Tischreihen hindurchschlängelte. „Oho!", konterte Heiner mit Blick auf Ludwig. „Da hast du dir ein schönes, aber hartes Nüsslein ausgesucht, mein Junge." – „Der Ludwig ist selbst ein attraktiver Mann! Er muss sich vor niemandem verstecken", versuchte Renata dagegenzuhalten, was Ludwig noch verlegener machte.

„Ich nicht versteh, warume die Deutsche so dumm sind und wählen Kiesinger. So bleibt alles bei Alte. Zuerst Fascisti, dann Schwarz", rätselte Giuseppe. Heiner versuchte, von seinem Platz hinter dem Tresen im aufkommenden Lärm wenigstens die Tabellen auf dem Bildschirm zu erkennen. Er schrie auf, ebenso wie ein Teil der Gäste. „Scheint doch noch für Rot-Gelb zu reichen!", rief er danach Giuseppe zu und schlug ihm krachend auf die Schultern. „Dann geht hier die Post ab wie bei Borussia Dortmund." – „Oder wie bei unsere Azzurri von die SSC Napoli!", erwiderte Giuseppe. Er sah angestrengt auf die Schaubilder des Fernsehens und meinte endlich mit einem Aufseufzen: „Wenigstens sind die Fascisti nicht in die Parlament."

„Das ist noch lange nicht ausgemacht!", tönte es vom Eingang des Lokals. Soeben war Onkel Kurt in die Pizzeria getreten. Er trug einen Maßanzug mit seidenem Einstecktuch und Wildlederschuhe. Kurt stürmte zum Fernseher, danach wandte er sich zum Familientisch um. „Die Prognosen stehen gut für die NPD, ihr Lieben. Mit ein bisschen Glück schaffen die Kameraden den Einzug in den Bundestag." Der ältere Herr rieb sich freudig die Hände. „Dann geht nichts mehr ohne die Freunde von der NPD. Jetzt weht in Deutschland ein anderer Wind, meine Herrschaften!" – „Wenn du alter Sack glaubst, in meinem Lokal wieder Nazipropaganda betreiben zu können, bist du schief gewickelt, Kurt!", wies Heiner seinen Onkel zurecht. „Das ist keine Nazipropaganda. Das sind Tatsachen, mein Junge! Wir Deutschen haben es einfach satt, im Büßergewand rumzulaufen, vor der ganzen Welt den Diener zu machen und den anderen unser sauer verdientes Geld in den gierigen Schlund zu werfen."

Die auftrumpfende Anmaßung des Altnazis, der nach dem Krieg vorgegeben hatte, von der „Politik" geläutert zu sein, empörte die ganze Familie. Sein Neffe Heinrich und Renata aber gerieten in helle Wut. „Ihr Nazischweine habt mich und meine Kameraden in den Krieg getrieben und verrecken lassen ..." – „Einen Moment, mein lieber Heini. Du solltest die geschichtlichen Tatsachen nicht durcheinanderbringen. Der Führer musste den Russen angreifen, um einer bolschewistischen Attacke zuvorzukommen. Und verreckt seid ihr, weil euch der Iwan massakriert hat, nicht der Führer ..." – „Dein Scheißführer hat im sicheren Bunker gesessen. Genau wie du! Und wir durften für euch die Drecksarbeit machen." – „Du hast keine Ahnung, mein Junge!" – „Ich bin nicht dein Junge!", verbat sich Heiner die Anrede seines Onkels. Dieser fuhr ungerührt fort: „Ich habe bereits während der Republik für Deutschlands Freiheit gekämpft ..." – „Im Freikorps ...", warf Renata ein. „So ist es, liebe Schwester. Und später sorgte ich dafür, dass Tausende deutsche Männer wieder Arbeit bekamen." Kurt wandte sich an Heiner und erhob seine Stimme. „Unter anderem euer Vater Otto. Habt ihr das schon vergessen? Ohne mich wärt ihr alle verhungert."

Renata verlor die Beherrschung. Sie sprang auf. „Du und deine Naziband habt euch als Herren über Leben und Tod gebärdet! Und habt alle Schwachen und Kranken und andere verhungern lassen. Zum Beispiel Dr. Rubinstein!" – „Du warst in ihn verliebt!", frotzelte ihr Bruder. – „Und du hast ihn verrecken lassen!", schrie Renata. Derart zornbebend hatte sie in der Familie noch niemand erlebt. „Beruhig dich, Kleines. Das ist nun wirklich längst vorbei." – „Du Mistkerl!", tobte Renata, während ihr die Tränen in die Augen schossen. Anton legte ihr den Arm beruhigend um die Schultern.

Der Schmerz und die Kränkung der Tante ließen Heinrichs Jähzorn zur kalten Entschlossenheit erstarren. Er trat auf seinen Onkel zu und sprach dabei mit scharfer Stimme: „Jahrelang haben wir deinen Nazidreck hingenommen, weil du immer behauptet hast, es wäre vorbei. Doch kaum hebt deine braune Bande den Kopf, witterst auch du Morgenluft. Mach, dass du rauskommst! Und lass dich hier nie wieder blicken, du Nazischwein!" Kurt wich unwillkürlich vor seinem Neffen zurück, der einen Kopf größer war und den athletischen Körperbau des früheren Bergmanns besaß. Kurt stürzte zum Ausgang. An der Schwelle hielt er inne. Er wandte sich ruckartig um und schnarrte dabei: „Ihr seid alle enterbt! Undankbares Gesindel!"

Die anderen Gäste waren verstummt und hatten die Auseinandersetzung neugierig verfolgt. Doch der plärrende Fernseher und die sogleich wieder umherwuselnden Brandi-Zwillinge, die sich lachend den Zubettgehappellen ihrer Mutter Lilian widersetzten, ließen den Redestrom der Lokalbesucher bald wieder zur alten Lautstärke anschwellen. Anton bemühte sich, seine Frau zu beruhigen. Doch zu viele Erinnerungen stürmten auf Renata ein. Das Geschrei und das Getrampel der Nazis, ihre erbarmungslose Boshaftigkeit und inmitten dieses Infernos Kurt in seiner braunen SA-Uniform und der in diesem Meer der Niedertracht ertrinkende jüdische Arzt Samuel Rubinstein.

Unterdessen hellte sich die Stimmung im Lokal auf. Die Wahlprognosen stabilisierten sich. „Siehst, die NPD verhungert auf vier Komma was Prozent. Den Kurti wird's vor Wut zerreißen wie das Rumpelstilzchen", redete Anton seiner Renata zu. „Bist du sicher?" – „Absolut. Das alte Nazigeschmeiß wird bald verreckt sein. Und dann is endgültig a Ruah! Weil so blöd kann kein junger Mensch sein, der in der Demokratie aufwächst, dass er jemals sich freiwillig in so eine Schlangengrube begibt!" – „Hoffentlich geben dir die Deutschen recht." – „Passt scho!", lachte der Done und fand endlich Gelegenheit, einen tiefen Zug Weißbier zu nehmen, dessen Schaum derweil zusammengesackt war.

Nach der nächsten Hochrechnung bestellte Anton ein frisch gezapftes Pils. Denn nunmehr wurde immer deutlicher, dass es für die Unionsparteien trotz ihres recht guten Wahlergebnisses von mehr als 46 Prozent nicht zur absoluten Mehrheit reichen würde. Dagegen kamen SPD und Liberale zusammen auf über 48 Prozent – das würde zur Kanzlermehrheit genügen. Tatsächlich verkündete Willy Brandt noch in der Wahlnacht, dass er gemeinsam mit den Freien Demokraten die nächste Bundesregierung bilden wolle. Woraufhin im „Napoli" Wildfremde einander zuprosteten. „Erstmals seit 1930, seit 39 Jahren, hat Deutschland mit Willy Brandt wieder einen sozialdemokratischen Kanzler, Genossen! Geben wir Acht, dass wir diesmal die Macht festhalten und nicht leichtfertig an die Reaktionäre und Klassenfeinde verlieren. Freundschaft und Glück auf! Das ist eine glückliche Nacht für uns Bergleute! Bier und Kurze aufs Haus!", rief Heiner.

Als der Lokalbesitzer kurz danach am Familienstammtisch vorbeistolzierte, packte Anton ihn und zog Bialo mit festem Griff neben sich. „I will deinen Enthusiasmus net kleinmachen, Heiner, aber noch ist der Willy net zum Kanzler gewählt …" – „Eine reine Formalie!" – „Auch Willy Brandt kann weder den Weltmarktpreis für Öl drücken noch die deutschen Grenzen für billige Importkohle dichtmachen. Und genau darunter leiden unsere Bergleute", mischte sich mit einem Mal Ludwig ins Gespräch.

„Dem Willy wird schon was Vernünftiges für uns einfallen. Da bin ich ganz sicher!" – „Der zukünftige Kanzler allein kann wenig bewegen. Dazu müssen alle Kräfte zusammenstehen, wie in der konzertierten Aktion – aber die gibt's schon längst." – „Mach uns den Sieg nicht madig, Kumpel!" – „Keineswegs! Ich hab selbst SPD gewählt", rechtfertigte sich Ludwig, während der Wirt weiterging. – „Red net so gescheit über Politik daher – während das pralle Leben unbeachtet an dir vorbeizieht!", ermahnte Done seinen Neffen. Der wusste, was der Onkel meinte.

Grazia bedachte Ludwig bei ihren Bedienungswegen durch die Pizzeria mit heißen Blicken. Doch der wich ihren Augen aus. Done beobachtete, wie die junge Frau ihre Gläser an der Theke abstellte und Ludwig unmissverständlich zuwinkte. „Geh zu ihr hin!", forderte er den Neffen auf. Doch der ruckte unentschlossen auf seiner Bank herum. „Jetzt langt's!", verkündete Anton Kraus. Unter Renatas erwachendem Lächeln erhob sich ihr Mann, packte seinen Neffen wie einen störrischen Jungen und führte ihn zum Tresen, wo er Ludwig Grazia entgegenstellte und fröhlich verkündete: „Schönes Fräulein, darf ich es wagen, Ihnen meinen g'schamigen Neffen anzutragen?"

Ludwig wäre vor Schüchternheit am liebsten im Boden versunken. Doch seine Angebetete lachte. Sie ergriff mit heißer Hand die kalten Finger ihres scheuen Verehrers und meinte: „Danke, Herr Antonio. Bei mir ist ihr Roscio, ihr Rotkopf, in den besten Händen. Ich werde gut auf ihn aufpassen … und ihm auch mal Beine machen, wenn's sein muss …" Grazia zwinkerte Anton zu, dann strahlte sie Ludwig an.

Die Zweifel an der Regierungsfähigkeit der SPD und ihres Vorsitzenden Willy Brandt waren nicht berechtigt. Gemeinsam mit dem Vorsitzenden der FDP, Walter Scheel, schmiedete der SPD-Chef gegen die Widerstände der Konservativen, aber auch des SPD-Machttaktikers Herbert Wehner, das sozialliberale

Bündnis. Am 21. Oktober 1969 wählte der Bundestag mit knapper Mehrheit Willy Brandt zum Kanzler.

Eine Woche später gab Brandt vor dem Bundestag seine Regierungserklärung ab. Kernpunkt seiner Rede war das Motto seiner Regierungszeit: „Wir wollen mehr Demokratie wagen." Die neue Regierung wollte mithelfen, die deutsche Gesellschaft freier, gleicher, gerechter zu machen. Dabei gingen Kabinett und Bundeskanzler mit gutem Beispiel voran: „Wir sind keine Erwählten – wir sind Gewählte", verkündete Brandt unter dem donnernden Beifall von Sozialdemokraten und Liberalen. Vorbei die Zeiten, in denen die Regierung ihr Selbstwertgefühl aus ihrer Macht über Menschen zu beziehen suchte. Nun gab der Kanzler vor: „Das Selbstbewusstsein dieser Regierung wird sich als Toleranz zu erkennen geben." Verständnis für die anderen, für Minderheiten, Ausländer, Schwächere sollte erstmals in der deutschen Geschichte ein Markenzeichen der Gesellschaft sein.

Ludwig verfolgte in der Redaktion der „Revier Zeitung" die Regierungserklärung am Bildschirm. Die Journalisten und die Grafikerin waren mächtig stolz, dass mit Willy Brandt endlich ein Roter Bundeskanzler war. Und das Ziel, mehr Demokratie anzustreben und damit die Gesellschaft toleranter zu machen, stieß bei allen auf ungeteilte Sympathie. Dennoch warteten sie gespannt, bis Brandt zur Sache kam. „Die Industriewirtschaft ist auf ein stetiges und billiges Angebot von Energie und Rohstoffen angewiesen. Wir werden die Politik der Gesundung des Steinkohlenbergbaus, der Sicherung der Mineralölerzeugung, der Öffnung der Märkte für neue Energieträger und der Verbesserung des Wettbewerbs in der Elektrizitätswirtschaft ausbauen", versicherte der neue Regierungschef.

Die Mienen der Redakteure waren nach der Ansprache betreten. Lary eröffnete die Redaktionskonferenz und fragte die Anwesenden nach ihren Eindrücken. „Das war ein Gemischtwarenladen. Jeder kann sich nehmen, was er wünscht", urteilte Ludwig. Sein Redakteurskollege Jost Kowalski ging mit dem neuen Regierungschef härter ins Gericht: „Das ist eine Schweinerei! Wir Arbeiter haben Willy zum Kanzler gemacht, und jetzt redet er der Mineralölwirtschaft nach dem Maul!" – „Der Brandt war nie ausschließlich nur Interessenvertreter der Arbeiter. Schon als Regierender Bürgermeister von Berlin musste er sich mit der bürgerlichen Wirtschaft und der Springer-Presse arrangieren." – „Dann kann er uns gestohlen bleiben!", schimpfte Hans Koschel.

„Hört auf zu räsonieren und fangt an zu denken. Dafür zahlen euch die Kumpel ihr sauer verdientes Geld!", herrschte Lary sie an. „Als Kanzler muss Willy Brandt die Interessen aller vertreten …" – „Aber im Wahlkampf hat er …" – „… Zirkus gemacht, wie alle anderen auch. Wer das ernst nimmt, gehört in den Kindergarten. Nicht in eine Zeitungsredaktion!"

Der Chefredakteur sprach nun leiser, doch nicht weniger bestimmt. „Jetzt geht es um die Wurst, Leute. Jeder muss um seinen Teil der Macht kämpfen. Die Mineralölwirtschaft genauso wie wir. Und wir werden nur gewinnen, wenn wir wissen, was wir wollen und wie wir es durchsetzen. Wir wollen, dass die heimische Kohle erhalten bleibt. Da haben wir gottlob ein mächtiges Mutterhaus, die Ruhrkohle AG. Anders als früher, wo wir mit hundert selbständigen, egoistischen Zechengesellschaften verhandeln mussten. Jetzt brauchen wir unsere Strategie und Taktik nur mit der Ruhrkohle abzustimmen. Die haben das gleiche Interesse wie wir, also müssen wir an einem Strang ziehen."

Lary fuhr fort. „Mit die wichtigste Macht auf unserer Seite sind die Gewerkschaften, Arbeitnehmervertreter und die christlichen Arbeitnehmer. Nur wenn wir diese Kräfte zusammenfassen und geschickt zusammenspielen, haben wir auf Dauer eine Chance, Arbeitsplätze im deutschen Steinkohlenbergbau gegen spottbillige Importe von Öl und Kohle zu verteidigen. Die Importeure werden versuchen, uns mit billiger Energie platt zu machen – erst dann werden sie ihre Preise hochjagen wie Raketen. Aber so weit dürfen wir's nicht kommen lassen. Unter keinen Umständen! Das ist unser wichtigstes, unser entscheidendes Ziel. Dem wird alles andere untergeordnet."

„Du redest, als ob die Unternehmer die Wahl gewonnen hätten, nicht wir!", wandte Kowalski ein. „Die Privatunternehmer sind raus aus dem Spiel. Jetzt geht es darum, wer sich durchsetzt. Unsere Zeitung muss dazu beitragen, dass das wir Bergleute sind!", beendete Lary die Redaktionssitzung.

Unter vier Augen ermutigte der Chefredakteur Ludwig Gruber, mit seiner Wirtschaftsberichterstattung fortzufahren. „Wir müssen jetzt einen Spagat schaffen. Einerseits die Seelen unserer Kumpel streicheln, also ihr Selbstbewusstsein pflegen, durch Geschichten von unter Tage, über den Wert ihrer Arbeit. Aber gleichzeitig wird es immer wichtiger, die Bergleute über die großen volkswirtschaftlichen Zusammenhänge zu informieren. Zumindest ebenso unerlässlich ist, dass unsere Stimme gehört wird und unsere Interessen wahrgenommen werden. Durch unsere eigene Zeitung, aber auch in anderen Organen. Du" – mittlerweile duzte Lary Ludwig wie seine übrigen Mitarbeiter – „sollst also nicht nur bei uns schreiben, sondern darüber hinaus für möglichst viele andere Zeitungen und Zeitschriften. Auch für den Rundfunk müsstest du Beiträge erstellen, die den Hörern zeigen, dass die deutsche Steinkohle und wir Kumpel für sie keine Bürde, sondern im Gegenteil eine Lebensversicherung für ihre Energie und ihre Arbeit sind."

Auf Ludwigs Frage, wie er die Kontakte herstellen solle, lachte Lary auf. „Wie eine Spinne. Ich weiß, das ist mühsam. Aber anders geht's nicht. Ich kann dir ein, zwei Adressen geben. Von denen erfährst du wieder neue Namen und Redaktionen, und so knüpfst du im Lauf der Zeit ein immer größeres und engmaschigeres Netz. Das ist gut für dich, da du immer bessere und tragfähigere Kontakte bekommst. Aber auch für unser Anliegen, das Fortbestehen des deutschen Steinkohlenbergbaus."

Als ersten Schritt ordnete Lary eine Bestandsaufnahme der deutschen Kohlewirtschaft zu Beginn der sozialliberalen Koalition an. „Wir werden die Regierung und vor allem die SPD an ihrem Wahlkampfversprechen der sicheren Arbeitsplätze im Bergbau messen. Und immer, wenn sie aufgrund opportunistischer Erwägungen droht, ihr Wort zu vergessen, werden wir sie daran erinnern."

In den folgenden Tagen las sich Ludwig durch Statistiken, die den deutschen Energieverbrauch auflisteten, durch Tabellen für Öl- und Kohleimporte, durch die Zahlen der Beschäftigten im Bergbau. Der Journalist machte sich emsig Notizen. Doch anders als früher fuhr er mit seiner Recherche nicht bis in die späten Abendstunden fort, um dann zu Anton und Renata zu eilen und dort sogleich mit der Aufarbeitung des Materials und der Niederschrift des Artikels zu beginnen. Ludwig unterbrach vielmehr wie bereits seit einer Woche seine Arbeit pünktlich um halb eins. Danach traf er sich mit Grazia in der Nähe der Wohnung von Giuseppe und Lilian, bei denen Grazia lebte. Nicht im „Napoli", denn in der Pizzeria ihres Onkels würde Grazia sogleich eingespannt werden. Die beiden aßen rasch einige belegte Brote. Danach machten sie sich sogleich auf die Suche nach einer gemeinsamen Wohnung.

Grazia und Ludwig waren seit dem 28. September, seit der Wahlnacht, ein Paar. Grazia Brandi hatte sich keineswegs Hals über Kopf in ein Verhältnis mit Ludwig Gruber gestürzt. Zwar gefiel ihr der hagere Rotschopf mit dem ernsten Charakter. Aber Grazia wollte möglichst viel über den Mann erfahren, ehe sie sich mit ihm verband. Die zwanzigjährige Süditalienerin lebte und arbeitete seit drei Jahren in Deutschland bei ihrem Onkel in Herne. Giuseppe passte wie ein Schießhund auf, dass Grazia nicht entehrt wurde. Giuseppe hatte seiner Nichte schon mehrere italienische Landsleute als mögliche zukünftige Ehemänner vorgestellt. Doch die junge Frau wollte von den aufgeblasenen Gockelhähnen nichts wissen.

Grazia, die nur sechs Klassen in der Schule besuchen durfte, erwartete von ihrem zukünftigen Mann mehr als Vernarrtheit in Autos und Begeisterung für Fußball. Er sollte gebildet sein, gepflegt sprechen, einen anständigen Beruf haben, mit dem sich gutes Geld verdienen ließ. Denn Geld, hatte Grazia früh begreifen müssen, schenkte einem Unabhängigkeit, Freiheit. Der ernsthafte Rotschopf würde Grazias Bedingungen erfüllen. Doch leider war der junge Mann zu schüchtern, ihrem aufmunternden Blick zu folgen und sie anzusprechen. Mehr war ihr – unter dem strengen Auge des Onkels – nicht möglich. Während Grazia vergeblich nach einem Weg sann, Ludwig dennoch kennenzulernen, ergriff dessen Onkel, der eigenwillige Lederhosenbayer, die Initiative und präsentierte Grazia ihren Roscio. Als sie in dessen blaue Augen blickte und hinter dem Vorhang der Scheu seine Leidenschaft, seine Entschlossenheit, aber auch Zärtlichkeit und Verletzlichkeit erspähte, wusste Grazia, dass sie diesen Mann unter ihre Fittiche nehmen musste. Gemeinsam, war sie sich sicher, würden sie Großes erreichen.

Ludwig war selig, dass seine Angehimmelte ihn erhört hatte, ohne zu begreifen, dass Frauen nur Männern ihre Gunst schenken, für die sie sich bereits zuvor entschieden haben. Die Liebe zu Ludwig setzte Grazias unzähmbaren Willen frei. Sie drängte den Geliebten, der sich weiterhin in erster Linie auf seinen Beruf konzentrieren wollte, zu einem drastischen Wechsel seiner Lebensumstände. „Ich bin nicht nur fürs Bett gut. Ich will deine Frau sein – für alles." Dabei ging es seiner Geliebten keineswegs um eine sofortige katholische Hochzeit, wie der ungläubige Ludwig zunächst befürchtet hatte.

Grazia war sich ihres Luigi sicher; sie wollte lediglich endlich weg von „meiner Famiglia".

Seit sie denken konnte, war Grazia von ihren Angehörigen in eine unerbittliche Pflicht genommen worden. Als erste Tochter des Hilfsarbeiters Fausto Brandi im Marktflecken Rovella unweit Neapels hatte sie sich Tag und Nacht um ihre jüngeren Geschwister zu kümmern. Während ihr älterer Bruder Domenico von Mutter und Tanten ständig verwöhnt wurde, musste Grazia seine Kleidung waschen, kochen und am Abend noch die Hausaufgaben der Geschwister beaufsichtigen. Nach dem Tod ihres Vaters, als Grazia zwölf Jahre alt war, zwang die Familie sie, die Schule zu verlassen. Fortan war sie von früh bis spät als unbezahlte Magd tätig. Grazia hatte keinen Moment für sich. Ständig war eine Rotznase zu putzen, eine Mahlzeit zu kochen, eine Hausarbeit zu erledigen.

Als junges Mädchen wurde sie von der Familie immer wieder zur Ehe mit Burschen gedrängt, deren Familien ein hohes Brautgeld boten. Für Grazias Wunsch, ihren Mann selbst zu wählen, hatte man kein Verständnis. Als Grazia nach einem besonders hohen Gebot von ihren Onkeln massiv genötigt wurde, den Bräutigam zu nehmen oder verstoßen zu werden, blieb ihr nur die Flucht. Ohne Geld schlug sie sich immer weiter nach Norden durch. Schließlich gelangte sie nach Deutschland und landete in Herne beim Bruder ihres verstorbenen Vaters. Grazia schätzte Giuseppe als den verständigsten ihrer Onkel ein.

Doch Giuseppe fühlte sich vor allem der Ehre der Familie verpflichtet und wollte Grazia wieder nach Hause schaffen. Da ergriff die Nichte ein Messer, drückte es gegen ihre Kehle und drohte, sich umzubringen. Giuseppe begriff, dass es dem Mädchen ernst war. Er behielt Grazia bei sich, verbürgte sich für ihre Tugend und verteidigte die junge Frau gegen die wilden Versuche der Familie, sie nach Rovella zurückzuholen – und ließ sie für wenig Geld in seiner Pizzeria arbeiten. Zunächst als Putzfrau und Küchenhilfe, später als Kellnerin.

Grazia wusste um ihre Schönheit, sie spürte die begehrlichen Blicke der Männer. Sie hätte mit manchem von ihnen durchbrennen können. Doch das wollte sie nicht. Grazia wollte weiterkommen. Und sie wollte einen klugen Mann. Der in guten und schlechten Zeiten zu ihr hielt, mit dem sie Kinder aufziehen würde, denen sie Bildung ermöglichen wollte, damit sie nicht – das hatte Grazia sich geschworen – wie sie selbst in der Wirtschaft eines Onkels würden schuften müssen. Bei all dem wollte sie durchaus die Verbindung zu Giuseppe, Lilian und ihren Kindern halten – doch nicht als Magd, sondern aus einer gleichberechtigten Position einer eigenen Ehe und Familie heraus.

Ludwig kam nicht dazu, sich Gedanken über den Fortgang der Beziehung zu machen. Grazia wollte keine Zeit verlieren. Sie hatte bereits für beide entschieden. So hielt das Paar jeden Nachmittag Ausschau nach einer Wohnung. Zu Beginn der zweiten Woche wurden die Suchenden fündig. Eine kleine Einzimmerbleibe mit Kochnische und Toilette. Der Vermieter drückte ein Auge zu, als Ludwig ihm zögernd mit hochrotem Kopf gestand, dass er und Grazia noch nicht verheiratet seien. Die Wohnung glich einem Verschlag, doch Grazia war begeistert. „Endlich haben wir ein Heim für uns." Sie nahm Ludwigs glühenden Kopf in ihre kühlen Hände und zog ihn an sich. „Das ist nur der Anfang, Luigi. Wir werden bald ein schönes Haus haben. Du wirst sehen, zusammen gelingt uns alles!"

Ludwig konnte in der neuen Wohnung nicht nur die Wonnen der Liebe genießen, wie er und seine Gefährtin es sich erträumt hatten. Grazia kümmerte sich auch darum, dass er regelmäßig aß, sich die Haare schneiden ließ und ordentlich angezogen war. Seit dem Tod der Mutter hatte Ludwig für sich selbst sorgen müssen. Auch bei der Einrichtung seiner Arbeitsecke mit einem

Schreibtisch und Regalen vom Sperrmüll stand Grazia ihrem Gefährten zur Seite. Da sie ab zwei Uhr in die Pizzeria ging und dort bis lange nach Mitternacht bediente, konnte Ludwig ungestört in seinem „Büro" arbeiten, dessen bescheidende Ausstattung er durch ein Telefon und ein Rollregister professionalisierte. Danach eilte er ins „Napoli", um Grazia abzuholen.

Giuseppe wollte seine Nichte nicht aus seinem Haus ausziehen lassen, bevor sie nicht Ludwig geheiratet hatte. Dieser war zwar katholisch, doch er ging ebenso wie sein Onkel Anton nicht zur Kirche. Grazia, die erstmals in ihrem Leben ihre Unabhängigkeit zum Greifen nah spürte, wollte ihrem Onkel nicht länger erlauben, sich in ihre Angelegenheiten einzumischen. Sie war sich Ludwigs Liebe sicher – also ließ sie Giuseppe und ihre Familie in Italien, die ihr in Briefen und allwöchentlichen Telefonaten vorwarf, in Sünde zu leben, nun erst recht auf die Hochzeit warten.

Die emotionale Geborgenheit beflügelte Ludwig beruflich und persönlich. Er verlor seine Rastlosigkeit und trat selbstsicherer auf. Die systematische Beschäftigung mit allen Aspekten des Bergbaus, vor allem mit den volkswirtschaftlichen, verlieh Ludwig zunehmend Kompetenz. Neben Artikeln für die „Revier Zeitung" verfasste er auch Beiträge für Gewerkschaftsorgane zu Fragen der Mitbestimmung sowie für diverse lokale Zeitungen und Rundfunksender. Der junge Journalist war erstaunt, wie wenig sich die meisten Journalisten, auch die politischen Redakteure, mit Fragen der Nationalökonomie auseinandersetzten, die doch letztlich entscheidend für das Wohlergehen jedes Einzelnen und des ganzen Landes waren.

Als Wirtschaftsjournalist im Revier beschäftigte sich Gruber zwangsläufig mit der Ruhrkohle in Nordrhein-Westfalen. In einem Beitrag für eine angesehene Regionalzeitung schrieb Ludwig: „Das Schicksal des Reviers, ja unseres Landes, ist untrennbar verbunden mit der Ruhrkohle. Die Zechen an der Ruhr liefern

24 Prozent des gesamten Primärenergieverbrauchs. Darunter Kraftwerksstrom für unsere Heizung – ganz zu schweigen von der zur Stahlproduktion unentbehrlichen Kokskohle. Jeder fünfte Arbeitsplatz in Nordrhein-Westfalen ist direkt oder indirekt an das Unternehmen gebunden. Die Ruhrkohle ist der größte Arbeitsplatz-Erhalter unseres bevölkerungsreichsten Bundeslandes. Allen Unkenrufen zum Trotz wird die Bedeutung des Konzerns von Jahr zu Jahr zunehmen. Umgekehrt: Das Unternehmen wird eine Schlüsselrolle bei der Modernisierung und Umstrukturierung unserer Region spielen."

Dabei wusste Gruber nur zu genau, dass Politik und Wirtschaft der Ruhrkohle immense Lasten und zugleich unverzichtbare Aufgaben zumuteten. Um konkurrenzfähig zu bleiben, mussten die Zechen und die mit ihnen verbundenen Anlagen, beispielsweise Kokereien, ständig erneuert werden. Das kostete Geld. Für die ersten vier Jahre rechneten Fachleute mit Kosten zwischen 1,2 und 1,3 Milliarden Mark. Zwar hatte die Ruhrkohle durch ihre permanente Produktion einen stetigen Einnahmestrom. Der Konzern erzielte jährliche Erlöse von rund sieben Milliarden Mark. Doch die Kosten lagen noch höher.

Neben den Aufwendungen für das Personal musste ständig neues technisches Gerät angeschafft werden. Darüber hinaus hatten die Politiker den Konzern mit ungenügenden Finanzreserven ausgestattet. Die Ruhrkohle musste von Anbeginn mit alten Schuldenlasten kämpfen. Das kostete neues Geld: In den ersten vier Jahren eine Milliarde Rückzahlungsmittel und nochmals die gleiche Summe für Zinsaufwand.

In einem Rundfunkkommentar nahm Gruber die Politiker in die Pflicht: „Alle schreiben sich den Bestand des deutschen Steinkohlenbergbaus und die Erhaltung der Arbeitsplätze unserer Kumpel auf die Fahnen. Besonders vor Wahlen. Denn die Politiker wissen um die Unverzichtbarkeit der Steinkohle für das wirtschaftliche Gedeihen, ja das Überleben des Reviers. Doch sobald das Stimmvieh in die Scheunen der Parteien eingetrieben ist, beginnt die Erbsenzählerei. Da werden die hohen Kosten des Bergbaus beklagt. Mehr als drei Milliarden Mark mussten von Staat, Land und Alteigentümern in den ersten fünf Jahren aufgebracht werden, um die Ruhrkohle als effektives, konkurrenzfähiges Unternehmen zu erhalten. Das ist viel Geld – gewiss. Aber ehe man darüber in Krokodilstränen ausbricht, sollte man den Ertrag ausrechnen. Der Konzern hat die wichtigsten volkswirtschaftlichen Umstrukturierungsmaßnahmen des Reviers geleistet. Die Ruhrkohle hat unserer Region, die nach wie vor das industrielle Herz Deutschlands ist, den wirtschaftlichen und politischen Notstand erspart. Das kostet seinen Preis. Die Politik ist gut beraten, ihn im Interesse unseres Landes, seiner Menschen und seiner Wirtschaftskraft zu zahlen."

Ludwig gewann mitunter den Eindruck, dass seine Verbindung zu Grazia sich mit der gleichen dynamischen Kraft entwickelte wie der Ruhrkonzern. Als er das Grazia erzählte, lachte sie schelmisch. „Wie kannst du uns mit einer Firma vergleichen, Roscio? Wir lieben uns doch, oder? Das andere ist Geschäft ..." Ludwig machte Grazia deutlich, dass ihre strenge Unterscheidung nicht stimmte. Es gab Parallelen zwischen einer dauerhaften Liebe und einem gut geführten Konzern. Selbst die leidenschaftlichste Liebe kann auf Dauer nur Bestand haben, wenn sie reale Grundlagen besitzt, gemeinsame Werte und Interessen, gleiche Ziele, Kinder, Freunde, Hobbys. Verliebtheit allein reichte auf lange Sicht nicht aus, um das Leben eines Paares oder gar einer Familie darauf zu gründen.

Umgekehrt ließe sich ein Unternehmen, von dessen Erfolg Zehntausende Arbeitsplätze abhingen, nicht ohne Leidenschaft führen. Denn die nüchternen Zahlen bedeuteten mehr als Gewinn und Verlust – sie entschieden über das Schicksal der Mitarbeiter und ihrer Familien, ja über das Wohlergehen der Region und des ganzen Landes.

Grazia umarmte lachend ihren Geliebten und rief: „Du bist klug, mein Luigi. Und du hast recht! Aber man kann nicht immer nur reden. Man muss auch tun. Ich will dich doppelt lieben, stark wie eine Frau und tief wie eine Kohlenzeche!" – „Pass nur auf, dass wir dabei nicht schwarz werden."

Zum Jahresbeginn 1970 hatte die Ruhrkohle für die aus früher selbständigen Gesellschaften eingebrachten Betriebe die Verantwortung übernommen. 52 Schachtanlagen, 29 Zechenkokereien, fünf Brikettfabriken und zwanzig zur Eigenversorgung der Zechen genutzte Kraftwerke waren nun unter einem Dach. Dies bedeutete eine Ausweitung des Betriebes um mehr als 100 Millionen Mark Umsatz – und die Verantwortung für Tausende von Arbeitsstellen.

Die Gewerkschaften, vor allem aber die Organe der Bergarbeiter selbst, passten auf, dass die Interessen der Kumpel dabei gewahrt blieben. In einem Kommentar des Chefredakteurs Herbert Lary hieß es: „Grundsätzlich begrüßen wir die Zusammenfassung der Zechen und der Kohlebetriebe unter dem Dach der Ruhrkohle. Nun erwarten wir, dass Politik und Wirtschaft dafür sorgen, dass die zusätzliche Energie des Konzerns zur Stärkung des Reviers genutzt wird."

Die Verliebtheit, die Grazia und Ludwig bewog, ihre Freizeit weitgehend allein zu verbringen, der Ausbau ihrer Wohnung und ihrer Existenz isolierten das Paar zwangsläufig von der übrigen Familie. Dies kränkte vor allem Giuseppe Brandi. Als Onkel empfand er Verantwortung für Grazia. Allein dank seiner Fürsorge war die Nichte in der fremden deutschen Gesellschaft nicht unter die Räder gekommen, redete sich Giuseppe ein. Er erwartete Dankbarkeit, zumindest eine Anerkennung seiner Verdienste. Schließlich hatte er Grazia zu alledem noch einen gutbezahlten Arbeitsplatz gewährt.

Als Giuseppe dies seiner Nichte zum wiederholten Male vorwarf, wurde es Grazia zu viel. „Du zahlst mir gerade die Hälfte des Lohns, den Kellner woanders verdienen …", gab sie zurück, „… und als Dankeschön durfte ich jahrelang auf deine rotzfrechen Bälger aufpassen …" Giuseppe hielt sich für ruhig und ausgeglichen. Doch dass jemand, die eigene Nichte gar, das Kind seines Bruders, seine geliebten Bambini als rotzfreche Bälger beschimpfte, ließ den Jähzorn des Süditalieners aufflammen. Im Reflex verabreichte er, ungeachtet der zahlreichen Gäste in seiner Pizzeria, Grazia eine kräftige Ohrfeige. Daraufhin spuckte sie dem Onkel ins Gesicht und schalt ihn „Maledetto!" Ehe Giuseppe auf diese Verfluchung handgreiflich reagieren konnte, trat Heiner dazwischen. Nur mühsam gelang es ihm, seinen Kompagnon zu bändigen und in die Küche zu drängen. Dort riss sich Giuseppe los, ergriff das erstbeste Messer und wollte wieder in den Gastraum stürmen.

Heiner sprang ihm sogleich in den Weg. „Eh du mit dem Messer ins Lokal rennst, musst du mich abstechen", schrie er Giuseppe an. „Lasse mich! Das geht dich nix an. Das iste mein Familienehre!", rief Giuseppe und versuchte, sich an Heiner vorbei durch die Schwingtür zu drängen. „Wenn du hier mit'm Messer rumfuchtelst, kommt die Polizei und macht uns den Laden dicht. Und wenn du mit dem Ding auf die Straße rauschst, buchten sie dich wegen Mordversuchs auf ewige Zeiten ein. Aber keine Sorge – vorher schlag ich dir den Schädel ein!"

Unvermittelt stieß Heiner Giuseppe das Knie in den Unterleib und entwand dem Zusammensackenden das Messer, wobei er in die Klinge griff. Das aus Heiners Rechten schießende Blut brachte Giuseppe zur Besinnung. Er vergaß seinen eigenen Schmerz, ergriff ein Handtuch und umwickelte damit die Hand seines Partners. „Grazie! Grazie mille!", rief er unter Tränen. „Enrico, du hast mich gerettet!" – „Kunststück. Hab ich in der Kriegsgefangenschaft beim Iwan gelernt. Da gab's manche Knallköppe wie dich." – „Stronzo teutonico! Deutsche Dreckkerl!", gab Giuseppe zurück, ehe sich die Männer um den Hals fielen.

Grazia erschien früher als gewöhnlich zu Hause. Sie war wütend, weigerte sich aber, den Grund zu nennen. Ludwig ahnte, dass der Zorn der Geliebten mit ihrer Arbeit zusammenhing. Was sich bestätigte, als kurz darauf Heiner mit verbundener Hand auftauchte und von dem Geschehen berichtete.

Dies brachte wiederum Ludwig in Wallung, der sogleich ins „Napoli" stürmen wollte – woran ihn Heiner Bialo mit hartem Griff hinderte. „Das lässte mal schön bleiben, Jungchen. Ein Wahnsinniger pro Tag langt mir. Wenn du Rotschopf beim Pepi auftauchst und Rabatz machst, dreht der wieder durch und geht auch auf dich mit dem Messer los …" – „Das soll er nur wagen! Den hau ich zu …", polterte Ludwig und versuchte sich aus Heiners Schraubstockgriff zu befreien. „Nichts da!", unterbrach ihn der Gast. „Du beruhigst dich erst mal." – „Ich werde nicht zulassen, dass dieser Ausbeuter meine Frau beleidigt …", fuhr Ludwig erneut auf. „Das ist vorbei!", sagte Bialo. „Giuseppe hat heute das Tuch zerschnitten. Ende. Aus."

Heinrich wandte sich an Grazia. „Du bist jung, gesund, kräftig und siehst prima aus. Es wird dir nicht schwerfallen, woanders als Kellnerin Arbeit zu finden." – „Danke, kein Bedarf. Ich hab keine Lust mehr, Abend für Abend irgendwelchen Fresssäcken ihr Futter beizuschleppen", entfuhr es Grazia. „Willst du Hausfrau und Mutti machen?", wollte Heiner wissen. „Auf keinen Fall!" Grazia sah auf. Ihr Blick war bestimmt. „Ich will meinen eigenen Laden aufmachen. Italienische Lebensmittel. Pasta, Pizzateig, Antipasti, Vino, Käse. Mir fehlt nur das Startkapital. Und die Bank gibt mir keinen Kredit, weil ich noch nicht einundzwanzig bin und keinen nachweisbaren Lohn beziehe – Giuseppe, der

Bandit, zahlt keine Sozialabgaben ..." – „Wie viel brauchst du?" – „Sechstausend Mark. Ich hab's genau ausgerechnet." – „Die geb ich dir", bestimmte Heiner. – „Welche Zinsen verlangst du?" – „Keinen Pfennig. Du kannst das Geld behalten – dafür möchte ich mit einem Viertel am Gewinn beteiligt werden."

Grazia überlegte einen Moment. Dann sagte sie schlicht: „Gut." Heiner entließ Ludwig aus seinem Griff und reichte Grazia vorsichtig die Hand, aus deren Verband wieder Blut quoll. Ludwig, der ungläubig den Geschäftsplan seiner Geliebten mit Renatas Neffen vernahm, protestierte. „Das kannst du nicht machen, Grazia. Das ist doch astreiner Kapitalismus."

Statt ihrer antwortete Heiner: „So hab ich früher als Kumpel auch dahergeredet. Aber ohne Unternehmertum geht gar nichts. Wieso sollen wir das Geldverdienen nur den Kapitalisten überlassen – wenn wir es genauso gut können?" Er wandte sich an Ludwig: „Sei froh, dass deine Frau Geschäfte machen und Geld verdienen will, statt es für Klamotten und Schminke zu verplempern. Aber sieh zu, Junge, dass du im Rennen bleibst ..."

Ludwig war in der folgenden Zeit dermaßen mit seiner journalistischen Arbeit beschäftigt, dass er keine Muße fand, sich mit dem Aufbau von Grazias italienischem Lebensmittelgeschäft zu befassen. Er vermisste lediglich die morgendlichen Zärtlichkeiten. Denn anders als zu der Zeit, in der Grazia als Bedienung im „Napoli" arbeitete und erst am frühen Nachmittag in der Pizzeria erscheinen musste, stand sie nun jeden Tag in aller Herrgottsfrühe auf und machte sich daran, allein oder gemeinsam mit Heiner nach geeigneten Läden Ausschau zu halten, mit Hausbesitzern und Maklern zu feilschen.

Später bauten sie das Geschäft aus. Wobei sich Heiner wie einst beim Aufbau des „Napoli" auf das Zimmern der Einrichtung konzentrierte, während Grazia die Händler und Obstimporteure in den Großmärkten Essens und Dortmunds aufsuchte und günstige Lieferbedingungen mit ihnen aushandelte. Dabei fühlte sich die junge Frau erstmals in ihrem Element. Es bereitete ihr Vergnügen, mit den gewieften Großhändlern um jeden Pfennig zu ringen, wobei sie durchaus auch ihre üppige Weiblichkeit einzusetzen wusste.

Ludwig bekam von diesen ersten kauffraulichen Schritten wenig mit – ihm war der „ganze Geschäftskram" gleichgültig. Das Interesse des Journalisten konzentrierte sich auf die volkswirtschaftlichen Rahmenbedingungen des Steinkohlenbergbaus. So beschäftigte er sich hauptsächlich mit der Ruhrkohle AG. Am 1. Juli 1970 gründete der Konzern eine eigene Betriebsabteilung für Zechenbahn- und Hafenbetriebe. Für Ludwig war dies ein ermutigendes Signal. Denn je weiter die Ruhrkohle ihre vielfältigen Aktivitäten innerhalb und außerhalb der Gruben ausbaute und stabilisierte, desto stärker verwuchs sie mit dem Wirtschaftsleben des Landes. Desto unentbehrlicher wurde das Unternehmen und desto sicherer wurden seine Arbeitsplätze.

Ein Schritt in diese Richtung war auch der Vertrag über die Kraftwerksübertragung, durch den die Ruhrkohle die Aktienmehrheit der Steag, 1937 als Steinkohlen-Elektrizitäts AG gegründet, erwarb, in deren Kohlekraftwerken der Großteil des Stroms für das Revier produziert wurde. Dies war eine weitere notwendige Maßnahme zur Konsolidierung der Ruhrkohle und der damit verbundenen Arbeitsplätze.

In einem Beitrag für die Zeitschrift der Industriegewerkschaft Bergbau und Energie berichtete Ludwig seinen Lesern von einer Begegnung mit einem britischen Automanager, der eine Weile bei Ford in Köln deutsche Unternehmenskultur studiert hatte: „Ich kehre tief beeindruckt nach England zurück. Die Produktionsabläufe bei uns und in Deutschland sind die gleichen. Aber Ihr Land hat ein entscheidendes Plus. Durch die Mitbestimmung werden die Arbeitnehmer in den Produktionsprozess einbezogen. Sie tragen dadurch unternehmerische Verantwortung mit. Auf diese Weise wird die schädliche Konfrontation zwischen Kapital und Arbeit reduziert, ja zum Großteil aufgelöst. Nur wenn wir Briten dieses Modell der deutschen Mitbestimmung übernehmen, kann unsere Industrie auf Dauer überleben. Sonst geht die Masse unserer großen Produktionsbetriebe kaputt, weil sie am internen Streit der Konfliktparteien zerbricht und nicht mehr konkurrenzfähig ist. Dem deutschen Modell der Mitbestimmung gehört die Zukunft."

Als der Beitrag unter der Schlagzeile „Vorbildliche deutsche Mitbestimmung" veröffentlicht wurde, erhielt Ludwig einen Anruf von Fritz Schober. „Siehst du, Luggi. Du musst mir nur glauben. Du gehst deinen Weg. Ich hab's gewusst. Weiter so! Solche Artikel geben unseren Kollegen das nötige Selbstbewusstsein, das sie brauchen, um gute Arbeit zu leisten. Und in eurem Fall für den Bestand ihrer Zechen und ihrer Arbeitsplätze zu kämpfen."

Ludwig freute sich doppelt über Schobers Anruf. Weil er dessen Anerkennung schätzte, vor allem aber, weil Schreiben ein ebenso einsamer Beruf ist wie der eines Leuchtturmwärters. Man verrichtet seine Tätigkeit allein, hört fast nie ein positives Echo – allenfalls ein negatives, wenn man einen Fehler begangen hat.

Ende August, exakt am 26., beschloss der Vorstand der Ruhrkohle ein Grundsatzprogramm zur „Konzentration und Ausrichtung der Produktionskapazitäten auf die Absatzmöglichkeiten". Darin wurde die Zuordnung der Kohlelagerstätten zu den einzelnen Zechenanlagen festgelegt. Noch vor der Neustrukturierung der Ruhrkohle hatte sich die Veba, die Vereinigte Elektrizitäts- und Bergwerks-Aktiengesellschaft, neu organisiert. Dies geschah durch die Gründung der Veba Kraftwerke Ruhr AG mit Sitz in Gelsenkirchen-Buer. In den neuen Energiekonzern, aus dem später die E.on hervorgehen sollte, wurden die früheren Hibernia-Kraftwerke Scholven, Westerholt, Datteln und Shamrock eingebracht. Damit wurde die durch den irischen Unternehmer William Thomas Mulvany gegründete Hibernia AG für immer aus dem Handelsregister gestrichen. „Ein leuchtender Stern verlöscht am Industriehimmel des Ruhrgebiets", las Ludwig im „Handelsblatt". Er ahnte nicht, dass Renatas Vater Leopold noch vor der Wende zum 20. Jahrhundert in der Kohlenwäsche der Mulvany-Zeche Shamrock seine Berufskarriere als Bergmann begonnen hatte.

Ein Dreivierteljahrhundert später diente das strategische Programm der Ruhrkohle dazu, die ertragsstarken Gruben besonders zu fördern. Auf diese Weise konnte der Konzern seine Größe nutzen, um sparsam zu arbeiten. Die Verbundmaßnahmen sollten Vorrang gegenüber Stilllegungen haben. Langfristig aber wurde durch das Rationalisierungsprogramm eine Flexibilisierung der Förderung angestrebt, was auf eine Rücknahme der Gesamtförderung hinauslief. Ludwig wusste, dass es zum Grundsatzprogramm keine Alternative gab. Der deutsche Steinkohlenbergbau musste so effektiv und so preiswert wie möglich arbeiten, um Bestand zu haben.

Die weltweite Hochkonjunktur hatte auch in Deutschland ein stetiges Ansteigen des Primärenergieverbrauchs zur Folge. Diese positive Wirtschaftslage begünstigte die Restrukturierungsmaßnahmen der Ruhrkohle. 1970 wurden in Deutschland über 111 Millionen Tonnen Steinkohle gefördert. Das war so viel wie im Vorjahr. Den Löwenanteil baute die Ruhrkohle ab, knapp 85 Millionen Tonnen Kohle. Neue Bergleute mussten eingestellt werden. Insgesamt beschäftigte der Konzern mehr als 186 000 Menschen. Aufgrund der günstigen Absatzlage schrumpften die Haldenbestände auf 0,61 Millionen Tonnen Kohle. Das war ein „absatztechnisch erforderlicher Rest".

Bei einem Besuch der „Revier Zeitung" bot Ludwig an, einen Artikel über die rosigen Zukunftsaussichten der Steinkohle zu schreiben. „Lass dir von dem gegenwärtigen Optimismus nicht deinen klaren Kopf rauben!", mahnte ihn Lary. Der Autor sah den Chefredakteur ungläubig an. „Die Halden schrumpfen, neue Kumpel werden eingestellt, warum soll man da schwarzsehen?" – „Man soll nicht schwarz-, sondern genau hinsehen", erwiderte Lary. „Wir haben ein Wirtschaftswachstum von vier Prozent, eine noch höhere Steigerung des Primärenergieverbrauchs. Doch die Absatzzahlen für Kohle stagnieren – während der Ölverbrauch um fünf Prozent zunimmt. Denn die Preise für Kohle mussten erhöht werden. Aber nur knapp. Während die Personalkosten dieses Jahr um zwanzig Prozent und die Sachkosten um fünfzehn Prozent zugenommen haben – das ist die größte Steigerung seit der Währungsreform 1948. Was das für die Zukunft bedeutet, muss ich dir nicht sagen."

Larys Gedankengang war logisch – und bedrückend. „Wenn die Kosten für unsere Kohle weiter zunehmen, wird sie immer weniger konkurrenzfähig. Schon jetzt ist die Importkohle, vor allem aus den Vereinigten Staaten, die zu günstigeren Bedingungen gefördert wird, deutlich preiswerter", sagte Ludwig unwillkürlich. „So ist es. Und das Öl sprudelt in Saudi-Arabien aus dem Boden. Es ist spottbillig. Gerade mal zwei Dollar für ein Barrel, das sind 159 Liter."

Ludwig war ratlos. Er fragte den Chefredakteur nach seinen Zukunftsvorstellungen. „Eine Patentlösung gibt es nicht. Wir müssen uns darauf konzentrieren, unseren Steinkohlenbergbau im Kern zu erhalten. Das schwarze Gold soll zu vertretbaren Preisen gefördert und verkauft werden. Doch gleichzeitig müssen wir der Öffentlichkeit, den Politikern, der Presse deutlich machen, dass nicht nur die Kumpel an der Kohle hängen, sondern das Schicksal des Reviers, ja ganz Deutschlands als Industriestandort." – „Eine ernste Botschaft für die Menschen des Potts, die noch ganz aus dem Häuschen vor Begeisterung sind, dass die Fohlen, Hennes

Weisweilers Kicker von Borussia Mönchengladbach, diesen Sommer deutscher Fußballmeister geworden sind." – „Lass die Leute jetzt ruhig feiern, Ludwig, aber überlege dir, wie wir sie auf ernstere Zeiten vorbereiten."

Ludwig hatte die nächsten Tage keine Zeit, sich genauere Gedanken über die Zukunft der deutschen Steinkohle zu machen. Denn Anfang September eröffnete Grazia ihren Lebensmittelladen „Buon Appetito". Heiner hatte seinen Kompagnon Giuseppe Brandi genötigt, zur Geschäftseinweihung zu erscheinen. Der Italiener wehrte sich mit Händen und Füßen. Er schalt seine Nichte eine „Puttana", eine Schlampe, und drohte: „Wenn du mich zwingst hinzugehen, ich dir garantier für nix." Doch Heiner ließ sich nicht von seinem Entschluss abbringen. „Gerade ihr Itaker …" – „Italiani, du dummer Tedesco!", retournierte Giuseppe im Reflex. „Also, gerade ihr Itaker seid doch ganz wild auf eure Famiglia. Da kannst du doch die eigene Nichte nicht einfach verlorengeben!" – „Sie hat mich angespuckt!" – „Nachdem du sie ins Gesicht geschlagen hast." – „Weil sie meine Bambini beleidigt hat, diese …" – „Schluss jetzt mit dem alten Quark! Ein für alle Mal!", bestimmte Heiner. „Ich hab weder Weib noch Kind. Das Einzige, was mir bleibt, ist meine Familie. Du bist mein Schwager …", Heiner legte ungelenk seinen Arm um Giuseppe, „… und Grazia gehört auch dazu – außerdem ist sie meine Geschäftspartnerin. Also spring über deinen Schatten und tu mir den Gefallen. Komm und söhn dich mit dem Mädchen aus." – „Kommen ja – mach ich aber nur für dich. Söhnen – niemals! Nicht in tausend Jahre!", krähte Giuseppe, ehe sich beide Männer in die Arme fielen.

Am Eröffnungsabend des „Buon Appetito" hatte das „Napoli" geschlossen – am Eingang hing ein buntes Hinweisschild, das alle Gäste zur „Italienischen Nacht" bei freiem Vino und Landesspezialitäten ins Lebensmittelgeschäft einlud. Eine Skizze beschrieb dessen Lage und ermutigte: „Nur zehn Minuten zu Fuß!"

Im und vor dem mit Ballons, Lampions und Luftschlangen geschmückten „Buon Appetito" hatten sich eine Menge Gäste und Passanten versammelt, angelockt von der Verheißung kostenlosen Rotweins. Inmitten der Menschenschar flitzten Carlo und Carla umher; Mario hatte sich wie üblich mit einem Buch in die winzige Hinterkammer des Ladens verzogen. Heiner kümmerte sich um die Gäste und darum, dass Grazia, die er zuvor ins Gebet genommen hatte, besonders freundlich mit Giuseppe umging. Auf eine Entschuldigung seiner Nichte aber wartete der Onkel vergeblich, und so verließ er nach einem Glas Wein früh am Abend das Fest und zwang Frau und Kinder, ihm zu folgen. Lilian, Mario und die Zwillinge taten es widerwillig.

Renata machte sich nützlich, sie schnitt Ciabatta-Brote, zerkleinerte Parmesankäse, rollte dünne Parmaschinkenscheiben, schenkte Rotwein aus Korbflaschen ein, unterhielt sich angeregt mit den Gästen und animierte sie zum Probieren der Speisen. Renata freute sich besonders, dass Ludwig trotz seines journalistischen Arbeitseifers sie und ihren Anton persönlich eingeladen hatte. Dabei schenkte er seiner „Tante" einen rosa Nelkenstrauß und gestand ihr errötend, vor allem ihr Zuspruch habe ihm über die erste Eingewöhnungsphase hinweggeholfen. „Deine Aufmunterung auch", meinte er mit Blick auf Anton. „Geh, tu kein Süßholz raspeln. Ich hab dir doch noch am Chiemsee g'sagt, du g'hörst hierher ins Revier. Und mehr muss net sein." Renata und Ludwig tauschten einvernehmliche Blicke. Sie wussten es besser.

Am Eröffnungsabend wollte Ludwig seinen Beitrag zum Gelingen der Premiere des Ladens seiner Geliebten leisten. Doch Grazia, Heiner und Renata organisierten mit Energie und Umsicht die Betreuung in eigener Regie. So unterhielt sich der Journalist vorwiegend mit seinem Onkel, der über „den Herrn Prinzgemahl" lästerte. Grazias selbstsicheres Auftreten sagte dem empfindsamen Bergmann, dass sie als Geschäftsfrau

Erfolg haben und auch in der Beziehung zum intellektuellen Ludwig die dominierende Rolle spielen würde. Genau wie meine Renata bei mir. Hoffentlich wird der Bub genauso glücklich wie ich, wünschte sich Anton.

Er sprach mit Ludwig über die Ostpolitik der Regierung Brandt/Scheel. Die Unionsparteien und die konservative Presse kritisierten die Bestrebung der sozialliberalen Koalition, die bestehenden Grenzen in Europa völkerrechtlich anzuerkennen und so die Spannungen des Ost-West-Konflikts abzubauen, als „Verzichtspolitik" – denn dadurch würde Deutschland seine ehemaligen Gebiete jenseits von Oder und Neiße preisgeben. „In Schlesien und Ostpreußen leben heute Millionen Russen und Polen. Die verlassen doch nicht freiwillig ihre neue Heimat. Wollen die Konservativen etwa einen neuen Krieg? Kommt nicht in Frage. Meine Generation hat genug geblutet!", empörte sich Heiner, der sich kurz zu Onkel und Neffen gesellt hatte. „Kein Mensch will Krieg", meinte Anton. „Aber wenn wir auf die Ostgebiete verzichten, wollen wir auch etwas dafür haben."

„Verzichten kann man nur auf etwas, das man besitzt. Ostpreußen und Schlesien sind längst russisch und polnisch. Haben wir durch den Angriffskrieg der Nazis vergeigt. Das Einzige, was wir wollen, ist Frieden." – „Genau das ist der Inhalt des deutsch-sowjetischen Abkommens, das Bundeskanzler Brandt letzten Monat in Moskau unterzeichnet hat", warf Ludwig ein und ärgerte sich sogleich über seinen oberlehrerhaften Ton. Er wusste, dass Anton und Heiner als ehemalige Soldaten gleichermaßen den Krieg hassten und für eine Aussöhnung mit Russland und Polen eintraten. Damit fanden sie sich in Übereinstimmung mit der großen Mehrheit der Deutschen.

Für Ludwig war dies keine offene Frage. Viel stärker beschäftigte ihn die Zukunft des deutschen Bergbaus. Heiner hatte der Maloche unter Tage den Rücken gekehrt. Er betätigte sich als Gastwirt und Lebensmittelhändler. Onkel Anton dagegen war mit Leib und Seele Bergmann. Um weiter vor Kohle arbeiten zu können, war er aus Bayern ins Revier ausgewandert. Done war bereits Mitte fünfzig. Es war absehbar, wann er in Rente gehen würde. Der deutsche Steinkohlenbergbau stand vor gewaltigen, existenzbedrohenden Herausforderungen. Wie sollte man seine Zukunft sichern?

Ludwig wollte seiner Grazia, seinem Onkel Anton, Tante Renata und den übrigen Gästen die Freude an der Geschäftseröffnungsfeier nicht schmälern, also quatschte er, wie die meisten Männer, über Fußball: Gladbach, Dortmund, Schalke einst und jetzt. Dabei sprach Ludwig entgegen seiner sonstigen Gewohnheit kräftig dem Chianti zu, um seine düsteren Gedanken hinunterzuspülen. Spätnachts, nachdem die übrigen Gäste den Laden verlassen hatten, schafften Renata und Grazia ihre besoffenen Mannsbilder im Taxi nach Hause. Auch der nach außen stoische Anton war von Sorgen geplagt.

Grazia hatte große Mühe, ihr mit viel Elan gestartetes Lebensmittelgeschäft über die Runden zu bringen. Es brauchte Zeit und Geduld, die bodenständigen Menschen des Reviers daran zu gewöhnen, nicht nur am Wochenende „beim Italiener" eine Pizza zu verspeisen und dazu ein Glas Rotwein zu trinken, sondern sich diesen Luxus auch im Alltag zu gönnen. Es war nicht einfach, die Hausfrauen zu überzeugen, Spaghetti oder Makkaroni mit Tomatensauce und Hackfleisch zu kochen oder sich gar an einem Vitello Tonnato oder Mailänder Schnitzel zu versuchen. Die liebevoll bereiteten Vorspeisen, gegrilltes Gemüse und Oliven, blieben Abend für Abend in der kleinen Vitrine liegen. Heiner versuchte, Grazia zu trösten. „Wir Revieraffen sind eine zähe Rasse. Doch wenn wir mal überzeugt sind, dann nehmen wir auch was Neues an – und schlucken's sogar runter." Grazia ließ sich von Heiner gern zum Durchhalten überreden. Auch weil sie sonst für lange Zeit in seiner finanziellen Schuld gestanden hätte.

Um seiner Geschäftspartnerin die Situation zu erleichtern, beschwatzte Heiner Bialo Giuseppe, einen Teil der Lebensmittel der „Napoli"-Pizzeria von Grazia im Großmarkt besorgen zu lassen. „Diese Kalb hat kein Ahnung. Sie wird sich von die Händler über die Ohren schlagen lassen", wandte Giuseppe ein. „Nicht wenn du ihr deine Tricks beibringst", konterte Heiner. „Erfahrung kann man nicht beibringen, muss man sammeln." – „Eben, du Philosoph! Gib Grazia Gelegenheit dazu!"

Am Ende ließ sich Giuseppe dennoch von Heiner überreden. Den Ausschlag gab wie vielfach im Leben die Trägheit. Fortan besorgte Grazia allmorgendlich um fünf Uhr früh in der Großmarkthalle neben dem bescheidenen Kontingent der Lebensmittel ihres Ladens auch die erheblich größeren Mengen an Frischwaren für die Pizzeria – während Giuseppe und Heiner erstmals seit Jahren ausschliefen.

Grazia konnte den langen Arbeitstag – bis sie aufgeräumt und abgerechnet hatte, wurde es acht Uhr abends – nur durchhalten, weil Renata je nach Bedarf einsprang und im Laden aushalf. Denn ihre zwölf Heilgymnastiklehrstunden wöchentlich im Evangelischen Krankenhaus reichten nicht aus, Renatas ungebrochene Energie zu verbrauchen. Der Umgang mit den Kunden im Lebensmittelladen bereitete ihr Vergnügen. Sie verzichtete zunächst auf ein Salär und begnügte sich mit Naturalien. Was zur Folge hatte, dass Done zunehmend mit italienischen Speisen verköstigt wurde. Das empfand der Bergmann zunächst als willkommene Abwechslung zu Erbsensuppe, Pfefferpotthast, Schlodderkappes und Armen Rittern. Doch auf Dauer wurde Anton der Spaghettizwang zu fade. „I wünsch mir am Sonntag an g'scheiten Schweinsbraten mit festen Semmelknödeln statt Tomatenmailänderschnitzeln. I brauch Kraft und Saft für die Arbeit im Pütt." Da Kochen nicht ihre Stärke war, erfüllte Renata den Essenswunsch ihres Mannes mit entsprechend mäßigem Erfolg.

Die Hartnäckigkeit der beiden Frauen und ihre vorbehaltlose Unterstützung durch Heiner, der in der Anfangsphase vielfach Grazia zum Großmarkt begleitet hatte, um ihr Gefühl für Lebensmittelqualität und Preise zu schulen, begannen allmählich Früchte zu tragen. Immer mehr Kunden, hauptsächlich Hausfrauen, trauten sich, italienische Nudeln, Käsesorten, Weine im „Buon Appetito" zu kaufen und ihren Familien und Gästen vorzusetzen.

Die ersten geschäftlichen Erfolge machten Grazia nicht selbstzufrieden. Stattdessen entwickelte sie bereits Pläne für eine Filiale in Gelsenkirchen. Renata sollte sich um den Laden in Herne kümmern, daneben sah Grazia sich nach einer Vertretung für italienische Feinkost im Revier um. „Du weißt, dass du auf mich zählen kannst. Ich helfe dir gern, Grazia. Aber sollten wir nicht als Erstes diesen Laden auf feste Füße stellen?", fragte Renata. Grazia dachte kurz nach. Dann meinte sie: „Geduld kann ich mir nicht leisten. Ich will den Erfolg. Ich werde meiner Familie beweisen, dass ich alles kann. Aber du hast recht. Eins nach dem anderen." Sie hob ihre Stimme: „Am Ende gewinne ich. Das weiß ich ganz sicher. Ihr werdet alle sehen!"

Der Journalist
1972–1981

Ende 1970 hatten sich die Regierungen in Bonn und Warschau auf ein Abkommen geeinigt, das die bestehenden Grenzen anerkannte und einen Gewaltverzicht besiegelte. Zur Unterzeichnung des Vertrages reiste der Bundeskanzler im Dezember nach Warschau. Bei einem Besuch des ehemaligen Warschauer Ghettos kniete Willy Brandt mit versteinerter Miene vor dem Denkmal für die von den Nazis ermordeten Juden nieder.

Ludwig Gruber war tief beeindruckt. „Mit dieser Geste, die in keinem Protokoll vorgesehen war, hat Willy Brandt die Herzen der Menschen in aller Welt berührt. Diese Handlung hat mehr bewirkt als zahllose Sonntagsreden und Beteuerungen des Bedauerns. Die Juden, die Menschen, die unter der deutschen Besatzung gelitten haben, und nicht zuletzt die Deutschen selbst haben gefühlt, dass Deutschlands Regierungschef gegenüber den Opfern seiner Landsleute Reue bekundet. Das ist die Geburtsstunde des neuen, des guten Deutschlands. Sie wird für immer untrennbar mit dem Menschen und Politiker Willy Brandt verbunden bleiben", sprach Ludwig in einem Rundfunkkommentar und drückte damit aus, was die meisten dachten und fühlten. Als Willy Brandt ein Jahr später mit dem Friedensnobelpreis ausgezeichnet wurde, empfanden die Deutschen dies mit Recht als Anerkennung ihres Wandels von einer Nation, die im Moment der nationalen Aufwallung bereit gewesen war, die Nachbarländer mit Krieg zu überziehen, hin zu einem Volk, dem der Friede ein vordringliches nationales Ziel ist.

1971 hatte der Wirtschaftsaufschwung der vergangenen beiden Jahre seine Kraft verloren. Zwar stieg das Bruttosozialprodukt, also das ökonomische Wachstum, noch um zwei Prozent. Doch dies war vor allem der Exportwirtschaft zu verdanken. Die Inlandskonjunktur war gegenüber dem Vorjahr rückläufig. Der Energieverbrauch nahm gerade um ein Prozent zu. Insgesamt betrug der Anteil der gesamten Steinkohle am Energieverbrauch 27 Prozent. Dagegen stieg der Ölverbrauch auf 55 Prozent. Damit hatte die Kohle den Wettbewerb mit dem Erdöl als primärer Energieträger verloren. Doch sie blieb für das Industrieland Deutschland unentbehrlich. Auch wenn der Absatz der Steinkohle selbst in ihrer ureigensten Domäne, der eisenschaffenden Industrie, in diesem Jahr um zwölf Prozent zurückging. Da in den Zechen weiterhin die Kohle mit voller Kraft abgebaut wurde, wuchsen die Halden rasch. Mehr als neun Millionen Tonnen Kohle und Koks wurden aufgehäuft.

Um einen Zusammenbruch des Kohlekonzerns zu verhindern, forderte der Stahlindustrielle und stellvertretende Aufsichtsratschef der Ruhrkohle Hans-Günther Sohl eine sofortige Stilllegung von sechs Schachtanlagen. Der Kohlebeauftragte der Bundesregierung, der neben der Kohleproduktion auch den sozialen Frieden im Auge hatte, verhinderte diesen Reduktionsplan Sohls durch eine Intervention beim Vorstand der Ruhrkohle. Doch das Unternehmen kam um eine Drosselung des Kohleabbaus nicht herum, da das schwarze Gold nicht mehr in ausreichendem Maße benötigt wurde. So verabschiedete der Konzernvorstand am 30. Juni einen „Gesamtanpassungsplan für den Bergbaubereich", der eine weitere Konzentration und Verlagerung der Förderung vorsah. Es bestand keine Alternative, die Produktion musste den sinkenden Bedürfnissen der Industrie, der Kraftwerke und der Privathaushalte angepasst und darüber hinaus verbilligt werden, um trotz ungünstiger Abbaubedingungen mit der preiswerten Importkohle konkurrieren zu können.

Der Plan sah vor, neun Schachtanlagen zu vier Verbundwerken zusammenzulegen. Zudem sollten innerhalb von vier Jahren zehn Anlagen mit einer Gesamtkapazität von jährlich 14 Millionen Tonnen stillgelegt werden. Bereits 1971 mussten in Dortmund die Zentralschachtanlage Germania, die erst 1954 fertiggestellt worden war, und in Gladbeck die Zeche Graf Moltke stillgelegt werden. Zwar fanden fast alle 1200 Kumpel von Graf Moltke Arbeit auf Hugo in Gelsenkirchen-Buer. Doch insgesamt wurde die Belegschaft der Ruhrkohle 1971 um 8000 Bergleute zurückgefahren. Die Kohlekrise war in eine dramatische Phase getreten. Im folgenden Jahr verschärfte sich die kritische Situation der deutschen Steinkohleproduktion zusätzlich durch eine außenwirtschaftliche Entwicklung. Aufgrund des hohen amerikanischen Handelsdefizits verlor der Dollar gegenüber der D-Mark 1972 um über acht Prozent, im darauffolgenden Jahr sollten es sogar über 16 Prozent sein. Dadurch verbilligte sich die amerikanische Exportkohle so weit, dass sie einschließlich Frachtkosten in Deutschland günstiger war als der kostendeckende Preis des Ruhrkohleproduktes.

Darüber hinaus erhöhten sich die Kosten der deutschen Steinkohle durch eine – wenn auch mäßige – Zunahme der Löhne und die Einführung des Anpassungsgeldes. Letzteres war eine überaus wichtige Maßnahme, denn sie ermöglichte Bergleuten unter Tage, abgesichert in den Vorruhestand zu treten. Ein unumgänglicher Stellenrückgang wurde so sozial verträglich gestaltet. Hinzu kamen Aufwendungen für Bergschäden und Verwahrung, die mit jeder dichtgemachten Zeche zunahmen. Die Ruhrkohle musste auf die sich zunehmend verschlechternden Bedingungen umgehend reagieren, um den Bestand des Unternehmens und damit des deutschen Steinkohlenbergbaus zu retten. So war die Gesellschaft wiederum gezwungen, fünf weitere Bergwerke mit einer Jahreskapazität von mehr als vier Millionen Tonnen Steinkohle zu schließen. Die 9000 Bergleute kamen in weiterarbeitenden Gruben unter oder wurden in den Ruhestand geschickt. Ihre Arbeitsplätze waren verloren. Trotz der stillgelegten Gruben förderten die weiterhin bestehenden 44 Anlagen der Ruhrkohle 1972 rund 80 Millionen Tonnen Steinkohle. Das war weit mehr, als der Energiemarkt aufnehmen konnte. Daher wuchsen die Haldenbestände auf 16,6 Millionen Tonnen. Damit lag ein Wert von 1,6 Milliarden Mark vorläufig brach. In diesem Geschäftsjahr erwirtschaftete die Ruhrkohle einen Fehlbetrag von 567 Millionen Mark.

Noch herrschte in Deutschland Vollbeschäftigung. Daher nahm die Bevölkerung nicht einmal in Nordrhein-Westfalen die strukturelle Krise des deutschen Kohlenbergbaus wahr. Die Menschen, die nicht direkt mit der Steinkohle zu tun hatten, setzten sich vielmehr mit den großen Themen der Außenpolitik auseinander – was ein Kennzeichen einer saturierten Gesellschaft ist.

Das Bestreben der Regierung Brandt/Scheel zielte darauf ab, durch eine Anerkennung des Status quo und der Verpflichtung zum Gewaltverzicht den Osteuropäern die Angst vor Deutschland zu nehmen. Auf diese Weise erhoffte sich die sozialliberale Koalition eine Lockerung des kommunistischen Herrschaftssystems und die Annäherung der beiden deutschen Staaten.

Auch die Konservativen wollten ein friedliches Europa. Doch sie waren nicht bereit, gegenüber den Osteuropäern quasi als Vorleistung einen völkerrechtlich verbindlichen Verzicht auf die deutschen Ostgebiete auszusprechen. Diese Haltung wurde vor allem von den Verbänden der Heimatvertriebenen offensiv unterstützt. Ergebnis war eine Erosion der ohnehin knappen sozialliberalen Regierungsmehrheit. So sah sich Kanzler Brandt bereits im September 1972 veranlasst, im Bundestag die Vertrauensfrage zu stellen. Die Unionsparteien erhofften sich dabei eine Mehrheit für ihren Fraktionsvorsitzenden Rainer Barzel.

Doch der konservative Versuch eines Sturzes der Regierung scheiterte knapp. Brandt ließ Neuwahlen ausschreiben, dabei wurde das Alter der Erstwähler auf 18 Jahre gesenkt. Beim Urnengang am 19. November gelang es der SPD erstmals in der Nachkriegszeit, ihre einstmals traditionelle Position als stärkste demokratische Partei zu verteidigen. Die Sozialdemokraten errangen knapp 46 Prozent der Wählerstimmen, die Liberalen mehr als acht Prozent. Damit lieh die Bevölkerung der Friedenspolitik ihrer Bundesregierung eine breite Unterstützung. Deutschland ging scheinbar einer Ära des Friedens, der Vollbeschäftigung und des Wohlstands entgegen.

Die Industriegewerkschaft Bergbau und Energie begriff die Notwendigkeit eines nationalen energiepolitischen Gesamtrahmens. Immer wieder betonte sie die Wichtigkeit eines derartigen Programms. Auch gegenüber Bundeswirtschaftsminister Helmut Schmidt, mit dem ihre Führung am 18. September 1972 in Bochum zusammentraf. Anschließend informierte sich der Wirtschaftsminister in Gesprächen mit Vertretern des Gesamtverbandes des deutschen Steinkohlenbergbaus, um endlich mit Gewerkschaften und Arbeitgebervertretern gemeinsam über die zukünftige Energie- und Kohlepolitik zu beraten. Nach den Gesprächen war Helmut Schmidt entschlossen, die Ausarbeitung eines energiepolitischen Gesamtkonzeptes in Bonn zu unterstützen.

Damit wurde die Kohle zur Chefsache. Bei einem Gewerkschaftskongress im Oktober 1972 betonte Bundeskanzler Brandt: „Die Sicherung unserer Energieversorgung gebietet uns, nicht auf unsere Kohle zu verzichten." In seiner Regierungserklärung im Januar 1973 bestätigte Willy Brandt, dass noch im laufenden

Jahr ein energiepolitisches Gesamtkonzept auf den Tisch gelegt werden würde.

Die IGBE hatte ihre Hausaufgaben längst erledigt und unterbreitete nun ihre „Vorschläge … zur Sicherung des Steinkohlenbergbaus im Rahmen der zukünftigen Energie- und Rohstoffversorgung". Darin wurde eine jährliche Fördermenge von 85 Millionen Tonnen Steinkohle als Richtwert angegeben. Im August 1973 stellte die Bundesregierung ihr energiepolitisches Gesamtkonzept vor: Darin wurde eine Jahresfördermenge von 83 Millionen Tonnen bis 1978 festgeschrieben. Bundeswirtschaftsminister Friderichs von der FDP hatte ein geringeres Fördervolumen angestrebt, doch das war mit der IGBE nicht zu machen. Somit wurde „zum ersten Mal in der Geschichte der Bundesrepublik Deutschland … den einheimischen Energieträgern von den politisch Verantwortlichen … eine fest umrissene Aufgabe im Rahmen der bundesdeutschen Energieversorgung zugewiesen". Gleichzeitig verpflichtete sich die Bundesregierung, die bereits laufenden Maßnahmen für die Bergleute wie betriebliche Sozialpläne und Regelungen für Abfindungs- und Anpassungsgelder weiter fortzuführen.

Das neue Jahr begann für die deutsche Steinkohlenwirtschaft so ungünstig, wie das alte Jahr geendet hatte. Der US-Dollar wurde gegenüber der Mark um 8,4 Prozent abgewertet. Seit der Gründung der Ruhrkohle vor vier Jahren hatte sich die Steinkohle allein durch Veränderungen am Devisenmarkt um 40 Prozent verteuert. Die Steinkohle, der Rohstoff-Dynamo der deutschen Industrie und des Wiederaufbaus, geriet durch Währungsverschiebungen zum schwerverkäuflichen Ladenhüter. Ende September 1973 lagen bereits 21 Millionen Tonnen Kohle und Koks auf Halde – das war mehr als ein Viertel der Jahresproduktion.

Gleichzeitig wurden die Auswirkungen einer sich stetig verschärfenden Krise der Stahlindustrie immer deutlicher. Bereits

1972 musste als erste deutsche Eisenhütte das Klöckner-Werk in Hagen-Haspe dichtmachen.

Die Entwicklung hatte schon Ende der fünfziger Jahre eingesetzt. Bis dahin hatten die größten europäischen Stahlwerke in Deutschland, Frankreich, Großbritannien und den Benelux-Staaten neben dem europäischen Markt auch die Märkte der bereits unabhängigen Länder der Dritten Welt wie Indien, Korea, Thailand beliefert. Nunmehr begannen Indien und Korea, die sich zu Schwellenländern entwickelt hatten, mit dem Aufbau einer eigenen Stahlindustrie. So half Deutschland etwa, das Werk Rourkela in Nordindien zu errichten. Gleichzeitig unternahm Japan energische Anstrengungen, seine während des Krieges zerstörte Stahlindustrie wiederaufzubauen – größer und moderner als in allen anderen Industrienationen. In Nippon entstanden Hüttenwerke mit einer Jahresproduktion von zehn bis zwölf Millionen Tonnen – sie waren drei- bis fünfmal so mächtig wie vergleichbare deutsche Anlagen.

Mitte der siebziger Jahre gab es im Revier noch zwanzig selbständige Hüttenwerke. Doch vor allem aufgrund des zurückgehenden Exports als Ergebnis der sich abzeichnenden Rezession der Weltwirtschaft sank die Stahlproduktion kontinuierlich zwischen 1974 und 1975 von 50 auf 40 Millionen Tonnen.

Eine Kölner Wirtschaftszeitung bat Ludwig, in einem Beitrag die zukünftige Entwicklung der deutschen Volkswirtschaft zu skizzieren. Zu diesem Zweck setzte er sich intensiv mit der Materie auseinander. Gruber wusste um die engen Verschränkungen und Abhängigkeiten der Wirtschaftszweige. Zudem hingen die Volkswirtschaften der einzelnen Länder zunehmend stärker voneinander ab. Das war das Ergebnis des immer engeren ökonomischen Zusammenschlusses der europäischen Länder – 1973 kamen zu den ursprünglichen sechs EWG-Gründungsmitgliedern Deutschland, Frankreich, Italien und Benelux die neuen Mitgliedsstaaten Großbritannien, Dänemark und Irland hinzu – sowie des stetig zunehmenden weltweiten Handels. Je weiter die Zollschranken sanken, desto mehr nahmen die Warenströme zu. Kein Land konnte sich der beschleunigten Globalisierung entziehen, schon gar nicht eine industrielle Exportnation wie Deutschland.

Um seinem Thema gerecht zu werden, ging Ludwig über die reinen Wirtschaftszahlen hinaus. Der Journalist studierte die internationale Verzahnung von politischen und wirtschaftlichen Interessen. Dabei stieß er in amerikanischen Zeitschriften zunehmend auf Beiträge, die davor warnten, Erdöl zu verschleudern. Der Rohstoff sei eine begrenzte Ressource. Sein Verbrauch steige durch die weltweit rasch zunehmende Motorisierung, die sich durchsetzende Verwendung als Heizstoff sowie als Energieträger für Kraftwerke rapide an. Das chemisch und industriell vielfach verwendbare Erdöl sei zu schade, lediglich verbrannt zu werden. Die Erdölfelder auf der arabischen Halbinsel mit leichter und preiswerter Förderung seien begrenzt, die Suche und Förderung von Erdöl in anderen Weltregionen, etwa in der Nordsee, in Kanada oder Südamerika, sei unverhältnismäßig teurer als das gegenwärtig spottbillige weltweit gehandelte Öl. Der zunehmende Verbrauch und die kostspielige Suche nach neuen Quellen würden bald zu steigenden Preisen für Rohöl führen – dies würde wiederum die Kohle konkurrenzfähig machen.

Ludwigs Fazit lautete: Wer die deutsche Steinkohle abschreibt, handelt kurzsichtig. Bald wird die Zeit kommen, in der konkurrierende Energieträger, vor allem Erdöl, sich verknappen und verteuern werden. „Dann werden wir froh sein, über schier unbegrenzte einheimische Energie zu verfügen: die deutsche Steinkohle. Lasst uns diesen Rohstoff als nationale Energiereserve fördern und bewahren."

Der Redakteur der Wirtschaftszeitung hatte seine Zweifel. Ludwig Gruber war ehemaliger Bergmann. Er setzte auf deutsche

Kohle. Doch da sein Artikel gut recherchiert und in sich schlüssig war, druckte ihn das Blatt ab.

Die weltpolitische und die wirtschaftliche Entwicklung sollten Ludwig unerwartet schnell recht geben. Am 6. Oktober 1973, dem jüdischen Yom Kippur, dem Versöhnungsfest, griffen die Armeen Ägyptens und Syriens Israel an. Nach wenigen Wochen gerieten die arabischen Streitkräfte an den Rand einer militärischen Niederlage. Da setzten die arabischen Ölstaaten ihren Grundstoff als Waffe ein und stoppten ihre Rohölexporte in die westlichen Staaten, allen voran in die USA, aber auch in die Bundesrepublik Deutschland, denen sie vorwarfen, Israel zu unterstützen. Während die USA ihr Rohöl auch aus eigenen Quellen bezogen, traf der arabische Ölboykott Deutschland, das diesen Rohstoff fast vollständig importieren musste, besonders hart.

Hinzu kam, dass auf Druck der arabischen Länder die OPEC, die Organisation erdölexportierender Länder, in Absprache mit den internationalen Mineralölkonzernen, deren Hauptaktionäre vorwiegend aus den Vereinigten Staaten kamen, der Ölpreis durch Produktionsdrosselung dramatisch in die Höhe gejagt wurde. So stieg der Preis für ein Barrel Rohöl innerhalb eines Tages um fast 70 Prozent auf über fünf US-Dollar. Im darauffolgenden Jahr sollte er weiter dramatisch nach oben klettern. Auf diese Weise wurde das Rohöl in Europa, besonders für den größten Importeur Deutschland, knapp und teuer. Der Preis für eine Tonne Heizöl schoss von 53 auf 138 D-Mark. Damit wurde die noch kurz zuvor als ausgemustert geschmähte deutsche Steinkohle wieder konkurrenzfähig. Eine Tonne kostete nur 100 D-Mark und war damit preiswert im Vergleich zum Erdöl – und sicher zu bekommen.

Der zunächst skeptische Redakteur der Wirtschaftszeitung rief bei Ludwig an und gratulierte ihm zu seiner Weitsicht. „Ich habe lediglich den Tatsachen Rechnung getragen", gab sich der

Journalist bescheiden. Er war selbst verwundert, wie schnell und wie radikal die Märkte auf das veränderte politische und wirtschaftliche Umfeld reagierten. Die deutschen Verbraucher disponierten rasch um, Kraftwerke und private Konsumenten deckten sich vor Einbruch des Winters unverzüglich mit deutscher Steinkohle ein – auf diese Weise verringerten sich die Kohlehalden in kürzester Zeit um vier Millionen Tonnen.

Die Politik reagierte ebenfalls umgehend. Der Bundestag verabschiedete noch im November 1973 ein Gesetz zur Sicherung der Energieversorgung. Es ermächtigte die Regierung und ihre Behörden, Maßnahmen zu ergreifen, um Energie einzusparen und den Energieverbrauch zu senken. Die Bundesregierung beeilte sich, ihre Handlungsfähigkeit zu bewahren, indem sie Sonntagsfahrverbote beschloss. Am 25. November wurde erstmals in Deutschland den Autofahrern der private und gewerbliche Autoverkehr ohne Sondergenehmigung für dringend notwendige Ausnahmefahrten verboten. Deutschlands Straßen, vor allem die Fernwege und Autobahnen, glichen an diesem und den folgenden Sonntagen Gespensterstrecken. Spaßvögel machten sich ein Vergnügen daraus, auf Rollschuhen über die autoleere B1, die Verkehrsschlagader des Reviers, zu gleiten.

Die Energieersparnis der spektakulären Fahrzeugverbannung war indessen gering. Die wichtigen Erledigungen und Ausflüge wurden auf den Vortag gelegt. Die Wirtschaftsredaktion einer Essener Tageszeitung überschrieb Ludwigs Kommentar mit den Worten: „Außer Spektakel nichts gewesen." Darin forderte der Journalist die vorschnellen Totengräber des deutschen Steinkohlenbergbaus auf, „uns zu erklären, womit wir im kommenden Winter unsere Wohnungen heizen sollen, wenn die Ölmultis den Spritpreis noch einmal verdoppeln sollten. Wohl dem, der Kohlevorräte für Jahrhunderte unter unserer Erde weiß!", schloss der Artikel.

Ludwig selbst war weder unbekümmert noch zuversichtlich. Ihn plagten Familiensorgen. Im April noch hatte er über den 100. Geburtstag der Schachtanlage General Blumenthal berichtet. Die Feier war aufgrund der angespannten Finanzsituation auf eine Belegschaftsversammlung beschränkt worden. Anton Kraus und die anderen Kumpel der Grube hatten kein rauschendes Fest erwartet, „aber a bissl an Spaß, a bissl a Gaudi hätt scho sein müssen, um die Zuversicht der Bergleut zu heben", meinte der Knappe enttäuscht. Die Feier wurde abends in privatem Kreis im „Napoli" bei reichlich Bier und Klarem nachgeholt. Auf vielfaches Zureden spielte der Done auf seiner Zither „Glück auf, der Steiger kommt!". Die Kumpel fielen mit alkohol- und staubrauen Stimmen ein. In manchem Auge glitzerte es verräterisch. Bald schob der Musikant sein Instrument beiseite und widmete sich scheinbar seinem Bier. Tatsächlich beobachtete Anton Kraus, dass sein Neffe Ludwig an diesem Abend, wie bereits bei der Einweihung von Grazias Geschäft, ungewöhnlich hastig und viel trank. Als der zwischendurch den Waschraum aufsuchte, tauchte der Done wie zufällig auf.

Anfangs wollte Ludwig nichts sagen. Doch als Anton väterlich den Arm um ihn legte und ihm wohlwollend zuredete, brach es aus dem Neffen heraus. Er bekomme Grazia kaum noch zu sehen. Sie verlasse jeden Morgen gegen halb fünf das Haus, komme meist spätabends heim. Sei todmüde. Sonntags schlafe sie den ganzen Tag. Grazia interessiere sich nur noch für ihr Geschäft. „Jetzt will sie einen neuen Laden aufmachen, dann einen Vertrieb für ihr Fresszeug. Sie plant auch schon ein Restaurant. Und italienische Kochkurse. Ich komm bei ihr überhaupt nicht mehr vor. Sogar fürs Bett ist sie zu müde. Immer nur Geld, Geld, Geld!", jammerte Ludwig. – „Wenn man dei Grazia sieht, denkt man net grad an eine Registrierkassen", sinnierte der Onkel. – „Aber genau so führt sie sich auf", klagte Ludwig. „Dann musst eben mit dem Maderl reden und ihr sagen, dass es so nicht weitergeht. Dass du dir das nicht bieten lasst."

Als Ludwig spätabends heimkehrte und, ermutigt durch Anton und den Alkohol, Grazia weckte, sie um mehr Zuwendung bat, erwiderte sie, er solle sie gefälligst schlafen lassen. „Ist das alles, was du mir zu sagen hast?" – „Ja, und jetzt lass mir meinen Frieden!" Grazia zog sich die Decke über den Kopf und schlief sogleich wieder ein. Ludwig dagegen war ob der Zurückweisung dermaßen gekränkt, dass er die ganze Nacht keine Ruhe finden konnte. Je länger er dalag, desto tiefer fühlte er sich verletzt.

Als Grazia im Morgengrauen auf leisen Sohlen aus dem Zimmer schlich, stand Ludwigs Entschluss fest. Er packte seine wichtigsten Unterlagen, Bücher sowie Hemden und Wäsche in einen Koffer und verließ das Haus. Bis nachmittags versuchte Ludwig vergeblich, sich in der Bergbaubücherei in Essen auf die Lektüre der Fachzeitschriften zu konzentrieren. Stattdessen klammerten sich seine Gedanken an Grazia. Er sehnte sich nach ihrem Körperduft, ihrer Haut, ihrem Blick, ihrer Stimme – doch nicht so wie heute Nacht! Nicht so wie die letzten Monate, als sich Grazia nur noch für Geld und ihr Geschäft interessierte!

Ludwig ahnte, dass Grazias kaufmännische Besessenheit nicht nackter Gier, sondern vielmehr dem Bedürfnis nach Unabhängigkeit entsprang. Doch das half ihm nicht weiter. Er wurde durch Grazias Lebensweise zum Plüschmann für ihre knappe Freizeit degradiert – das war Ludwig, wie jedem Kerl, der auf sich hielt, zu wenig. Und zu einem ausführlichen Gespräch hatte Grazia keine Zeit. Also blieb Ludwig nur eine Konsequenz.

Am späten Nachmittag tauchte er bei seinem Onkel auf. Als Anton den Koffer sah, wusste er Bescheid. Er nahm ihm das Gepäck ab, platzierte den Neffen in der Küche und setzte ihm ein Bier vor, das Ludwig kaum anrührte. Done wartete, bis der Besucher seine Scheu überwunden hatte und ihm von der vergangenen Nacht berichtete. Seine Bemerkung „Des renkt sich wieder ein" empörte Ludwig. „Niemals!", rief er. Der Onkel wies seinem Neffen dessen alte Schlaf- und Arbeitsecke in Renatas Zimmer zu und half ihm, das Bett zu beziehen.

Danach hockten sie sich wieder auf die Küchenbank. Unverhofft ergriff Anton Ludwigs Hand und sagte dabei: „Du weißt, du bist da allweil willkommen und kannst so lang bleiben, wie's dir gefällt." – „Danke, Done." Anton drückte die Hand des Neffen fester. Auch er hatte etwas auf dem Herzen. „I hab seit längerem gesundheitliche Beschwerden. I wollt Renata nichts sagen, damit sie sich nicht beunruhigt. Aber gestern hab i die Ergebnisse bekommen …" Ludwig sah am bemüht zuversichtlichen Blick des Onkels, dass dieser schlechte Nachrichten vernommen haben musste. Dem Neffen schossen Tränen in die Augen. „Noch bin ich net hin … aber eine Operation ist unvermeidlich, sagt der Doktor." Anton schluckte: „Prostata." Da verlor auch er seine Selbstbeherrschung, stützte den Kopf auf die Arme und begann zu schluchzen. Ludwig umarmte den Onkel unbeholfen und meinte: „Vielleicht ist's ganz gut, dass ich bei euch bin."

Als Renata abends von Antons Krankheit erfuhr, stellte sie ihr Entsetzen hintan und kümmerte sich fortan mit gewohnter Energie und Umsicht ausschließlich um ihren Mann. Eine erneute Gewebeprobe, entnommen und analysiert im Krankenhaus Bergmannsheil in Bochum, bestätigte den Befund des Urologen aus Herne. Prostatakrebs im fortgeschrittenen Stadium.

Eine Operation war unumgänglich. Der Eingriff wurde sofort vorgenommen. Der Chirurg machte Renata keine großen Hoffnungen: „Wir haben die Prostata vollständig entfernt. Doch der Tumor hat bereits auf den Darm übergegriffen, sodass wir auch hier große Gewebemengen resezieren und einen künstlichen Darmausgang legen mussten. Ich hoffe, dass das Lymphsystem nicht befallen ist …", der Doktor räusperte sich,

„… doch die Blutwerte sind nicht sehr ermutigend. Wie werden bestrahlen müssen. Mit Glück können wir die Ausweitung der Krankheit eindämmen."

Als der Arzt Renatas Erschütterung sah, versuchte er, ihr Mut zu machen. „Ich habe mich ausführlich mit Ihrem Mann unterhalten. Der Patient weiß, wie es um ihn steht. Er ist stark. Ich glaube, er wird die verbleibenden Jahre ein annähernd normales Leben führen können – doch an eine Fortsetzung seiner Arbeit als Bergmann ist nicht zu denken – mit einem künstlichen Darmausgang." – „Die Zeche bedeutet ihm alles …" Der Arzt antwortete mit einem Schulterzucken.

Renata war entschlossen, zu tun, was in ihrer Kraft stand, um Antons Dasein lebenswert zu gestalten. Ihre Entscheidung, ihre Arbeit im „Buon Appetito" zu beenden, bewog auch Grazia, ihre Lebensumstände zu überdenken. Die Geschäftsfrau war über Ludwigs egoistische Haltung, sie bei der Gründung ihrer Existenz im Stich gelassen zu haben, enttäuscht. Noch schlimmer aber war, dass er davongelaufen war. Seine Gekränktheit war ihm also wichtiger als seine Liebe. Dann mochte er bleiben, wo der Pfeffer wächst. Die Arbeit und ihr Erfolg halfen Grazia über ihren Liebeskummer hinweg. „Arbeit ist beste Medizin", hatte ihr Onkel Giuseppe immer gerufen, wenn sie niedergeschlagen ins „Napoli" gekommen war.

Renatas unbedingte Loyalität gegenüber ihrem kranken Mann imponierte Grazia. Renata war eine starke, kluge Frau. Ohne zu zögern, gab sie alles für ihre Liebe auf. Antons Krankheit zeigte Grazia auch, was sie seit dem frühen Tod ihres Vaters verdrängt hatte. Das Leben war begrenzt. Grazia ersetzte Renata durch eine Verkäuferin. Doch die Angestellte arbeitete ohne Engagement. Sie war patzig zu den Kunden, pünktlich um 18.30 Uhr verließ sie das Geschäft. „Wofür arbeite ich?", begann sich Grazia zu fragen. Um die gleichgültige Verkäuferin zu finanzieren? Wenn sie ihre Pläne wahr machte und eine Filiale, gar ein Restaurant eröffnete, müsste sie ihren Angestellten noch genauer auf die Finger schauen. Vom Morgengrauen bis in die Nacht. Und wo blieben ihre Bedürfnisse?

Grazia gelang es nicht, ihre Gefühle für ihren Roscio abzuschütteln. Sie wurde von Sehnsucht geplagt und gestand sich ein, dass sie ihn liebte – auch wenn er in seiner Eitelkeit und Kränkbarkeit einem Süditaliener wenig nachstand. Eine formelle Heirat – oder besser noch Hochzeit und ein Kind – würde die beiden wieder aneinander binden, wusste Grazia. Außerdem – wenn sie zu lange damit wartete, würde es ihr ergehen wie Renata, die irgendwann kinderlose Witwe sein würde.

Nach Geschäftsschluss marschierte Grazia mit einem Strauß roter Rosen zu den Krausens. Sie erschrak, als sie den abgemagerten Anton sah, der kurz zuvor aus der Klinik entlassen worden war. Als sich Ludwig – dieser Feigling! – davonzustehlen versuchte, hielt ihn Grazia zurück; sie wollte sich unter vier Augen mit ihm aussprechen.

Sobald sie in seinem Zimmer waren, fiel Grazia ihrem Rotkopf um den Hals. Sie liebten sich. Erst danach, als sie wohlig entspannt auf Ludwigs schmaler Matratze lagen, waren beide imstande, miteinander zu reden. Grazia schmeichelte Ludwig, dass sie ihr Leben mit ihm verbringen und Mutter seiner Kinder werden wolle. „Und ich soll daheim als Hausmann kochen und die Kinder aufziehen, statt in meinem Beruf als Journalist zu arbeiten?", brauste Ludwig auf. Doch Grazia lachte seine Empörung weg. „Das würde dir so passen, mein Roscio!" Sie kitzelte ihn am Bauch, dass er lachen musste, ehe sie fortfuhr: „Nein! Meine Kinder ziehe ich selbst groß." – „Und dein Geschäft?" – „Führe ich mit Heiner und dir zusammen." – „Ich bin kein Krämer!" – „Dann wirst du's lernen. Genauso wie du Bergmann gelernt hast ..." Grazia lachte erneut. Sie blickte Ludwig eindringlich an, ehe sie fortfuhr: „... und wie du Ehemann lernen wirst." – „Woher weißt du überhaupt, dass ich dich heiraten werde?" – „Weil keine andere dich nehmen wird ..." Grazia sah Ludwig verschmitzt an und hob ihre Hände vor seine Augen. „... denn vorher werde ich ihr die Augen auskratzen." Sie schmiegte sich an den Geliebten: „Dir bleibt nichts übrig, du musst mich heiraten, mein Roscio. Und zwar gleich!"

Beim Abendessen teilten Grazia und Ludwig ihren Gastgebern mit, dass sie heiraten wollten, und baten sie, ihre Trauzeugen zu sein. „Da müsst ihr euch schicken, fürcht ich", unkte Anton.

Sechs Wochen später traten Grazia und Ludwig vor den Altar der Bonifatiuskirche in der Herner Bahnhofstraße. Der akribische Journalist Ludwig hatte recherchiert, dass Renatas Eltern Leopold und Anna Bialo sich hier vor 85 Jahren das Jawort gegeben hatten. Heute traute Pfarrer Baumann, der Ludwig bei seiner Ankunft im Revier Mut gemacht hatte, das Paar. Heiner hatte Giuseppe überreden können, Grazia trotz des Streits zum Traualtar zu führen. Renata wiederum geleitete Ludwig zur Eheschließung. Sie wirkte gelassen, denn ihr Anton erholte sich zumindest körperlich von Woche zu Woche. Beide Familien waren fast vollständig versammelt. Selbst Grazias Mutter Annunziata, begleitet von ihren Söhnen Domenico, Bruno und Ettore, hatte den weiten Weg aus Süditalien nicht gescheut. Sie wollten sich mit eigenen Augen überzeugen, wie ihre ungebärdige Tochter und Schwester von einem katholischen Priester mit einem Bräutigam des rechtmäßigen Glaubens getraut wurde.

Im Anschluss begab sich die Hochzeitsgesellschaft zur Pizzeria „Napoli", wo die Gäste mit Asti Spumante und Chianti begrüßt wurden. Bruno Brandi hatte seine Klampfe mitgebracht. Er ließ eine Tarantella erklingen, was alle Italiener zu fröhlichen Gesängen mitriss. Bald tanzte die ganze Gesellschaft. Am ausgelassensten wirbelte Grazia umher, die ihren Luigi an den Händen packte und ihn nötigte, mitzutun.

Amüsiert beobachtete Anton das junge Paar. Er drückte Renatas Hand und dachte dabei an den Rat, den ihm sein Arzt in der Klinik gegeben hatte: „Herr Kraus, Sie werden Ihre Ausgeglichenheit nur wiedererlangen, wenn Sie mit Ihrem Zustand Frieden schließen. Wenn Sie sich nach den Bedingungen von früher zurücksehnen, werden Sie verbittern. Freuen Sie sich stattdessen über jede Minute, die Gott Ihnen schenkt."

Während Anton dem ausgelassenen Treiben folgte, kam ihm plötzlich Kurt Bialo in den Sinn. „Wo bleibt's denn euer reicher Onkel?" – „Nach dem Streit am Wahlabend wird er's nicht wagen, sich hier blicken zu lassen", meinte Renata. „Ach was! Pack schlägt sich, Pack verträgt sich. Das gilt doch für jede Familie."

Tatsächlich hatte Kurt Bialo geplant, der Hochzeit Ludwigs und Grazias beizuwohnen. Doch wenige Tage vor dem Termin hatte sich seine geschäftliche Lage dramatisch verschlechtert. Um seine Gewinne zu steigern, war Kurt dem Beispiel seines ehemaligen Parteigenossen und Kompagnons Hörke gefolgt und hatte die Lieferung von Rüstungsmaterial an Staaten der Dritten Welt aufgenommen. Dass diese Länder durchweg von Diktatoren regiert wurden, hatte Kurt nicht gestört. Im Gegenteil, dadurch ersparte er sich langwierige Ausschreibungen und Verhandlungen. Ein kräftiges Bakschisch hatte heilsame Wirkung und kostete ihn nichts, da er es auf den Endpreis aufschlug. Die Geschäfte gingen wie geschmiert.

Da erhielt Kurt Bialo unverhofft Besuch von der Staatsanwaltschaft. Ihm wurden Steuerhinterziehung sowie Übertretung des Kriegsmittelkontrollgesetzes vorgeworfen, das Waffenausfuhren an Diktaturen strikt untersagte. Kurt war sicher, dass sich seine Konkurrenten, die CIA und die Zionisten gegen ihn verschworen hatten – wahrscheinlich alle miteinander. Doch er dachte nicht daran, seinen Namen besudeln zu lassen. Als deutschem Soldaten war ihm bekannt, wie er selbst in einer ausweglosen Situation seine Ehre zu wahren hatte.

Zwei Wochen nach der Hochzeit besuchte Renata Ludwig und Grazia abends in ihrer neuen Zweieinhalbzimmerwohnung, die sie dank der Vermittlung von Herbert Lary erhalten hatten: „Als fester Mitarbeiter der ‚Revier Zeitung' bist du ja für den Steinkohlenbergbau tätig. Also hast du auch Anspruch auf eine Wohnung der Ruhrkohle. Melde dich bei der Hausverwaltung. Ich werde dort ein gutes Wort für dich einlegen." Der Hausherr war besonders stolz auf sein Türschild aus Messing: Ludwig & Grazia Gruber. Ansonsten herrschte heilloses Durcheinander in der Wohnung. Lediglich das neue Doppelbett im Schlafzimmer war aufgebaut, das Grazia Renata mit schelmischem Lächeln zeigte, und die Sitzbank in der Küche aufgestellt.

Mit einer gehörigen Portion Selbstironie berichtete Renata den Frischverheirateten den neuesten Familienklatsch. Wenige Tage nach der Hochzeit habe im Briefkasten eine Benachrichtigung des Notars gelegen, der sie zur Testamentseröffnung ihres verstorbenen Bruders Kurt Bialo aufforderte. Renata war entschlossen, die Einladung zu ignorieren. Vor dem Einschlafen dachte sie über die Angelegenheit nochmals nach und kam zu einem anderen Ergebnis. Ihr Bruder war ein politischer Wirrkopf. Ein Nazi, zumindest ein ehemaliger. Aber Kurt besaß auch Herz. Er hatte ihr und Anton eine großzügige Hochzeitsfeier ausgerichtet. Zuletzt hatte er sich dumm benommen.

Kurt hatte viele Schattenseiten. Aber nicht nur. Nun war er tot. Hatte sich das Leben genommen. Warum hatte sie nicht, warum hatte niemand bemerkt, dass Kurt sich offenbar in einer ausweglosen Lage befunden hatte? Das schlechte Gewissen plagte Renata. Sie hatte Kurt im Stich gelassen. Sie konnte ihm nicht ewig grollen. Schließlich war sie seine einzige Schwester. Und was Renata, wenn sie ehrlich war, am wichtigsten war: Ihr Mann war Rentner – schlimmer, ein Pflegefall. Jeden Morgen und jeden Abend musste sie Dones Beutel wechseln. Eine demütigende

Prozedur für den einst vor Gesundheit strotzenden Mann. Renata wollte Antons letzte Jahre so angenehm wie möglich gestalten. Das kostete Geld. Und Kurt war reich gewesen. Allein seine Villa war bestimmt ein Vermögen wert. Warum sollte das Geld des Bruders an den Staat fallen oder an seine Neffen und Nichten, die sich nie um Kurt gekümmert hatten?

Am nächsten Tag antichambrierte Renata telefonisch bei ihrer Familie. Alle beteuerten, sie würden das Erbe ausschlagen. Diese Bestimmtheit erregte Renatas Argwohn. Sie überwand ihre Bedenken um Antons willen und ging am anberaumten Termin zum Notar. Zu ihrer Überraschung waren mit Ausnahme Heiners alle engeren Verwandten des Verstorbenen erschienen. Maria, die Witwe des Bruders Otto, sowie deren Kinder Emil, Friedrich A. und Lilian. Nur gut, dass ich hergekommen bin, um unseren Anteil zu retten, dachte Renata zufrieden bei sich.

Ihre Genugtuung schlug in schiere Freude um, als der Notar die Vermögenswerte des Verstorbenen aufführte: Barmittel, Aktien, Pfandbriefe, dazu zwei Mietshäuser in Gelsenkirchen-Buer im Gegenwert von rund 6,4 Millionen Mark sowie seine schuldenfreie Privatvilla im Wert von circa 1,5 Millionen Mark. Ergab insgesamt eine Summe von 7,9 Millionen. Fast acht Millionen … Und Renata war die nächste Angehörige. Das bedeutete rund drei Millionen! Renatas Herz schlug bis zum Hals. Ihre Schwägerin und deren Kinder schrien auf. „Ich habe euch immer gesagt, euer Onkel Kurt ist ein vorbildlicher deutscher Mann!", jubelte Maria.

Ihre Euphorie wurde jedoch sogleich gedämpft, als der Notar monoton weitersprach: „Ich muss Sie darauf aufmerksam machen, dass diesen Vermögenswerten Verbindlichkeiten über 14 Millionen Mark gegenüberstehen. Den größten Posten bilden Steuerschulden von 12,8 Millionen Mark. Eine Annahme des Erbes wäre dementsprechend nach dem gegenwärtigen Stand mit einer Verbindlichkeit in Millionenhöhe verbunden, falls nicht unvorhergesehene

Vermögenswerte hinzukommen. Diese wären allerdings einer weiteren steuerlichen Veranlagung zu unterziehen."

Als die betretene Gesellschaft danach im „Napoli" einkehrte und nach einigen Gläsern vom Geschehen erzählte, lachte Heiner schallend und rief, dass es im ganzen Lokal zu hören war: „Recht geschieht's euch! Ihr Gierhälse! Euer Kurt war schlimmer als ein Schwein!" – „Wie redest du über deinen verstorbenen Onkel?", fuhr ihn seine Mutter an. – „Wie es sich für diesen Nazi gehört!", beharrte Heiner lachend. „Ein Schwein frisst sich ein Leben lang voll. Wenn es stirbt, hinterlässt es zumindest Fleisch, Borsten und Leder. Ein Nazi dagegen zerstört alles zu Lebzeiten. Und euer Kurt war ein Nazi. Von einem Nazi erwarten nur Dummköpfe etwas."

„Ich habe Heiner gesagt, dass er recht hat. Von Nazis darf man nichts erwarten – nicht einmal ein Erbe", berichtete Renata dem jungen Paar. Ludwig sah sie unsicher an, doch Grazia musste ebenfalls lachen. Danach sprach man dem Wein zu. Später, als Ludwig sich kurz zurückzog, brachte Renata Grazia ihr Anliegen vor – weshalb sie ohne ihren Mann gekommen war. Anton fühlte sich von der übergroßen Fürsorge seiner Frau erdrückt. Er benötige keine Rundumbetreuung, gab er Renata zu verstehen. Nun bot sie Grazia an, ihr wieder im Geschäft zu helfen. „Grazie mille!", rief diese und umarmte die Tante. „Danke! Endlich habe ich wieder meine Partnerin. Bitte gleich ab morgen!"

Im Folgejahr der Ölkrise bewies die Ruhrkohle, dass auf sie Verlass war. Statt nach dem Muster der internationalen Ölkonzerne die Preise hochzutreiben und Gewinne abzuzocken, konzentrierte sich das Kohleunternehmen darauf, die deutsche Industrie, die Stromversorgungsunternehmen und die Haushalte mit preiswerter einheimischer Kohle zu versehen. Die Elektrizitätsunternehmen reagierten rasch auf die Verknappung und drastische Verteuerung des Erdöls und musterten Petroleum als Heizstoff aus. Dagegen sicherte die Steinkohle wieder mehr als

30 Prozent der Stromenergie. Dies machte eine Ausweitung der Kohleförderung über das ursprüngliche Energiesparprogramm der Bundesregierung hinaus um vier Millionen Tonnen notwendig. Da gleichzeitig die Stahlproduktion anzog, wurde zusätzliche Kokskohle benötigt. Ende 1974 lagen nur mehr 3,4 Millionen Tonnen Steinkohle auf Halde, das bedeutete neben der erweiterten Förderung einen zusätzlichen Abbau von 18 Millionen Tonnen Reservekohle.

Auch die Bundesregierung reagierte schnell auf die Erdölkrise. Sie äußerte in der Ersten Fortschreibung des Energieprogramms die Erwartung, die Förderkapazität von 94 Millionen Tonnen im kommenden Jahrzehnt aufrechtzuerhalten. Gleichzeitig unterstützte die Regierung fortan verstärkt die Forschungsschwerpunkte Bergbautechnik und Kohleveredelung.

In einem Beitrag für die „Revier Zeitung" unter der Überschrift „Eine Politik des langen Atems" schrieb Ludwig: „Sobald die Energie knapp wird, reagiert die Bundesregierung mit energischen Maßnahmen. Dann fördert sie den Steinkohlenbergbau – und dieser leistet, was von ihm verlangt wird, und stellt zuverlässig Energie, Rohstoffe und Technik zu Verfügung. Klingt die Krise ab, bröckelt die Unterstützung für die Kohle wieder. Diese reaktiven Maßnahmen schaffen Unsicherheit und sind teuer. Wir brauchen stattdessen eine langfristige und zuverlässige Strategie, die dem Bergbau und damit der deutschen Industrie und Wirtschaft insgesamt Planungssicherheit und eine zuverlässige Perspektive gibt."

Tatsächlich zeigte sich die Bundesregierung entschlossen, die deutsche Kohlepolitik fortan auf eine sichere Grundlage zu stellen. Am 13. Dezember 1974 verabschiedete der Bundestag das Dritte Verstromungsgesetz „über die weitere Sicherung des Einsatzes von Gemeinschaftskohle in der Elektrizitätswirtschaft". Es sah vor, dass bis 1980 jährlich 33 Millionen Tonnen deutsche Steinkohle in Kraftwerken zur Verstromung eingesetzt werden sollten. Um die Energiesicherheit zu gewährleisten, wurde darüber hinaus der sogenannte Kohlepfennig eingeführt. Für die nächsten zwei Jahrzehnte, bis 1995, wurde ein variabler Aufschlag geschaffen, den die Stromverbraucher zur Finanzierung der Mehrkosten der deutschen Steinkohle gegenüber Importenergien zu leisten hatten. Der Kohlepfennig betrug 1975 gerade mal 3,2 Prozent – ein geringer Preis, der die Energiesicherheit Deutschlands zu gewährleisten half.

Insgesamt betrieb die Ruhrkohle nun 33 Schachtanlagen. 85,5 Millionen Tonnen Kohle konnten abgesetzt werden – der größte Teil davon an die eisenschaffende Industrie. Um optimale Leistungsfähigkeit zu erzielen und Sicherheit zu gewährleisten, wurden die Gruben ständig auf den neuesten Stand der Technik gebracht. Darüber hinaus wurden neue Kohlefelder auf ihre Abbauwürdigkeit geprüft. So untersuchten Geologen und Bergbauingenieure der Schachtanlage General Blumenthal das Feld Haard/Haltern. Dabei wurden Tektonik, Geologie und Kohlenqualitäten analysiert, ehe man neue Schächte abteufte, um so die Produktivität der gesamten Schachtanlage zu steigern.

Ein ehemaliger Bergmann dieser Zeche, Anton Kraus, versuchte derweil, sein Leben als Frührentner trotz seiner gesundheitlichen Einschränkungen zu genießen. Anton spielte Zither und vertiefte sich in die neuere Literatur des Reviers. Vor allem die Romane und Geschichten von Erik Reger, Max von der Grün und Josef Reding hatten es ihm angetan. Kräftig lachen konnte Anton über Jürgen von Mangers – alias Adolf Tegtmeier – lakonische Witze und Alltagsgeschichten, die er gern im Fernsehen ansah. Anton ging viel an die frische Luft, oft gemeinsam mit seinem alten Kumpel und Trauzeugen Luis Pereira, und erwog, im Frühjahr einen Schrebergarten zu pachten.

Seit Renata erneut in Grazias „Buon Appetito" aushalf, wurde das Verhältnis der Ehepartner wieder inniger. Anton gewann einen

Freiraum an Selbständigkeit zurück – und freute sich umso mehr, wenn er Renata nachmittags aus dem Lebensmittelgeschäft abholen konnte, um gemeinsam mit ihr etwas zu unternehmen. Als Renata Anfang April wie jeden Morgen vor der Arbeit den Stomabeutel wechselte, entdeckte sie in dem Exkrement schwarzrote Streifen. Das bedeutete Blut. Für einen Moment erstarrten ihre Hände. Dann setzte sie ein Lächeln auf und zwang sich, den Vorgang routiniert zu Ende zu führen. Anton registrierte das kurze Zögern sogleich. Denn trotz aller erlernten Entspannungstechniken war er während seiner Versorgung aufgeregt – vor allem aber reagierte er überaus empfindsam auf die Stimmung seiner Frau.

Renatas Versuch, so zu tun, als ob nichts vorgefallen sei, war vergeblich. Zumal sie Anton auffordern musste, außerhalb der Routinekontrollen die Klinik aufzusuchen. Die Untersuchung hatte das befürchtete Ergebnis. Der Darm war wiederum von Tochtergeschwülsten befallen. Der Chirurg riet zu einem sofortigen Eingriff und anschließenden intensiven Bestrahlungen.

Anton bat Renata, ihn mit dem Operateur allein zu lassen. Er wollte wissen, wie hoch seine Chancen seien, nach einer erneuten Operation und Bestrahlung die nächsten fünf Jahre ohne weitere Eingriffe ein relativ normales Leben führen zu können. Der Chirurg wich trotz mehrmaliger Nachfragen aus. Da gab sich Anton einen Ruck: „Herr Doktor, keine Antwort ist auch eine Antwort. I weiß jetzt, wie es um mich steht. I werd keine Operation mehr über mich ergehen lassen. I will mich nicht Stück für Stück zerschneiden lassen. Ständig Schmerzen und Angst. Stattdessen möcht i meine letzte Zeit in Würde verleben. Wie lang hab i noch?"

Anton erlaubte dem Arzt keine Ausflucht. „I will die Wahrheit wissen – i halt's aus." Der Arzt schätzte, etwa ein Jahr. Anton ahnte, dass die Frist kürzer sein würde. Er hielt sich nicht mit dem bitteren Gedanken auf, dass ihm der Lohn seiner Bergmannsjahre, ein geruhsames Rentnerdasein, vorenthalten wurde. Der

Herrgott habe es so beschlossen, glaubte Anton, und befahl sein Schicksal in die Hände Gottes. Nachdem er sich gefasst hatte, trat er zu seiner Frau und umarmte sie stumm.

Im Sonnenlicht vor der Klinik teilte Anton Renata seinen Entschluss mit, keine weiteren Eingriffe vornehmen zu lassen. Dann nahm er ihre Hand. „Jetzt möcht i di bitten, dir Urlaub zu nehmen. I möcht nämlich die Zeit, die mir bleibt, mit dir zusammen sein. Du bist mein Glück."

Die mit einer Liebeserklärung verbundene Bestätigung des medizinischen Todesurteils ihres Mannes machte Renatas angestrengte Selbstbeherrschung zunichte. Anton tröstete die Weinende. Was ihm über den eigenen Schmerz hinweghalf. Renata schlug Anton vor, in dessen bayerische Heimat zu reisen und dort lange Ferien zu machen. Doch Done lehnte bestimmt ab. Das Revier sei nun sein Zuhause. Hier wolle er seine letzte Ruhe finden. Renata verscheuchte die trüben Gedanken durch rastloses Tun. Sie mietete einen Schrebergarten an der Kleiststraße in Herne-Holsterhausen. Fortan hielt sie Anton täglich zur Gartenarbeit an. Doch bald konnte er nicht mehr verbergen, dass seine Kräfte nachließen. Ab Herbst blieben Anton und Renata meist in ihrer Wohnung.

Anton wurde bettlägerig. Renata las ihm aus der Bibel vor, in die sie seit ihrer Kindheit nicht mehr hineingeschaut hatte. Die starke Hinwendung zum Glauben in der Not kannte Renata auch aus den letzten Lebensjahren Samuel Rubinsteins. Dones Lieblingskapitel war die Bergpredigt. Am Ende seiner Tage suchte Anton Versöhnung. Obgleich er, wie er auf Renatas Frage erwiderte, nie Feinde gehabt habe.

Die ständig höheren Morphiumgaben, die Kraus gegen seine immer stärkeren Schmerzen verabreicht wurden, ließen ihn in einen Dämmerzustand fallen. Die Letzte Ölung durch Pfarrer Baumann bekam Done kaum noch mit. Am Abend schlug Anton

Kraus unverhofft die Augen auf. Er sah Renata, die seine Hand hielt, mit klarem Blick an. Der Anflug eines Lächelns glitt über seine Züge, dann schloss er die Augen. Alle Spannung wich aus seinem Gesicht.

Im Morgengrauen starb Anton Kraus. Renata ließ ihn auf jenem Friedhof begraben, auf dem ihre Eltern und zwei ihrer Brüder ihre letzte Ruhe gefunden hatten. Auf dem Grabstein wurde auch ihres gefallenen Bruders Heinrich und Helenes, der zweiten Frau ihres Vaters, gedacht.

Nach dem Tod ihres Mannes zog sich Renata zurück. Sie war nun 69 Jahre alt. Die große Liebe ihres Lebens hatte ganze sechs Jahre gedauert. Das schmerzte Renata, vertiefte ihre Trauer um Anton. Anrufe der Familie und Einladungen wies sie zurück. Der Einzige, der sich darüber hinwegsetzte, war ihr Neffe Heinrich. Er suchte Renata auf und las ihr kräftig die Leviten.

„Tu dir nicht leid! Sechs Jahre Liebe sind besser als gar nichts. Die meisten Menschen erleben nicht einmal das. Ich auch nicht. Ich bin ein Homo. Ich konnte immer nur kurze Geschichten haben. Bei der Wehrmacht wär ich im KZ gelandet, wenn sie mich erwischt hätten. In der Kriegsgefangenschaft haben sie mich dafür mal halb totgeschlagen. Nach der Rückkehr in die freie Bundesrepublik blieb meine Veranlagung strafbar. Bis vor sechs Jahren, als du deinen Anton kennengelernt hast." – „Das tut mir leid", entfuhr es Renata, die ebenso wie die anderen Familienmitglieder nichts von Heiners Veranlagung gewusst hatte. – „Das soll dir nicht leidtun. Ich soll dir nicht leidtun, und du dir auch nicht! Ab morgen will ich dich wieder bei Grazia im Geschäft sehen!" – „Aber …" – „Nix aber! Ich hab schon mit ihr gesprochen." – „Ohne mich zu fragen?", begehrte Renata auf, war jedoch ihrem Neffen dankbar, der nun zwei Flaschen besten Sektes auspackte, um mit seiner Tante die Trauer zu ersäufen – zumindest bis zum Morgengrauen.

Grazia und Ludwig waren froh, dass Renata wieder im „Buon Appetito" mitarbeitete. Grazia wusste das Geschäft auch in ihrer Abwesenheit in guten Händen. Und wenn sie in den Laden zurückkehrte und Zeit war, freute sie sich auf einen kleinen Schwatz oder gelegentlich auf ein längeres Gespräch mit der lebensklugen und gebildeten Tante. Renata merkte rasch, dass Heiners Rat ihr guttat. Die regelmäßige Arbeit gab ihrem Tagesablauf eine Struktur und absorbierte ihre ungebrochene Energie.

Sechs Jahre nach ihrer Gründung verleibte sich die Ruhrkohle eines der traditionsreichsten Unternehmen des Reviers ein. Die chemischen Rütgerswerke waren 1849 in Essen gegründet worden und hatten sich zunächst der Verwendung von Steinkohleteer – eigentlich ein Nebenprodukt – als Imprägniermittel für Eisenbahnschwellen gewidmet. Bald errichtete Julius Rütgers eine Teerdestillation. Im 20. Jahrhundert eroberte sich die Firma den ersten Platz auf dem weltweiten Markt für Steinkohleteerprodukte. 1964 fusionierte Rütgers mit der Gesellschaft für Teerverwertung, die Anfang des Jahrhunderts von Steinkohlebergwerksunternehmen ins Leben gerufen worden war. 1975 schließlich wurde die Ruhrkohle der größte Aktionär der Rütgerswerke.

Ludwig war erleichtert, dass Renata ihn von der Pflicht zur ungeliebten Tätigkeit als Krämer befreite. Mit frischem Tatendrang stürzte sich der Journalist in seine Arbeit. Gut ein Jahr nach dem Ölpreis-Schock litt Deutschlands Wirtschaft unter einer Krise. Bundeskanzler Helmut Schmidt machte dafür die weltweite Rezession verantwortlich. Tatsächlich verloren die Ölimportländer wertvolle Devisen für den begehrten Rohstoff. So konnten Konsumenten und Industrie weniger Geld ausgeben beziehungsweise investieren. Darunter litt in erster Linie die Stahlindustrie. Auch in Deutschland, wo 1975 erstmals seit Kriegsende der Stromverbrauch zurückging – um immerhin 2,5 Prozent.

Dies zeitigte bald Auswirkungen auf den Bergbau. Der Einsatz von Steinkohle in Kraftwerken verringerte sich in nur einem Jahr um 27 Prozent und unterlag massiven Schwankungen. Dies bedeutete zwangsläufig eine Reduzierung des Kohleabbaus. Auf den 32 Schachtanlagen der Ruhrkohle waren nur mehr 134 610 Bergleute tätig – deutlich weniger als ein Drittel der Zahl von vor zwanzig Jahren. Sie produzierten 75 Millionen Tonnen Kohle. Mehr, als gebraucht wurde. Die Folge waren Kurzarbeit und dennoch wachsende Halden.

Im Verein mit der Gewerkschaft versuchte die Ruhrkohle den Politikern klarzumachen, dass der Bergbau seine Rolle als zuverlässiger Energielieferant der deutschen Wirtschaft nur wahrnehmen konnte, wenn die Kumpel und die Grubenbetreiber längerfristige Planungssicherheit besaßen. Die Politiker sagten die Beibehaltung des Kohlepfennigs zu. Sie hegten gute Absichten – besonders vor Wahlen.

Als Ludwig einer überregionalen Zeitung einen Artikel anbot, in dem er nachwies, dass Deutschland als großes Industrieland sich ebenso wie die USA eine eigene nationale Energiereserve sichern musste – und dies seinen Preis hatte –, wurde der Artikel von der Wirtschaftsredaktion zurückgewiesen. Dies entspreche nicht den Gesetzen des Marktes, beschied ihm der zuständige Redakteur. „Und was tun Sie bei der nächsten Energiekrise?", wollte Ludwig Gruber wissen. – „Wir werden zu gegebener Zeit einen Ausweg finden. Das ist die Stärke der freien Marktwirtschaft", lautete die Antwort. – „Nein!", wusste Ludwig. „Das ist eine kurzsichtige Politik, die den sozialen Frieden und die Zuverlässigkeit des Industriestandortes Deutschland gefährdet."

Als der Bundestag ein halbes Jahr später mit breiter Mehrheit die Bildung einer nationalen Kohlereserve beschloss, war dies nicht nur für Ludwig Gruber ein ermutigendes Signal. Die Kumpel an Ruhr und Saar, die Ruhrkohle, aber auch alle Gewerkschaften und weitsichtige Unternehmer hatten Grund zur Zuversicht. Die deutschen Volksvertreter hatten eingesehen, dass es nicht genügte, lediglich von der Bedeutung des heimischen Bergbaus zu reden. Entscheidend waren konkrete Taten. Die Einrichtung einer nationalen Kohlereserve war ein Schritt in die richtige Richtung. Sie sah die Schaffung einer Rücklage von zehn Millionen Tonnen deutscher Steinkohle und Koks vor. Die Maßnahme sollte durch Bürgschaften in Höhe von 1,5 Milliarden Mark besichert werden. Die Kosten für die Lagerung würde die öffentliche Hand finanzieren.

Die effektive Arbeit der Ruhrkohle wie auch anderer deutscher Großbetriebe wurde zudem durch ein bereits im März vom Bundestag verabschiedetes Mitbestimmungsgesetz erleichtert. Dies schrieb das Montanmitbestimmungsgesetz aus dem Jahr 1951 fort, das den Stürmen der Zeit getrotzt hatte und Vorbildcharakter genoss. Die neue Regelung sah für Unternehmen mit über 2000 Mitarbeitern eine paritätische Besetzung des Aufsichtsrats mit Vertretern der Kapitalgeber und Arbeitnehmer vor. Da die FDP sich als Partei der Selbständigen und Gutverdienenden etablieren wollte, wurde den leitenden Angestellten eine gesonderte Rolle eingeräumt. Zudem zählte bei Stimmengleichheit – im Gegensatz zur Montanmitbestimmung, die ein neutrales Mitglied vorsieht – das Votum des Vorsitzenden, der in der Regel von der Kapitalseite gestellt wurde, doppelt. Diese Einschränkungen blieben jedoch in der Praxis ohne größere Bedeutung. Maßgeblich war vielmehr, dass die Arbeitnehmer durch die gleichberechtigte Einbindung in die Kontrollgremien entscheidend in die Verantwortung der Unternehmen einbezogen wurden.

Auf diese Weise wurde, anders als etwa in Großbritannien, eine Konfrontation zwischen Arbeitgebern und Arbeitnehmern vermieden, unter der am Ende der Erfolg des Unternehmens litt. In Deutschland dagegen traten die Gewerkschaften als Vertreter der

Beschäftigten für ihr Unternehmen ein. Das bedeutete Lohn- und Streik-„Disziplin". Die Arbeitnehmer verzichteten auf momentane Prämien, um den langfristigen Erfolg ihrer Firma zu gewährleisten.

Dieses verantwortungsbewusste Verhalten galt insbesondere für die Kumpel, die unverdrossen um die Erhaltung nicht nur ihrer Arbeitsplätze, sondern des deutschen Bergbaus kämpften. Die weiterhin lahmende Konjunktur hatte zur Folge, dass 1976 die Steinkohlenförderung erneut zurückgefahren werden musste. Insgesamt wurden an der Ruhr nur knapp 73 Millionen Tonnen Steinkohle aus dem Berg geholt. Die Folgen waren Zechenstilllegungen. Ihnen fiel unter anderem die Grube Egbert in Herbede zum Opfer – die letzte Kleinzeche im Revier. Lang vorüber waren die Zeiten, als unmittelbar nach dem Krieg die kleinen Zechen einen wichtigen Beitrag zur Versorgung der Bevölkerung mit Energie geleistet hatten. Aber auch in den großen Schachtanlagen fuhren die Kumpel Feierschichten, um die Produktion zu drosseln. Dennoch wuchsen die Halden weiter an.

Um die Produktivität der bestehenden Gruben zu steigern, trieb die Schachtanlage General Blumenthal die Erschließung des Kohlenfeldes Haltern voran. Dies löste Proteste von Natur- und Landschaftsschützern in einer bis dahin nicht gekannten Heftigkeit aus. Ludwig teilte das Unverständnis der Kumpel über diese „Luxusdemos": „Der Wohlstand des Reviers gründet sich seit Generationen auf das schwarze Gold, das unsere Kumpel dem Berg abringen. Wenn uns die ungestörte Ruhe von Igeln wichtiger sein sollte als die Kraft unseres Bergbaus, dann werden wir unseren Reichtum verlieren, und das Ruhrgebiet wird wieder in die Armut zurückfallen. Ist es das, was die Naturschützer wünschen, oder übersehen sie die Konsequenzen ihres Protestes?", hielt ihnen der Autor in der „Revier Zeitung" vor.

Anfang Oktober waren Bundestagswahlen. In ihnen spiegelten sich die allgemeine Unsicherheit und vielfache Unzufriedenheit.

Allein die Popularität von Bundeskanzler Helmut Schmidt bewahrte die sozialliberale Koalition vor einer Niederlage. Die SPD verlor ihre Position als stärkste politische Kraft an die Union, den rheinland-pfälzischen Ministerpräsidenten Helmut Kohl, der mit 48,6 Prozent nur um weniges die absolute Mehrheit der Mandate verfehlte. Der knappe Sieg der Regierungskoalition bewog die Freien Demokraten unter ihrem neuen Vorsitzenden Hans-Dietrich Genscher zu einem Schwenk in Richtung Marktwirtschaft, während die SPD in die entgegengesetzte Richtung marschierte, um ihre traditionellen Wähler, vor allem die Arbeiterschaft, stärker an sich zu binden. Durch die divergierenden politischen Strategien der Koalitionspartner wurde der Handlungsspielraum der neuen Bundesregierung eingeschränkt.

Deutschland geriet 1977 in unruhiges Fahrwasser. Mitglieder der Roten Armee Fraktion ermordeten am 30. Juli den Bankier Jürgen Ponto. Anfang September verschleppten sie den Präsidenten der Arbeitgeberverbände Hanns Martin Schleyer, um ihre Gesinnungsgenossen Andreas Baader, Gudrun Ensslin und Jan-Carl Raspe aus der Haft zu pressen. Dazu diente auch die Entführung des Lufthansa-Flugzeuges „Landshut". Ziel der Terroraktionen war, die Ohnmacht der deutschen Demokratie zu demonstrieren. Um dies zu verhindern, blieb die Bundesregierung unnachgiebig.

Die entführte Passagiermaschine wurde in Mogadischu, der Hauptstadt Somalias, durch ein Kommando der deutschen Sondereinheit GSG 9 befreit. Danach begingen die inhaftierten deutschen Terroristen im Gefängnis Stuttgart-Stammheim Selbstmord, ihre Spießgesellen ermordeten den in ihrer Hand befindlichen Hanns Martin Schleyer. Das entschlossene Handeln des Kanzlers und seines Kabinetts steigerte das Ansehen der Regierung in der Bevölkerung und verlieh ihr Kraft, die sie auch in der Wirtschaftspolitik umsetzte.

So schrieb die Bundesregierung im Dezember 1977 das Energieprogramm von 1973 fort, das unter dem Stichwort „Kohlevorrangpolitik" die bevorzugte Nutzung deutscher Stein- und Braunkohle vorsah, um die nationale Energiereserve zu wahren. Bereits im Mai hatte das Bundeswirtschaftsministerium eine Rahmenvereinbarung über die Lieferung von 35 Millionen Tonnen Kohle pro Jahr an die Betreiber von Kraftwerken auf den Weg gebracht. Dies verschaffte der Ruhrkohle Planungssicherheit. Der Konzern durfte die kommenden fünf Jahre von einem Absatz von 175 Millionen Tonnen Steinkohle ausgehen.

Die günstige Zukunftsaussicht kontrastierte mit einer tristen Gegenwart. Aufgrund der fortschreitenden Dollarabwertung wurde US-Kohle auf dem deutschen Markt immer billiger. Um ihre deutschen Abnehmer, hauptsächlich in der Stahlindustrie, zu behalten, sah sich die Ruhrkohle gezwungen, ihr schwarzes Gold zu immer niedrigeren Preisen zu offerieren. Auf diese Weise schmolzen die Erlöse des Konzerns dahin wie Schnee in der Sonne. Dies zwang die Ruhrkohle, Bilanzreserven in Höhe von 525 Millionen Mark aufzulösen. Dennoch schloss der Konzern seine Jahresbilanz mit einem Fehlbetrag von zehn Millionen Mark.

Zu den Verlusten hatte auch ein Umdenken in der strategischen Ausrichtung des Konzerns beigetragen. Die bis dahin vorherrschende Sicht legte fast ausschließlich Gewicht auf einen effektiven Abbau der Kohle. Umweltaspekte und spätere Folgelasten wurden eher als Hindernisse gesehen, die es zu überwinden galt. So dachten Manager, Bergleute und Gewerkschaften.

In diesem Sinn hatte Ludwig im Vorjahr auch seinen zornigen Kommentar gegen die Umweltschützer verfasst, die gegen eine Erschließung des Feldes Haltern für die Schachtanlage General Blumenthal demonstriert hatten.

Unter dem seit 1975 amtierenden Vorstandsvorsitzenden der Ruhrkohle AG, Karlheinz Bund, hatte eine Neuorientierung eingesetzt. Der neue Konzernchef hatte verstanden, dass die Interessen der Steinkohleproduzenten nicht gegen Naturschutzbemühungen, sondern im Gegenteil als Teil der Umweltpolitik durchzusetzen waren. Kohle ist ein einheimischer Rohstoff. Sie konnte mit geringen Kosten in Deutschland transportiert werden und diente gleichzeitig als unverzichtbarer Grundstoff für die Stahl- sowie die chemische Industrie und damit für die Gesamtwirtschaft. Die Rolle der Kohle als integraler Bestandteil einer nationalen Umweltpolitik hatte jedoch ihren Preis. Und der war hoch. So investierte die Ruhrkohle bereits 1977 rund 190 Millionen Mark in den Umweltschutz.

Ludwig musste sich an die neue Strategie ebenso gewöhnen wie die meisten Bergleute und Kohlemanager. Doch der Journalist sah ein, dass es keine Alternative zu einem langfristigen Handeln gab, das die Belange der Umwelt berücksichtigte – ansonsten schaufelte sich die Steinkohlenwirtschaft ihr eigenes Grab. Sie würde im Sarg einer veralteten, die Natur belastenden Industrie verschwinden und zudem Umweltschäden in unermesslicher Höhe zurücklassen. Ludwig Gruber schlug der Industriegewerkschaft Bergbau und Energie vor, ein Seminar über Steinkohle und Umweltschutz abzuhalten, um die Gewerkschaften mit den neuen Herausforderungen vertraut zu machen. Das Angebot wurde akzeptiert. Zielstrebig ging Ludwig daran, die Tagung für das kommende Frühjahr zu organisieren.

Am 20. September 1978 wurde der Wuppertaler Laienprediger und SPD-Politiker Johannes Rau als Nachfolger Heinz Kühns zum Ministerpräsidenten Nordrhein-Westfalens gewählt. Der 47-Jährige machte sich mit frischem Elan daran, sein Bundesland an die Erfordernisse der sich rasch verändernden Zeit anzupassen. Dabei wurde das Tempo weitgehend von globalen Ereignissen geprägt. Förderausfälle und die Verunsicherung nach der iranischen Revolution ließen den Ölpreis in bis dahin ungeahnte Höhen schnellen und lösten so den zweiten Ölschock aus. Hinzu kam noch, dass die erdölexportierenden Länder den Ölpreis um weitere zehn Prozent anhoben, um Währungsverluste aufgrund des sinkenden Dollarkurses auszugleichen. So wurde der Wirtschaft ebenso wie den Privathaushalten vor Augen geführt, wie existenziell wichtig eine nationale Energiereserve war.

Vor allem weil die deutsche Stahlindustrie auf die zuverlässige einheimische Kokskohle zurückgreifen konnte, war es ihr möglich, durch stabile Preise für die eigenen Qualitätserzeugnisse deren Produktion stetig zu steigern. So erhöhte sich 1978 die Rohstahlerzeugung auf 41,3 Millionen Tonnen. Dies sorgte wiederum für eine Belebung des Kohleabsatzes. Die Ruhrkohle setzte mit 64,2 Millionen Tonnen mehr Koks und Kohle ab, als sie aus dem Berg holte. Auf diese Weise verringerten sich die Halden um mehr als sechs Millionen Tonnen auf die immer noch beachtliche Menge von über 19 Millionen Tonnen. Die ungenügende Auslastung der Gruben war der Grund für das fortschreitende Sterben der Zechen. So wurde in diesem Jahr die Schachtanlage Friedrich der Große in Herne stillgelegt.

Am Abend ließ sich Heinrich Bialo mit Kumpeln von einst in einer Kneipe in der Bahnhofsgegend, deren Namen er am nächsten Tag vergessen wollte, vollaufen. Ende der dreißiger Jahre war er auf Friedrich der Große angelegt worden, hatte seine Lehre absolviert, als Bergjungmann malocht. Auch wenn Heiner gegen die Zeche wetterte und fluchte, kam er wie jeder echte Bergmann sein Lebtag nicht vom Zauber der Arbeit unter Tage los. Als Heiner vom Ende seines Pütts erfuhr, verabredete er sich mit seinen früheren Kumpeln. Die alten Kameraden soffen, bis ihnen die Tränen versiegten.

Doch als sie im Morgengrauen in die Kühle der Luft traten, packte sie erneut das heulende Elend. Die auf dem Heimweg reichlich verzehrte Currywurst konnte die Kumpel auch nicht trösten. Heiner wachte nachmittags mit ausgedörrter Kehle und brummendem Schädel auf. Traurigkeit übermannte ihn. Er zerdepperte aus Wut in seiner Küche alle Teller, dann griff er sich die Handdusche der Badewanne und ließ eiskaltes Wasser über seinen Schädel rauschen. Selbst jetzt musste er an die wundervoll warmen Brausen nach Schicht denken. „Scheiße!", brüllte Heiner. Er frottierte sich ab und rannte ins „Napoli". Der Bergmann musste unter Menschen, sonst würde er in seiner Verzweiflung die gesamte Wohnungseinrichtung zerlegen.

In der Pizzeria stritt sich Giuseppe mit seinem halbwüchsigen Sohn Carlo. „Brüllt nicht so rum! Mein Kopf ...", überschrie sie Heiner. „Porca miseria! Dieser Pazzo, diese verrückte Kind, will unbedingt Bergmann werden. Wozu hab ich dich geschickt auf Schule? Lernen sollst du, studieren ... Nimm dir Beispiel an deine Bruder. Mario hat gemacht Abitur ... und du? Cretino!", ereiferte sich Brandi. Der Hinweis auf Marios exzellente und seine eigenen vergleichsweise mäßigen schulischen Leistungen brachte Carlo in Harnisch und ließ in ihm die brüderliche Rivalität auflodern.

Mario hatte ein friedliches Naturell; der älteste Brandi-Sohn las gern, mochte Sport nicht sonderlich, das Geräteturnen in der Schule hasste er richtiggehend. Hinzu kam, dass Mario schlecht sah und seit seinem zwölften Lebensjahr eine Brille tragen musste. Dies ließ ihn Schlägereien nach Möglichkeit meiden. Carlo hingegen wich keinem „Kämpfchen" aus. Bestätigung suchte und fand Mario in der Schule. Dank seiner guten Zensuren hatte er keine Mühe, ins Gymnasium zu wechseln und auch dort mit Lerneifer und Intelligenz Anerkennung zu finden.

Carlo dagegen zeigte in der Schule keinen Fleiß. Er war nicht weniger intelligent als Mario, doch er hangelte sich ohne nennenswerten Ehrgeiz von Klasse zu Klasse, musste sogar eine Ehrenrunde drehen. Der mangelnde Erfolg in der Schule führte zu einer uneingestandenen Eifersucht Carlos auf den Bruder. Anerkennung holte sich Carlo im Sport, besonders im Fußball. Wie einst sein Onkel Emil kickte er mit Leidenschaft bei den Amateuren von Westfalia Herne.

Der Vater ahnte nichts von den Rivalitäten der Brüder. Während Carlo seinen Gedanken nachhing, ereiferte sich der alte Brandi immer mehr. Er wies auf Bialo. „Guck dir an Heiner, wenn du schon nicht deine Babbo, deine eigene Papa, glaubst. Heiner war große Bergmann …" – „Ich war ein Arschloch!" – „… und trotzdem hat er aufhören müssen. Weil der Bergbau kein Zukunft hat. Merda! Scheiße! Und du Schwachkopf willst weitermachen – in eine tote Beruf! Das erlaub ich nicht. Niemals nicht!" – „Sicher wirst du das dem Burschen erlauben!", begehrte Heiner auf. – „Ja, bist du jetzt auch geworden verrückt?" Giuseppe glaubte, er sei im Irrenhaus. – „Vielleicht! Sicher! Aber ich bleibe Bergmann, so lange ich atme."

Heiner stieß seine Hand hart gegen Giuseppes Brust. „Und du auch! Der Berg lässt niemanden mehr los, den er in seinem Schoß hatte!" – „Aber die Zukunft? Gerade hat Friedrich dichtgemacht. Aus. Basta!" – „Na und? Ohne die Kohle stirbt das Land. Es soll aber leben. Und deshalb braucht es wieder Bergleute!" Heiner riss Carlo aus seinen Gedanken: „Und wenn du so 'n verrückter Affe bist, Carlo, dann Glück auf!" Er sah dem jungen Mann eindringlich in die Augen. Carlo hielt seinem Blick stand. „Mach dich auf was gefasst, Junge", meinte Bialo. Dann trat er hinter den Tresen, holte eine Flasche Klaren aus dem Eisfach, um mit Vater und Sohn auf Carlos Berufswahl anzustoßen.

Carlo Brandi bereute nie seinen Entschluss, Bergmann zu werden. Im Gegenteil, er genoss jeden Tag seiner Lehrzeit. Auch wenn er sich die Arbeit unter Tage und vor Kohle nicht so hart und verantwortungsvoll vorgestellt hatte. Überrascht war Carlo auch von den hohen Ansprüchen der theoretischen Ausbildung. Überheblich hatte der junge Mann geglaubt, dank seiner Realschulreife und seiner unbestreitbaren Intelligenz würde ihm alles zufliegen. Ein Irrtum. Carlo musste sich mit den theoretischen Grundlagen der Geologie, des Maschinenbaus, der Mineralogie auseinandersetzen und sich zudem eine Reihe handwerklicher Grundkenntnisse von der Schreinerei bis zur Elektrotechnik aneignen. Doch dieses Wissen in die Praxis umzusetzen, den Berg zu respektieren und ihm dennoch sein schwarzes Gold abzutrotzen, das alles bereitete Carlo ungebrochene Freude.

Als ihm und 100 anderen Lehrlingen am 1. Dezember 1981 in einer feierlichen Zeremonie in den Räumen der Zechenverwaltung von General Blumenthal der Knappenbrief überreicht wurde, barst der junge Mann schier vor Stolz. Zum Abschluss der Feier sang ein Knappenchor in seiner schmucken schwarzen Kluft mit den rot-weißen Federbüschen an der Kappe „Glück auf, Glück auf, der Steiger kommt". Bei der sechsten Strophe „Und kehr ich heim zur Liebsten mein, dann erschallet des Bergmanns Gruß in der Nacht, Glück auf, Glück auf!" fielen alle Anwesenden ein.

Nicht nur Carlo. Auch seine Familie, die vollzählig versammelt war. Die Eltern, seine Großtante Renata, Cousine Grazia und ihr Mann Ludwig, die Onkel Heiner, Emil und Fritz, der mittlerweile als leitender Chemie-Ingenieur in der Degussa-Grundlagenforschung arbeitete, sein älterer Bruder Mario, der an der Ruhr-Uni in Bochum Betriebswirtschaftslehre studierte, und Carlos Zwillingsschwester Carla, die in Düsseldorf das zweite Jahr ihrer Banklehre absolvierte. Nach der Gesellenfeier traf sich die Familie nach alter Tradition im „Napoli".

Beim Essen politisierten Heiner und sein Kompagnon Giuseppe. Das heißt, sie stritten sich wie üblich. Der Italiener war trotz seines Stolzes auf seinen Sohn Carlo nach wie vor überzeugt, dass der deutsche Bergbau vor dem Aus stand. Heiner widersprach vehement. Der Unfall im amerikanischen Atomkraftwerk Three Mile Island 1979 und die zweite Ölkrise, die zu einer weiteren Verdoppelung des Preises führte, „müssen doch dem letzten Hornochsen gezeigt haben, dass allein auf die heimische Kohle Verlass ist". – „Wie auf dein groß deutsche Klappe", provozierte ihn Giuseppe. Heiner ließ sich nicht beirren: „Warum, glaubst du, Signor Witzig, haben die letztes Jahr angefangen, das Anschlussbergwerk Haltern 1 und 2 abzuteufen, he?"

107

Ludwig versuchte, den Streit mit sachlichen Argumenten zu schlichten. Als Reaktion auf die erneute Verteuerung des Ölpreises habe sich die Steinkohleproduktion an der Ruhr 1979 erstmals seit zehn Jahren auf insgesamt fast 63 Millionen Tonnen erhöht. Darüber hinaus seien mehr als neun Millionen Tonnen Koks und Kohle aus bestehenden Halden verkauft worden. Die Ruhrkohle schreibe wieder schwarze Zahlen ... „Naturalmente. Sie verkauft auch schwarze Kohle!" Der Journalist ließ sich durch Giuseppes Kalauer nicht aus dem Konzept bringen. Stattdessen berichtete er den beiden Streithähnen über das Aktionsprogramm Ruhr, das im Vorjahr vom Landtag in Düsseldorf verabschiedet worden war.

Durch die Einrichtung des Grundstücksfonds Ruhr und einer Landesentwicklungsgesellschaft gelang es, die faktische Bodensperre zu durchbrechen, die von den früheren privaten Grubenbetreibergesellschaften sowie von Stahlkonzernen aufgrund ihres riesigen Landbesitzes etabliert worden war. Dadurch hatten diese Gesellschaften die Ansiedlung neuer technischer Industrien blockieren können. Die Errichtung eines Zweigwerkes des Autoradio-Produzenten Blaupunkt in Herne im Jahr 1967 war eine Ausnahme gewesen, wenn auch eine sehr erfolgreiche, die neue Arbeitsplätze am Ort geschaffen hatte.

Die Stromerzeuger hatten ebenfalls die Zeichen der Zeit erkannt. Sie wollten die heimische Kohle als sichere Energiebasis verwenden. Das traf sich mit den Bestrebungen der Ruhrkohle nach langfristigen Abnahmegarantien. Diese gleichlaufenden Interessen waren die Grundlage des 1980 geschlossenen sogenannten Jahrhundertvertrages zwischen dem Kohlekonzern und den Kraftwerksbetreibern. Darin verpflichteten sich die Stromerzeuger für die nächsten fünfzehn Jahre zu einer garantiert steigenden Abnahmemenge von Steinkohle, die schließlich 45 Millionen Tonnen betragen sollte.

„Allein durch den Jahrhundertvertrag ist nach meiner Meinung das langfristige Überleben des Steinkohlenbergbaus gesichert. Denn zu den 45 Millionen Tonnen Kraftwerkskohle kommen leicht noch einmal 20 Millionen für die Stahlerzeugung und die chemische Industrie. Damit sind wir über den Berg", dozierte Ludwig. – „Hoffentlich, Professore", meinte Giuseppe skeptisch. „Wenn nicht, musst du meine Carlo Brot und Arbeit geben."

Ludwigs Prognose beruhte auf Wissen. Im laufenden Jahr wurden in den 25 Schachtanlagen des Reviers von 120 000 Kumpeln 63 Millionen Tonnen Steinkohle gefördert. Auch die Bundesregierung setzte auf die Kohle. Um die Energie- und Rohstoffsicherheit des Industriestandortes Deutschland und zugleich die Arbeitsplätze der Kumpel, ihrer Familien und der Beschäftigten in den vom Bergbau abhängigen Betrieben zu gewährleisten, forcierte Bonn die Dritte Fortschreibung des Energieprogramms. Sie sah einen jährlichen Absatz von 90 Millionen Tonnen Steinkohle vor. Dieses Ziel sollte durch eine Fortsetzung der Investitionshilfen, die Unterstützung von Innovationen im Bergbau sowie durch einen gezielten Ersatz des teuren Erdöls durch Kohle, etwa im Bereich der Fernwärme, erreicht werden. Dies war ein ambitioniertes Programm. Gruber teilte die Zuversicht seriöser Volkswirtschaftler und Manager, die der deutschen Kohle eine sichere Zukunft voraussagten.

Allmählich löste Ludwig seine Gedanken von der Zukunft des Bergbaus. Grazia war im neunten Monat schwanger. Sie strich ungeduldig über den runden Leib. Ihre Schwangerschaft ließ Grazia die Nähe von Renata suchen. Auch jetzt, im „Napoli", plauderten die Frauen miteinander. Grazia wollte auf traditionelle Art von der Hebamme zu Hause entbunden werden.

Dieser Vertrauensbeweis schmeichelte Renata, doch gleichzeitig machte er sie unsicher. Denn sie war bereits 75 Jahre alt – und hatte seit langem keinem Kind mehr auf die Welt geholfen. Da Grazia aber unbedingt ihr erstes Baby mit Renatas Unterstützung gebären wollte, bat die Hebamme einen ihr bekannten Frauenarzt, ihr zur Seite zu stehen. Als die Wehen bei Grazia einsetzten, weilte Dr. Kürner jedoch auf einem medizinischen Fortbildungsseminar eines Pharmaherstellers am Bodensee. Renata musste allein arbeiten. Na und?, machte sie sich Mut, wie war das mit dem Dorf, das du zur Welt gebracht hast? Du kennst jeden Handgriff und weißt über alle Komplikationen Bescheid. Der Gedanke an ein unvorhergesehenes Geschehen wollte gleichwohl nicht aus Renatas Kopf weichen. Je mehr sie sich beruhigen wollte, desto hartnäckiger ergriff die Furcht von ihr Besitz.

Doch als Ludwig auftauchte, um Renata abzuholen, hatte sie keine Zeit mehr für Ängste. Sie nahm ihre Tasche mit den sterilisierten Instrumenten und stieg gemeinsam mit Ludwig ins Taxi.

Als Renata und der werdende Vater in der Wohnung des jungen Paares eintrafen, stand Grazia in der Küche am Herd und rührte in einem Topf. „Bist du wahnsinnig", entfuhr es Ludwig. „Du solltest doch liegen …" – „Kriegst du das Kind oder ich …?" Eine erneute Kontraktion nahm Grazia den Atem zum Weitersprechen.

Renata und Ludwig geleiteten die vor Schmerzen gekrümmte Gebärende ins Schlafzimmer und legten sie auf das Bett. Renata packte ihre Instrumente aus. Behalt die Nerven, ermahnte sie sich still. Ludwig hampelte am Fußende des Bettes herum. „Laut einer statistischen Untersuchung sind bei Hausgeburten …" – „Deine Statistiken errechnest du bitte in der Küche", unterbrach ihn Renata, „und rühr gelegentlich den Topf um. Das hier …", Renata wandte sich lächelnd an Grazia, „… war und ist Frauensache!"

Die Wehen wurden stärker und kamen regelmäßig. Renata erinnerte Grazia immer wieder an die Atemtechnik, die sie ihr erklärt hatte. „Santissima Maria Vergine ", schrie Grazia auf, „das tut so furchtbar weh …" Ihr Gesicht war tränenüberströmt. Sie packte Renatas Arm und flüsterte heiser: „Zia, Tante, du musst mir versprechen … wenn ich jetzt sterbe …" – „Schätzeken, so schnell stirbt sich's nicht … Alles läuft, wie es schon zig Millionen Mal gelaufen ist. Nämlich ganz normal. In einer halben Stunde sind wir durch. Drück, press ordentlich, dann geht's noch schneller …"

Ludwig hockte in der Küche und drückte seine Hände auf die Ohren, um Grazias Schreie nicht zu hören. Vergeblich versuchte er sich auf die Lektüre der Zeitschrift „Glückauf" zu konzentrieren. Über Seite 2 kam er nicht hinaus.

Renata behielt recht. Nach 30 Minuten war Grazias und Ludwigs Kind auf der Welt. Gesund und proper. Zwei Tage später telefonierte Renata mit Dr. Kürner, um ihm von der Entbindung zu berichten. „Weiß ich alles schon, Frau Kraus. Ich habe die Patientin gleich gestern Abend nach meiner Rückkehr besucht. Kompliment, Kompliment. Ich hätte das nicht besser hingekriegt." Renata lächelte in den Telefonhörer. „Sind Sie jetzt wieder im Geschäft?", fuhr der Doktor fort. „Dann kann ich meine Praxis dichtmachen …"

Als sie aufgelegt hatte, kamen Renata Antons Worte in den Sinn. Aus einem Beruf könne man nicht aussteigen wie aus einer schmutzigen Hose, hatte ihr Done einst konstatiert. Anton hatte recht gehabt. Eine Berufung ließ einen nicht los. Ein Leben lang.

Ludwig war felsenfest überzeugt gewesen, dass sein erstes Kind ein Junge werden würde. Er und seine Frau wollten den Knaben, der nun ein Mädchen war, ursprünglich Anton nennen. Als Renata nach dem Namen fragte, sahen die Eltern die Hebamme ratlos an, und Ludwig gestand die fehlgeschlagene Namensgebung.

Die Hebamme schluckte ihre Enttäuschung und ihre Rührung rasch hinunter und bat: „Nennt das Mädchen bitte Anna. So hieß meine Mutter. Sie starb bei meiner Geburt 1906. Ich musste immer mit dem stillschweigenden Vorwurf meines Vaters leben, ich hätte meine Mutter das Leben gekostet. Wenn wir eure Tochter Anna nennen, entreißen wir meine Mama dem Vergessen."

Deutliche Worte und Taten
1982–1988

Sieben Jahre später, im Herbst 1988, wurde Anna eingeschult. Das Mädchen wurde von ihren Eltern sowie von ihrer „Tante" Renata zum ersten Schultag in die Städtische Katholische Grundschule an der Herner Bergstraße begleitet. Renata fühlte sich durch den zweigeschossigen Backsteinbau an ihre Volksschule erinnert. Tapfer ließ sie sich ihre rheumatischen Schmerzen nicht anmerken. Sie war entschlossen, Annas Schulbesuch auch zu einer Zäsur in ihrem eigenen Leben zu machen. Denn sie war mittlerweile eine alte Dame. Renatas Geist war lebendig wie eh und je. Sie interessierte sich nach wie vor für die Menschen in ihrer Umgebung, für Politik und Kultur – gelegentlich debattierte sie leidenschaftlich mit Ludwig. Dabei zeigte sich die Hebamme dem Journalisten durchaus geistig gewachsen.

Renata war gesund – prinzipiell. Doch das fortgeschrittene Alter forderte seinen Tribut. Neben ihren rheumatischen Beschwerden wurde Renata von Arthrose in Fingern und Kniegelenken geplagt. Daher beschränkte sie ihre Aushilfe in Grazias „Buon Appetito" auf eine Mindestpräsenz und kümmerte sich stattdessen mit Hingabe um „ihre" Anna. Sie ging viel mit dem Mädchen spazieren, die beiden nähten miteinander Kleidchen und Spielanzüge für die Kleine, besuchten den Grugapark in Essen und Vorstellungen des Kindertheaters. Auf Annas Wunsch streiften sie über die Cranger Kirmes. Gemeinsam besichtigten sie das Bochumer Bergbau-Museum, wo Anna sich für die „Einfahrt" in das Anschauungsbergwerk begeisterte. Renata zeigte dem Kind die Goldene Madonna im Essener Dom, und in der „Lichtburg" sahen sie sich Kinderfilme an.

Anna war ein fröhliches und aufgewecktes Kind. Sie hing an ihrer „Tante", die sie liebte. Doch mit Schulbeginn war die Zeit des unbeschwerten Miteinanders mit dem Kind vorüber. Als Schülerin würde Anna an Pflichten, also den Ernst des Lebens, gewöhnt. Renata wollte ihr beistehen, ohne sich dem Kind aufzudrängen. Doch sie begriff auch, dass sie sich langsam von Anna lösen musste, um das allmähliche Reifen des Mädchens zu unterstützen.

Während Ludwig seine Tochter zum Schulhaus brachte, tänzelte sein Gedächtnis durch die letzten Jahre im Leben seiner Familie, seines Berufes und Deutschlands. Schmerzlich vermisste er seinen Onkel. Anton hatte ihn ins Revier gebracht, dieses deutsche Herzland im Aufbruch, weil der leidenschaftliche Bergmann im Gegensatz zu manch intellektuellem Schlaumeier felsenfest davon überzeugt war, dass der deutsche Kohlebergbau überleben – und am Ende gedeihen – würde. Und Anton hatte recht behalten.

Das zunächst als spottbilliger Energieträger gepriesene Erdöl hatte sich dramatisch verteuert. Darüber hinaus war man dabei auf Importe aus der Krisenregion Nahost angewiesen. Auch die nächste Energiedroge, Kernkraft, die als sauber, sparsam, unerschöpflich und sicher gepriesen wurde, hatte in der Praxis ihre erheblichen Schwächen. Sie war keineswegs sicher – und das war beim Gefahrenpotenzial der Atomkraft fatal. Bereits 1979 war es im amerikanischen Atomreaktor Three Mile Island fast zu einem gravierenden Unfall gekommen. Doch die Beinahekatastrophe wurde schnell vergessen, zumindest verdrängt. Am 26. April 1986 aber ereignete sich im Block IV des ukrainischen

Kernkraftwerks Tschernobyl aufgrund eines menschlichen Fehlers eine Kernschmelze. Der Reaktor explodierte und schleuderte Unmengen Nuklearmaterial in die Umwelt. Infolge dieses GAUs, des „größten anzunehmenden Unfalls", wurden Hunderttausende Menschen einer intensiven Kernstrahlung ausgesetzt, Tausende starben, Zehntausende trugen bleibende Schäden davon, Kinder kamen mit Missbildungen zur Welt. Weite Landschaften wurden für lange Zeit unbewohnbar. Auch waren die Probleme der Endlagerung radioaktiver Abfälle keineswegs gelöst. Fazit: Die Risiken der Kernkraft waren nicht vollkommen beherrschbar – da menschliches Versagen nie ausgeschlossen werden kann.

Der GAU in der Ukraine führte in Deutschland, wo es zeitweilig zu einer erhöhten Strahlenbelastung kam, zu Konsequenzen. Menschen aller gesellschaftlichen Gruppen und Parteien begriffen, dass Umweltschutz keine Angelegenheit von einer Handvoll Spinnern war, sondern jeden betraf.

Das galt auch für die Bundesregierung. Im Herbst 1982 hatte der Bundestag den CDU-Vorsitzenden Helmut Kohl durch ein konstruktives Misstrauensvotum mit den Stimmen der Union und der Freien Demokraten zum Bundeskanzler gewählt. Im folgenden Frühjahr wurde die neue Regierungskoalition bei vorgezogenen Bundestagswahlen bestätigt. Helmut Kohl stammte aus Ludwigshafen, einer Industriestadt mit großen chemischen Fabriken. So war er mit den Bedürfnissen der chemischen Industrie vertraut. Dazu gehörte der sichere Zugang zum Rohstoff Kohle. Als Oppositionsführer war Kohl 1978 auf der Zeche General Blumenthal eingefahren. Nach dem Grubenbesuch erklärte der CDU-Chef, er befürworte die Förderung der deutschen Steinkohle.

Als Kanzler stand Helmut Kohl zu seinem Wort. Seine Koalitionsregierung unterstützte prinzipiell die Erhaltung der nationalen Kohleproduktion – um Deutschlands Energieversorgung sicherzustellen. Doch gleichzeitig wollte sie die Kosten senken. Am

3. Dezember 1982 trat die Kohlerunde zusammen und beschloss, die bisherige Energiepolitik zunächst weiterzuführen. Ein knappes Jahr später, im Oktober 1983, traf sich die Kohlerunde erneut und entschied sich für eine Rückführung der Jahresförderung bis 1988 auf 80 Millionen Tonnen Steinkohle.

Unterdessen erfüllte die Ruhrkohle ihren Bildungsauftrag in vorbildlicher Weise. Der Konzern war der größte industrielle Ausbilder Deutschlands. Jeder fünfte männliche Hauptschulabgänger im Revier heuerte bei der Ruhrkohle an. Ende 1982, als Carlo das erste Jahr als Bergmann absolviert hatte, waren 11 734 Nachwuchskräfte in dem Unternehmen beschäftigt. Sie bildeten das Rückgrat der Fachkräfte in den Industriebetrieben der Ruhr.

Das Revier wiederum beschränkte seinen Bildungsauftrag keineswegs auf die handwerklichen Lehrberufe. Seit Beginn der sechziger Jahre hatten alle nordrhein-westfälischen Landesregierungen verstanden, dass die Volkswirtschaften der Zukunft in immer stärkerem Maße Wissensgesellschaften werden würden. Das größte Bundesland konnte seine führende Stellung nur halten, wenn es entsprechende akademische Ausbildungsstellen schuf. Die Ruhr-Universität Bochum hatte ihren Lehrbetrieb bereits 1965 aufgenommen. Die moderne Hochschule wurde zum Vorbild für eine Reihe von zukunftsgerichteten Universitäten. 1969 öffnete die Universität Dortmund ihre Pforten, es folgten 1972 die Gesamthochschulen in Essen und Duisburg. Eine Reihe von Fachhochschulen ergänzte die traditionellen Universitäten.

Der forcierte Hochschulbau im Revier erschöpfte sich nicht in der akademischen Lehre. Ebenso galt es, die Chancengleichheit der Gesellschaft voranzubringen. 1967 waren lediglich zehn Prozent der Studienanfänger Arbeiterkinder. Weniger als ein Jahrzehnt später hatte sich der Anteil verdoppelt. Das war immer noch zu wenig, doch die Tendenz stimmte. Deutschland und das Revier waren auf dem richtigen Weg in die Bildungsgesellschaft.

Der lernbesessene Ludwig war von dem sich ausweitenden Hochschulangebot begeistert. Er begann, sich nach Möglichkeiten umzusehen, sein Abitur nachzuholen. Danach wollte er Politikwissenschaft an der Uni in Essen studieren, im Nebenfach Betriebswirtschaftslehre belegen. Doch die Ambition und die Genugtuung eines Studiums blieben für Ludwig ein kurzer Traum. Grazia verlangte von ihrem Mann, dass er ihr weiterhin im „Buon Appetito" helfe, das sich zu einem lukrativen Geschäft entwickelt hatte. Die Eröffnung einer Filiale stand kurz bevor. Daraufhin bat Ludwig Renata, ihn einige Stunden mehr im Laden zu vertreten. Zu seiner Überraschung lehnte die Tante sein Ansinnen ab.

„Du kennst mich, Ludwig. Ich helfe gerne. Und ich bin immer bereit, ein paar Stunden für dich einzuspringen …" – „Um mehr geht es nicht, Tante Reni. Einen Vormittag in der Woche …" – „… sind vier im Monat. Fast fünfzig im Jahr. Das sind sechs Wochen, mein Junge. Ich bin bald achtzig, da muss man mit seiner Zeit geizen."

Ludwig gestand sich ein, dass er die Rechnung lediglich aus seiner Perspektive gemacht hatte. Renata spürte Ludwigs Enttäuschung. Sie entkorkte eine Flasche Rotwein, schenkte ihm und sich ein Glas ein und unterhielt sich ruhig mit dem Neffen. Dabei gestand er ihr ein, dass ein Studium sein größter Wunsch sei. Renata erzählte ihm aus ihrem Leben. Vom gegen viele Widrigkeiten abgelegten Abitur, vom Traum des Medizinstudiums, den ihr Freund, der Arzt Samuel Rubinstein, so nachhaltig gefördert hatte. „Aber die Umstände waren dagegen. Ich musste verzichten. Heute sind die Zeiten einfacher, Ludwig. Wir haben gottlob Frieden und Freiheit. Und dennoch sprechen die Tatsachen gegen dein Studium. Du bist Mitte dreißig. Du bist intelligent und belesen. Ein hervorragender Journalist. Wozu willst du die Last eines Studiums auf dich nehmen – und vor allem deiner Familie zumuten? Versuche, dich zu bescheiden. Denk drüber nach."

Renatas Worte klangen klug und angemessen. Wenn man fast acht Jahrzehnte hinter sich hatte, war das richtig. Doch Ludwig brannte vor Ehrgeiz und der Energie der Jugend. Er beschloss, sein Studium trotz Renatas Ratschlag aufzunehmen. Er würde im Laden helfen, studieren und nachts seine Artikel schreiben. Doch wie Renata vorausgesehen hatte, waren die Umstände gegen Ludwigs ambitioniertes Vorhaben.

Der Chefredakteur der „Revier Zeitung", Herbert Lary, bot Gruber an, als sein Stellvertreter zu arbeiten. Als Ludwig höflich ablehnte, sah sich Lary gezwungen, deutlich zu werden. „Du verstehst mich offenbar nicht, Junge", sprach er mit scharfer Stimme. „Ich habe dich gefördert, als du mich gebraucht hast. Jetzt brauche ich deine Mitarbeit als mein Stellvertreter. Und ich erwarte, dass du tust, was ich von dir verlange. Sonst hast du in meiner Gazette ausgeschissen. Du kriegst keine Zeile mehr ins Blatt. Und ich werde dafür sorgen, dass die Kollegen überall erfahren, was für ein Stinkstiefel du bist. Sie werden dich ebenfalls schneiden! Kapiert?"

Von dieser Seite hatte Ludwig den Chefredakteur noch nicht kennengelernt. Gruber wusste, dass die Ablehnung von Larys Offerte einen Bruch seiner bis dahin stetig nach oben führenden Karriere bedeuten würde. Er müsste sich nach anderen Zeitungen umsehen und dort von neuem den Weg nach oben versuchen. Andererseits war sein Vertrauensverhältnis zum Chefredakteur durch dessen Ausbruch und Drohung beschädigt.

Dennoch entschied sich Gruber dafür, Larys Angebot anzunehmen. Die Position eines stellvertretenden Chefredakteurs verhieß Ludwig, wonach er sich sein Lebtag gesehnt hatte, ohne es sich oder gar anderen einzugestehen: soziales Ansehen und obendrein ein festes Einkommen. Erstmals in seiner journalistischen Laufbahn war Gruber nicht mehr darauf angewiesen, seine Artikel anzubieten und um die Zustimmung der Redakteure zu werben. Ludwig hatte die Seiten gewechselt. Nunmehr war er in einer Position, angebotene Beiträge auszuwählen, sie zu redigieren, also nach seinen Vorstellungen umzuformen, und seinen Autoren vorzugeben, worüber sie Beiträge verfassen sollten.

Auch die Zusammenarbeit mit Lary gestaltete sich unkomplizierter, als Gruber es nach dessen harscher Anwerbung, die er als reine Erpressung auffasste, befürchtet hatte. Der Chef war wissbegierig, für neue Themen und Mitarbeiter offen, er ließ Diskussionen zu und entschied zügig. Ludwig Gruber begriff, dass die Fähigkeit, schnell und sicher Entschlüsse zu fällen, eine der wichtigsten Tugenden eines erfolgreichen Chefredakteurs ist. Der eher grüblerische Ludwig strengte sich an, ebenso zu handeln. Das war besonders in Zeiten wichtig, in denen er seinen Chef vertreten musste. War dieser wieder im Haus, beschränkte sich Ludwig hauptsächlich darauf, neue Themenfelder zu erschließen.

Denn die Ruhrkohle AG war als größtes und vielfältigstes Unternehmen des Reviers mit zahllosen Wirtschafts-, Politik- und Gesellschaftsbereichen befasst. Da genügte es nicht, das Augenmerk auf den eigenen Konzern, das Ruhrgebiet oder das eigene Land zu beschränken. So verfolgten Gruber und Lary mit großer Aufmerksamkeit den Bergarbeiterstreik in Großbritannien. Dort rief im März 1984 der Chef der Bergarbeitergewerkschaft, Arthur Scargill, ohne formale Abstimmung mit den Arbeitnehmergremien einen nationalen Arbeitskampf aus. Scargills Ziel war, den Versuch der konservativen Premierministerin Margaret Thatcher, die Rechte der Gewerkschaften zu kappen, scheitern zu lassen. Doch die Regierungschefin erwies sich als Eiserne Lady. Sie scheute sich nicht, massiv Polizei einzusetzen, um Streikbrecher zu schützen. Sie ließ Kohle importieren. Es kam zu gewaltsamen Auseinandersetzungen, beide Seiten gaben sich kompromisslos. Insgesamt forderte der Streik unmittelbar und durch seine Weiterungen zehn Menschenleben, zahlreiche Personen wurden verletzt.

„Die Maggie ist entschlossen, den Gewerkschaften das Genick zu brechen. Und der Scargill – genauso ein unberechenbarer Rotschopf wie du, Ludwig! – läuft ihr mit seiner Sturköpfigkeit voll ins Messer. Am Ende wird er mit dieser Kompromisslosigkeit nicht nur die Gewerkschaften kastrieren, sondern den gesamten britischen Kohlebergbau. Eine vernünftige, weitreichende Kohle- und Energiepolitik muss im Zusammenwirken mit den Unternehmen, der Gesellschaft und der Regierung gestaltet werden – nicht gegen sie. Sonst verlieren alle", war Lary überzeugt.

Was England anbelangte, meinte Ludwig, dass die Regierung schließlich nachgeben müsse, um die nationale Energieversorgung sicherzustellen. „Bei dir ist wie beim Scargill der Wunsch der Vater des Gedankens. Die Regierung kann sich auf dem Weltmarkt billige Importkohle in beliebiger Menge verschaffen", meinte Lary. – „Aber die Dockarbeiter werden die Kohle nicht ins Land lassen", wandte Ludwig ein. „Dann setzt die Regierung eben Unternehmen mit Nichtgewerkschaftsmitgliedern ein. Die finden sich immer. Und Häfen, die das Geschäft machen wollen, auch. Die Regierung wird sie durch Polizei schützen lassen. Je länger der Streik währt, desto besser werden die an den Hebeln der Macht lernen, ihn zu unterlaufen. Und je länger der Ausstand dauert, desto mehr geht der Gewerkschaft die Luft aus, also die Streikgelder. Die Burschen sollen sich endlich mit der Regierung an einen Tisch setzen, sonst erringt die Hexe Maggie einen totalen Sieg über die naiven Miners", führte Lary aus.

Der Chefredakteur behielt recht. Nach einem Jahr musste Scargill den Bergarbeiterstreik beenden. Die Streikkasse war leer, die Miners waren erschöpft, ihre Unterstützung durch die Bevölkerung schwand dahin. Die Gewerkschaften hatten durch ihre Sturheit und die Weigerung, Bündnisse zu schließen, eine vollständige Niederlage erlitten. Schlimmer, die Regierung Thatcher ging nach der gewonnenen Machtprobe mit den Arbeitnehmern daran, den heimischen Kohlebergbau zu liquidieren. Vorrangig setzte man fortan auf Gas und Kernenergie.

Ludwig lehnte Larys Angebot ab, eine Analyse des englischen Kohlearbeiterstreiks zu verfassen. „Die musst du schreiben", beschied er dem Chef. „Schließlich hast du den entscheidenden Fehler der Miners von Anfang an erkannt. Konfrontation statt Kooperation. Um die heimische Steinkohle durch Zusammenarbeit aller Verantwortlichen zu erhalten."

In dieser Zeit, im September 1984, verringerten die Stahlunternehmen ihre Besitzanteile an der Ruhrkohle AG von 54 auf 28 Prozent. Im Gegenzug sprangen Strom- und Chemiekonzerne ein, die ihre Beteiligung von 36 auf 62 Prozent hochschraubten. Die Veba Aktiengesellschaft, das 1929 gegründete Energieunternehmen, war nunmehr größter Anteilseigner der Ruhrkohle AG. Anders als in Großbritannien gelang es in Deutschland dank der Kooperation zwischen der Ruhrkohle und den Gewerkschaften, die auch im Aufsichtsrat des Konzerns vertreten waren, eine langfristig angelegte Unternehmenspolitik zu verwirklichen, deren vorrangiges Ziel die Konsolidierung der heimischen Kohlewirtschaft war.

Ludwig erinnerte sich an die Worte, die ihm Adolf Schmidt, seit 1969 Chef der Industriegewerkschaft Bergbau und Energie, vor kurzem mitgegeben hatte. Beschränkungen in der Kapazität müssten akzeptiert werden, wolle man den Steinkohlenbergbau in seiner Substanz erhalten. Doch wegen der guten Zusammenarbeit mit der Gewerkschaft sei man sich immer einig geworden, dass die Einschnitte sozialverträglich gestaltet wurden. Kein Kumpel war ins Bergfreie gefallen, niemand ins Ungewisse entlassen worden. „Ich kenne keine Branche in unserer Wirtschaft, in der so etwas oder etwas Ähnliches gelungen ist", hatte Schmidt zu Recht mit Stolz vermerkt.

Dies war geglückt, obgleich sich der Ölpreis Mitte der achtziger Jahre aufgrund eines Überangebots dieses Rohstoffes zeitweilig um bis zu 50 Prozent verbilligte. Im Gegensatz zum Kabinett Thatcher nutzte die deutsche Bundesregierung die relative Verteuerung der Steinkohle im Vergleich zum Öl nicht, um die Zuschüsse für den heimischen Bergbau zu senken oder gar die Kumpel zu einer Senkung ihrer Löhne zu nötigen. Im Gegenteil, Bund und Land taten alles, um eine kontinuierliche Kohlepolitik zu gewährleisten. So bekräftigte der liberale Bundeswirtschaftsminister Martin Bangemann Ende März bei der Verabschiedung des Vorstandsvorsitzenden der Ruhrkohle, Karlheinz Bund, die Sicherheit der deutschen Kohlepolitik. Und der nordrhein-westfälische Ministerpräsident Johannes Rau betonte in seiner Regierungserklärung vom 10. Juli 1985 die Schonung der Umwelt, die Sicherung der Energieversorgung – vor allem dank der einheimischen Steinkohle – und die Steigerung der Wettbewerbsfähigkeit der Wirtschaft als wichtigste Ziele der Energiepolitik seines Landes.

Zur gleichen Zeit startete der Kommunalverband Ruhrgebiet, in welchem die Kommunen vertreten waren, eine Image-Kampagne unter dem Motto „Das Ruhrgebiet. Ein starkes Stück Deutschland". Die aufwendige Werbeaktion diente dazu, den Strukturwandel des Reviers der eigenen Bevölkerung ebenso wie den Menschen außerhalb der Region zu erklären. Das Revier wollte weg vom Ruf des stinkenden, dampfenden Molochs hin zum „grünen" Ruhrgebiet. Plakate zeigten Kühe in sauberen Flusslandschaften. Motto: „Wo, bitte, geht's hier zum Ruhrgebiet?" Weitere Kampagnen folgten unter Titeln wie „The Ruhr" und „Das Ruhrgebiet – mehr als eine Stadt".

Die Menschen und die Wirtschaft sollten den Strukturwandel des Reviers mittragen, ein neues Lebens- und Selbstwertgefühl entwickeln, und die Manager sollten das enorme Potenzial des Ruhrgebiets begreifen und im Land investieren. Die Werbeaktion setzte bei den Angesprochenen, aber auch bei den Trägern in Politik und Wirtschaft einen Umorientierungsprozess in Gang, der Voraussetzung für den notwendigen Wandel des Reviers war.

1985 wurde der Hüttenvertrag zwischen der Stahlindustrie und der Ruhrkohle bis Ende 2000 verlängert. Der Zuschuss erfolgte nun über einen Finanzplafond, über den die Ruhrkohle für die Jahre 1989 bis 1991 die Summe von 8,9 Milliarden D-Mark aus Bundesmitteln erhalten sollte. Die Ruhrkohle einigte sich mit den großen deutschen Stahlproduzenten, dass diese auf Importkohle weiterhin verzichteten. Das vermittelte beiden Partnern eine lange Periode der Sicherheit bis zum Ablauf des 20. Jahrhunderts.

Die Landes- und Bundesregierungen taten zunächst alles, um die Konsolidierung des deutschen Kohlebergbaus zu stärken. Dazu gehörten auch symbolische Aktionen. So demonstrierte Bundeskanzler Helmut Kohl im November 1986 durch seine Einfahrt in Haltern 1/2 der Zeche General Blumenthal, dass er entschlossen war, an der deutschen Kohle als erstrangigem Energieträger festzuhalten. Sowohl unter Tage im Gespräch mit den Kumpeln wie später in einer Ansprache im Beisein des Vorsitzenden des Aufsichtsrats der Ruhrkohle, Rudolf von Bennigsen-Foerder, versicherte der Kanzler dies ausdrücklich.

Einen Tag vor dem Weihnachtsfest 1986 kam das Aus für eine der renommiertesten Gruben des Reviers: Schacht 12 auf Zollverein in Essen, der zuletzt auf der Anlage das schwarze Gold ans Tageslicht gebracht hatte, beendete die Kohlenförderung. Dies war auch das Ende des Bergbaus in Essen, einstmals die größte Kohlestadt auf dem europäischen Kontinent. Zollverein war darüber hinaus ein architektonisches Juwel: das „Gesamtkunstwerk" einer in der Architektur des Funktionalismus gestalteten riesigen Industrielandschaft. Anfang der dreißiger Jahre – die Förderung auf der neuen Anlage der Zeche Zollverein hatte 1932 begonnen – war die Zeche als größte und modernste Anlage in aller Munde.

In der „Revier Zeitung", die eine Doppelseite „Essens schöner Tochter" widmete, wurde intensiv darüber nachgedacht, wie das architektonisch einmalige Ensemble zu erhalten und einer neuen Nutzung zuzuführen sei.

Derselbe Wirtschaftsminister Bangemann, der noch gerade die Zukunft der Kohle versichert hatte, ließ sich bereits ein Jahr später offenbar von kurzfristigen marktwirtschaftlichen Überlegungen wie dem vorübergehend gesunkenen Rohölpreis beeinflussen und versuchte, die Energiepolitik der Bundesregierung neu zu gestalten. Zudem verschleppte er die Erhöhung des Kohlepfennigs und baute so in den Jahren 1986 und 1987 zwei Milliarden Mark Schulden auf, die das System zusätzlich belasteten. Nach einer Wahlkampfveranstaltung erklärte der Politiker, Kohle und Stahl seien nicht mehr lebensfähig und stellten eine Gefahr für die Entwicklung der gesamten deutschen Wirtschaft dar. Daher wären Kohlesubventionen volkswirtschaftlich nicht nur verschleudertes Geld, sondern, schlimmer noch, Maßnahmen zur Hemmung der volkswirtschaftlichen Entwicklung. Bangemanns Äußerung löste eine Woge der Empörung aus. Ein Vertreter der Ruhrkohle bezeichnete sie als „Ohrfeige für den Bergbau und die Bergleute".

Die Kumpel wollten die Angelegenheit nicht auf sich beruhen lassen. Direkt von der Frühschicht machten sich acht Bergleute von Hugo in Gelsenkirchen auf den Weg in die Bundeshauptstadt. Im Kanzleramt wollten sie erfahren, wie man dort über Bangemanns Ausfall dachte. Was würde der angekündigte Maßnahmenkatalog zur Unterstützung des Bergbaus, den der Kanzler verheißen hatte, beinhalten? Der Hausherr empfing die Kumpel nicht. Enttäuscht, wütend und bedrückt machten sich die Bergleute auf den Weg nach Hause.

Auch in der Redaktion der „Revier Zeitung" gab es eine heftige Diskussion, wie man auf die Herausforderung reagieren sollte. Am Ende setzte sich Ludwig Gruber mit seiner sachlichen

Linie durch. „Herr Bangemann mag uns erklären, was vom Industriestandort Deutschland übrigbleibt, wenn wir uns ohne Not unseres Rohstoffes berauben. Ohne eigenständige Energieträger und ohne unsere Stahlindustrie entziehen wir etwa der Fahrzeugindustrie, unserem wichtigsten Exportträger, die Grundlage. Der Alptraum des Morgenthau-Plans, aus der Angst und dem Hass des Krieges geboren, Deutschland seine Industrie zu entziehen und es in das Mittelalter eines Bauernlandes zu treiben, würde Wirklichkeit. Ohne Kriegsnot – allein aus eigener Kurzsichtigkeit. Die Minister der Bundesregierung haben geschworen, dem Wohl des deutschen Volkes zu dienen, seinen Nutzen zu mehren und Schaden von ihm zu wenden. Sie sollten sich an diesen Eid erinnern und entsprechend verantwortungsbewusst handeln."

Der Beitrag fand bei den Lesern, aber auch in der Wirtschaft Beifall. „Wenn der Kanzler Ihren Artikel liest, dann reißt er Bangemann die letzten Haare vom Schädel. Wie kann ein deutscher Wirtschaftsminister so einen Unsinn denken oder gar öffentlich kundtun?!", betonte ein Stahlmanager in seinem Leserbrief.

Leider setzte sich diese Auffassung von Industrie und Arbeitnehmern nicht durch. Zwar trat CDU-Bundeskanzler Kohl ebenso wie die nordrhein-westfälische Landesregierung unter SPD-Ministerpräsident Rau nach wie vor für die Erhaltung des deutschen Bergbaus ein. Doch anders als in Zeiten hoher Rohölkosten reduzierte man die Förderungsmittel für den heimischen Bergbau. So beschloss die Dritte Kohlerunde Ende 1987 eine weitere Kürzung der Zuschüsse. Auch die Fördermenge sei bis 1992 um 13 bis 15 Millionen Tonnen zu drosseln. Das bedeutete bei steigenden Material- und Lohnkosten faktisch den Abbau von Arbeitsplätzen. Nach einer harten Debatte einigte sich die Runde auf ein Zurückfahren der Belegschaften im Steinkohlenbergbau um 30 000 Stellen. Dies sollte sozialverträglich geschehen. Doch die Arbeitsplätze wurden unwiderruflich abgebaut.

Mit der Kohlekrise ging, wie meistens, eine Stahlkrise einher. Ende 1987 drohte zwei Hochöfen bei Krupp in Rheinhausen das Aus. Die „Revier Zeitung" rief ihre Leser zu Solidaritätsaktionen mit den Stahlarbeitern auf. Dieser und andere Appelle hatten Erfolg, denn die Bergleute begriffen ohnehin, dass eine Reduzierung der Stahlindustrie zwangsläufig die Kohlenförderung in Mitleidenschaft ziehen würde. Mehr als 100 000 Arbeiter marschierten schließlich auf, um gegen die Stilllegung der Öfen zu protestieren. Straßen wurden blockiert, Brückensperren errichtet. Die Aktionen zogen sich bis ins nächste Jahr. Im Februar 1988 bildeten mehr als 80 000 Demonstranten, die meisten von ihnen Stahl- und Bergarbeiter, eine Menschenkette von Rheinhausen bis zur Dortmunder Westfalenhalle quer durch das Revier. Der Deutsche Gewerkschaftsbund unterstützte nach Kräften die Aktion und ließ Hunderttausende Aufkleber und Transparente verteilen. Der Aufruf zielte auf den Zusammenhalt der Beschäftigten im Revier ab: „Solidarität 88. Rheinhausen muss leben! Erhalt aller Stahlstandorte."

Obgleich die Gewerkschaften und die Menschen vor allem an der Ruhr den Appell nach Kräften unterstützten, ging schließlich in den Hochöfen in Rheinhausen das Feuer aus. Krupp blieb nichts anderes übrig, denn der Hüttenvertrag stellte heimische Kohle zwar mit Importen gleich, doch mit Stahleinfuhren aus Ländern, die bei Standardprodukten dank niedrigerer Löhne und fehlender Umweltschutzauflagen wesentlich billiger waren, konnte Krupp dennoch nicht konkurrieren. Um zu überleben, mussten deutsche Unternehmen sich auf qualitativ hochwertigen Stahl spezialisieren, was dank der hervorragend ausgebildeten Facharbeiter und der entsprechenden Technologie auch gelang. Der Preis war die Abwendung von der Massenherstellung – und das kostete auf Dauer Zehntausende Arbeitsplätze.

Die Redaktion der „Revier Zeitung", Gewerkschafter, Unternehmer und Politiker waren sich einig, dass sie alles unternehmen mussten, um das Revier als Herz der deutschen Industrie und vor allem als Heimat der dort Beschäftigten und Lebenden zu erhalten. Die „Revier Zeitung" tat dies, indem sie das wirtschaftliche Potenzial des Reviers aufzeigte und den Menschen Mut machte, den notwendigen Umbau ihres Landes nach Kräften zu unterstützen.

Doch ein derartig tiefer Umbruch lässt sich nicht allein mit rationalen Argumenten begründen. Zumindest ebenso wichtig sind die Gefühle. Kunst spielt dabei eine entscheidende Rolle. Zahlreiche Maler, Schriftsteller, Kabarettisten und Musiker verarbeiteten die Sehnsüchte und den Stolz der menschlichen Revierpflanzen. Am treffendsten gelang dies dem Sänger Herbert Grönemeyer mit seinem Song „Bochum". Das Lied wurde und ist bis heute Kult an der Ruhr:

Tief im Westen
Wo die Sonne verstaubt
Ist es besser
Viel besser, als man glaubt
… dein Grubengold hat uns wieder hochgeholt
Du Blume im Revier
… du bist das Himmelbett für Tauben
Und ständig auf Koks
Hast im Schrebergarten deine Laube
Machst mit 'nem Doppelpass
Jeden Gegner nass
Du und dein VfL
… Bochum
Ich komm aus dir
Bochum
Ich häng an dir
Glück auf, Bochum …

Kaum war das Lied auf dem Markt, dröhnte es aus Tausenden von Lautsprechern, Walkmen und Radios. Die Fußballfans, nicht nur in Bochum, sangen und grölten das Lied. Und die Kumpel! Wenn Carlo Brandi mit seinen Kollegen in den Schacht einfuhr, schrien sie es gegen den Lärm des hinabstürzenden Fahrkorbs. Und am Ende der Schicht sangen sie es in den zischenden, heißen Duschstrahlen der Waschkauen. Das Lied wurde zur zweiten Hymne der Revierler. Einerlei woher – ob aus Nordrhein-Westfalen oder aus den Hochebenen Anatoliens.

Carlo besorgte sich eine Kassette, die ihn zu Hause, im Auto und selbst ins „Napoli" begleitete, wo er sie sogleich in die Hi-Fi-Anlage schob. „Basta! Basta!", brüllte Giuseppe Brandi. „Ich kann diese Grölemeyer nicht mehr hören!" Sein Sohn lachte über die Aufgeregtheit des Vaters. Trotzig ließ er den Revierblumen-Song, wie er das Lied nannte, immer wieder dudeln. Selbst die Drohung des Vaters, ihm mitsamt „deine Katzemusik" hinauszuwerfen, beeindruckte den Bergmann kaum. Nicht, weil er einen Kopf größer und wesentlich kräftiger war als sein Vater. Carlo wusste, dass Giuseppe seine Kinder, speziell ihn und seinen Bruder Mario, abgöttisch liebte.

Carlo beendete seine „Bochum"-Abspiel-Provokation erst, nachdem ihn seine Mutter beiseite genommen hatte. „Begreifst du nicht, warum Vati sich so über das Lied aufregt?", mahnte Lilian ihren Sohn. „Keine Ahnung. Schlechter Musikgeschmack oder so …" – „Dein Vater sehnt sich in' Pütt." – „Aber er hat doch freiwillig aufgehört. Das ‚Napoli' läuft prima. Die reinste Goldgrube. So viel hätte er unter Tage nie abgeschleppt …" – „Trotzdem! Als echtem Kumpel steckt ihm die Zeche inne Knochen. Der würde am liebsten wieder einfahren." – „Soll er doch!" Lilian packte ihren Sohn beim Schopf und schüttelte ihn liebevoll, aber kräftig. „Mit 55! Red keinen Unsinn, Carlo. Sei froh, dass du eine sichere Stelle als Kumpel hast – und nimm ein bisschen Rücksicht auf Vati." – „Klar. In Zukunft nudele ich nur noch ‚O sole mio' ab …", lästerte Carlo. Doch er nahm sich die Worte der Mutter zu Herzen und ließ in Gegenwart seines Vaters den Song „Bochum" nicht mehr laufen.

Derweil machten sich die verantwortlichen Manager Sorgen um die Zukunft des Steinkohlenbergbaus im Revier. Zwar hatte der Bundeskanzler anlässlich der Feier zum zwanzigjährigen Bestehen der Ruhrkohle erklärt, die Bundesregierung habe das feste Ziel vor Augen, den deutschen Steinkohlenbergbau zu sichern. Doch aufgrund der zurückgehenden Nachfrage sah sich die Ruhrkohle gezwungen, ihre Förderkapazität erneut um zehn Millionen Tonnen zurückzufahren. Der Aufsichtsratsvorsitzende des Konzerns, Rudolf von Bennigsen-Foerder, wies auf die Instabilität der Steinkohleabnahme hin. Es fehlte ein senkrechter Verbund.

Um diese Unsicherheit zu reduzieren, schlug der Unternehmer einen neuen Verstromungsvertrag vor, der bis zum Ende des Jahrtausends Gültigkeit haben sollte. Die von der Kohlerunde für 1995 vorgesehene Förderkapazität von 65 Millionen Tonnen sollte erst gar nicht angepeilt werden. Dies würde die fortwährende Verringerung des Einsatzes der Kraftwerkskohle erleichtern. Nur so würde der Kohlebergbau wieder eine Perspektive gewinnen.

Die „Revier Zeitung" unterstützte nach Kräften das Vorhaben, die Zukunft der Kohle langfristig zu sichern. „Wenn die Herren Politiker sich nicht endlich dazu durchringen, dann soll die ganze beschissene Kohlewirtschaft zum Deibel gehen!", schimpfte der Chefredakteur. Dieser Ausbruch traf Ludwig hart. Denn er wusste, wie unermüdlich der ehemalige Kumpel Lary jahrein, jahraus für den Bestand des deutschen Steinkohlenbergbaus eingetreten war. Wenn selbst ein dermaßen zäher Kämpfer aufzugeben drohte, dann stand es schlimm um den Bergbau.

Vergeblich bat Gruber Lary, seine Forderungen den Politikern ins Gewissen zu schreiben. „Das habe ich schon tausendmal getan. Ich hab die Schnauze voll!", lautete die Antwort. Ludwig blieb nichts übrig, als den Kommentar selbst zu verfassen. „Viele Politiker und manche Unternehmer scheinen unter Gedächtnislücken zu leiden. Haben sie die Ölpreisschocks, die Energiekrisen vergessen? Wissen sie nicht mehr, dass das einst blühende englische Kohlerevier und ein Großteil der englischen Schwerindustrie heute nur noch Ruinen sind, weil man die heimische Kohle und die Bergleute verschmähte? Der deutsche Steinkohlenbergbau ist noch intakt. Er versorgt krisensicher den nationalen Energiemarkt, er liefert den Koks der Stahlindustrie und die Grundstoffe der chemischen Industrie. Wer den Industriestandort Deutschland erhalten will, der muss die Zukunft des Bergbaus langfristig gewährleisten. Diese industrielle Lebensversicherung hat ihren Preis. Er ist gering, doch er muss gezahlt werden. Sonst gefährden wir die Zukunft unseres Landes."

Das Echo auf Ludwigs Kommentar war fast durchgehend positiv. Eine Reihe nordrhein-westfälischer Politiker schrieb aufmunternde Briefe. Darin versprachen sie, sich vorbehaltlos für die Erhaltung des Steinkohlenbergbaus einzusetzen. „Auch wenn wir dafür zahlen müssen." Von den Kumpeln erhielt der Journalist ebenfalls viele zustimmende Zuschriften, ebenso von Arbeitnehmervertretern. Am meisten aber freute sich Ludwig über die Zeilen seines alten Freundes Fritz Schober, der mittlerweile als Referent in der Abteilung für Sozialpolitik in der DGB-Bundeszentrale in Düsseldorf arbeitete. „Schon als junger Bursche in Penzberg warst du ein ernsthafter Zeitgenosse. Und Ernst und Konzentration sind die Eltern des Erfolgs. Weiter so, Ludwig. Glück auf! Dein Fritz."

In der „Revier Zeitung" löste Grubers Artikel eine unerwartete Reaktion aus. Herbert Lary bat Ludwig, seine Stellung zu übernehmen. „Ein Chefredakteur muss Vorbild sein. Er muss den Lesern und der Redaktion Mut machen. Diese Frische habe ich im Lauf der Jahre eingebüßt. Du hast diese Kraft erlangt. Darum musst du jetzt den Job machen, Ludwig." Gruber versuchte vergeblich, Lary umzustimmen. Denn trotz seines Ehrgeizes überwog seine Loyalität. Vor allem aber war Ludwig die journalistische Arbeit und Unabhängigkeit, die er trotz seiner Position als Stellvertreter Larys genoss, wichtiger als das Prestige und das ordentliche Gehalt eines Chefredakteurs, der in einem Netz von Verpflichtungen gefangen war – und kaum zum kreativen Schreiben kam. Doch Lary ließ sich nicht zum Bleiben überreden. Sein einziges Zugeständnis war, noch ein halbes Jahr weiterzumachen, um Ludwig in sein neues Amt einzuarbeiten. „Außerdem bin ich dann 63, da gehört man als Journalist zum alten Eisen."

Einig Vaterland
1989

Es sollte eine ereignisreiche Zeit werden. Das deutsche Schick-salsjahr 1989 begann mit der gewohnten erstarrten Routine der innerstaatlichen Abgrenzung von Seiten der DDR. Doch wer sei-ne Augen und Ohren vor der politischen, wirtschaftlichen und gesellschaftlichen Entwicklung nicht verschloss, dem blieb nicht verborgen, dass die sozialistische Führung Ostdeutschlands zu-nehmend in die Defensive geriet. So versicherte SED-Chef Erich Honecker, die Mauer quer durch und rund um Berlin werde „in fünfzig und auch in hundert Jahren noch bestehen … wenn die dazu vorhandenen Gründe noch nicht beseitigt sind".

Das war entlarvend, denn der entscheidende Grund für den Bau der Mauer war die massenweise Flucht der Menschen aus der DDR, weil dieser Staat seinen Bürgern demokratische Rechte verweigerte und die sozialistische Planwirtschaft der DDR der so-zialen Marktwirtschaft der Bundesrepublik maulwurfstief unter-legen war, sodass der Lebensstandard im Westen viermal so hoch war wie im Osten. Kurz, weil Millionen DDR-Bürger ihrem Staat den Rücken kehrten, der nicht willens und in der Lage war, ihnen Freiheit und Wohlstand zu bieten.

Zwei Wochen nach Honeckers Bekräftigung der Mauer wurde bei dem Versuch, sie zu überwinden, der junge Berliner

Chris Gueffroy von Volkspolizisten erschossen. Herbert Lary und Ludwig Gruber waren sich einig in der Verurteilung dieses Verbrechens. Doch sie stritten sich, ob sie in ihrer Gazette darüber berichten sollten. „Wir sind eine Monatszeitung. Wenn wir herauskommen, ist der Todesschuss nicht mehr aktuell", meinte Lary. „Außerdem sind wir eine Bergarbeiterzeitung. Um das politische Geschrei kümmert sich ohnehin die ‚Bild'." – „Das entbindet uns nicht davon, ebenfalls darüber zu berichten. Außerdem: Man mag zur Springer-Presse stehen, wie man will. In einem Punkt hat sie recht: Die deutsche Wiedervereinigung ist unvermeidlich." – „Sie ist ein Traum!", widersprach der Chefredakteur seinem Stellvertreter. „Ich wusste im Übrigen gar nicht, dass du Nationalist bist. Ich dachte, du bist ein Bayer?" – „Ich bin kein Nationalist. Ich wünsche mir lediglich, dass wir Deutschen in einem Land leben, wie die Franzosen, Italiener, Briten …"

So ging es noch eine Weile weiter. Lary blieb bei seiner Weigerung. „Gedulde dich noch 'n paar Monate, Ludwig. Wenn du hier am Ruder bist, darfst du entscheiden. Im Moment sehe ich keinen Sinn, über diese Sau-Mauer zu berichten, die uns leider noch lange erhalten bleiben wird."

Die Situation an der innerdeutschen Grenze beruhigte sich in den folgenden Monaten wieder, wie Lary vorhergesagt hatte. Ludwig bereitete sich darauf vor, die Leitung der „Revier Zeitung" zu übernehmen. Er entwarf ein neues Layout, wollte neben der Berichterstattung über die Belange der Kumpel und der Steinkohlenförderung auch über Kultur und Politik informieren. Während er an seinem neuen Konzept arbeitete, kamen dem Redakteur immer wieder Zweifel an seiner beruflichen Wahl.

Ludwig ahnte, dass er dabei war, sich von seinem eigentlichen Weg zu entfernen. Pläne, Strategien, Kalkulationen zu entwickeln war gewiss notwendig, hinderte ihn jedoch immer mehr am unmittelbaren Journalismus, an der selbständigen und unabhängigen Berichterstattung und Kommentierung. Ludwig Gruber wollte nicht wie sein journalistischer Lehrmeister Herbert Lary werden. Der kluge Journalist hatte durch die zwangsläufige Verwaltungstätigkeit eines Chefredakteurs zunehmend den Kontakt zur Wirklichkeit verloren. Zum Schluss war er zu einem reinen Zeitungsmacher erstarrt.

Auch in Ludwigs Privatleben gab es Veränderungen, die den Familienvater in Anspruch nahmen. Renata war mittlerweile 83 Jahre alt. Sie war geistig rege wie eh und je, doch ihre rheumatischen Beschwerden nahmen von Jahr zu Jahr zu. Renata wurden die Pflichten des Alltags zu viel, ihr fehlte die Kraft, allein die drei Zimmer ihrer Wohnung sauber zu machen. Eine Putzfrau zu nehmen, lehnte sie als „affig" ab, auch, weil ihr das Geld dazu fehlte. Bei feuchtem Wetter, wenn das Rheuma sie besonders plagte, fiel es Renata schwer, mehrfach täglich die zwei Stockwerke zu ihrem Zuhause hochzusteigen.

Den Umzug in eine kleinere Parterrewohnung lehnte sie ebenso ab wie Grazias Angebot, zu den Grubers zu ziehen. „Danke, Grazia." Anfangs würde alles gutgehen. „Aber bald würde ich euch zur Last fallen." Die alte Dame lächelte wehmütig „Ein Gast ist wie ein Fisch, nach wenigen Tagen beginnt er zu stinken, hat mein alter Freund Rubinstein immer gesagt." Grazia hielt kurz inne. „Du bist kein Gast, Tante Renata. Du gehörst zur Familie. Besonders unsere Anna liebt dich. Sie kann ohne dich nicht sein." – „Sie wird es lernen müssen. Sonst muss sie früh sterben."

Renatas unsentimentale Direktheit verschlug selbst Grazia gelegentlich den Atem. Doch Grazia gestand sich ein, dass Renata nicht unrecht hatte. Wenn sich ihr Rheuma verschlimmerte, wäre niemand da, sie zu pflegen – außer Anna. Doch diese Aufgabe würde ein junges Mädchen heutzutage überfordern. So wäre ein Altersheim, das Renata die eigene Versorgung erleichterte, die beste Lösung, dachte Grazia.

Anders als Grazia nahm Heiner Renatas Entscheidung, in ein Altersheim umzuziehen, nicht hin. „Kommt gar nicht in Frage, Reni!", herrschte er seine Tante bei seinem wöchentlichen Besuch an. „Auf gar keinen Fall. Du bist klar in der Birne und selbständig. Ein Zipperlein hat jeder. Bei dir ist's das Rheuma, davon stirbst du nicht. Aber wenn du ins Altenheim ziehst, gibst du deine Selbständigkeit auf und wirst plötzlich starr, alt und hilflos und dumm im Kopp. Das darfst du nicht."

Was Heiner sagte, stimmte. Renata sträubte sich dagegen, ins Heim zu ziehen, doch das zunehmende Alter und die manchmal schier unerträglichen Beschwerden, von denen Heiner glücklicherweise keine Ahnung hatte, ließen ihr keine Wahl. Sie erklärte es dem Neffen mit ruhigen Worten. Fazit: „Allein schaffe ich es beim besten Willen nicht mehr." – „Lässt dein Gedächtnis nach, Tantchen? Vergessen, dass wir schon mal Hausgenossen waren? Damals, als ich nach Russland nicht klarkam, hast du mich aufgenommen … und aufgepäppelt. Jetzt kümmere ich mich eben um dich. Ich tret jetzt im ‚Napoli' sowieso kürzer. Und dann zieh ich zu dir oder du zu mir. Wir sind eben füreinander bestimmt."

Renata sah Heiner ungläubig an. „Ich dachte …" Der Neffe erriet, was Renata sagen wollte. „… ich bin schwul. Ja. Aber wir werden uns schon nicht in die Quere kommen. Denn allmählich bin ich jenseits von gut und böse." – „Du bist doch ein Mann in den besten Jahren. Kaum sechzig." – „Bald siebzig. Siebenundsechzig, um genau zu sein. Nicht besonders alt. Nur, ich hatte ein sattes Leben. Dreizehn Jahre Kriegsgefangenschaft. Schön in Workuta abmalocht. Dagegen ist der Pütt hier, unser General Blumenthal, 'n reines Sanatorium. Durfte ich auch über zehn Jährchen genießen. Meinst du, ich hätte aufgehört, wenn meine Gesundheit tipptopp gewesen wäre? Vor zwanzig Jahren haben sie mir den linken Lungenflügel rausgeholt …" – „Warum hast du mir nie was davon gesagt?", schimpfte Renata. – „Weil du gerade deinen Done kennengelernt hattest …" Renata gelang es nur mit Mühe, die aufsteigenden Tränen zu unterdrücken. „Na und? Meinst du, ich wär dir nicht beigestanden?" – „Sicher. Gerade darum wollt ich's nicht. Du solltest endlich glücklich sein und unbeschwert." – „Aber …" – „Kein Aber!", fuhr ihr der Neffe über den Mund. „Jetzt sollst du mir beistehen!" – „Aber ich brauch doch deine Hilfe, du dummer Kerl. Ich bin das alte, fast hilflose Weib." – „Genau dich brauch ich."

Heiner umarmte seine Tante – vorsichtig, um der alten Frau nicht wehzutun. Sie hielten sich eine Weile fest. Plötzlich lachte Heiner laut los und löste sich dabei von Renata. „Wer hätte das gedacht? Dass ich schwule Geige auf meine alten Tage noch mit einer Frau zusammenziehe? Das ist der schiere Wahnsinn! Das muss begossen werden, dass die Frösche ersaufen." – „Bei mir wird nicht gesoffen!", gebot die Hausherrin, die ihrer heiseren Stimme vergeblich einen festen Klang zu geben versuchte. „Für mein Rheuma ist Alkohol Gift. Und für deine Gesundheit ebenfalls, Heinrich! Mit deiner Zecherei muss Schluss sein! Sonst versagt deine Leber – davon hat der Mensch im Gegensatz zur Lunge nur ein Exemplar. Gibt die auf, dann ist Sense. Und ich hab kein Bedürfnis, wieder einen Mann zu Grabe zu tragen. Diesmal darfst du mich betrauern – nachdem du mich lange Jahre ordentlich gehegt und gepflegt haben wirst." Am Ende ließ sich Renata von Heiner doch noch zu einer Flasche Asti Spumante überreden, die dieser von einem Kellner aus dem „Napoli" herbeischaffen ließ.

Nach Mitternacht brachte Heiner seine besäuselte Tante zu Bett, zog ihr Schuhe und Strickjacke aus, deckte sie behutsam zu und gab ihr einen ordentlichen Gutenachtkuss auf die welke Wange. Renata lauschte im Dunkeln auf die sich entfernenden Schritte Heiners. Endlich schnappte das Wohnungsschloss zu. Renata ließ ihren Tränen freien Lauf. Bald schüttelte es die Liegende. Sie hatte sich nach einem Lebensabend mit ihrem geliebten Done gesehnt. Stattdessen sollte sie sich von ihrem homosexuellen Neffen betreuen lassen. Wäre es nicht ehrenvoller, im Vollbesitz ihrer Kräfte Schluss zu machen? Sie verfügte über entsprechende Arzneien.

Nein! Bist du verrückt, schalt sich Renata: Dein ganzes Leben, dein Beruf war, Menschen auf die Welt bringen und Menschenleben zu erhalten. Und jetzt willst du dein eigenes Leben wegwerfen, weil du nicht verwinden kannst, dass dein Mann tot ist? Und weil du dich gekränkt fühlst, dass statt seiner dein Neffe bei dir einziehen soll? Heiner ist schwul – na und? Obgleich er fast zwanzig Jahre jünger ist als du, hat er im Gegensatz zu dir begriffen, dass der Sex in deinem Alter keine große Rolle mehr spielt. Dein Neffe liebt dich. Das ist ein Geschenk.

Renata ließ ihr Leben Revue passieren. Sie erinnerte sich an die Menschen, die sie geliebt hatten. Ihr Kindermädchen Zosia, später ihr Vater, seine zweite Frau Helene, vor allem aber Samuel Rubinstein, Done und Heiner. Von seinen Mitmenschen geliebt zu werden war eine Gnade, die ihr zuteil geworden war. Renata schaltete die Nachttischlampe an, suchte nach einem Taschentuch, in das sie sich kräftig schnäuzte. Danach erhob sie sich mühsam aus ihrem Bett, tappte zur Frisierkommode und begann, sich sorgfältig herzurichten und anzukleiden. Als sie fertig war, blickte sie auf die Uhr. Es war halb zwei. Nicht zu spät. Sie rief ein Taxi und fuhr zu Heiner. Die beiden feierten in dessen Wohnung ohne Rücksicht auf die Folgen des Alkohols für Rheuma, Leber und Kater bis ins Morgengrauen ihre Tanten-Ehe.

Giuseppe Brandi akzeptierte, dass Heiner sich aus dem „Napoli" zurückziehen wollte. Doch gegen dessen Vorschlag, Grazia an seiner Stelle als Partnerin einzusetzen, spuckte der Italiener Gift und Galle. „Stronzo!", schrie er. „Willst du, dass ich zu Mörder werde und diese Kanaille umbringe, wie damals?" – „Erstens hast du sie nicht umgebracht, weil ich dich daran gehindert habe.

Heute bin ich sicher, du hättest ihr auch ohne mein Eingreifen kein Haar gekrümmt. Alles grande teatro italiano. Du weißt genau, dass Grazia eine hervorragende Geschäftsfrau ist." – „Aber sie ist Schlange. Ich will nicht mit ihr zusammenarbeiten Tag und Nacht. Ich will mit meine Kinder mein, unser Ristorante führen." – „Genau das geht nicht!" – „Warum?" – „Weil deine Brut nicht will. Marios Steuerbüro läuft gerade richtig an. Carlo ist im Pütt, Carla fest bei der Bank." Giuseppe reckte die Arme gen Himmel: „Sie müssen kommen und das ‚Napoli‘ übernehmen." – „Sie müssen einen Dreck!", herrschte Heiner ihn an. „Doch! Certo!" – „Nix doch! Nix sicher! Die Zeiten sind vorbei. Gott sei Dank. Die jungen Leute tun heute, was sie wollen. Und das ist gut so." – „Carlo muss. Hier verdient er fünfmal so viel wie inne Pütt."

Heiner reckte sein Gesicht vor das des Partners. „Giuseppe, ich will, dass du mir eine Frage ganz ehrlich beantwortest. Als du Ende zwanzig warst, wenn dich da jemand aufgefordert hätte, als Kumpel aufzuhören und stattdessen in einer Kneipe zu arbeiten, hättest du's getan?" Die beiden Männer sahen sich an, ohne ein Wort zu wechseln.

Giuseppe musste eingestehen, dass Grazia das Zeug hatte, das „Napoli" zu führen, wenn er ausscheiden würde. Bis dahin aber wollte er das Lokal allein leiten. „Klar bist du der Chef, Giuseppe! Wär ja noch schöner, wenn du dir von einem Rotzmädel sagen lassen müsstest, was du zu tun hast", bestätigte ihm Heiner. „Aber überleg dir mal, wie lange noch. Genau wie ich wirst du bald siebzig. Da ist's Zeit, loszulassen."

Die Lokalpächter kamen überein, dass Giuseppe nach Bialos Ausscheiden dem Lokal vorstehen und Grazia einarbeiten sollte. Heiner verabschiedete sich ohne Aufhebens binnen Monatsfrist aus dem „Napoli". Zunächst hatte Heinrich Grazia seine Anteile an der Pizzeria gegen eine Leibrente für sich und Renata überlassen wollen. Giuseppe flehte ihn jedoch an, dies nicht zu tun. Man solle erst sehen, wie sich die Zusammenarbeit entwickle, bevor man „der Schlange alles in die Rachen stopft". Heiner gab nach. Es war noch genug Zeit, um über Abfindungen und dergleichen zu verhandeln.

Grazia musste also unverhofft im „Napoli" einspringen. Sie war aber nicht bereit, ihre beiden Lebensmittelgeschäfte Knall auf Fall aufzugeben. Ohne definitiv über ihre Zukunft in der Pizzeria Bescheid zu wissen. Also war sie gezwungen, zunächst auf mehreren Hochzeiten zu tanzen, ihr „Buon Appetito" und ihr „Grazie" weiterzuführen und abends im „Napoli" unter Giuseppes harter Fuchtel ihre Tauglichkeit als Restaurantpächterin unter Beweis zu stellen. Bei dieser schweren Belastung brauchte sie Unterstützung. Grazia bekam sie. Heiner half nachmittags je nach Bedarf in einem der beiden Läden aus, nach der Schule kümmerte sich Renata um Anna.

Doch das war nicht die Erziehung nach dem Geschmack der Eltern. Ludwig wollte das Größerwerden seiner Tochter erleben, sie beim Lernen unterstützen. Vor allem aber wollte er sich nicht auf eine abstrakte Elternliebe konzentrieren, sondern von seinem Kind um seiner selbst geliebt werden. Sonst drohten Renata und Heiner zu Annas wichtigsten Bezugspersonen zu werden. Kurz, Ludwig wollte mehr Zeit für seine Tochter haben. Dies aber ließ sich mit seiner Aufgabe als Chefredakteur im Wartestand kaum vereinbaren, erst recht nicht, wenn er in kurzer Zeit die Leitung der Zeitung übernehmen würde.

Nachts lag Ludwig wach im Bett und grübelte über seine Lage nach. Er wusste längst, dass die Aufgaben eines Chefredakteurs nicht seinen beruflichen Vorstellungen entsprachen. Darüber hinaus würde er dann noch weniger Zeit für seine Anna haben. Doch Ludwig war sich auch im Klaren, dass sein Ehrgeiz und mehr noch die Angst, seine zielstrebige Frau zu enttäuschen, schwerer wogen als die Einsicht, dass die Position eines Chefredakteurs nicht das Richtige für ihn war. In solchen Augenblicken der Verzweiflung schlich der Vater ins Kinderzimmer. Hier verharrte er an Annas Bett. Er betrachtete liebevoll sein Mädchen. Selbst in der Entspanntheit des Schlafs wirkten die Züge des Kindergesichts entschlossen. Anna wusste, was sie wollte, und Ludwig ahnte, dass seine Tochter, anders als er, ihren Weg ohne Zaudern gehen würde. Annas offensichtliche Kraft gab ihrem Vater Zuversicht. Das machte Ludwig ruhiger.

Zur Jahresmitte, am 30. Juni, wurde Ludwig in einer schlichten Feier als Chefredakteur der „Revier Zeitung" installiert. Ludwig hatte seine Frau gebeten, bei dieser Gelegenheit anwesend zu sein. Grazia hatte ihm dies zunächst „selbstverständlich" zugesichert, dann aber im letzten Moment einen Rückzieher gemacht, weil sie keine Vertretung für das „Grazie" bekommen hatte und ihr Geschäft vormittags nicht schließen wollte. Ludwig war tief enttäuscht.

Die Herausgeber, ein Gremium aus Kumpeln, Gewerkschaftern, Arbeitgebern und Vertretern von gesellschaftlichen Gruppen, verabschiedeten Herbert Lary und dankten ihm für seine Verdienste. Sie zeigten sich überzeugt, dass Ludwig Gruber seine Arbeit fortführen, den Erfordernissen der Zeit Rechnung tragen und vor allem die Interessen der Steinkohle und des Reviers berücksichtigen würde. Der neue Chef dankte seinem Vorgänger und den Herausgebern für den Vertrauensvorschuss, lobte seine Mitarbeiter und versprach, alles in seiner Macht Stehende zu tun, um die deutsche Gesellschaft von der Notwendigkeit eines nationalen Bergbaus zu überzeugen. Dies gelte ungeachtet des gewollten europäischen Zusammenschlusses und der immer enger werdenden globalen Verknüpfungen. Die über den Bereich des Bergbaus reichenden Hinweise ließen einige Gäste aufhorchen. Der in der Regel distanzierte Herbert Lary umarmte seinen Nachfolger. Er rief „Glück auf!" und flüsterte danach Ludwig ins Ohr: „Das kannst du bei dem Job brauchen."

Ludwig Gruber beobachtete mit einer Mischung aus Zuversicht und Sorge die jüngste weltpolitische Entwicklung. Anfang Mai ordnete die von Reformkommunisten angeführte ungarische Regierung den Abbau der Sperranlagen an der Grenze zu Österreich an. Der ungarische Außenminister Gyula Horn ließ sich beim Durchtrennen des Stacheldrahtes filmen. Das war eine bewusste Demonstration der politischen Unabhängigkeit Ungarns gegenüber der kommunistischen Führungsmacht in Moskau, wo der Modernist Michail Gorbatschow die Leitung der Partei und des Landes übernommen hatte. Diese Grenzöffnung bedeutete das Ende des Eisernen Vorhangs, wusste Ludwig. Er selbst war überzeugt, dass das kommunistische System der Sowjetunion trotz der Parolen Gorbatschows nicht überleben würde. Perestrojka und Glasnost, Umbau und Transparenz, würden lediglich Schlagworte in einem erstarrten Gebilde bleiben.

Die brutale Niederschlagung friedlicher Demonstrationen für die Freiheit auf dem Platz des himmlischen Friedens in Peking durch die Volksbefreiungsarmee zeigte, dass die Kommunisten weltweit ein Aufblühen der Demokratie befürchteten und sich mit Gewalt dagegen wehrten. Das SED-Politbüro bekundete in Telegrammen und Aufrufen seine Sympathie für das menschenverachtende Handeln der Pekinger Führung. Das ließ nicht nur Ludwig Gruber bangen, dass Honecker und sein verkalktes Regime sich ähnlich verhalten könnten.

Die Menschen in Mittelost- und Osteuropa, vor allem in der DDR, die durch westdeutsche Rundfunkstationen über das Streben nach Freiheit und Demokratie informiert waren, ließen sich durch Drohungen nicht länger einschüchtern. Am 8. August musste die Ständige Vertretung der Bundesrepublik in der Ostberliner Hannoverschen Straße wegen Überfüllung geschlossen werden. Die Ostdeutschen wollten sich aus erster Hand über die Lebensbedingungen im freien Teil Deutschlands informieren – und über die Möglichkeiten, dorthin zu gelangen. Die Blockade konnte den Freiheitsdrang der DDR-Bürger nicht bremsen.

Nun versuchten sie es eben in der Bonner Botschaft in Budapest. Als diese fünf Tage später ebenfalls die ostdeutschen Landsleute nicht fassen konnte und zugemacht wurde, nutzten etwa 600 DDR-Touristen ein „Paneuropäisches Picknick" nahe der ungarischen Stadt Sopron, bei dem als symbolischer Akt die Grenzen für einige Stunden offen standen, um sich aus ihrer Diktatur abzusetzen. Am 22. August musste schließlich die Botschaft der Bundesrepublik in Prag ebenfalls wegen Überfüllung geschlossen werden. Mehrere hundert Ostdeutsche kampierten im Hof der diplomatischen Niederlassung. Es herrschte drangvolle Enge, und die hygienischen Verhältnisse waren haarsträubend. Auch in der polnischen Hauptstadt Warschau suchten DDR-Bürger Schutz in der Vertretung der Bundesrepublik.

Die Fluchtversuche ihrer Landsleute, die tatsächlich eine Suche nach Freiheit und Wohlstand waren, wurden durch die westlichen Medien in der DDR sogleich bekannt und ermutigten die dortige Bevölkerung. Immer mehr Menschen überwanden ihre Angst und demonstrierten für ihren Wunsch nach Demokratie und Menschenrechten. Am ersten Montag im September gingen in Leipzig Hunderte Christen nach ihrem traditionellen Friedensgebet gemeinsam auf die Straße. Das war ein Novum in der DDR: Erstmals nach dem Volksaufstand von 1953 demonstrierten Bürger für die Freiheit. Und sie verhielten sich friedlich und gewaltlos.

Eine Woche später öffnete Ungarn seine Westgrenze. Damit ließ Budapest ohne Absprache mit Ostberlin rund 30 000 DDR-Bürger, die sich mittlerweile im Land aufhielten, ohne Auflagen ausreisen. Die DDR-Führung nannte die ungehinderte Reisefreiheit einen „organisierten Menschenhandel". Dies bewies, dass die Sklerotiker im Politbüro die Wirklichkeit nicht mehr begriffen.

Zwei Wochen später, am 30. September, verkündete Bundesaußenminister Hans-Dietrich Genscher auf dem Balkon der deutschen Botschaft in Prag, dass alle Flüchtlinge in Prag und Warschau in die Bundesrepublik ausreisen dürften.

Nach diesem Ereignis stand fest, dass die Stunde des SED-Regimes geschlagen hatte. Denn das kommunistische Herrschaftssystem in Ostdeutschland konnte sich nur dank der politischen, wirtschaftlichen und vor allem militärischen Unterstützung der Sowjetunion – eine halbe Million Soldaten waren in der DDR stationiert – an der Macht halten. Die Erlaubnis zur Ausreise der deutschen Flüchtlinge durch die betonharten kommunistischen Regime in Prag und Warschau, die mit den Genossen in Ostberlin verbündet waren, war aber nur mit dem Einverständnis der Sowjetunion möglich. Die Kremlspitzen und Gorbatschow signalisierten damit, dass sie Honeckers Parteiführung fallenließen.

Die offensichtliche Ohnmacht des SED-Regimes machte den Menschen Mut. Am 2. Oktober gingen in Leipzig 20 000 Personen auf die Straße. Polizei trieb die friedlichen Demonstranten auseinander. Die Regierenden kannten nur mehr Gewalt als Antwort. Als zwei Tage später mehr als 7500 DDR-Flüchtlinge, die nach Polen und in die Tschechoslowakei geflohen waren, in Zügen durch die DDR in die Bundesrepublik reisten, ließ das Regime die Bahnhöfe durch Polizei abriegeln. Auch die Nebengleise wurden gesperrt und bewacht, um weitere Ausreisewillige an der Flucht in den Westen zu hindern.

Drei Tage später, am 7. Oktober 1989, ließ die SED-Führung den 40. Jahrestag der DDR mit Pomp, organisierten Aufmärschen und Militärparaden zelebrieren. Auf der zentralen Gedenkfeier der SED aber erklärte der sowjetische Staatspräsident Michail Gorbatschow als Ehrengast: „Wer zu spät kommt, den bestraft das Leben!" Das war eine Aufforderung an die SED-Spitze, endlich Reformen einzuleiten.

Doch die Menschen in der DDR hatten die Geduld mit der kommunistischen Einheitspartei längst verloren. Nur zwei Tage nach der 40-Jahr-Feier ihres Staates demonstrierten mehr als 70 000 in Leipzig unter dem Motto: „Wir sind das Volk." Jetzt begriffen selbst die meisten SED-Politiker, dass die Zeit Erich Honeckers abgelaufen war. Nach zähen Auseinandersetzungen in der Parteiführung wurde Honecker schließlich am 18. Oktober als SED-Generalsekretär durch Egon Krenz ersetzt. Der neue Parteichef war erst 52 Jahre und gab sich als Reformer im Stile Gorbatschows.

Ludwig Gruber glaubte nicht an die Wandlungsfähigkeit des Systems, weder in der DDR noch in der Sowjetunion. Davon hatte ihn nicht zuletzt ein Treffen mit Mitgliedern der freien polnischen Gewerkschaft Solidarność und Journalisten aus Warschau und Krakau überzeugt. „Gorbatschow, Krenz und bei uns General Jaruzelski geben sich als Modernisierer, Reformer und sogar als Demokraten. Doch sie sind kommunistische Funktionäre, die das Ende ihres Systems kommen sehen und ihre Macht zu retten versuchen. Niemand bei uns glaubt diesen Gauklern ein Wort", ereiferte sich ein katholischer Journalist aus Warschau. In der Tat sollte wenig später ein Fernsehinterview des unerschrockenen früheren ARD-Korrespondenten in Ostberlin, Fritz Pleitgen, Egon Krenz als ideenlosen SED-Funktionär entlarven, der keine Vorstellungen von Demokratie besaß, aber auch nicht wusste, wie er die gewaltigen politischen, gesellschaftlichen und wirtschaftlichen Herausforderungen bewältigen sollte.

„Wir müssen uns überlegen, was nach Krenz geschieht. Die DDR allein wird kaum aus eigener Kraft die Zukunft gestalten. Wie wird das innerdeutsche Verhältnis dann aussehen?", gab Ludwig in der Redaktionssitzung zu bedenken. Ihm wurde heftig widersprochen. Krenz sei erst kurz im Amt. Man müsse ihm eine Chance einräumen, zumindest hundert Tage, meinte ein Redakteur. „Politiker ohne demokratische Legitimation verdienen keine Chance. Das sollten wir Deutsche aus unserer Geschichte gelernt haben", entgegnete Gruber. Man könne Krenz nicht mit Hitler vergleichen, entgegnete ihm ein Mitarbeiter. „Darum geht es nicht. Ich meine schlicht, dass Antidemokraten nicht geeignet sind, unser Land zu führen." – „Die DDR ist nicht unser Land." – „Aber sie gehört zu Deutschland", beharrte Ludwig Gruber.

Er verfasste einen Kommentar mit dem Titel „Deutschland – wohin?" Dabei ging er von einem Scheitern des SED-Regimes unter Krenz aus, „der als Mitglied des Politbüros für die menschenverachtende Herrschaft verantwortlich ist und heute nichts zu bieten hat außer den alten Phrasen mit leichten kosmetischen Korrekturen". Nun komme es darauf an, den Ostdeutschen zu helfen, die Demokratie zu installieren. Der Chefredakteur gab seinen Redakteuren Gelegenheit, in eigenen Beiträgen ihre Meinung kundzutun. Alle waren sich in dem Wunsch nach Freiheit einig. Doch der Verfasser des Gegenartikels meinte, der Weg dahin würde Zeit in Anspruch nehmen, bis die Diktatur in die Demokratie übergehe.

Als Ludwig den Beitrag studiert hatte, zog ein Lächeln über sein Gesicht – wie einst bei seinem Lehrmeister Lary. „Nie Karl Marx gelesen?", meinte er zum Autor, „Revolutionen als Lokomotiven der Geschichte und so … In der DDR findet zurzeit eine Revolution statt. Ein gewaltloser Aufstand für die Freiheit. Und Revolutionen rauschen fix an ihr Ziel. Deshalb glaube ich nicht, dass Egon Krenz und seiner Partei viel Zeit bleibt."

Die Deutschland-Reportage nahm jedoch nur eine Doppelseite der „Revier Zeitung" ein. In erster Linie konzentrierte das Blatt die Berichterstattung auf seine eigentlichen Themenbereiche. In Brüssel genehmigte die Europäische Gemeinschaft am 30. März den existierenden Hüttenvertrag zwischen Steinkohlenbergbau und Stahlindustrie bis 1997. Rückwirkend wurden für 1987 und 1988 Ausgleichszahlungen erteilt und als Beihilfen eingestuft. Zudem wurde ein tragbares Konzept zur Verringerung der Verstromungshilfe eingefordert.

Ludwig kommentierte das alt-neue Abkommen zwischen der Ruhrkohle und den sechs deutschen Stahlgiganten über die Belieferung mit festen Brennstoffen: „Die Vereinbarung, die ihren Ursprung in den Lieferverträgen vom 1. Januar 1969 hat, wird als ‚traditionelle Verbundbeziehung' weitergeführt. Wettbewerbsrechtliche Bedenken sind durch die Europäische Kommission ausgeräumt worden. Bonn und Brüssel versuchen jeweils, sich in die beste Position zu manövrieren. Deutschland hat klare Interessen und muss sie durchgesetzt sehen." Ludwig gab seinem Kommentar den Titel „Bonn und Brüssel – Spiel über die Bande".

Zudem einigten sich Ende August die Bundesregierung mit den Ministerpräsidenten Nordrhein-Westfalens und des Saarlandes Rau und Lafontaine auf die Fortsetzung des sogenannten Jahrhundertvertrages. Das Abkommen sah bis 1995 eine jährliche Verstromungsmenge von knapp 41 Millionen Tonnen Steinkohle vor. Dies bedeutete durch das herabgesetzte Abnahmevolumen eine Reduzierung der Kohlebeihilfen. Daneben wurde eine Kommission unter dem früheren nordrhein-westfälischen Kultusminister und späteren Vorsitzenden des Ausschusses Montanregionen der Bundesregierung, Paul Mikat, als Beratergremium zur Weiterentwicklung der Kohlepolitik eingesetzt. Der Ausschuss sollte sich unter anderem mit der Forderung der Europäischen Gemeinschaft nach einem Umstrukturierungsplan für den deutschen Steinkohlenbergbau beschäftigen. Das ließ eine Reduzierung der staatlichen Unterstützungsmaßnahmen und damit der Kapazität des deutschen Bergbaus befürchten.

„Paul Mikat ist ein ehrbarer Mann und Politiker. Doch wir brauchen keine weiteren Kommissionen, sondern neue Perspektiven für den deutschen Bergbau, damit wir unsere Aufgabe als

Sicherungsinstitution einer nationalen Energieversorgung auch in Zukunft wahrnehmen können", schrieb die „Revier Zeitung".

Im Mittelpunkt des Regionalteils stand ein Bericht über den „Initiativkreis Ruhrgebiet". Der Vorstandsvorsitzende der Veba und Aufsichtsratsvorsitzende der Ruhrkohle, Rudolf von Bennigsen-Foerder, der Chef der Deutschen Bank, Alfred Herrhausen, sowie „Ruhrbischof" Franz Kardinal Hengsbach hatten unter dem Motto „Wir an der Ruhr" ein Forum gegründet, um gemeinsam mit anderen Unternehmern, Persönlichkeiten des öffentlichen Lebens und engagierten Privatpersonen mitzuhelfen, das Revier in der schwierigen Phase des Strukturwandels als attraktiven Wirtschaftsstandort, aber auch als lebenswerte Region der Kultur und der Wissenschaft zu entwickeln.

Jeder war eingeladen, mitzumachen, neue Ideen beizusteuern und zu helfen, die Region effektiver für die Wirtschaft und attraktiver für die dort lebenden Menschen zu machen. Das galt vom Generaldirektor über den Minister, den Musiker, Fußballspieler, Gewerkschafter bis hin zu Kumpel und Krankenschwester. „Wir glauben an das Ruhrgebiet und möchten nicht mehr und nicht weniger, als dass andere sich diesem Glauben anschließen", schrieb Alfred Herrhausen, der damals mächtigste Bankier Europas. Prosaischer drückte es Bischof Hengsbach aus, der die Sprache der Menschen im Revier sprach: „Das Ruhrgebiet ist großartig."

Der Bischof, der Banker und der Energiemanager trafen mit ihrer Initiative die Bedürfnisse der Bevölkerung und der Wirtschaft. Immer mehr Menschen und Betriebe schlossen sich dem Initiativkreis Ruhrgebiet an und halfen so, das industrielle Herzland Deutschlands zu stärken. Im Lauf der Jahre wurde die Ruhrinitiative zu einer treibenden Kraft des Landes. Der Vorsitzende des Ruhrgebietszirkels übernahm die Verantwortung für die Entwicklung des Reviers und seiner vielfältigen ökonomischen, kulturellen und gesellschaftlichen Strukturen. Entsprechende Anerkennung fand der jeweilige Chef der Ruhrgebietsinitiative. Durch eine prominente Berichterstattung förderte die „Revier Zeitung" die vielfältigen Anliegen des Förderkreises.

Eine Seite der „Revier Zeitung" nahm die Berichterstattung über die IBA Emscher Park ein. Die Internationale Bauausstellung sollte zwischen 1989 und 1999 zukunftsweisende Impulse für eines der traditionellen Industriegebiete, die Emscher-Region im Norden des Ruhrgebietes, liefern. Das Land Nordrhein-Westfalen sowie private Investoren wollten nicht nur ökologische Gesichtspunkte berücksichtigen – das Flüsschen Emscher und seine Flusslandschaft waren durch industrielle Nutzung stark in Mitleidenschaft gezogen worden –, sondern auch Industriedenkmäler erhalten und einer neuen Nutzung zuführen. Daneben sollten attraktive Büro- und Gewerbeflächen wie auch neuer Wohnraum im Grünen entstehen.

Unterdessen gewannen die Ostdeutschen zunehmend an Selbstbewusstsein. Immer mehr Menschen waren entschlossen, sich ihre demokratischen Freiheiten zu nehmen. Besondere Durchschlagskraft entwickelte die Freiheitsbewegung am Ende in der Hauptstadt. Am 4. November versammelte sich am Ostberliner Alexanderplatz eine riesige Menschenmenge – Schätzungen sprachen von 500 000 bis zu einer Million Menschen. Eine derart mächtige Kundgebung hatte die DDR noch nie erlebt. Die Demonstranten forderten demokratische Reformen und, damit dies möglich war, ein Ende des Machtmonopols der SED.

Die Ostberliner Partei- und Staatsführung versuchte sich mit schrittweisen Zugeständnissen im Amt zu halten und Zeit zu gewinnen. Doch die Zeit arbeitete gegen die Diktatur. Die DDR-Bürger hatten die Geduld verloren und verlangten die umgehende Berücksichtigung der Menschenrechte, zu denen auch die uneingeschränkte Reisefreiheit gehört. Die Menschen waren nicht länger bereit, sich hinter Mauer, Stacheldraht und Selbst-schussanlagen einsperren zu lassen. Es war offensichtlich, dass das alt-neue SED-Regime der revolutionären Kraft der Freiheitsbe-wegung nicht standhalten konnte.

Ludwig Grubers journalistische Leidenschaft drängte ihn an den Ort des Geschehens. Er sprach die Themen der folgenden Aus-gabe mit seiner Redaktion ab, redigierte die in sein Ressort fallenden Artikel und diskutierte mit seinem Stellvertreter Gerhard Rittich das Layout, also die Verteilung und Illustration der Beiträge in der Zeitung. Am frühen Abend eilte der Chefredakteur nach Hause.

Am liebsten hätte Ludwig sofort seine Siebensachen mitsamt seiner bewährten Reiseschreibmaschine gepackt und den Nacht-zug nach Berlin genommen. Grazia war bereits im „Napoli". So wür-de er es sich ersparen, ihr seine Reisepläne erläutern zu müssen. Doch Anna warf Ludwigs Konzept über den Haufen. Sie freute sich so sehr über das unverhofft zeitige Auftauchen des Vaters, dass er ihre Bitte nicht abschlagen konnte, ihr endlich Schach-spielen beizubringen, „dann brauchen wir nicht immer nur das langweilige Halma abzunudeln". Ludwig genoss es, die schnelle Auffassungsgabe Annas zum Schwingen zu bringen, die im Nu die Spielregeln begriff und eifrig auf ein erstes Spiel drängte. Die Liebe zu Anna und der Stolz auf seine Tochter ließen ihn sein Vorhaben für kurze Zeit vergessen.

Doch als er gegen elf Uhr nachts sein Kind endlich zum Zu-bettgehen überredet hatte, erfasste ihn seine journalistische Be-rufung ungebremst. Ludwig setzte sich an den Schreibtisch und erarbeitete eine Liste möglicher Themen. Dann packte er seine Reisetasche und ging zu Bett. Gegen zwei kehrte Grazia aus dem „Napoli" heim. Ludwig stellte sich schlafend.

Am nächsten Morgen brachte Ludwig Anna in die Schule und ging zum Bahnhof. Über Dortmund und Hannover fuhr er nach Berlin. In Helmstedt passierte der Zug die sogenannte Zonengrenze zur DDR. Zwei Volkspolizisten in grauen, der Wehrmacht nicht unähnlichen Uniformen überprüften eingehend Ludwigs Ausweis. Er wollte dagegen protestieren und sie auffordern, endlich von ihrem unsinnigen Tun abzulassen. Die vermeintlichen Grenzschützer gaben eine Staatsmacht vor, deren Autorität soeben zusammenbrach.

Doch Ludwig unterdrückte diese selbstverständliche Regung, denn er wollte ohne Zwischenfälle rechtzeitig nach Berlin gelangen, um seine Arbeit zu tun. Doch dann bereute der Journalist seine Zurückhaltung. Jeder hat ein anderes Alibi für seine Feigheit, wusste er. Latente Angst war die Grundlage jeder Diktatur, zunächst die Herrschaft der Nazis, danach jene der Kommunisten. Gegen fünf Uhr nachmittags fuhr die Eisenbahn im Westberliner Bahnhof Zoologischer Garten ein. Ludwig suchte sich eine preiswerte Pension am Kurfürstendamm und vertrat sich anschließend auf dem Boulevard die Beine.

Kurz vor acht kehrte er auf sein Zimmer zurück. Nachdem er ausgepackt und sich eingerichtet hatte, machte er den Fernseher an, um die „Tagesschau" zu sehen. Die Regie schaltete nach Ostberlin, wo der SED-Bezirkschef Günter Schabowski auf einer Pressekonferenz, die in der „Aktuellen Kamera" übertragen worden war, bekanntgab, „Privatreisen nach dem Ausland können ohne Vorliegen von Voraussetzungen … beantragt werden. Die Genehmigungen werden kurzfristig erteilt." Auf die Frage eines Journalisten, ab wann die neue Regelung gelte, antwortete Schabowski ratlos: „… nach meiner Kenntnis … ist das sofort, unverzüglich."

Ludwigs Herz schlug bis zum Hals. Das ist die Kapitulation des SED-Regimes! Das ist das Ende der gottverdammten Diktaturen auf deutschem Boden. Von Hitler über Ulbricht bis Honecker. Krenz zählte nicht. Der war Episode. Der Journalist sah auf seine Uhr. 20.15 Uhr, 9. November. Der 9. November, der deutsche Schicksalstag. Von der Proklamation der Republik 1918 über Hitler-Putsch, Nazi-Kristallnacht bis heute. Gruber sprang auf. Es hielt ihn nicht länger in seinem Zimmer. Während Ludwig in der kalten Novemberluft über den Kurfürstendamm lief, füllten sich die Straßen. Die Leute waren aufgeregt. Wildfremde sprachen miteinander.

„Wir gehen zum Übergang Bornholmer Straße. Da wird bald die Post abgehen. Kommste mit?", quatschte eine junge Frau Ludwig an. „Wo ist das denn?", wollte der Journalist wissen. „Bist wohl nich von hier, wa?"

Der Journalist hatte eine bessere Idee. Das Brandenburger Tor! Da musste er hin. Ludwig sah auf die Uhr: 21.30. Er versuchte, ein Taxi anzuhalten. Keine Chance, alle Droschken waren überfüllt. Ludwig lief den Kurfürstendamm auf und ab. Auch an den Taxiständen nichts. Kein freier Wagen weit und breit.

Ludwig wollte nicht noch mehr Zeit verlieren. So folgte er schließlich dem Strom der Fußgänger zum Bahnhof Zoo. Zusammen mit aufgeregt durcheinanderschnatternden Menschen wartete er lange auf eine S-Bahn. Endlich erschien ein Zug, der sogleich gestürmt wurde. Als sich die Türen der Bahn endlich schlossen, standen die Passagiere dicht gedrängt. Ächzend setzte sich der altersschwache Zug in Bewegung.

Bei der ersten Station verließ Ludwig die überfüllte Bahn an der Haltestelle Tiergarten. Mit der Menschenmenge ließ er sich zur Straße des 17. Juni treiben. Hier war der Teufel los. Ludwig sah hoch zur mächtigen Siegessäule. Überall tauschten die Menschen die letzten Neuigkeiten aus. Unterschiedliche Informationen und Fehlmeldungen darüber, welcher Grenzübergang passierbar sei oder nicht, machten die Runde. Mittlerweile war es nach Mitternacht.

Die Menschentrauben, mittendrin der Journalist Gruber, passierten das Sowjetische Ehrenmal, wo T-34-Panzer und Geschütze auf Sockeln aus Marmor und Granit der einstigen

Hitler'schen Reichskanzlei vom Sieg der Roten Armee über die Nazis kündeten – um sofort eine neue Zwangsherrschaft auf deutschem Boden zu errichten.

Von hier sah man bereits deutlich die Mauer am Brandenburger Tor. Die wachsende Menge, in der Ludwig mitschwamm, drängte weiter. Er horchte in die Nacht, das Stimmengetöse aus östlicher Richtung schwoll an. Gruber zwängte sich aus der Menge, er schob sich am Rande des Tiergartens hin zu den Rufen.

Beim Näherkommen verschlug es Ludwig den Atem, sein Herz pochte wild, er meinte zu träumen. Auf der Krone des Walls standen Menschen – die sangen, schrien, riefen und winkten den Passanten aus dem Westen zu: „Kommt her! Kommt her!" Gruber lief, rannte so schnell er konnte, ebenso wie andere Westberliner, auf die Mauer zu. Je näher sie kamen, desto lauter riefen die Männer und Frauen auf der Mauerkrone: „Nu, kommt her! Hierher!"

Die Westler bildeten Räuberleitern, die oben Stehenden zogen sie auf den Damm. Bald wurde auch Ludwig auf die Mauer gehievt und prompt von einem Unbekannten umarmt. Ihm wurde eine Bierflasche gereicht, jeder stieß mit jedem an. Die häufigsten Trinksprüche lauteten „Freiheit!", „Auf das Ende der Mauer!", „Berlin wird eins!" Das klirrende Anstoßen der Flaschen und der dampfende Atem der Menschen brachten Ludwig schlagartig zu Bewusstsein, dass er nicht träumte.

Die Überwindung der Mauer im Herzen Berlins war Wirklichkeit, ein wahr gewordenes Märchen. Und er, Ludwig Gruber, war Zeuge dieses geschichtlichen Ereignisses. Aus Ost und West drängten neue Menschen nach, die ebenfalls die Mauer erklimmen und damit überwinden wollten.

Die Ostberliner zog es in den Westteil ihrer Stadt. Ludwig dagegen ließ sich in den Osten hinabhieven. Gegen den Strom der Passanten drängte er sich über den Pariser Platz die Allee

Unter den Linden entlang vorwärts. Menschenmassen kamen ihm entgegen. Die Gesichter der Leute strahlten vor Freude und Erleichterung. Aus den Seitenstraßen wie der Otto-Grotewohl-Straße, der ehemaligen Wilhelmstraße, wo die Reichskanzlei Bismarcks, der Weimarer Republik und schließlich der Nazis ihren Sitz hatte, drängten immer neue Menschen. Ludwig bahnte sich gegen ihre Marschrichtung seinen Weg.

Rechter Hand lag der kastellartige Prachtbau der sowjetischen Botschaft. Auf dem Turm des Gebäudes wehte die feuerrote Fahne der UdSSR mit Hammer und Sichel. Aus diesem Haus herrschten die sowjetischen Botschafter wie Gouverneure über die sowjetische Zone und später die DDR. Ohne ihre Zustimmung durfte in der DDR keine nennenswerte politische oder gesellschaftliche Entscheidung getroffen werden. Als Gorbatschow Honeckers Politbüro seine Unterstützung verweigert hatte, konnte das SED-Regime dem Freiheitswillen der Bevölkerung nicht länger standhalten und brach in sich zusammen.

Ludwig Gruber passierte die Sowjetvertretung. Schließlich erreichte er die Friedrichstraße – ein Weiterstreben nach Osten war gegen die immer dichtere Menschenflut nicht mehr möglich. So bog Gruber nach rechts ab, marschierte zwischen fröhlichen Passanten – obgleich es eine kalte Novembernacht war, schien die ganze Stadt auf den Beinen wie in einer lauen Sommernacht.

Endlich gelangte Ludwig über die Französische Straße und die Charlottenstraße zum Platz der Akademie, dem früheren Gendarmenmarkt, der von dem prächtigen neoklassizistischen Konzerthaus beherrscht wurde. Während Gruber den Bau betrachtete, wurde er von einer munteren Schar umringt. Ein leicht angeheiterter Mann sprach den Journalisten an: „Da staunste, wa! Dass wir DDRler so 'n fröhliches Völkchen sind, hat sich im Westen noch nich rumgesprochen." – „Woher wissen Sie, dass ich aus dem Westen komme?"

Ludwigs Frage löste Heiterkeit aus. „An Ihren Klamotten sieht man's gleich, mein Herr", gab eine junge Frau amüsiert zurück. „Und wie Sie uns und unser Konzerthaus mit Bauklötzchenblick bestaunen." Die Antwort löste Gelächter aus. „Und jetzt kommen Sie mit uns einen trinken, sonst holen wir uns bei der Kälte noch 'n Tod oder zumindest kalte Füße." Gut gelaunt folgte Ludwig seinen neuen Bekannten.

Erst um vier Uhr früh kehrte Gruber in sein Pensionszimmer am Kurfürstendamm zurück. Doch an Schlaf war nicht zu denken. Auf den Straßen tobte die Party. Das Jubeln und Lärmen wurde untermalt von den im blauen Zweitakterdunst über den Westberliner Boulevard tuckernden Trabis. Die Insassen hatten die Fenster hinuntergekurbelt, jubelten, schrien und heulten, während die Passanten, die die Autos bald einkeilten, ihnen liebevoll auf Dächer und Motorhauben klopften.

Der Reporter war aufgedreht und euphorisch. Gott sei Dank war er nicht an seinem Schreibtisch im Revier klebengeblieben, sondern hatte den Mut gefunden, an Ort und Stelle den Pulsschlag der Geschichte zu fühlen. Die Ostberliner zu erleben, ihre fröhliche Freiheitsliebe, die gewaltlos das starre SED-Regime überrannte. Es war kein Zufall, dass die Mauer gerade an diesem Tag überwunden wurde. Die Deutschen hatten aus ihrer Vergangenheit gelernt.

Gruber packte seine Schreibmaschine aus und begann seinen Kommentar zu tippen. „Der 9. November ist Deutschlands Schicksalstag. Da wurde marschiert, krepiert, gemordet und niedergebrannt, aber am Ende, das heißt heute, auch kapiert. Deutschland hat endgültig genug von Diktatur und Gewalt. Die Menschen wollen die Freiheit, und sie sind dabei, sie zu erringen – friedlich und doch revolutionär. Die Berliner Mauer ist gefallen. Es wird nicht lange dauern, dann wird auch die innerdeutsche Grenze verschwunden sein. Denn es kann nicht sein, dass unsere

Grenzen fallen gegenüber all unseren Nachbarn in Frankreich, Holland, Belgien, Österreich – und sich quer durch Deutschland eine unüberwindbare Barriere ziehen soll. Nein, ehe wir uns umschauen, wird ganz Deutschland frei sein."

Erst jetzt, nachdem der Journalist seinen Kommentar verfasst hatte, fand er allmählich zur Ruhe. Er erlaubte sich seine Müdigkeit und schlief bis in den späten Vormittag. Nachdem Ludwig seinen Text auf der Post an die Redaktion gefaxt hatte, trank er seinen Morgenkaffee, schlang zwei Brötchen hinunter und machte sich wieder auf den Weg.

In den folgenden Tagen durchstreifte der Reporter die Stadt. Vor Jahren war Ludwig einmal in Westberlin gewesen. Dabei war ihm die Ungebrochenheit der Stadtinsulaner aufgefallen, der trotzige Humor des Sich-nicht-unterkriegen-Lassens. Doch nun entstand in beiden Stadtteilen eine urwüchsige Zuversicht. „Wir Berliner gehen unseren Weg in die Freiheit und lassen uns dabei von nichts und niemandem aufhalten – im Osten und im Westteil. Die Zeit der Isolation ist vorbei. Wir wachsen wieder zu einer Stadt zusammen. Zur wirklichen deutschen Hauptstadt."

Die Zuversicht war allenthalben in der Stadt spürbar. Die Deutschen hatten den Spott ihres Landsmannes Martin Luther beherzigt, der sie gelehrt hatte, dass aus „einem verzagten Arsch kein fröhlicher Furz" kommen könne. Mut und eine umfassende Heiterkeit beflügelte nun die Menschen, sie spürten, dass die Teilung ihrer Metropole zu Ende ging. Es fehlte lediglich das passende Schlagwort, um das allgemeine Bestreben, die kollektive Stimmung, auszudrücken.

Nur einen Tag nach der gigantischen Mauerüberwindungsfeier gelang dies Willy Brandt in unnachahmlicher Weise. Der langjährige frühere Regierende Bürgermeister und jetzige Ehrenvorsitzende der SPD ersann die Parole der nun zueinanderfindenden Stadt. „Jetzt wächst zusammen, was zusammengehört!", verkündete er vom Balkon seines ehemaligen Amtssitzes, des Schöneberger Rathauses. Hunderttausende Berliner jubelten ihm zu.

Ludwig Gruber war in der Menge. „Gegen diese Volksmacht ist kein Kraut gewachsen", tippte er nachts in seine Schreibmaschine. „Die Menschen in Ost und West wollen die Einheit ihrer Stadt. Sie haben sie sich verdient. Ich glaube, das Streben nach Einheit wird nicht auf Berlin beschränkt bleiben, sondern rasch ganz Deutschland erfassen."

Die Ereignisse der folgenden Wochen gaben ihm recht. Zwischen Freitagnachmittag und Sonntagabend besuchten mehr als drei Millionen Ostdeutsche Berlin und die Bundesrepublik Deutschland. Das war fast jeder fünfte DDR-Bürger. Darunter annähernd alle Autobesitzer. Sie schwangen sich in ihre Trabis und Wartburgs und gingen auf Entdeckungsreise in den Westen, die ihnen seit knapp dreißig Jahren verwehrt war. Allein in Westberlin waren mehr als eine Million Bewohner des Ostteils unterwegs, das heißt fast jeder, der mobil war.

Die meisten Besucher wurden von Wessis zu Kneipenbesuchen und spontanen Feiern eingeladen. Ludwig zog durch die verschiedenen Kieze der Stadt. Er war erschüttert von der heruntergekommenen Bausubstanz im Osten. Die Altbauten wirkten vernachlässigt. Häufig waren an ihrer Stelle charakterlose Plattenbauten entstanden. Doch die Menschen waren zuversichtlich, sie träumten von Konsumgütern, vor allem von modernen Autos und Hi-Fi-Anlagen. Nicht wenige erkundigten sich bei Ludwig nach der Höhe der Westgehälter. „Wa? 3000 Mark?", staunte ein Facharbeiter. „Dat sind ja mindestens 20 000 Ostmark. Im Monat? Sind Se sicher? Da muss ick nur noch zwee Monate pro Jahr schuften!"

Ludwig brachte es nicht übers Herz, die Illusionen der euphorischen Ostberliner zu zerstören. Der Alltag würde die Menschen zur Normalität führen. Als Ludwig Gruber am Montag, dem 13. November, vom Bahnhof Zoo die Heimreise ins Revier antrat, empfand er Genugtuung, Augenzeuge des Falls der Mauer und des Beginns einer Vereinigung von Stadt und Land zu sein. Doch zugleich war er froh, seine Familie wiederzusehen und weiterhin in seiner neuen Heimat leben zu dürfen.

Nun musste nach einer aufregenden Zeit in der „Revier Zeitung" wieder die tägliche Routine einkehren. Der Mauerfall war zweifelsohne ein historisches Ereignis, das in der Gazette gewürdigt werden musste, nicht zuletzt durch die Reportagen und Kommentare des Chefredakteurs aus Berlin. Die Bevölkerung war bereits durch Rundfunk, Fernsehen und die Tagespresse über die Ereignisse informiert.

Darüber aber durfte die „Revier Zeitung" ihr Anliegen und das ihrer Leser nicht aus dem Fokus ihrer Berichterstattung verlieren. So gab der Chefredakteur einen Artikel in Auftrag, der sich mit den Auswirkungen der Übernahme des Eschweiler Bergwerks-Vereins durch die Ruhrkohle auseinandersetzte. „Nur im Verbund hat der Bergbau eine Chance", lautete die Überschrift. Damit wollte die „Revier Zeitung" aufmachen.

Doch kaum war der Beitrag in das Layout des Blattes eingespiegelt, also eingearbeitet, meldeten die Presseagenturen, Bundeskanzler Helmut Kohl habe ein Zehn-Punkte-Programm zur Überwindung der Teilung Deutschlands und Europas vorgelegt. Herzstück des Plans war, durch die Schaffung demokratischer Strukturen in der DDR die beiden deutschen Staaten kompatibel für einen Einheitsprozess innerhalb der europäischen Gemeinschaft zu machen und so die deutsche Wiedervereinigung in die europäische Integration einzubetten.

Der Hintergedanke des schlauen Pfälzer Machtpolitikers war offensichtlich. Niemand in Europa oder der Welt sollte sich durch ein wiedervereinigtes, demokratisches Deutschland bedroht fühlen. Die Dynamik der nationalen Frage betraf das ganze Land, und so entschied sich die Redaktion erneut zu einem Wechsel des Titelthemas. Ludwig Gruber gab in seinem Kommentar die Richtung vor: „Auf dem Weg zur Wiedervereinigung. Die gemeinsame Geschichte, die deutsche Sprache und Kultur und zuletzt die friedliche Revolution in Ostdeutschland zeigen, dass Deutschland reif für die Einheit ist."

Der Artikel beschäftigte sich mit den Zukunftsperspektiven eines wiedervereinigten Deutschlands. Das Land hätte fortan die bei weitem größte Bevölkerung in Westeuropa und die leistungsfähigste Wirtschaft. Dies bedeute eine erhöhte nationale Verantwortung. Auf Nordrhein-Westfalen als größtes Bundesland und das Ruhrgebiet als Zentrum der deutschen Industrie kämen dabei erhebliche Belastungen zu, denn, so ahnte der Autor, die Wiedervereinigung sei zwar ein historischer Glücksfall, doch kein Himmelsgeschenk. Sie werde viel Arbeit und Geld kosten. Wie viel, ahnte damals noch niemand.

Gerade als die Redaktion das Blatt in Druck geben wollte, wurde bekannt, dass Alfred Herrhausen am Morgen des 30. November ermordet worden war. Der Chef der Deutschen Bank war nicht nur eine treibende Kraft des Initiativkreises Ruhrgebiet gewesen. Der dynamische Manager und gelegentliche Berater des Bundeskanzlers war trotz seines pragmatischen Wesens und seiner Weltoffenheit stets ein deutscher Patriot geblieben. Seine Wirtschaftskompetenz wäre bei dem bevorstehenden Wiedervereinigungsprozess dringend notwendig gewesen. „Sein Rat wird uns fehlen. Im Revier und in Deutschland", lautete die Überschrift des Nachrufs.

Dass Bundeskanzler Kohl das Bedürfnis des deutschen Volkes, vor allem der Menschen in der DDR, richtig einschätzte, als er sein Programm zur Überwindung der deutschen Teilung bekanntgab, wurde rasch deutlich, als auf der Leipziger Montagsdemo erstmals der Ruf nach Wiedervereinigung hörbar wurde.

Die Marschierer riefen im Chor: „Wir sind ein Volk!" Einige trugen selbstgefertigte, handgemalte Pappschilder mit derselben Parole. Ohne Anweisung von oben zogen die Menschen, die vier Jahrzehnte der DDR-Propaganda des ostdeutschen Arbeiter- und Bauernstaates ausgesetzt waren, die richtigen Konsequenzen aus ihrer Geschichte und ihrer Kultur.

Die Ostdeutschen bewiesen politischen Verstand. Freiheit, Demokratie und Wohlstand ließen sich am schnellsten und wirkungsvollsten durch eine friedliche Wiedervereinigung erreichen. Deshalb wurde das Bedürfnis nach Wiedervereinigung in Freiheit immer offener geäußert. Die SED-Führung war zu verbohrt, um zu begreifen, dass es sinnlos war, sich dem revolutionären Strom zur Einheit in Freiheit entgegenstemmen zu wollen. Kleine, vor Monaten noch undenkbare Zugeständnisse wie die Öffnung des Brandenburger Tors für Fußgänger zwei Tage vor Weihnachten konnten die Lokomotive des Volkswillens auf dem Weg in die Freiheit nicht länger aufhalten.

Der Preis des Wandels
1990–1995

Die Wiedervereinigung sollte die Deutschen auch im folgenden Jahr in Atem halten. Ein entscheidender Höhepunkt in dem Prozess war die erste – und einzige – freie Wahl zur Volkskammer, dem DDR-Parlament, nachdem die SED einsehen musste, dass sie ihr Machtmonopol nicht länger gegen den Willen der großen Mehrheit der Bevölkerung aufrechterhalten konnte. So war die SED-Nachfolgepartei PDS genötigt, sich mit anderen Gruppen auf demokratische Wahlen zu einigen.

Der Urnengang wurde am 18. März 1990 abgehalten. Das Wahlergebnis war eine Überraschung. Die meisten Beobachter hatten mit einem Erfolg der Ost-SPD gerechnet. Doch der kluge politische Taktiker Helmut Kohl hatte viele Noch-DDR-Bürger mit der Aussicht auf „blühende Landschaften" in Ostdeutschland sowie einer ökonomisch nicht vertretbaren Umtauschquote der Ost- zur D-Mark für sich gewonnen. Der amtierende Bundeskanzler und CDU-Vorsitzende erschien breiten Schichten der Bevölkerung als Garant für Wohlstand und politische Stabilität. Um Kohl und seiner Verheißungen willen waren Millionen sogar bereit, für die „Blockflöten-Partei", die Ost-CDU, die sich in der DDR in deren politisches System eingefügt hatte, zu stimmen. So errang die Ost-CDU einen klaren Wahlsieg; auf sie allein entfielen mehr als 40 Prozent der Stimmen. Die mit der Christlich-Demokratischen Union in der „Allianz für Deutschland" verbündeten Parteien Deutsche Soziale Union und Demokratischer Aufbau kamen noch einmal auf über sieben Prozent. Die SPD dagegen erhielt knapp 22 Prozent, die PDS errang gut 16 Prozent. Mehr als 93 Prozent der Ostdeutschen hatten sich auf den Weg zu den Wahlurnen gemacht. Das heißt, sie vertrauten der Demokratie und beteiligten sich aktiv an ihr. Und machten von ihrem Stimmrecht Gebrauch.

Drei Monate später, am 1. Juli 1990, konnte die DDR die D-Mark als Zahlungsmittel einführen – Kohls Regierung löste ihr Wahlversprechen ein. Viele Ostdeutsche glaubten, trotz Warnungen vor den Konsequenzen einer sofortigen Umstellung der sozialistischen Planwirtschaft auf eine westliche Marktwirtschaft, ins D-Mark-Schlaraffenland zu gelangen: höhere, an den westdeutschen Löhnen orientierte Gehälter bei niedrigen DDR-Mieten und -Lebenshaltungskosten. Nur wenige wollten wahrhaben, dass diese Milchmädchenrechnung, die jeder ökonomischen Logik widersprach, auf Dauer nicht aufgehen konnte. Auch die Risiken einer freien Marktwirtschaft, beispielsweise die Gefahr einer hohen Arbeitslosigkeit, wollte kaum jemand sehen, weil man sie aus dem real existierenden Sozialismus der DDR nicht kannte, wo jeder Arbeit gehabt hatte.

Deutschland erlebte einen euphorischen Sommer. Eine Woche nach dem Inkrafttreten des deutsch-deutschen Staatsvertrages, der die Währungs-, Wirtschafts- und Sozialunion zementierte, errang Deutschland in Rom dank eines Elfmetertores von Andreas Brehme mit 1:0 über Argentinien die Fußballweltmeisterschaft. „Jetzt wird Deutschland auf unabsehbare Zeit Fußballweltmeister", behauptete der siegestrunkene Teamchef Franz Beckenbauer und gab damit dem Gefühl der Freude, aber auch eines überheblichen Optimismus, der die Nation angesichts der bevorstehenden friedlichen Wiedervereinigung erfasst hatte, Ausdruck.

Deutschland jubelte sich seiner Einheit entgegen, die schließlich am 3. Oktober vollzogen wurde. In weniger als einem Jahr war die Parole „Deutschland einig Vaterland!" durch eine unblutige Revolution wahr geworden. Die 45 Jahre während Trennung war überwunden. Doch damit waren keineswegs alle Probleme des Landes gelöst. Sie begannen erst allmählich sichtbar zu werden. Die finanziellen Lasten der Wiedervereinigung waren noch nicht in vollem Umfang absehbar. Sie sollten sich auf jährlich zwischen 150 und 200 Milliarden Mark belaufen.

Dieses Geld fehlte dringend an anderer Stelle. Steuererhöhungen wie der bereits 1991 eingeführte Solidaritätszuschlag genügten nicht, die immensen Kosten der Einheit auszugleichen. Also wurden Staatskredite aufgenommen. Dies führte zu einer immer höheren Verschuldung der Bundesrepublik. So mussten die Ausgaben auf allen Ebenen noch mehr eingeschränkt werden. Die Bergleute im Revier und die übrige Bevölkerung begrüßten die Einigung Deutschlands. Dies galt nicht nur für die deutschen Kumpel, die Haltung ging quer durch die Belegschaft.

Eine Befragung der „Revier Zeitung" unter Türken, Spaniern, Portugiesen, Italienern zeigte, dass die Ausländer durchaus spürten, wie wichtig es für die Deutschen war, wieder in einem Land zu leben. „Das ist wie unser Risorgimento in Italien. Unser Land ist seit mehr als hundert Jahren vereinigt. Höchste Zeit, dass auch Deutschland zusammenkommt", sagte der Hauer Basilio Orlando aus Catania. Das Blatt druckte auf einer Seite Meinungen deutscher und ausländischer Bergleute ab. Alle sprachen sich vorbehaltlos für die deutsche Einheit aus.

Der Schwerpunkt der Berichterstattung der „Revier Zeitung" war die Lage des deutschen Steinkohlenbergbaus. 1990 erfolgte die Förderung in den siebzehn Schachtanlagen der Ruhrkohle erstmals in allen Streben vollmechanisiert. Durch diese Rationalisierungsmaßnahmen wurden die Kosten gesenkt. Die Steinkohle sollte möglichst preiswert angeboten werden. Die Reduzierung der Ausgaben in der Produktion ging einher mit einer Umstrukturierung der Verwaltung. Um den vielfältigen Anforderungen der einzelnen Schachtanlagen gerecht zu werden und rasch reagieren zu können, fasste die Ruhrkohle ihre betriebswirtschaftlichen Aktivitäten in zwei Betreibergesellschaften zusammen: in der Ruhrkohle Niederrhein sowie der Ruhrkohle Westfalen AG. Die ständige Modernisierung des Abbaus und der damit erzielte günstige Preis der deutschen Steinkohle sowie die zuverlässige Verfügbarkeit der nationalen Energiereserve konnten nicht verhindern, dass der Absatz der heimischen Kohle zurückging, da Erdöl und Kernkraft in zunehmendem Maße eingesetzt wurden. So war die Ruhrkohle im Jahr der Wiedervereinigung erstmals gezwungen, die Förderung auf knapp 50 Millionen Tonnen herunterzufahren.

Im Sommer fasste die Mikat-Kommission ihre bisherige Arbeit in einem Bericht zusammen. Das Gremium stimmte überein in der Beurteilung, dass der Steinkohlenbergbau für die sichere deutsche Energieversorgung unverzichtbar sei. Allerdings konnten sich die Herren nicht einigen, welche Zielmarke mittelfristig anzusteuern sei. Die Mehrheit plante für 2005 eine Abbaukapazität von 50 Millionen Tonnen, das Minderheitenvotum dagegen zielte auf eine Kapazität von 35 Millionen Tonnen ab.

Diese Vorgabe brachte nicht nur die Bergleute in Harnisch. „Die deutsche Einheit steht vor der Tür. Sie hat bereits jetzt Milliarden Mark gekostet, und es werden viele weitere Milliarden folgen. Wir Steuerzahler sind zu finanziellen Opfern bereit. Dabei darf der deutsche Steinkohlenbergbau jedoch nicht totgespart werden", schrieb die „Revier Zeitung" und gab damit die Stimmung aller verantwortungsbewussten Menschen in der Region wieder.

Wenige Monate später, bei der Wiedervereinigung, waren die Ergebnisse der Mikat-Kommission Makulatur. Nunmehr suchten die Bundesregierung und Nordrhein-Westfalen im Einvernehmen mit der Ruhrkohle in Verhandlungen mit der EG-Kommission nach einem Kompromiss über die zukünftige Förderung des deutschen Steinkohlenbergbaus.

Zunächst aber wurden die Deutschen erneut an die Wahlurne gebeten. Nach einem kurzen, turbulenten Wahlkampf bestimmte die Bevölkerung erstmals in der Nachkriegsgeschichte frei ein gesamtdeutsches Parlament. Das Ergebnis war eindeutig. Am 2. Dezember 1990 errang die konservativ-liberale Regierungskoalition knapp 55 Prozent der abgegebenen Stimmen. Das war nicht verwunderlich. Denn Helmut Kohl als „Kanzler der Einheit", ebenso wie der in Halle geborene Hans-Dietrich Genscher, wurden vor allem in Ostdeutschland gefeiert – aber auch in den alten Bundesländern wurden ihre staatsmännischen Leistungen gewürdigt. Die SPD dagegen wurde vor allem wegen der mahnenden Haltung ihres Spitzenkandidaten Oskar Lafontaine, der ständig die Belastungen der deutschen Einheit vorrechnete, als „roter Schwarzseher" abgestraft. Die Sozialdemokraten fuhren nur 33,5 Prozent der Stimmen ein, ihre schwerste Niederlage seit den Bundestagswahlen von 1957.

Derweil genehmigte die EU in Brüssel dem deutschen Bergbau für 1989 rückwirkend Subventionen in Höhe von 3,26 Milliarden Mark. Dies zeigte, dass die Europäische Gemeinschaft die Notwendigkeit des deutschen Steinkohlenbergbaus anerkannte – und bereit war, für dessen Leistungen als Garant der deutschen Energiewirtschaft einen Preis zu entrichten.

Doch ausgerechnet der Deutsche Martin Bangemann gefiel sich als Gralshüter einer perspektivlosen Marktwirtschaft. Der Vizepräsident der EG-Kommission sprach sich für eine weitere Schrumpfung des Deutschen Steinkohlenbergbaus aus.

Er denunzierte die entsprechenden Subventionen als „nicht mehr einsehbar". Bei seiner kurzsichtigen Rechnung verlor Bangemann allerdings die sozialen und wirtschaftlichen Folgen einer Totschrumpfung des heimischen Steinkohlenbergbaus aus dem Blick.

Die deutschen Arbeitnehmer hingegen bekannten sich zu ihrer nationalen Verantwortung. Zwei freie Gewerkschaftsorganisationen, die nach 1989 in der DDR gegründet worden waren, verabschiedeten im Juni 1990 gemeinsam mit der Industriegewerkschaft Bergbau und Energie die „Berliner Erklärung". Dieses Manifest ebnete den Weg zu einer Einheitsgewerkschaft in ganz Deutschland. Die „Revier Zeitung" machte dies zum Titelthema. Nachdem sich die einst regimekonformen und die freien Gewerkschaften in Ostdeutschland freiwillig selbst aufgelöst hatten, wurde am 1. November 1990 die IGBE zur Einheitsgewerkschaft im vereinten Deutschland. Dies war ein entscheidender Schritt auf dem Weg zur deutschen Wiedervereinigung und besaß auch für das Ruhrgebiet weitreichende Bedeutung.

In den folgenden Jahren konsolidierte sich die deutsche Einheit. Der Bundestag beschloss, den Sitz der Bundesregierung nach Berlin zu verlegen. Das relativ knappe Abstimmungsergebnis zeigte, dass manche Westdeutschen zwar prinzipiell die Wiedervereinigung bejahten, vor ihren konkreten Folgen jedoch zurückschreckten. Im Ruhrgebiet wurden die steigenden finanziellen Belastungen der deutschen Einheit direkt spürbar. Am 11. November 1991 trat in Bonn die Vierte Kohlerunde zusammen. Eine „Energiepolitik für das vereinte Deutschland" sollte festgelegt werden. Der Beschluss lautete, dass die subventionierte Förderung bis zum Jahr 2005 auf 50 Millionen Tonnen zu verringern sei. Die Verstromungsmenge wurde auf jährlich 35 Millionen Tonnen festgesetzt; der Hüttenvertrag mit der Stahlindustrie sollte um fünf Jahre bis 2005 verlängert werden. Der Jahrhundertvertrag wiederum sollte bis 1995 gelten. Ludwig las im „Handelsblatt": Bundeswirtschaftsminister Möllemann habe „seine Bringschuld für ein Kohlekonzept" hiermit noch nicht erfüllt. „Die Ergebnisse der Bonner Kohlerunde können keineswegs … die Grundlage für langfristig kalkulierbare Rahmendaten sein."

Im Dezember stimmte die EG-Kommission der Verlängerung des Jahrhundertvertrags prinzipiell zu, verlangte allerdings eine Reduzierung der Fördermenge im letzten Vertragsjahr 1995 auf 37,5 Millionen Tonnen.

Die Frage der Finanzierung der Kohlenförderung blieb jedoch unklar. Die „Revier Zeitung" druckte dazu einen Kommentar der Tageszeitung „Die Welt" vom 6. Dezember 1991 ab: „Das haben faule Kompromisse so an sich: Sie halten nicht lange … Soeben meldet die Bundesregierung einen entscheidenden Durchbruch in Brüssel zu dem von Wirtschaftsminister Jürgen Möllemann erzielten Kohlekompromiss. Da bestätigt sich, dass diesem das Entscheidende fehlt: die finanzielle Absicherung der von 1991 bis 2005 anstehenden mehr als 100 Milliarden Mark Subventionen." Auch die Fortführung des Kohlepfennigs blieb rechtlich umstritten. Nochmals wurde „Die Welt" zitiert: „Wollte Bonn den Kohlepfennig gegen den Widerstand der Branche per Gesetz durchdrücken, wäre dies schneller in Karlsruhe als im Gesetzblatt." Einige Konkurrenten aus der Energiebranche drohten die Förderung durch eine Klage beim Bundesgerichtshof in Karlsruhe zu unterbinden.

Ludwig Gruber gab eine Reportage über die Übernahme der Gewerkschaft Auguste Victoria durch die Ruhrkohle in Auftrag. Seit ihrer Gründung im Jahre 1968 hatte die Ruhrkohle sich nicht nur im Bergbaubereich Zug um Zug vergrößert. Bereits im darauffolgenden Jahr hatte sie die Aktienmehrheit an dem Stromproduzenten Steag erworben. Fünf Jahre später wurde sie der größte Aktionär der chemischen Rütgerswerke. Beide Beteiligungen sollten in der Zukunft eine wichtige Rolle im Konzern spielen.

Ein Jahr nach der Übernahme des Eschweiler Bergwerks-Vereins, eines seit 1834 existierenden Unternehmens, das den Bergbau in der Region Aachen nachhaltig geprägt hatte, ging 1990 die Sophia Jacoba GmbH an die Ruhrkohle, zu der auch die gleichnamige Zeche in Hückelhoven nahe der holländischen Grenze gehörte. Und ab sofort, 1991, gehörte auch die Gewerkschaft Auguste Victoria zur Ruhrkohle. Auguste Victoria war an der Wende zum 20. Jahrhundert gegründet worden und bald darauf eine enge Verbindung mit der chemischen Industrie, der BASF, eingegangen.

Privat war Ludwig unglücklich. Ihn plagten Sorgen über die Zukunft seiner Familie. Die Mitarbeit Grazias in der Pizzeria „Napoli" war zunächst ein voller Erfolg. Ludwigs Frau kam entgegen Giuseppes Befürchtungen recht gut mit ihrem Onkel zurecht. Sie ordnete sich scheinbar widerspruchslos dem älteren Herrn unter, brachte aber zugleich neuen Elan in das Lokal. Auch als Giuseppe seine Tochter Carla durch nachhaltiges Überreden, das von Drohungen mit Enterbung begleitet wurde, überzeugt hatte, ihren Posten bei der Bank in Düsseldorf aufzugeben, nach Herne zurückzukehren und in der Pizzeria mitzuarbeiten, gab sich Grazia erfreut. „Prima! So bleibt alles in unserer Familie!", lobte sie den Onkel und schien Carla in der ersten Zeit nach Kräften zu unterstützen. Der Vater ärgerte sich lediglich über die gelegentliche Schwerfälligkeit der Tochter. „Du musst dich mehr anstrengen", ermahnte Brandi seine Tochter, „sonst hängt dich Grazia totalmente ab! Ewig kann ich nicht sein dein Padrone!"

Wie recht Brandi mit seinen Bedenken hatte, zeigte sich, als er unerwartet einen leichten Schlaganfall erlitt. Obgleich er die Attacke ohne sichtbare Folgen überstand, riet ihm der behandelnde Arzt dringend, in den Ruhestand zu gehen. „Sonst kann ich für nichts garantieren." Der Gastwirt hielt sich an die Empfehlung des Doktors. Sobald Brandi sich zurückgezogen hatte, zeigte Grazia, was in ihr steckte. Sie modernisierte das Lokal. Grazia baute die Pizzeria zu einem vollwertigen Ristorante aus. Gegenüber ihrer Cousine gebärdete sie sich als gestrenge Chefin. Am schlimmsten war für Carla, dass sie von Grazia vor den Gästen gedemütigt wurde. „Verzeihen Sie, wenn es ein wenig länger dauert, aber heute hat unser Tollpatsch Dienst. Gleichzeitig denken und bedienen ist für das Mädchen zu viel", höhnte Grazia. Die Besucher lachten.

Zufällig war Carlo an diesem Abend in der Pizzeria. Zusammen mit seiner neuen Flamme, einer flotten Blonden – Carla hatte längst aufgehört, die Freundinnen des Zwillingsbruders zu zählen –, wurde er Zeuge der Szene. Als Carlo Grazias Schmähung hörte, sprang er auf, packte die Cousine am Handgelenk und drohte ihr eine Tracht Prügel an. Seit jeher hatte Carlo seiner Schwester beigestanden, sie verteidigt. Immer mit Erfolg. Doch bei Grazia biss Carlo auf Granit. Sie ließ sich nicht einschüchtern. Sie entwand dem kräftigen Cousin ihre Hand und spottete: „Auch deine Schläge werden deine Schwester nicht klüger machen." – „Du Stück Dreck", brüllte Carlo und riss seine Hand hoch.

Doch ein Blick in Carlas ängstliches Gesicht ließ Carlo sich beherrschen und von Grazia ablassen. Vor Wut bebend stürmte er aus dem Lokal. Seine Freundin rannte hinterher, während die übrigen Gäste sich wieder ihrem Essen zuwandten. Carlo packte die Reue. Er selbst konnte seinem Zorn Luft machen. Seine Schwester hingegen war darauf angewiesen, mit der boshaften und unerschrockenen Grazia zusammenzuarbeiten. Diese würde ihre Wut über die Schmähung des Kumpels an dessen wehrloser Schwester auslassen.

Am nächsten Tag suchte Carlo seine Zwillingsschwester auf. Carla beschuldigte weder ihn noch Grazia, doch er spürte, dass sie auf Dauer nicht in der Lage war, sich gegenüber der Cousine zu behaupten. Carlo bat seine Schwester für seine Unbeherrschtheit um Verzeihung. Er wisse, dass sie seinen Ausbruch ausbaden müsse. Obgleich Carla dies zu verneinen suchte, spürte der Bruder, dass sie für seinen Auftritt würde zahlen müssen. Gleichzeitig begriff Carlo, dass es sich nicht um einen einmaligen Streit handelte. Es war ein grundsätzliches Problem. Grazia war eine knallharte Geschäftsfrau, die niemanden neben sich duldete: Dazu war sie ein böses Weib, das, wie man hörte, sogar den eigenen Mann, den Vater ihres Kindes, in einem fort gängelte.

Carla tat ihrem Bruder leid, er wollte sie wie immer beschützen, ihr helfen, doch er wusste nicht, wie. Nachdem er die Situation durchdacht hatte, sah er, dass es nur eine Lösung geben konnte. Und so nahm er beim Abschied die Schwester kräftig in den Arm und meinte mit gewollter Beherrschtheit: „Carla, lass dich zu nichts zwingen. Du musst weder dir noch Vater etwas beweisen. Wenn du es mit Grazia nicht aushältst, geh einfach. Scheiß auf das Geld und die Ehre einer selbständigen Geschäftsfrau und geh zurück zur Bank. Tu das, was dir Spaß macht." Carla nickte stumm. Der Bruder sah, dass ihr die Tränen in die Augen stiegen. Er begriff, dass es nur eine Frage der Zeit war, bis Carla sich durch Kapitulation vom Joch Grazias und ihres Vaters befreien würde.

Als Brandi von der Auseinandersetzung im Lokal erfuhr, stellte er Grazia zur Rede. Doch die Nichte ließ sich nicht einschüchtern: „Deine Tochter ist eine Null. Sie macht unseren Ruf kaputt. Nimm sie mit nach Hause. Oder steck sie wieder in ihre Sparkasse. Da soll sie das Geld anderer Leute zählen. Selbst welches machen kann sie eh nicht!" Am liebsten hätte Giuseppe der anmaßenden Person eine Tracht Prügel verabreicht. Doch der Arzt hatte ihm jegliche Aufregung verboten. Am meisten ärgerte es Brandi, dass die freche Grazia recht hatte. Seine Tochter taugte nicht zur Gastwirtin. Schweren Herzens überschrieb Brandi seine

Anteile am Lokal an die Nichte. Grazia nutzte Giuseppes angeschlagene Gesundheit aus, um ihn schamlos herunterzuhandeln.

Grazias neues Selbstbewusstsein bekam auch ihr Mann zu spüren. Sie verlangte von Ludwig, fortan ihre Lebensmittelgeschäfte zu führen. Er lehnte ab: „Ich bin Journalist." – „Damit kannst du keine Familie ernähren!", befand Grazia. „Ich verdiene 3800 Mark …" – „Brutto!", fiel ihm seine Frau ins Wort und fuhr fort: „Ich zahle dir … 4000 netto!" – „Du kannst nicht alles kaufen!" – „Will ich auch nicht. Mir genügt es, dich zu bezahlen."

Grazias Geringschätzung verletzte Ludwig tief. Er war stolz auf seinen Beruf. Seine Karriere vom freien Mitarbeiter zum Chefredakteur konnte sich sehen lassen. Ludwig begriff, dass Grazia und er nicht zueinander passten. Doch er stemmte sich gegen diese Erkenntnis. Denn dies hätte in der Konsequenz die Trennung und damit Zank um Anna bedeutet. Sein Kind aber war Ludwig wichtiger als alles andere. Für Anna versuchte er, zumindest formal die Familie zusammenzuhalten.

Grazia legte die Zurückhaltung ihres Mannes als Schwäche aus. Daher verstärkte sie ihren Druck, um ihn zur Aufgabe seines Postens und zur Übernahme ihrer beiden Läden zu nötigen. Darüber kam es zu immer verbissenerem Streit zwischen den Eheleuten, der sich vor Anna nicht länger verbergen ließ. Nach einer besonders heftigen Auseinandersetzung hatte Ludwig erstmals seit vielen Jahren einen Asthmaanfall. Das machte ihm Angst.

Selbst Grazia wurden die ständigen Querelen zu viel. Sie stellte Ludwig ein „finales Ultimatum, Vernunft anzunehmen", und als dieser sich weigerte, seinen Beruf aufzugeben und für sie zu arbeiten, stellte sie einen Geschäftsführer für beide Läden ein und widmete ihre Zeit fortan dem Restaurant. Danach hörten die Auseinandersetzungen auf.

Grazia wurde wieder freundlicher und forderte Ludwig auf, „endlich aufzuhören, die beleidigte Leberwurst zu spielen. Ich bin

Geschäftsfrau, da darf man nicht jedes Wort auf die Goldwaage legen." Ludwig begann sich Hoffnung zu machen, seine Familie zusammenhalten zu können. Zumal Grazia, falls sie zu Hause war, zunehmend umgänglicher wurde. Nach langer Zeit schlief das Ehepaar wieder miteinander. Grazia war leidenschaftlich wie einst – doch Ludwig meinte zu spüren, dass sie vor allem den Sex genoss und seine Zärtlichkeiten ihr gleichgültig waren. Er schob diese Wahrnehmung auf seine übergroße Empfindlichkeit.

Als Heiner bei einem Sonntagsspaziergang mit Ludwig und Anna äußerte, der Familienvater solle auf seine Frau aufpassen, „sonst macht das Mädel noch Dummheiten", ging der Ehemann nicht darauf ein, machte sich aber Gedanken. Seine Ahnung wurde bestätigt. Wenig später tauchte Grazia erst im Morgengrauen zu Hause auf. Als Ludwig sie zur Rede stellte, gab sie vor, späte Zecher hätten kein Ende gefunden.

Da war es um Ludwigs Selbstbeherrschung geschehen. „Kannst du nicht einmal im Leben die Wahrheit sagen?!", schrie er seine Frau an. „Gib zu, dass du dich herumtreibst wie eine Nutte!" Grazia antwortete auf diese Beleidigung mit einer Ohrfeige, was wiederum Ludwigs aufgestauten bajuwarischen Zorn schießen ließ. Er schlug seiner Frau ins Gesicht. Grazia ergoss einen Schwall von Flüchen und Schimpfwörtern über Ludwig und versuchte, ihn zu kratzen. Nun verlor er jegliche Selbstkontrolle und drosch hemmungslos auf sie ein. Als Ludwig zur Besinnung kam und sah, dass Grazia aus einer geplatzten Lippe blutete, versuchte er ihr zu helfen. Sie spuckte ihm ins Gesicht. „Verschwinde, du Mörder!", schrie sie mit sich überschlagender Stimme.

Die Tür ging auf, und die verschlafene Anna wollte ins Zimmer treten. „Ihr seid so laut. Ich kann nicht schlafen. Habt ihr Streit?", wollte das Kind wissen. Ludwig sprang zu seiner Tochter und schob sie schnell in ihr Zimmer zurück. Als er Anna zudeckte, erschien Grazia, wies auf ihr blutendes Gesicht und rief: „Schau, was dieses Ungeheuer mir angetan hat. Wenn du nicht gekommen wärst, hätte er mich totgeschlagen." Grazia trat ans Bett und umarmte das Kind, doch Anna machte sich los. „Hört bitte auf zu zanken!", bat sie und begann zu weinen.

Ludwig versuchte, Grazia aus dem Zimmer zu drängen. Doch sobald er sie berührte, kreischte sie auf: „Assassino! Mörder! Assassino! Hilfe! Polizei!" – „Halt den Mund!", fuhr Ludwig sie grob an. Als Grazia Anstalten machte, erneut loszuschreien, trat Ludwig auf sie zu. „Noch einen Ton – und ich mach dich stumm!", fuhr er sie leise an. Stimme und Miene verrieten, dass es ihm ernst war. Grazia schwieg einen Moment, fand jedoch sogleich ihre Sprache wieder: „Endlich benimmst du dich wie ein Mann!", sagte sie ruhig und lächelte mit geschwollenem Mund. Ludwig schüttelte seinen Kopf. „Auf diese Männlichkeit scheiß ich. Such dir einen Kerl, der nach deiner Pfeife tanzt. Wahrscheinlich hast du ihn schon …" – „Nein! Ich schwöre dir, beim Leben unseres …" – „Egal. Mit uns ist Schluss! Morgen bin ich hier weg."

Ludwig hielt Wort. Er zog zunächst zu Heiner und Renata. Als er sich beruhigt hatte, berichtete er ungeschminkt über das Vorgefallene. Renata wies ihm sein altes Zimmer zu. Dabei lächelte sie und meinte: „Als junge Frau hatte ich's nicht immer einfach mit den Männern. Aber jetzt im Alter kann ich mich vor euch Kerlen kaum retten." Heiner und Ludwig mussten lachen.

Am nächsten Morgen besänftigte Renata Ludwig. „Nichts wird so heiß gegessen, wie es gekocht wird, Junge. Geh hin und entschuldige dich bei Grazia. Mach es, bevor sie ihrem Rechtsanwalt das Kommando übergibt … Und sieh zu, dass du geregelten Zugang zu Anna erhältst!"

Ludwig überwand sich und sprach bei seiner Frau im „Napoli" vor. Am frühen Abend war das Lokal noch leer. Grazia empfing ihren Mann mit eisiger Miene. Sie hatte die Wunde an der Lippe geschickt abgepudert. Seine Entschuldigung quittierte sie mit einem Schulterzucken. Als Ludwig vorschlug, sich wie zwei Erwachsene „mit gesundem Menschenverstand" zu einigen, lachte Grazia laut auf: „Der, mein Freund, geht dir doch am allermeisten ab." Ludwig ließ sich nicht provozieren. Zu seiner Überraschung reagierte Grazia vernünftig, als er auf Anna zu sprechen kam. Man einigte sich, dass Anna bei ihrer Mutter wohnen bleiben sollte. Wenn Grazia arbeiten musste, sollte Ludwig Zugang zu seiner Tochter haben. Das galt vor allem für die Stunden nach der Schule. „Wenn ich freihabe, also Samstag- und Sonntagvormittag, am Ruhetag, an Feiertagen und in den Ferien bleibt Anna bei mir. Basta!", beschied Grazia. Ludwig willigte ein.

Auf dem Heimweg kaufte Ludwig für Renata einen großen Blumenstrauß, um ihr für die Wohnmöglichkeit und die Ratschläge zu danken. Die Tante errötete. „Rosen von einem Galan. Schade, dass ich nicht dreißig Jahre jünger bin, sonst könntest du mir gefährlich werden – oder ich dir", scherzte sie. – „Du hast doch deinen Heiner." – „Wie man's nimmt …", antwortete Renata auf Ludwigs unbefangene Bemerkung.

In der Praxis erwies sich das Arrangement für Ludwig als schwierig. Der Vater holte morgens um Viertel nach sieben seine Tochter bei Grazia ab und brachte sie zur Schule. Danach fuhr er in die Redaktion. Bis halb zwölf war er meist allein im Büro, denn gestandene Journalisten meinten, erst gegen Mittag in der Zeitung erscheinen zu müssen. In diesen Stunden konnte der Chefredakteur ungestört seine Routinearbeit erledigen und die neuen Ausgaben planen.

Auch 1992 wurde die Umstrukturierung des Ruhrgebietes von einer Industrieregion in eine Stätte des Wissens weiter vorangetrieben. An den Universitäten und Fachhochschulen wurden immer mehr Studenten und Professoren ausgebildet. Vor allem die chemische und hier insbesondere die Pharmaindustrie arbeiteten zunehmend mit den Hochschulen zusammen.

Mittelpunkt der Berichterstattung der „Revier Zeitung" aber war nach wie vor der Bergbau. Ludwig Gruber initiierte eine Reportageserie über die Ruhrkohle-Kokerei Kaiserstuhl III in Dortmund, die am 1. Dezember 1992 in Betrieb genommen wurde. Die Anlage zählte zu den modernsten und umweltfreundlichsten der Welt – ein Viertel der Investitionssumme von 1,2 Milliarden D-Mark war für Umweltschutz ausgegeben worden. Das Revier als Zentrum einer innovativen Stahlindustrie konnte auf Dauer nur gesichert werden, wenn die Werke mit sauber produziertem Koks von höchster Qualität beliefert wurden. Ansonsten würden die deutschen Stahlwerke das Schicksal der US-Stahlindustrie erleiden, die aufgrund ihrer veralteten Technologie und ihrer miserablen Umweltstandards als Dreckschleuder galt – Investoren steckten ihr Geld lieber in Stahlwerke in Ländern wie Korea und Indien. In Deutschland half modernste Technik bei der Erneuerung der Stahlproduktion.

Gruber bestellte auch Berichte über den Zuzug ostdeutscher Facharbeiter aus den Braunkohlerevieren der Lausitz und Mitteldeutschlands. 160 000 Menschen waren im DDR-Braunkohlebergbau beschäftigt gewesen. Ludwig las über hochqualifizierte, teils in Moskau ausgebildete Ingenieure und Facharbeiter. Sie suchten nun – während die Zukunft der ostdeutschen Braunkohle noch ungewiss war: Im Februar hatten 40 000 Menschen in Hoyerswerda für ihren Erhalt demonstriert – Arbeit im Revier. Gruber titelte: „Sie glauben an die Zukunft des Ruhrgebiets."

Trotz seiner spannenden Aufgabe fiel es Ludwig immer schwerer, sich auf seine Tätigkeit zu konzentrieren. Denn abgesehen von Feiertagen musste er bis sieben Uhr abends in der Redaktion arbeiten. Um diese Zeit hatte Heiner Anna meist schon nach Hause geleitet. Dem Vater blieb noch übrig, seine Tochter ins Bett zu bringen, ihr eine Gutenachtgeschichte zu erzählen und anschließend den Babysitter zu spielen, bis Grazia nach der Arbeit nach Hause kam. In der Zwischenzeit versuchte Ludwig zu arbeiten, doch er war zu erschöpft und schlief meist im Sessel ein.

Eines Nachts wurde er von Grazia geweckt, zunächst stritten sie, dann versuchte sie, Ludwig zu verführen – was ihr nach einer Weile auch gelang. Als das Paar danach im Ehebett lag, redete Grazia mit schmeichelnder Stimme auf Ludwig ein. Die Trennung sei Unsinn, schließlich liebe man sich und habe eine gemeinsame Verantwortung für Anna. Als Ludwig zustimmte, wurde Grazias Sprache energischer. Auch beruflich solle man endlich gemeinsame Sache machen.

„Aber ich bin weder Gemüsehändler noch Gastwirt. Ich bin Journalist!", brauste er auf. Seine Frau versuchte, ihn zu beschwichtigen. Dann solle er sich fortan eben um die Buchführung und die Werbung kümmern, „dann bleibst du bei deiner Schreiberei". Als Ludwig meinte: „Was würdest du sagen, wenn ich von dir verlangte, in meiner Zeitung zu arbeiten?", erwiderte Grazia, das würde sie tun, wenn sie dabei mehr verdiente als in ihrem Restaurant. Ludwig wurde abermals klar, dass eine Einigung sinnlos war, weil sie zu unterschiedlich dachten. Sein abrupter Aufbruch wiederum kränkte Grazia, die Ludwig vorwarf, er habe sie wie ein „Stück Fleisch missbraucht".

Ludwig Gruber war jetzt fest entschlossen, sein Leben zu ändern. Er wollte seine Stellung kündigen, eine eigene Wohnung suchen, sich in erster Linie um Anna kümmern und in seiner verbleibenden Zeit seinen Unterhalt durch Artikel und Reportagen verdienen. Gruber löste Unruhe in der Redaktion aus, als er von seinem Vorhaben berichtete. Er wurde unsicher und versuchte vergeblich, seine Redakteure zu beschwichtigen. Da er selbst nicht weiterwusste und Renata und Anton nicht schon wieder behelligen wollte, rief Ludwig seinen Freund Fritz in Düsseldorf an. Dieser hörte an Ludwigs Stimme, dass sein Freund in seelischen Nöten war. „Ich komm nach Feierabend rüber zu dir." Schober nannte eine Kneipe als Treffpunkt.

Nach dem zweiten Bier ging Ludwig allmählich aus sich heraus und schilderte dem Freund seine persönlichen wie beruflichen Nöte. Fritz ging zunächst auf Ludwigs Familiensituation ein. „Du willst dich um deine Anna kümmern. Das ist gut und richtig. Und du fühlst dich von Grazia gedemütigt. Das treibt dich zu überstürzten Taten und Entschlüssen. Das ist verständlich. Aber es ist falsch, Luggi. Ich brauch dir nicht zu sagen, dass man niemanden schlägt. Seine Frau schon grad gar nicht!" – „Ich weiß. Das war ein Fehler. Und es tut mir auch leid …", stammelte Ludwig beschämt. „Damit machst du dir Grazia zur Feindin und verstörst Anna, die arg an dir hängt, aber natürlich auch ihre Mutter lieb hat." Ludwig nickte. „Und jetzt bist du dabei, den nächsten Fehler zu begehen. Nämlich deinen Job als Chefredakteur hinzuschmeißen …" – „Aber Anna …" – „Ich weiß. Lass uns mal in Ruhe nachdenken."

Drei Stunden und etliche Bier später hatten beide Männer einen Fahrplan für Ludwigs weiteres Vorgehen entwickelt. Als Erstes wollte Gruber sich nach einer Zweieinhalbzimmerwohnung umsehen. Schober hatte ihm von einem Einzimmerverschlag abgeraten. „Du bist kein Lehrling oder Student. Du musst Platz für Anna haben und für ein Arbeitszimmer."

Schober beschwor Ludwig, unter keinen Umständen seine Tätigkeit bei der „Revier Zeitung" aufzugeben. „Eins nach dem anderen, Ludwig. Schau erst mal, wie du am meisten Zeit für Anna gewinnen kannst. Aber gib um Himmels willen deine Arbeit nicht auf. In wenigen Jahren ist Anna erwachsen. Da darfst du nicht ohne festen Job dastehen."

Das Gespräch mit dem alten Freund machte Ludwig Gruber Mut. Er begriff, dass er seine Entscheidungen nicht von Kränkungen und momentanen Stimmungen abhängig machen durfte, sondern langfristig planen musste. Der Journalist nahm sich vor, offen mit seinen Redakteuren zu reden und einvernehmlich nach der für alle besten Lösung zu suchen.

Gruber strukturierte die Zeitung um. Sein Stellvertreter Gerhard Rittich war ein sorgfältiger Blattmacher, dem es aber an Phantasie mangelte. Er war auf Gruber als Ideengeber angewiesen.

So baute der Chefredakteur ein Team junger, talentierter und neugieriger Journalisten um Rittich auf, die auch neue Denkanstöße geben würden. Zudem verlegte Gruber den Arbeitsbeginn auf neun Uhr früh – was erhebliches Murren bei den morgenmuffeligen Journalisten auslöste. Schließlich aber setzte sich der Chefredakteur mit dem Argument durch, man sei keine Tageszeitung und könne, vom letzten Tag vor Redaktionsschluss abgesehen, durchaus am frühen Nachmittag Feierabend machen. Bald lief die Redaktionsarbeit in der von früher gewohnten Effektivität ab.

Doch auch das frühere Arbeitsende verschaffte Ludwig kaum mehr Zeit für Anna. Selten war er vor sechs bei Heiner und Renata, um das Kind abzuholen und mit ihm in seine neue Wohnung zu gehen. Die Stunden mit seiner Tochter waren für Ludwig die schönsten des Tages. Er freute sich über ihre Aufgeschlossenheit und Frische, aber auch über die mentale Stärke Annas, die sich rasch und ohne nachhaltigen Schaden an die Trennung der Eltern gewöhnt hatte. Vater und Tochter lasen gemeinsam Jugendbücher. An langen Frühlings- und Sommerabenden gingen sie spazieren, Schaufenster angucken oder in eine Eisdiele.

Im Herbst verließ Ludwig die Redaktion bereits nach Einbruch der Dunkelheit. Er marschierte dann mit Anna durch finstere Straßen zunächst in seine Bleibe und nach acht Uhr in die Wohnung ihrer Mutter, wo das Mädchen allein zurechtkommen musste – denn Ludwig wollte weitere Zusammenstöße mit Grazia vermeiden.

Ludwig wurde allmählich klar, dass er seine Position als Chefredakteur nicht mehr wahrnehmen konnte, wenn er mehr Zeit mit seiner Tochter verbringen wollte. Anna war zwölf. In wenigen Jahren würde sie flügge werden und nicht jeden Tag stundenlang mit ihrem Vater schwatzen oder Hausaufgaben machen wollen. Er war kein Hauslehrer. Anna war eine gute Schülerin. Sie bewältigte ihre Aufgaben ohne fremde Hilfe. Ein weiterer Grund für Ludwigs Entscheidung war die mit zunehmendem Alter nachlassende Belastbarkeit von Heiner und Renata. Mit Mitte achtzig fiel es Renata immer schwerer, sich stundenlang mit ihrer „Nichte" zu beschäftigen. Die alte Dame brauchte mehr Ruhe, und auch Heiner konnte man nicht täglich die Rolle eines Erziehers zumuten.

Nach langem Grübeln und vielen schlaflosen Nächten bereitete Ludwig Gruber sein Ausscheiden aus der „Revier Zeitung" vor. In Übereinstimmung mit Verlag und Herausgeber wurde der erst 32-jährige Fabian Kastorf neben Rittich zum neuen Co-Chefredakteur eingesetzt. Gruber erhielt einen festen Autorenvertrag. Seine Aufgaben waren Reportagen, Berichte und Kommentare.

Der Verlust seines Amtes als Chefredakteur schmerzte Ludwig zunächst, auch wenn er es selbst so gewollt hatte. Die Verantwortung für die Zeitung, die Bestimmung der Themen, die Führung von Menschen und nicht zuletzt der festgefügte Arbeitsrahmen fehlten dem Journalisten. Doch bereits nach wenigen Tagen spürte Gruber, dass er die richtige Entscheidung getroffen hatte. Im Gegenzug für die herausgehobene Stellung und eine bescheidene Macht hatte er nun freie Verfügung über seine Zeit gewonnen. Der Journalist war von dem ungeliebten Verwaltungskram befreit. Ludwig erledigte den Großteil seiner Arbeit, während Anna in der Schule war, und konnte sich danach ganz seiner Tochter widmen.

Ludwig spielte mit Anna wieder Schach. Die machte aber so rasche Fortschritte, dass er gezwungen war, sich mit Schachtheorie zu beschäftigen, was bald auch Anna tat. Allerdings mit besseren Ergebnissen als Ludwig, sodass der Vater sie im Schachclub Herne 04 anmeldete. Nun war ihm seine Tochter in einer Hinsicht überlegen. Sie konnte fortan Ludwig Tipps geben. Ähnlich verhielt es sich mit Englisch. Ludwig hatte nur kurz die Sprache für seine mittlere Reife gepaukt, danach das meiste wieder vergessen. Nun, da er die Sprachlehrbücher Annas sah, begann er eifrig, Englisch zu lernen. Sein Ehrgeiz spornte ihn an, sich systematisch und rasch den Grundwortschatz einzuprägen. Danach beschaffte er sich Bücher, Mark Twains „Abenteuer und Fahrten des Huckleberry Finn" und „Die Abenteuer Tom Sawyers", und bat Anna, sie ebenfalls zu lesen. Sie diskutierten über die Werke und beschlossen, fortan nur englisch miteinander zu parlieren – wobei sich Anna über die miserable Aussprache des Vaters lustig machte.

Um sein Ansehen bei der Tochter aufzupolieren, kaufte Ludwig für Anna Schlittschuhe und brachte ihr im Essener Eisstadion das Schlittschuhlaufen bei. Lange Spaziergänge und Kinobesuche, über die sie sich auf Englisch unterhielten, ergänzten das Freizeitprogramm. Am Abend, wieder auf Deutsch, vertraute Anna ihm ihre Pläne an. Sie wollte studieren, so viel stand fest. Ein naturwissenschaftliches Fach sollte es sein. Anna war gleichermaßen in Mathematik, Physik, Biologie und Chemie begabt. Doch sie war unentschlossen, welche Disziplin sie wählen sollte. Bis zum Studium würde noch viel Wasser die Ruhr hinunterfließen. Doch Vater und Tochter waren neugierig und ungeduldig. Um Anna Gelegenheit zu geben, ihre Neigungen besser kennenzulernen und zu entwickeln, nahm Ludwig seine Tochter mit, als er für eine Reportage über das Krankenhaus Bergmannsheil in Bochum recherchierte.

Anna war zunächst von der sterilen Klinikatmosphäre eingeschüchtert. Doch sobald sie die Patienten sah, ihre Furcht spürte, war die Schülerin gepackt. Sie wusste, dass sie „so schnell wie möglich Medizin studieren" wollte. Als Anna dem Vater nachmittags von ihrem Entschluss berichtete und dieser nach ihren Gründen fragte, gab ihm seine Tochter eine klare Antwort: „Die Patienten haben Angst. Das fühle ich. Sie hoffen, dass ihnen die

Ärzte helfen. Genau das will ich, sobald ich kann, auch tun. Dazu muss ich studieren, damit ich lerne, wie man das am besten anstellt. Also Medizin." Der ansonsten zurückhaltende Ludwig umarmte seine Tochter spontan.

Vormittags recherchierte Ludwig Gruber für seine Artikel, die er nachts, nachdem er Anna zu ihrer Mutter gebracht hatte, verfasste. Er tippte die Beiträge nicht länger in seine geliebte Reiseschreibmaschine, sondern in einen Laptop, einen transportablen Computer, an den er sich nach einer Weile gewöhnt hatte. 1993 befasste sich die „Revier Zeitung" vorwiegend mit der Stahlkrise. Ihre vielfachen Auswirkungen waren im Ruhrgebiet spürbar. Daher sah sich die Ruhrkohle veranlasst, die geplante Umstrukturierung des Bergbaukonzerns um dreieinhalb Jahre vorzuziehen. Das Unternehmen konnte es sich nicht länger erlauben, fast ausschließlich vom Abbau der Steinkohle abzuhängen. Denn so war die Ruhrkohle durch jeden Einbruch in der Stahlindustrie direkt betroffen. Ludwig Gruber vereinbarte mit der Redaktion – seine früheren Untergebenen waren nunmehr seine Auftraggeber, hörten aber nach wie vor auf sein Wort – eine mehrteilige Reportage über die Ruhrkohle AG.

Seit ihrer Gründung vor fast einem Vierteljahrhundert hatte sich das Gesicht der Ruhrkohle gründlich verändert. Neben dem Abbau von Steinkohle und deren Weiterverarbeitung und Veredelung und der Energieerzeugung sowie dem Transport von und Handel mit all diesen Erzeugnissen hatte sich die Ruhrkohle auch zunehmend auf Dienstleistungen in den genannten Bereichen spezialisiert. Um ihre Ertragskraft zu mehren und das Revier als Wirtschaftsraum effektiver zu gestalten, beteiligte sich die RAG strategisch an dem ebenso traditions- wie erfolgreichen Gasversorgungskonzern Ruhrgas. Darüber hinaus war die Ruhrkohle mit 50 Prozent an den chemischen Rütgerswerken beteiligt, engagierte sich im Umweltsektor und in der Immobiliensparte, in der Technikbranche wie im Entwicklungsbereich Verkehr. Ludwig zählte über 80 Tochtergesellschaften und Beteiligungen der Ruhrkohle. Die dahinterstehende Strategie war klar: Der Konzern war dabei, seine ausschließliche Abhängigkeit vom Steinkohlenbergbau zu verringern, sich breiter aufzustellen und damit Geld zu verdienen, um seiner Verantwortung gegenüber den Bergleuten, den Mitarbeitern, aber auch dem Revier insgesamt gerecht zu werden.

Ende des Jahres 1993 machte die Ruhrkohle einen entscheidenden Schritt. Sie brachte ihre Beteiligungen, die nicht unmittelbar mit der Kohlenförderung verbunden waren – so zum Beispiel die Steag und die Rütgerswerke – in eine Beteiligungs-GmbH ein. Ab sofort waren diese Töchter der Ruhrkohle verpflichtet, weiterhin drei Viertel ihres Gewinns zur Entlastung der Steinkohleaktivitäten des Mutterkonzerns beizusteuern. Ein Viertel aber konnten sie in die eigene Weiterentwicklung investieren.

Am 17. Februar hatten Stahlarbeiter aus dem gesamten Ruhrgebiet gegen Massenentlassungen demonstriert. Bei klirrender Kälte marschierten in der Nacht der 1000 Feuer 27 000 Stahlarbeiter, ihre Angehörigen und Sympathisanten von den glühenden Hochöfen im Fackelschein los, um gegen den drohenden Arbeitsplatzverlust zu protestieren. Die Demonstranten blockierten wichtige Verkehrsstraßen, so den Ruhrschnellweg, um auf ihr Anliegen aufmerksam zu machen.

Ludwig schrieb neben seiner Reportage, in der die Stimmung der Stahlarbeiter geschildert wurde, die stolz auf ihre Leistungen waren, doch gleichzeitig von der Furcht um ihre Existenz geplagt wurden, auch einen Kommentar. Dabei machte er deutlich, dass „Kohle und Stahl das Herz der deutschen Industrie sind. Beide Branchen sind aufeinander angewiesen. Wenn die Stahlwerke wegbrechen, verlieren die Zechen entscheidende Abnehmer. Wer Kohle und Stahl auf dem Altar des kurzfristigen Profitdenkens opfert, raubt unserem Land auf längere Sicht die Basis einer modernen technologischen Entwicklung. Die wiederum ist die Voraussetzung für den Erfolg unserer Volkswirtschaft in der Zukunft. Hinzu kommt: Eine freiwillige Demontage der Montanindustrie würde sich verheerend auf die Gesellschaftsstruktur Deutschlands auswirken. Die Inkaufnahme von Massenarbeitslosigkeit widerspricht unserem Grundgesetz. Dieses bestimmt, dass ‚Eigentum verpflichtet. Sein Gebrauch soll zugleich dem Wohle der Allgemeinheit dienen.‘ Wir alle sind dazu aufgerufen, unsere Kohle- und Stahlindustrie und deren Arbeitsplätze zu schützen.“

Der Autor wusste, dass die Montanindustrie nur überleben konnte, wenn sie sich einem ständigen Modernisierungsprozess unterwarf, der freilich in der Stahl- wie in der Kohlebranche nicht ohne Arbeitsplatzabbau gelingen würde. Am 29. April demonstrierte Ludwig inmitten von 100 000 Bergleuten in Bochum für die Einhaltung der Zusagen aus der Kohlerunde von 1991. Das Gremium hatte seinerzeit die Rückführung der Steinkohlenförderung von 70 auf 50 Millionen Tonnen beschlossen. Dies war damals als drastische Reduzierung aufgefasst worden. Heute kämpften die Kumpel um den Bestand dieses Minimalstandards. Denn wenn auch dieses Maß unterschritten würde, wäre der deutsche Bergbau gefährdet.

Die machtvolle Demonstration der Bergleute und ihrer Gewerkschaft IGBE zeigte Wirkung. Kurz darauf sagte der liberale Wirtschaftsminister Günter Rexrodt im Namen der Bundesregierung zu, die in der Kohlerunde gegebenen Zusagen einzuhalten. „Existenzsicherung auf niedrigem Niveau“, titelte eine Wirtschaftszeitung. So war es. Immerhin gab die Entscheidung den Bergleuten und ihren Familien eine Zukunftsperspektive.

Ludwig Gruber dachte weiter. „Das Revier atmet auf“, lautete sein Kommentar, der erneut auf die Rolle der Kohle als nationale Energiereserve und Dynamo der regionalen Wirtschaftsentwicklung verwies. „Nunmehr gilt es, Solidarität mit den Stahlarbeitern zu üben. Denn ihr Wirtschaftszweig ist die andere Seite der Klammer, welche die Industrie an der Ruhr zusammenhält", schloss der Beitrag.

Doch die Wirklichkeit lässt sich nicht formen wie ein Zeitungsartikel. Sie folgt ihren eigenen, gelegentlich unerbittlichen Regeln. Man muss sich ihr stellen. Am 1. August meldete der WDR, die Saarstahl AG in Völklingen, eine der traditionsreichsten deutschen Eisenhütten, habe nach einem Konkursantrag 2000 Mitarbeiter entlassen müssen. Ludwig ahnte, dass dies ein Vorzeichen für weitere Hiobsbotschaften war. Und so kam es. Zwei Wochen später gab Krupp-Hoesch die Schließung seines Stahlwerks Duisburg-Rheinhausen bekannt. Der jahrelange Kampf der Belegschaft und der Gewerkschaften um das prestigeträchtige Werk endete mit einer Niederlage.

Wiederum gingen Tausende Arbeitsplätze verloren. Ludwig, der während der Ferienwochen seinen ehemaligen Vize Gerhard Rittich in der „Revier Zeitung" vertrat, widmete die Septemberausgabe des Blattes dem „Neuanfang". Dies war auch die in dicken Lettern gedruckte Schlagzeile. Ludwig wollte seinen Lesern Mut machen. Deshalb ließ er in mehreren Artikeln über die Lage in der Montanindustrie berichten und Bilanz ziehen.

Die nackten Zahlen der Entwicklung in der Steinkohlenförderung hatte der Journalist im Kopf. 1969, nach der Gründung der Ruhrkohle, förderten 188 000 Kumpel in den 52 Schachtanlagen knapp 85 Millionen Tonnen Steinkohle. 24 Jahre später betrieb die Ruhrkohle nur noch 13 Schachtanlagen, in denen lediglich 75 789 Kumpel arbeiteten. Sie förderten knapp 45 Millionen Tonnen. Die Produktivitätssteigerung durch Modernisierung der Bergwerke und der Abbau von Arbeitsplätzen waren ohne betriebsbedingte Kündigungen möglich gewesen. Kein Kumpel war ins Bergfreie gefallen.

Grubers Strategie zielte darauf ab, durch eine Reihe von Beiträgen seinen Lesern, also Beschäftigten, aber auch Arbeitgebern, klarzumachen, dass eine Modernisierung und Produktivitätssteigerung in der Stahlindustrie ebenso wie im Bergbau möglich war, ohne dass man die Arbeiter auf die Straße setzen musste. Die Unternehmer sollten dazu ermutigt werden, nach dem Muster der Ruhrkohle nach kreativen Wegen zu suchen und ihre Firmen den Erfordernissen der Zeit anzupassen, statt sie zu schließen. Denn war ein Werk erst einmal dichtgemacht, dann standen neben den Arbeitern auch die Manager auf der Straße. Gruber hoffte, dass die Beiträge seiner Zeitung den einen oder anderen Stahlmanager zu neuen Ideen und Wegen anregten.

Die ganze Woche arbeitete Ludwig konzentriert an seinen Beiträgen für die „Revier Zeitung". Am Wochenende wollte er endlich ausspannen. Da Grazia ihre Ferien mit ihrem neuen Lebensgefährten am Mittelmeer verbrachte, durfte der Vater sich um Anna kümmern. Ludwig hatte ein schlechtes Gewissen, dass er seine Tochter die ganze Woche Heiner und Renata überlassen hatte. Doch beide freuten sich darüber, viel Zeit mit dem Kind verbringen zu können. Zumal Renatas Rheumaleiden ihr in den Sommermonaten weniger Beschwerden bereitete.

Am Samstagmorgen fuhren Ludwig und Anna im alten Golf des Vaters an den Baldeneysee. Die Luft roch würzig, die Sonne schien am wolkenlosen Himmel. Anna freute sich, mit dem Ausflugsdampfer zu fahren. Doch Ludwig hatte eine Überraschung für seine Tochter: Er mietete eine Segeljolle. Eine leichte Brise trieb das Boot flott über das ruhige Wasser. Mit dem Wind zu segeln bereitete Ludwig großen Spaß. Doch als er nach der Halse dagegenzukreuzen versuchte, merkte der Segler, dass er aus der Übung gekommen war. Anna gefiel die leicht schlingernde Fahrt. „Mach doller, Papi, das fühlt sich fast an wie auf der Bounty", rief sie fröhlich.

Ludwig gewöhnte sich schnell wieder an die Seglerhandgriffe und hing bald seinen Gedanken nach, während die Jolle zügig voranglitt: Vielleicht könnte man eine Seite der „Revier Zeitung" mit Stellungnahmen glaubwürdiger Persönlichkeiten aus dem Ruhrgebiet, ja aus ganz Deutschland, über die Situation der Stahlbranche füllen: betroffene Arbeiter, Firmenchefs, Gewerkschafter – an der Spitze der IG Metall hatte soeben Klaus Zwickel Franz Steinkühler abgelöst, der aufgrund von Aktiengeschäften Ende Mai seinen Hut nehmen musste –, Volkswirte, Pastoren …

„Papi, Papi! Pass auf!" Ludwig wurde vom Schreien seiner Tochter aus seinen Gedanken gerissen. „Das Boot!", hörte er Anna aufgeregt rufen und sah, dass sie sich auf Kollisionskurs mit einem Ruderboot befanden. Ludwig riss die Pinne herum, doch es war zu spät. Die abdrehende Jolle rammte das Ruderboot, das durch den Stoß heftig ins Schlingern geriet. Die am Heck sitzende Frau machte einen Satz vorwärts, um den Jungen auf der Ruderbank festzuhalten. Nach einigen Schrecksekunden, in denen das Boot den Kollisionsstoß auspendelte, schrie der Junge los: „Blindfisch! Kapitän Murks!" Die letzte Bemerkung brachte die Mutter zum Lachen.

Ludwig drehte sogleich bei und rief „Entschuldigung!", was der Knabe mit einer gereckten Kinderfaust quittierte. „Du freche Rübe!", fuhr Anna den drohenden Jungen an, der etwas älter als sie war. Derweil steuerte Ludwig die Jolle ans Ruderboot. „Verschwinde, du Bruchpilot!", krähte der Junge. „Florian, jetzt ist's aber genug", meinte die Mutter. – „Ich möchte mich bei Ihnen entschuldigen", sagte Ludwig zu der blonden Frau im bunten Sommerkleid. – „Das haben Sie bereits getan. Uns ist nichts geschehen." – „Gott sei Dank. Ich war für einen Moment unaufmerksam." – „Das passiert uns allen", meinte die Frau im Boot lächelnd.

Ludwig gefiel ihre gelassene Art. Ihre freundlichen Augen. Zu gern hätte er die Frau kennengelernt. Doch ihm fehlte der Mut, die Kahnfahrerin in ein Gespräch zu verwickeln und sich mit ihr zu verabreden. Sicher ist sie verheiratet, versuchte er seiner Schüchternheit ein Alibi zu geben. Die Frau spürte Ludwigs zurückhaltende Sympathie. „Da Sie nicht von uns loskommen …" – ihre blauen Augen leuchteten auf – „… und unsere Kinder sich so prächtig verstehen …" – „Ich will diese Zicke nicht verstehen!", mischte sich der Junge ein, worauf Anna prompt mit „Blöder Bock!" konterte. – „Mein Flori ist höchstens ein Böckchen", parierte wiederum die Mutter und fragte sogleich das aufgebrachte Mädchen nach ihrem Namen, den dieses nach kurzem Zögern nannte. „Also, Anna, ich würde vorschlagen, dass wir vorsichtig ans Ufer schippern und dort zusammen ein Eis essen und Frieden schließen." Ludwigs Herz setzte einen Schlag aus, dann trommelte es los.

Melusine Gingolt besaß die Gabe, vermeintlich Kompliziertes einfach erscheinen zu lassen und es pragmatisch anzugehen. So wie sie einen Streit wegen eines unbeabsichtigten Bootsremplers vermieden und stattdessen die Gelegenheit genutzt hatte, so unaufgeregt verwandelte die junge Frau die Zufallsbekanntschaft in eine engere Beziehung. Dies fiel Melusine nicht schwer, denn Ludwig hatte ihr auf den ersten Blick gefallen. Der Rotschopf war ein nachdenklicher, feinfühliger Mann. Kein Kerl, der sich vorgenommen hatte, die Welt zu erobern, und für den Menschen austauschbare Schachfiguren waren.

So einer war ihr Gatte Martin gewesen. Der begabte Jurist und Steuerprüfer musste überall der Erste sein, im Beruf, in der Ehe und im Sport. Stets bestimmte Martin, wo es langzugehen und was Melusine zu tun hatte. Ihren Beruf als Ingenieurin sollte sie nicht ausüben, denn er verdiente genug, und das Kind ging vor. Außerdem wollte er eine Frau, die jederzeit zum Repräsentieren bereitstand. Melusine hatte das Gefühl, neben ihrem Mann zu ersticken. Sie war entschlossen, sich zu trennen, zögerte jedoch wegen ihres Sohnes. Sie wollte nicht zulassen, dass Florian in eine Auseinandersetzung hineingezogen würde.

Die Dinge nahmen eine unerwartete Wende. Martin wurde von seiner Düsseldorfer Consultingfirma ausgewählt, das Lateinamerikageschäft zu intensivieren. Standort war Caracas. Als Melusine einwarf, dass dies kein guter Ort für ein kleines Kind sei, fand Martin deutliche Worte: „Wenn du keine Lust hast mitzukommen, sag es gleich. Mir ist das recht. Lass uns getrennte Wege gehen, Melusine. Ich habe bei unserer Hochzeit einen Eins-a-Ehevertrag ausgearbeitet. Die Scheidung wird glatt und rasch über die Bühne gehen." Er ließ Melusine keine Zeit zu antworten. Innerhalb weniger Wochen hatte Martin Melusines Umzug aus der gemeinsamen Wohnung in Mettmann in ein Häuschen auf der Essener Margarethenhöhe organisiert und großzügige finanzielle Mittel für Florian bereitgestellt. Martin bedeutete Melusine, sie könne ja fortan wieder in ihrem „geliebten Job" arbeiten, sodass eine Unterstützung seinerseits überflüssig wäre.

Nachdem die Scheidung durch und Martin nach Caracas verschwunden war, hatte Melusine ein schlechtes Gewissen, dass sie nicht um ihre Beziehung gekämpft hatte. Doch wenn sie ehrlich war, empfand sie eher Erleichterung als Traurigkeit über das Scheitern ihrer Ehe. Die Mutter kümmerte sich vehement um ihr Söhnchen. Florian, bislang ein weiches und verschmustes Kind, war seit der Trennung der Eltern zunehmend unkonzentriert und launenhaft, hatte aus heiterem Himmel heftige Wutausbrüche. Er brauchte ihre Zuwendung. Aber darüber hinaus fühlte Melusine, dass ihr einstiger Tatendrang blockiert war. Als Schlafstörungen hinzukamen, suchte sie den Hausarzt der Familie in Wuppertal-Elberfeld auf. Der alte Herr nahm sich nach kurzer Untersuchung viel Zeit für ein Gespräch mit Melusine, die er seit ihrer Kindheit kannte. „Du bist gesund, Meli. Aber es wäre falsch zu sagen, dass dir nichts fehlt – dir fehlt die Herausforderung des täglichen Lebens. Dein Mann hat dich in einen goldenen Käfig gesteckt. Jetzt wärst du frei, doch statt dich der Freiheit auszusetzen, versteckst du dich hinter deinem Kind." – „Florian braucht mich, besonders jetzt, wo sein Vater nicht mehr da ist …" – „Doch nicht 24 Stunden am Tag. Das ist zu viel für dein Kind und für dich." – „Aber der Junge …" – „Dem Jungen hilfst du am besten, wenn du ihn aus deinen Klauen lässt. Sonst wird es ihm bald so ergehen wie dir bei deinem Mann. Gib dem Kind mehr Freiheit und kehre ins Leben zurück, sonst wirst du neben Schlafstörungen bald ernsthaften psychischen und körperlichen Schaden nehmen."

Melusine gestand sich ein, dass der Doktor recht hatte, und sie zog die Konsequenzen. Sie bewarb sich bei ihrem früheren Arbeitgeber, der Steag, und erhielt eine Anstellung als Ingenieurin für Verfahrenstechnik im Kraftwerk Walsum. An Arbeitstagen ging Florian in einen Kindergarten in der Nachbarschaft von Melusines Zuhause. Nach einer Eingewöhnungszeit hatte er zunehmend Freude am Umgang mit den anderen Kindern, seine Zornanfälle wurden seltener. Nachmittags und abends half ein Au-pair-Mädchen Melusine bei der Betreuung. Die vielfältigen Aufgaben ihrer Arbeit und die Verantwortung für ihren Sohn füllten Melusines Leben aus. Sie schrieb ihrem Arzt einen Dankesbrief und meinte am Ende: „Abends falle ich todmüde ins Bett, und am nächsten Morgen muss ich um sechs Uhr früh aufstehen. Da kann ich mir den Luxus von Schlafstörungen nicht mehr erlauben."

Ludwig und Melusine genossen ihre Verbindung. Es war keine heißblütige Affäre, wie Ludwig sie zu Beginn mit Grazia erlebt hatte, und Melusine vermisste keineswegs den Kampf um die Dominanz, der sie zunächst beim Zusammensein mit Martin gereizt hatte. Stattdessen erfreuten sich Ludwig und Melusine an ihrer immer innigeren Partnerschaft. Sie nahmen Anteil am Leben und an der Arbeit des anderen, doch weder sie noch er versuchten, den Partner zum Berufswechsel zu nötigen oder gar vom Job abzuhalten.

Melusine hatte mit dem Journalismus bislang nichts zu tun gehabt. Sie überflog jeden Morgen die „WAZ", sah sich die Abendnachrichten im Fernsehen an. Doch die Arbeit des Journalisten – vom Ereignis über dessen Recherche bis zum Bericht und dessen Kommentierung – war der Ingenieurin unbekannt. Da Ludwig Melusines Interesse spürte, das über bloße Neugier hinausging, bot er ihr an, sie an einer Reportage teilhaben zu lassen. Er dachte kurz nach. „Am besten über deine Arbeit. Von Verfahrenstechnik weiß ich so gut wie nichts. Ich habe im Lexikon nachgesehen. Dort heißt es: ,Ingenieurswissenschaft, die sich mit der Technik von Stoffumwandlungsverfahren beschäftigt.' Ich nehme an, dass du als Ingenieurin die Verheizung von Steinkohle zu Energie steuerst." – „Genau so ist es. Du weißt also Bescheid."

Melusine bot Ludwig an, ihm ihre Arbeit während der Besichtigung eines Heizkraftwerks näher zu erläutern. Wenige Tage später fuhren beide, nachdem sie Florian und Anna in ihre Schulen gebracht hatten, ins Kraftwerk nach Walsum. Ludwig war beeindruckt von der Größe der Anlage. Bislang hatte er sich vorwiegend mit der Steinkohlenförderung beschäftigt und sie in zahlreichen Reportagen und Berichten gewürdigt. Doch die Umwandlung von Kohle in Strom hatte er im Detail nie verfolgt.

Die riesige Walsumer Anlage war 1957 ans Netz gegangen und seither ständig erweitert und modernisiert worden. „Vor fünf Jahren, 1988, haben wir unsere Kraftwerke in Lünen, Herne und dieses hier in Walsum mit Rauchgasentschwefelungsanlagen ausgerüstet. Und unser Block 9 hat seinen Betrieb mit modernster Umwelttechnik aufgenommen. Wir liefern nicht nur Strom, sondern auch Fernwärme und Druckluft für unsere Zeche Walsum ..." Ludwig unterbrach Melusine, die sich im Detail zu verlieren drohte: „Sind Steinkohlekraftwerke nicht richtige Dreckschleudern?", provozierte er die Freundin. Melusine antwortete ruhig: „Eben nicht! Wir arbeiten hart an unserer

Umweltverantwortung. Über die nächsten Jahre hin werden wir die Emissionen kontinuierlich vermindern!"

Melusine und ihre Kollegen, Ingenieure und Techniker, berichteten Ludwig, dessen Reportagen die meisten von ihnen kannten, wie man die Steinkohle von der Anlieferung über die Lagerung in den gewaltigen Kesseln, sprich komplexen Öfen, verheizt. Dabei entstand Dampf – „wie bei den alten Lokomotiven", erläuterte ein älterer Ingenieur –, „der mittels Wärmekraftmaschinen zum Antrieb von Generatoren, im Prinzip wie beim Fahrraddynamo, genutzt wird". Die dabei entstehende Wärmeenergie werde darüber hinaus als Fernwärme an Fabriken und Haushalte weitergeleitet.

Um die Umwelt zu schonen, besaß das Kraftwerk Rauchgasreinigungsanlagen, also Entschwefelungs-, Entstaubungs- und Entstickungsfilteraggregate, welche die bei der Kohleverbrennung anfallenden Schadstoffe fast vollständig auffingen. Melusine erläuterte die Schadstoffentsorgung. Diese erforderte unter anderem ständige Messungen und eine exakte Steuerung der Entsorgungsanlagen. Ludwig war am Ende der dreistündigen Führung erschlagen von den Fakten, Zahlen und Eindrücken, die auf ihn eingeprasselt waren.

„Ist dein Artikel schon fertig?", wollte Melusine wissen, als sie sich abends zum Essen setzten. „Nein, nein! So schnell schießen die Bayern nicht, nicht mal die Preußen." – „Ich komme aber aus dem Bergischen Land!", widersprach Melusine. „Einem Bayern ist das wurscht. Alles nördlich des Mains gilt als Preußen", meinte er lächelnd. Ludwig erläuterte Melusine anhand der Reportage über ihr Kraftwerk seine journalistische Arbeitsweise. „Nun heißt es recherchieren. Ich beschaffe mir in Bibliotheken, in unserem Archiv und auch in der Pressestelle der Steag Material über euer Kraftwerk und das Unternehmen. Das gleiche ich mit meinen Aufzeichnungen ab. Und wenn ich dann noch Fragen habe, verhöre ich dich." – „Ich stehe dir jederzeit zur Verfügung, sobald Florian schläft ...", sie zögerte kurz, „... oder anderweitig beschäftigt ist." Ludwig fuhr Melusine zärtlich übers Haar. „So kess kenn ich dich gar nicht." – „Das ist dein Verdienst", lächelte sie. „Bei dir fühle ich mich erstmals, seitdem ich mein Elternhaus verlassen habe, wieder geborgen. Geborgen genug, um kess zu sein." Sie lachte Ludwig herausfordernd an. „Wenn's recht ist, mein Herr ...?" – „Und ob!"

Melusine spürte, wie ihr Gesicht und Körper erglühten. Sie zwang sich, Florian mit ruhigem Ton zu seinem Freund, dem Nachbarsjungen Tobias, zu schicken. Dann packte sie Ludwig bei der Hand und führte ihn ins Schlafzimmer. Als sie den Raum betraten, fiel Ludwig siedend heiß ein: „Anna! Ich hab ihr versprochen, dass ich sie anrufe!", entfuhr es ihm. – „Aber erst, nachdem du mich geliebt hast!", gebot ihm die Freundin.

Die innige Beziehung zwischen ihrem Vater und Melusine schmerzte Anna. Bis dahin war die Tochter selbst in Zeiten, als die Ehe ihrer Eltern noch in ruhigeren Bahnen verlief, bei ihrem Vater stets unbestritten die Nummer eins gewesen. Nach der Trennung klammerte sich Ludwig noch enger an sein Kind. Anna ihrerseits hielt zu ihrem Vater. Beide waren unzertrennlich. Das gemeinsam erlernte und benutzte Englisch galt ihnen als zusätzliches Band, quasi als Geheimcode, den Grazia nicht knacken konnte. Und nun versuchte sich diese dahergelaufene Melusine mit ihrem verzogenen Fratz zwischen sie und ihren Vater zu drängen.

Anna wollte die anmaßende Person samt ihrem Balg zunächst elegant mittels der englischen Sprachbarriere austricksen. Doch blöderweise konnte Melusine gut Englisch – Kunststück, sie hatte zwei Jahre in Amerika studiert und gab damit furchtbar an, fand Anna. Schlimmer noch, Melusine sprach Anna unbekannte Wörter besonders langsam und betont aus und bot ihr auch noch an, ihr beim Sprachenlernen zu helfen. Anna hatte das nicht nötig, in Englisch war sie Klassenbeste mit Note 1. „Du bist nicht meine Lehrerin, kapiert? Außerdem ist heute schulfrei – und mit dir zu reden hab ich schon grad keine Lust!", zeigte Anna Melusine ihre Grenzen. – „Aber ich wollte dir doch nur helfen …", erwiderte die Gescholtene. – „Lass mich endlich in Ruhe", schrie Anna, lief aus dem Zimmer und knallte die Tür.

Statt Melusine in ihre Schranken zu weisen – wie Anna es tat –, hielt Ludwig eisern zu seiner Freundin. Anna wusste auch, warum. Schließlich war sie schon dreizehn und hatte kapiert, dass es den Kerlen nur um eines ging. Bis dahin war Anna überzeugt, dass ihrem Vater die Liebe seiner Tochter mehr wert war als das blöde Geknutsche. Doch Ludwig war kein Deut besser als die anderen Macker. Er benahm sich genauso kindisch wie ihre männlichen Klassenkameraden, die ständig Mädchen nachliefen. Ihr Vater machte es nicht anders. Andauernd herzte er diese aufgeblasene Schnepfe. Seine Tochter schien er vergessen zu haben, obgleich er fortwährend behauptete, dass er Anna lieb habe – ehe er Melusine abküsste. Dieser Verräter! Anna blieb nichts übrig, als ihrem Vater zu zeigen, dass sie nicht auf ihn angewiesen war.

Viel lieber verbrachte sie nunmehr die Nachmittage bei Tante Renata. Die konnte so spannend über ihre Jahre als Hebamme erzählen. Über Geburten, Säuglinge, aber auch über ihren ehemaligen Förderer, einen Dr. Rubinstein. Ein selbstloser Arbeiterarzt, der Tag und Nacht für seine Patienten da gewesen war, statt die ganze Zeit – sogar am Wochenende! – mit seiner Freundin rumzuturteln.

Anna blieb nun auch öfter zu Hause bei ihrer Mama. Deren neuer Freund Bülent Kayacan war dem Mädchen zunächst auf die Nerven gegangen. Denn der Bursche machte in einem fort Witze, lachte donnerlaut, erzählte Schnurren und schwadronierte von seiner Arbeit unter Tage. Doch mit der Zeit lernte Anna Bülent zu schätzen. Er war kein Grübler und verbreitete immer gute

Stimmung. Wenn Grazia müde oder abgespannt war und miese Laune hatte, dann redete Bülent ihr gut zu, machte einen Scherz, und schon herrschte wieder eine fröhliche Atmosphäre. Dabei verzichtete er darauf, Grazia ständig zu beschmusen. Als Anna ihn darauf ansprach, meinte Bülent, ein Bergmann sei kein Kindermädchen und eine Familie kein Streichelzoo. Das fand Anna lustig. Als sie ihn nach seiner türkischen Herkunft fragte, erzählte Bülent bereitwillig seine Lebensgeschichte.

Er wurde in Didim unweit der Mittelmeerküste geboren. Da sein Vater keine Arbeit in der Heimat fand, ließ er sich Anfang der sechziger Jahre als Bergmann nach Deutschland anwerben. Bülent blieb mit seinem jüngeren Bruder Hassan und seinen Schwestern Göcke, Ermine und Fatme sowie seiner Mutter in der Türkei. Doch bald holte sie der Vater nach Deutschland nach. „Zunächst war ich in eurem kalten Land furchtbar unglücklich. Ich wollte nach Hause. Und bin auch abgehauen. Nach einer Woche haben sie mich in Italien aufgegriffen und nach Bottrop zurückgebracht. Das war gut so. Denn ich hatte schreckliche Sehnsucht nach meinen Eltern. Meine Mutter hat furchtbar geweint und mein Vater getobt. Dann hat er auch geweint. Ich habe gemerkt: Meine Eltern lieben mich und brauchen mich. Und da ist es egal, ob die Sonne hier oder dort ein bisschen länger scheint. Das Wichtigste ist, dass man bei seiner Familie ist – und mit allen glücklich. Dann scheint jeden Tag die Sonne, egal, wie das Wetter ist. Und unter Tage ist es immer warm."

Bülent lachte über seinen Witz, und Anna fiel ein. Nachdem er Deutsch gelernt und seine Schule abgeschlossen hatte, machte Bülent eine Bergmannslehre. Seither war er Kumpel mit Leib und Seele. Plötzlich wurde Bülent ungewöhnlich ernst. „Zu meinem Glück fehlte mir nur noch eine eigene Familie. Kein Problem, sagte meine Mutter, ich kenn ein paar prima Mädchen aus meinem Dorf. Sie stellte mir eine wunderschöne Frau vor, Tansat hieß sie. Ich habe mich sofort in sie verliebt. Wir haben geheiratet. Ein halbes Jahr später war sie tot. Bei der Fahrt in den Urlaub nach Didim ist an meinem Auto ein Reifen geplatzt. Ich kam mit leichten Verletzungen davon. Doch ich wollte nicht weiterleben. Ich dachte, ich sei schuld am Tod meiner Frau.

Ich ging nicht zur Arbeit, saß nur noch zu Hause rum und war niedergeschlagen. Nichts konnte mir die Traurigkeit nehmen, glaubte ich. Da brachte mein Vater eines Tages unseren Hodscha, das ist ein islamischer Gelehrter, mit. Der fragte mich: ‚Wenn du bei eurem Unfall gestorben wärst – hättest du gewollt, dass deine Frau für den Rest ihrer Tage trauert, während du im Himmel fröhlich bist?‘ Selbstverständlich nicht, antwortete ich. ‚Siehst du‘, sagte der kluge Mann. ‚Genau so denkt deine Frau. Sie will, dass du dich auf der Erde genauso gut fühlst wie sie im Himmel. Allah‘, das ist unser Herrgott, ‚hat uns das Leben geschenkt, damit wir es nutzen. Nicht, damit wir es durch Trauer verdunkeln.‘ Mir haben seine Worte eingeleuchtet. Seither versuche ich, die Zeit, die mir mein Gott gibt, so gut es geht zu nutzen. Für mich und für andere.“

Bülent erzählte Anna, dass er ihre Mutter durch seinen Kumpel Carlo kennengelernt hatte. Grazias Tüchtigkeit habe ihm mächtig imponiert. Die Liebe habe Freude in sein Leben gebracht. „Ich möchte deine Mutter heiraten und mit ihr eine Familie gründen. Was meinst du dazu?“ Das Mädchen sah Bülent zweifelnd an. „Was hat das mit mir zu tun? Du heiratest Mama, nicht mich.“ Bülent schüttelte heftig den Kopf. „Nein! Nein! Nein! Man heiratet die ganze Familie. Am wichtigsten sind die Kinder, also du. Wenn du nicht ja sagst, werde ich deine Mutter nicht heiraten.“

Anna spürte, dass es Bülent ernst meinte. Das ließ ihren Zorn gegen Ludwig aufwallen. Der fremde Bülent machte seine Ehe mit ihrer Mutter von Annas Zustimmung abhängig. Ihr eigener Vater dagegen scherte sich nicht um die Meinung seiner Tochter. Anna wollte sich nicht eingestehen, dass Eifersucht ihre Gefühle und

Gedanken beherrschte. Da sie auf ihren Vater fixiert war, empfand sie die Abkehr Ludwigs als Verrat. Ihre gekränkten Gefühle ließen nicht zu, sich einzugestehen, dass auch ihr Vater sie selbstverständlich gefragt hätte, ehe er Melusine heiraten würde.

Ihre eingebildete Zurücksetzung bewog Anna, fortan Ludwig die kalte Schulter zu zeigen und sich nach der Schule vorwiegend im „Napoli" bei ihrer Mutter oder, wenn Bülent von der Frühschicht zurück war, zu Hause aufzuhalten. Was – wie beabsichtigt – wiederum den Vater kränkte. Als Ludwig seine Tochter zur Rede stellte, meinte sie: „Ich will die Knutscherei mit deiner Apfelsine nicht stören. Und außerdem ist es mit Bülent viel lustiger. Bei dem gibt's ständig was zu lachen." – „Ich bin dein Vater, kein Hofnarr!", brauste Ludwig auf. – „Stimmt! Spaß verstehst du keinen."

Trotz seiner Gekränktheit war Ludwig zu klug, um sich auf einen Streit mit seiner Tochter einzulassen. Damit würde er lediglich Annas Trotz herausfordern. Also ließ er das Mädchen gewähren. Anna wiederum war entschlossen, es dem Vater zu zeigen. So lehnte sie weitere Nachmittagsbesuche bei „der Melusine", aber auch in Ludwigs Zuhause ab.

Renata sah dem Geschehen eine Weile zu. Dann telefonierte sie mit Ludwig und fand ihre Ahnung bestätigt. Schließlich ließ sie sich von Anna in den Stadtgarten führen, um sich mit dem Mädchen auszusprechen. Anna gab an, ihr Vater habe, „seit er mit dieser doofen Apfelsine zusammenklebt, kaum noch Zeit für mich". Die alte Dame hielt in ihrem beschwerlichen Gang inne, betrachtete Anna eine Weile schweigend, sodass diese unsicher wurde, und sprach dann mit klarer Stimme: „Anna, du weißt, dass ich dich wie mein eigenes Kind liebe." Das Gesicht des Mädchens leuchtete auf. „Ich hab dich auch ganz doll lieb, Tante Renata …" – „…und daher muss ich dir sehr deutlich meine Meinung sagen. Es heißt nicht von ungefähr: Du sollst deinen Vater und deine

Mutter ehren. Im Leben begegnen sich viele Menschen. Man mag sie, man liebt sie, man heiratet sie, man lässt sich scheiden, man streitet und verträgt sich. Diese Beziehungen sind alle wie ein Geschäft: Bist du nett zu mir, dann bin ich es auch zu dir. Mit Ausnahme der Elternliebe. Die begleitet dich ein Leben lang – egal, ob du nett bist, ob du Erfolg hast oder ob du krank und glücklos bist." – „Aber Papa hat jetzt nur noch Zeit für seine bescheuerte Freundin."

„Dein Vater, liebe Anna, hat jahrelang nichts anderes getan, als sich um dich zu kümmern!" Renata verschärfte ihren Ton. „Er hat sogar seinen Posten als Chefredakteur aufgegeben, damit er mehr Zeit für dich hat." – „Damals schon. Heute ist ihm die Tussi wichtiger." – „Unsinn. Weil dein Vater nach Jahren, in denen er nur für dich da war, es wagt, auch mal an sich zu denken, benimmst du dich wie eine eifersüchtige Göre und willst nichts mehr von ihm wissen." – „Wenn er sich mehr um mich kümmert, werde ich auch wieder Zeit für ihn haben." – „Du versuchst, deinen Vater zu erpressen!" Renatas Stimme vibrierte. – „Nein …" – „O doch, Anna. Deine Worte bedeuten: Gib deine Lebensgefährtin auf, oder ich will nichts mehr mit dir zu tun haben. Es steht dir nicht zu, das von deinem Vater zu verlangen. Hast du mich verstanden?"

Die ungewohnte Schärfe Renatas trieb Anna Tränen in die Augen. Sie drehte ihren Kopf zur Seite und wischte sich mit dem Handrücken übers Gesicht. Dann wandte sie sich wieder der Tante zu. „Entschuldigung …" – „Du sollst dich nicht bei mir entschuldigen, sondern bei deinem Vater." – „Okay", versprach Anna heiser. – „Okay ist es erst, wenn du dein Verhalten änderst und auch an deinen Vater denkst." Renata milderte ihren Ton. „Meinst du nicht auch, dass Ludwig ein privates Glück zu gönnen ist? Und dass gerade du als Tochter alles dafür tun solltest?" – „Doch, schon … Aber was wird aus mir? Wird Papa noch Zeit für mich haben, so wie Bülent?"

Renata nahm Annas Kopf in ihre Hände. Sie spürte die Angst und den Trotz des Mädchens. „Du kannst nicht die Sympathie eines Mannes, der sich in deine Mutter verliebt hat und jetzt alles tut, um ihr zu gefallen, mit der Liebe eines Vaters vergleichen, Anna. Dein Vater liebt dich. Er wird dich immer lieben. Und er braucht dich – genau wie du ihn. Also sei stark und geh auf ihn zu. Darin sind wir Frauen besser als die gelegentlich ein wenig steifen Männer." Renata sah ihre Nichte bittend an. „Wirst du deinen Vater aufsuchen?" – „Klar." Anna drückte Renata einen Kuss auf die runzelige Wange.

Ludwig und Anna mussten lernen, ihre Liebe mit der neuen Beziehung zu Melusine und auch ihrem Sohn Florian in Einklang zu bringen. Das Gespräch mit Renata hatte Anna bewusst gemacht, dass sie nicht allein ihren Gefühlen nachgeben durfte, sondern sich bemühen musste, mit Hilfe der Vernunft das liebevolle Verhältnis zu ihrem Vater zu pflegen. Obgleich ihr das zumindest anfangs schwerfiel, war Anna froh, auf Renatas Rat gehört zu haben. Sie gestand sich ein, dass sie auf die Liebe ihres Vaters, aber auch das alltägliche Zusammensein mit ihm nicht verzichten konnte. Ludwig bemühte sich ebenfalls sehr um Anna, machte seiner Tochter aber klar, dass er sich unter keinen Umständen von seiner neuen Lebensgefährtin trennen würde.

Nach ihrem ersten Zusammenstoß mit Anna blieb Melusine dem Mädchen gegenüber zugänglich, sie vermied jedoch jede Anbiederung. Gleichzeitig versuchte sie, Florians Eifersucht abzubauen und stattdessen freundschaftliche Gefühle zwischen ihrem Sohn und ihrem Geliebten aufzubauen. So lernten die Kinder, sich mit der neuen Liebe ihrer Eltern zu arrangieren.

Unterdessen ging der Alltag seinen gewohnten Gang. Melusine fuhr täglich zur Arbeit ins Kraftwerk nach Walsum. Ludwig Gruber beschäftigte sich mit der Stahl- und Kohlekrise des Reviers. Diese Zwangslage war unter anderem das Ergebnis einer allgemeinen Depression der deutschen Volkswirtschaft, die der politischen und der wirtschaftlichen Euphorie der Wiedervereinigung folgte. Allmählich wurden die immensen Kosten des Zusammenschlusses durch höhere Staatsverschuldung, angehobene Steuern und den Solidaritätszuschlag spürbar. Dies bedeutete doppelten Sparzwang. Der Staat musste seine Ausgaben zumindest in den westlichen Bundesländern drosseln. Darüber hinaus hatten hier die Menschen aufgrund der erhöhten Steuern weniger Geld zur Verfügung.

Die am 20. November 1993 gegründete Kartellgewerkschaft IG Bergbau, Chemie, Energie als rechtliches Forum der vier Jahre später ins Leben gerufenen Mitgliederorganisation sollte die Schlagkraft der Arbeitnehmerorganisationen in dieser schwierigen volkswirtschaftlichen Phase erhöhen, aber auch in der sich verändernden Ökonomie die Gewerkschaften stärken.

Wie notwendig die Verteidigung der Arbeitnehmerinteressen war, erwies sich in der allgemeinen Rezession, die durch den zurückgehenden Konsum infolge steigender Steuern vertieft wurde. Aufgrund der Wirtschaftsdepression sahen sich auch die großen Automobilwerke zu einschneidenden Ausgabenkürzungen veranlasst. Um Entlassungen zu vermeiden, führte Volkswagen die Viertagewoche ohne Lohnausgleich ein. Daimler-Benz wiederum plante den Abbau von 35 000 Stellen in Deutschland. Die Werke befanden sich zumeist in der Stuttgarter Gegend, doch der Verlust von Arbeitsplätzen traf die Menschen dort mit derselben Wucht wie Entlassungen in der Stahlbranche an der Ruhr.

Ludwig, der in erster Linie über den Steinkohlenbergbau berichtete, hatte alle Hände voll zu tun. Je länger er im Beruf war und die Situation beobachtete, umso deutlicher wurde Gruber, dass in der Volkswirtschaft alles miteinander zusammenhing. Die Steinkohle als Grundstoff der Energiewirtschaft und der Chemie war besonders den ökonomischen Schwankungen unterworfen. Daher gab es nach Ludwigs Meinung keine Alternative zu den Bemühungen der Ruhrkohle, durch eine Diversifikation, also eine Verbreiterung der Produktionsbasis, eine erhöhte unternehmerische Stabilität zu erlangen.

Die Strategie des Konzerns war richtig; sie sollte solide, aber rasch umgesetzt werden. Der Zusammenschluss der Arbeitnehmerverbände zur Industriegewerkschaft Bergbau, Chemie, Energie bewies, dass auch die Beschäftigtenorganisationen die Notwendigkeit zur Stärke durch Vielfalt erkannt hatten.

Weihnachten feierten Ludwig und Melusine mit ihren Kindern bei Renata und Heiner. Die Feier hatte ursprünglich im Haus auf der Margarethenhöhe, das Melusine und Ludwig seit kurzem miteinander teilten, stattfinden sollen. Doch am Vortag war Renata durch einen Wetterumschlag von einer schweren Rheumaattacke heimgesucht worden, und so lud Heiner Eltern und Kinder nach Herne ein. Renata hatte ein starkes Schmerzmittel eingenommen, sodass sie an der Bescherung teilnehmen konnte. Alle sangen gemeinsam im Chor „O du fröhliche" und „Stille Nacht".

Renata schnäuzte sich heimlich. Sie musste an ihren seligen Anton denken, der bei dieser Gelegenheit zur Zither gegriffen und mit seiner warmen Baritonstimme Weihnachts- und geistliche Lieder gesungen hatte. Die Aufregung strengte die alte Hebamme an und ließ sie rasch müde werden. Die Gäste verabschiedeten sich früh. Ehe sie ging, nahm Anna Renata bei der Hand, führte sie in die Wohnküche und bedankte sich: „Ohne deine strengen Worte hätte ich mich weiter wie eine beleidigte Leberwurst benommen und dadurch meinen Papa verloren." Renata war bewegt, gab sich jedoch weiter schmallippig. „Unsinn, Kind. Seinen Vater verliert man nie. Glaube mir, ich weiß, wovon ich rede."

Die Erinnerung an ihren eigenen gestrengen Vater rührte Renata. Sie fuhr mit weicherer Stimme fort: „Meine Anna! Ich bin so stolz auf dich. Du bist gescheit und ehrgeizig … Ich bin sicher, du wirst meinen Traum wahr machen und Ärztin werden." Renata drückte dem Mädchen einen raschen Kuss auf die Stirn und humpelte in ihr Schlafzimmer.

Nach der Heimkehr wollten Ludwig und Melusine die Kinder zu Bett bringen. Doch Anna und Florian weigerten sich. So besuchte man spätabends gemeinsam die Christmette in der Kirche zur Heiligen Familie im Ginsterweg. Auf dem Heimweg glaubte Ludwig seinen Traum vom kleinen Glück endlich erfüllt. Melusine und die Kinder wollten ihm wie eine harmonische Familie erscheinen.

Am nächsten Morgen setzte Ludwig Anna wie vereinbart vor der Wohnung ihrer Mutter ab. Nach einer kurzen Umarmung stieg Anna aus dem Auto. Da trat Grazia aus der Haustür. Elegant angezogen und perfekt zurechtgemacht kam sie auf den Wagen zu und gab Ludwig ein Zeichen auszusteigen. Sie reichte ihm die Hand. „Buon Natale. Und ein gutes Jahr wünsche ich dir, Ludwig." – „Ich dir auch." Grazia lächelte herausfordernd. „Du hast dich ja fein eingerichtet, mit Haus und Freundin in eurer Idylle auf der noblen Margarethenhöhe. Arbeit scheinst du nicht mehr nötig zu haben. Das ist was für Grazia …" – „Mama, das stimmt nicht …", warf Anna ein. – „Halt den Mund!", schnauzte ihre Mutter sie an. Ludwig beherrschte sich. „Die Spielchen mache ich nicht länger mit, caro amico. Auch nicht, dass du Anna nimmst, wann es dir passt, und ich für die Pflichten des Alltags da bin. Damit ist Schluss! Dir werden die Augen aufgehen, mein Lieber, das kann ich dir sagen!"

„Was hast du vor?", fragte Ludwig beunruhigt. – „Meine Rechte zu verteidigen. Und zwar mit allen Mitteln!" Grazia machte auf dem Absatz kehrt. Sie packte Anna am Handgelenk und marschierte ins Haus, ohne Ludwig eines Blickes zu würdigen. Ludwig sah den verzweifelten Ausdruck auf dem Gesicht seiner Tochter.

Kurz vor Silvester erhielt Ludwig ein umfangreiches Schreiben einer Dortmunder Kanzlei. Die Anwälte gaben an, im Namen ihrer Mandantin Grazia Gruber geb. Brandi die Scheidung eingereicht zu haben. Sie warfen dem Noch-Ehemann vor, mutwillig seine gutdotierte Stelle als Chefredakteur aufgegeben zu haben, um seinen Unterhaltszahlungen nicht nachkommen zu müssen. Des Weiteren habe Ludwig Gruber sein Erziehungsrecht missbraucht, das gemeinsame Kind gegen die Mutter eingenommen, sich andererseits aber nicht um dessen schulisches Fortkommen gekümmert. Daher beantragten die Rechtsvertreter die Aberkennung des Sorgerechts des Vaters und die Wiederaufnahme der Unterhaltszahlungen, damit der Mutter die finanzielle Möglichkeit eingeräumt werde, sich mehr der Erziehung der Tochter zu widmen.

Ludwig zitterte vor Wut. Er begab sich sogleich zur Rechtsberatungsstelle der Gewerkschaft. Dort machten die Anwälte dem aufgebrachten Vater jedoch klar, dass sich ihre Tätigkeit lediglich auf den Berufsschutz beschränke – für Privatangelegenheiten seien unabhängige Juristen, in diesem Fall ein Anwalt für Familienrecht, zuständig. Der Journalist erhielt mehrere Empfehlungen.

Abends berichtete Ludwig zu Hause aufgebracht vom Scheidungsantrag. Melusine reagierte gelassen. Die Unterstellungen der Anwälte seien hanebüchen, „aber das gehört nun mal zum Imponiergehabe der Juristen. Ebenso wie finanzielle Forderungen." Am Ende werde man zu einer Übereinkunft gelangen. – „Grazia verdient mit ihrer Pizzeria ein Heidengeld, während ich ein Durchschnittseinkommen beziehe …", erregte sich Ludwig. – „Eben", erwiderte Melusine.

Am meisten erzürnte Ludwig indessen der Versuch, ihm das Sorgerecht für Anna abzusprechen. „Das ist niederträchtig!", schrie er. In der Tat, doch kein Familiengericht werde einer solchen Regelung zustimmen, warf Melusine ein. – „Das sagst du!", tobte Ludwig. Melusine versuchte, Ludwigs Angst, Anna zu verlieren, zu mildern. Doch sein Schmerz, seine Wut und seine Furcht saßen zu tief. So begnügte sie sich damit, ihm zuzuhören und ihn zärtlich zu umarmen. Doch sie spürte, dass der Geliebte nicht bei ihr war. Nachts fand Ludwig keinen Schlaf und wälzte sich unruhig im Bett, sodass Melusine immer wieder geweckt wurde.

Auch beim Frühstück hörte Ludwig nicht auf, in Florians Gegenwart weiter gegen Grazia und ihre „ruchlosen Advokaten" zu wettern. Da wurde es Melusine zu viel. Sie bat Florian, in sein Zimmer zu gehen, schloss die Küchentür und sprach ein ernstes Wort mit ihrem Partner. Als Erstes bat sie, Florian und vor allem Anna nicht in den Scheidungskrieg hineinzuziehen. „Und wenn du meine Meinung wissen willst, dich ebenfalls. Versuche, Abstand zu gewinnen und dir die unschönen Auseinandersetzungen nicht zu nahe gehen zu lassen." – „Du hast leicht reden! Das geht nicht! Ich bin betroffen. Es geht um meine Existenz", fuhr Ludwig auf. – „Nein. Darum geht es nicht. Du bist Gott sei Dank gesund. Aber du lässt dich von Grazia und ihren Anwälten ins Bockshorn jagen und regst dich auf. Das kannst du vermeiden, indem du dir ebenfalls einen tüchtigen Rechtsbeistand suchst."

Melusines pragmatische Worte beruhigten Ludwig und wiesen ihm einen Ausweg aus seiner Hilflosigkeit. Später setzte die Gefährtin nach und meinte, der Scheidungsantrag habe auch sein Gutes, er sorge für klare Verhältnisse. Ihr selbst falle es leichter, mit einem geschiedenen Mann zusammenzuleben, als mit einem, der lediglich von seiner Frau getrennt sei. „Das gibt uns eine ganz andere Perspektive." Ludwig war erstaunt. Dieser Aspekt war ihm noch nicht in den Sinn gekommen. „Hast du mit uns größere

Pläne?", fragte er. Melusine nickte freudig. „Denkst du etwa ans Heiraten?" – „Ja. Ich wäre stolz, deine Frau zu werden." Ludwig fiel ihr um den Hals.

Ludwig hielt sich an Melusines Rat. Nach einigem Umhören fand er einen erfahrenen Familienrechtler. Dr. Peter Steinmetz war ein älterer, gelassener Advokat, der auf die Interessen seines Mandanten achtete und es gleichzeitig verstand, Grubers Ängste und Bedenken zu mildern. „Ich werde mich mit der Gegenpartei einigen. Am liebsten im Guten, aber wenn die Herrschaften anmaßend werden, kann ich auch andere Saiten aufziehen. Und schon gar nicht werde ich zulassen, dass Ihre Tochter zum Objekt einer Erpressung gemacht wird. Oder Ihnen als Vater der Zugang zum Kind verwehrt wird. Wir werden uns umgehend mit dem Jugendamt in Verbindung setzen und eine einstweilige Verfügung des Familiengerichts erwirken."

Ludwig hatte Bedenken. Er wollte den Konflikt nicht eskalieren lassen. „Keine Sorge, Herr Gruber. Wir wollen auf diese Weise der Gegenseite lediglich zu verstehen geben, dass sie die Rechte des Vaters zu respektieren hat. Das wird sie vernünftiger und kompromissbereiter stimmen." Der Anwalt behielt recht. Entscheidend für Ludwig war jedoch, dass er Anna sehen konnte.

Das wiedergewonnene seelische Gleichgewicht durch den Fortbestand seiner Verbindung zu Anna, vor allem aber die Liebe und die diskrete Unterstützung Melusines, setzten bei Ludwig neue Energien frei. Er konnte sich verstärkt auf seinen Beruf konzentrieren. Außer für die „Revier Zeitung" schrieb er wieder für regionale Zeitungen und arbeitete gelegentlich auch für den Hörfunk. Die weiter schwelende Stahlkrise beeinträchtigte auch den Steinkohlenbergbau. Der geringe Absatz, vor allem von Kokskohle, führte zur Reduzierung der Förderkapazität. 1994 wurden an der Ruhr 40 Millionen Tonnen Steinkohle abgebaut, das waren fünf Millionen Tonnen weniger als im Vorjahr.

Da die Modernisierung der Gruben weiterging und die Produktivität zunahm, bedeutete die geringere Fördermenge unweigerlich einen Rückgang der Beschäftigung. Wieder verloren Bergleute ihre Jobs. Die Ruhrkohle schloss betriebsbedingte Kündigungen aus, frei werdende Stellen wurden nicht mehr besetzt. Dennoch wurden weiterhin Lehrlinge ausgebildet. „Dies ist ein klares Signal, dass der Steinkohlenbergbau eine Zukunft hat", betonte ein Vertreter der Ruhrkohle in einem Gespräch mit der „Revier Zeitung". „Die Zukunft des Ruhrgebiets – ja Deutschlands – als Industriestandort wird nicht zuletzt durch die nationale Energiereserve gewährleistet, die unser Steinkohlenbergbau sicherstellt", fuhr er fort.

Ludwig Gruber ergänzte das Interview mit einer Reportage über die Ausbildung der Bergleute. Die Lehrlinge erfuhren eine hervorragende Instruktion über die speziellen Aufgaben des Bergmanns unter Tage. Diese Schulung war in eine allgemeine handwerkliche und technische Ausbildung eingebettet. Durch die Vielfalt und die Sorgfalt ihrer Lehre waren gelernte Bergleute begehrte Techniker, die in unterschiedlichen Berufen gesucht wurden. In einem weiteren Artikel erfuhren die Leser, dass ein funktionierender Bergbau ein unentbehrlicher Praxistest für die technische Bergbauausrüstung war, die im Ruhrgebiet hergestellt und in die ganze Welt ausgeführt wurde. Nur auf diese Weise konnten die deutschen Bergbaumaschinenhersteller ihre führende globale Position festigen.

Im Herbst 1994 standen wieder Bundestagswahlen an. Die christlich-liberale Regierung Kohl war nach einem Dutzend Jahren im Amt verbraucht. Vielen Bürgern stand der Sinn nach einer Veränderung. Mit Johannes Rau an der Spitze wollte die SPD die latente politische Wechselstimmung nutzen. Der nordrheinwestfälische Ministerpräsident kannte die Sorgen der Menschen, besonders im Revier. Seine Politik zielte darauf ab, zu versöhnen, statt zu spalten. Rau fand für seine behutsame Politik viel Sympathien. Doch der Gegenkandidat war der Bundeskanzler. Kohl war ein gewiefter Wahlkämpfer. Darüber hinaus zehrte er von seinem Nimbus als Kanzler der Einheit – vor allem in Ostdeutschland.

Entscheidendes Gewicht bei den Wahlen fiel Nordrhein-Westfalen zu. Denn im bevölkerungsreichsten Bundesland lebten 18 Millionen Menschen – mehr als in allen neuen Bundesländern zusammen. Die SPD versuchte durch Flugblätter Stimmung zu machen. Darin wurde behauptet, die Regierung Kohl habe den Bergbau im Stich gelassen. Die CDU wies im Gegenzug darauf hin, dass die Bundesregierung den Steinkohlenbergbau mit mehr als sechs Milliarden Mark jährlich unterstützt habe. Diese Argumentation unterstrich die Union durch Taten. Zunächst billigte der Bundestag im April das Energie-Artikelgesetz. Die Zuschüsse für die Steinkohlenförderung seitens des Bundes waren nun erstmals nicht mehr an bestimmte Fördermengen, sondern an Festbeträge geknüpft. Für 1996 sollten 7,5 Milliarden, für die Jahre 1997 bis 2000 jeweils sieben Milliarden Mark bereitgestellt werden. Der Kohlepfennig würde nun 8,5 Prozent der Stromrechnung betragen, in den neuen Bundesländern würde er mit 4,25 Prozent ab 1996 erhoben.

Im Juli verabschiedete der Bundestag mit den Stimmen der Koalition und der oppositionellen SPD das von der Regierung eingebrachte Vierte Verstromungsgesetz, das faktisch eine staatliche Bestandsgarantie für den Steinkohlenbergbau bedeutete. Damit gewann die Union viele schwankende Wähler in Nordrhein-Westfalen zurück.

Ein Übriges tat Kohls dienstältestes Kabinettsmitglied, Bundesarbeitsminister Norbert Blüm. Der Politiker behauptete: „Die Rente ist sicher", obgleich die meisten Experten davon ausgingen, dass das Rentensystem ohne Einschnitte beim Altersruhegeld und Beitragserhöhungen auf Dauer nicht gehalten werden könnte. Doch welche Regierung verschreckt vor den Wahlen die Bevölkerung mit der Drohung sozialer Kürzungen?

Am Ende reichten Kohls Prestige und ein geschickter Wahlkampf gerade noch. Die schwarz-gelbe Koalition errang beim Urnengang am 16. Oktober einen knappen Wahlsieg, der ihr das Weiterregieren ermöglichte. Die christlich-liberale Regierung setzte ihre gewohnte Konsenspolitik fort und versäumte damit die Gelegenheit, notwendige Reformen durchzusetzen, um Deutschlands Wirtschaft zukunftsfähig zu machen. Immerhin blieb so der soziale Frieden gewahrt. Und im Revier half die verhältnismäßig geringfügige Subventionierung des Steinkohlenbergbaus – sie betrug gerade mal zwei Prozent der Zuschüsse für die neuen Bundesländer –, die nationale Energieversorgung zu sichern. Darüber waren sich alle sozialen Gruppen einig: Arbeitgeber, Gewerkschaften, Industrie, Kirchen, Regierung, Opposition und soziale Verbände.

Doch nicht jeder scherte sich um die übergeordneten volkswirtschaftlichen Notwendigkeiten des Steinkohlenbergbaus oder gar um die einzelnen Schicksale der Kumpel und ihrer Angehörigen. Manchem ging es ausschließlich um seine persönlichen finanziellen Interessen. So klagte ein Bürger gegen die solidarische Unterstützung des Bergbaus durch Steuermittel. Der Rechtsstreit zog sich über Jahre durch alle Instanzen. Schließlich entschied das Bundesverfassungsgericht in Karlsruhe im November 1994, dass der sogenannte Kohlepfennig dem Grundgesetz widerspreche. Die Urteilsbegründung lautete: Der Kohlepfennig belaste die Allgemeinheit der Stromkunden, die keine besondere Verantwortung für die Finanzierung der deutschen Steinkohle trügen.

„Das Ende der Solidarität", überschrieb Ludwig Gruber seinen Kommentar. „Wenn diese Rechtsauffassung sich durchsetzt, müssen wir unseren Staat dichtmachen. Wozu sollen Gesunde Steuern für Krankenhäuser zahlen, wozu Erwachsene Gelder für

Schule, Ausbildung und Universität? Warum sollen sich Junge um die Versorgung der Alten kümmern? Wozu brauchen Fußgänger Autobahnen? Und Unbescholtene die Polizei? Die ausschließliche Beachtung egoistischer Interessen wäre das Ende der Solidargemeinschaft, die unsere Gesellschaft und unseren Staat trägt. Eine nationale Versorgung mit Kohle ist für unsere Volkswirtschaft, ja für unser Land ebenso notwendig wie die Schulpflicht oder die Gesundheitsversorgung. Das Urteil des Bundesverfassungsgerichts darf nicht das Ende des Solidaritätsprinzips einläuten. Im Gegenteil, jetzt gilt es, mit neuen Ideen nach neuen Wegen zu suchen, um die Existenz des Steinkohlenbergbaus – auch mit Unterstützung des Staates – zu gewährleisten."

Doch der Journalist wusste, dass ein Urteil des Bundesverfassungsgerichts verbindlich war und daher nicht einfach umgangen werden konnte. Auch wenn die große Mehrheit es als ungerecht und unsozial empfand. In der Politik und der Wirtschaft löste die Karlsruher Entscheidung ebenso Entsetzen und Ratlosigkeit aus. Denn eine ersatzlose Streichung des Kohlepfennigs würde aufgrund der hohen Produktionskosten das Ende des deutschen Steinkohlenbergbaus bedeuten. Da sich Unternehmer, Beschäftigte und Politiker einig waren, es dazu nicht kommen zu lassen, erarbeiteten die Verantwortlichen rasch einen tragfähigen Rettungsplan.

Die Bundesregierung einigte sich mit den Kohleländern Nordrhein-Westfalen und Saarland sowie mit Gewerkschaften und Unternehmen auf öffentliche Zuschüsse für den Steinkohlenbergbau in Höhe von 5,5 Milliarden Mark. Das war eine gewaltige Summe. Mit ihrer Hilfe konnte die Existenz des deutschen Steinkohlenbergbaus sichergestellt werden – allerdings auf einem drastisch gekürzten Niveau. Die Hälfte der Zechen musste dichtgemacht werden – Zehntausende Kumpel verloren ihren Arbeitsplatz. Nach dem bewährten Muster der Ruhrkohle gab es keine betriebsbedingten Kündigungen. Viele erfahrene Kumpel fanden Arbeit in Schachtanlagen, die noch in Betrieb waren. Doch vor allem ältere Kollegen wurden in Frührente geschickt, andere Bergarbeiter erhielten finanzielle Abfindungen.

Zum Jahresende 1994 stellte die „Revier Zeitung" ihr Erscheinen ein. Ihre bevorzugte Leserschaft waren Bergleute. Daher war sie von der Ruhrkohle unterstützt worden. Doch das Unternehmen brauchte jetzt jeden Pfennig, um die bestehenden Zechen zu erhalten. In der Redaktion gab es Erwägungen, das Blatt ohne die Hilfe der Ruhrkohle weiterzuführen. Doch auf einer Betriebsversammlung setzte sich die Vernunft durch. Die Chefredakteure Kastorf und Rittich sowie deren Vorgänger Gruber und Lary rechneten den Kollegen vor, dass ein Zeitungsexemplar ohne die direkten Zuschüsse des Konzerns etwa sechs Mark kosten würde.

„Bei aller Liebe, Kollegen, das Geld hat kein Kumpel", meinte Lary. Um die Zeitung billiger zu machen, müssten die Redakteure auf ein festes Gehalt verzichten. „Das können wir weder den Kollegen noch den Lesern zumuten, die bislang von uns eine Qualitätszeitung gewohnt waren. Hören wir jetzt freiwillig auf, solange unser Ruf noch gut ist. Sonst sind wir in wenigen Monaten gezwungen, dichtzumachen. Das wäre ein schwacher Abgang, der unserer Tradition nicht würdig wäre", beschwor Ludwig die Redakteure und Mitarbeiter, die sich ins Unvermeidliche schickten. Anschließend marschierte die Runde in ihre Stammkneipe. Der Abend endete in Wehmut. Ludwig versuchte, Haltung zu bewahren und den jüngeren Kollegen Trost zuzusprechen.

Melusine war noch wach, als sich Ludwig lange nach Mitternacht auf leisen Sohlen ins Bett schleichen wollte. Sie wusste, weshalb Ludwig unterwegs gewesen war und spürte seine Anspannung. Ohne ein Wort zu sagen, wand sie sich an seine Seite, nahm ihn in ihre Arme und streichelte ihn. Die Nähe der Geliebten, ihr stummes Verstehen löste Ludwigs Anspannung. Die Tränen liefen ihm über das Gesicht. Melusine drückte ihn fest an sich und ließ ihn sich ausweinen. Nach einer Weile beruhigte sich Ludwig. Er wollte Melusine sein Weinen erklären, doch sie legte lediglich den Finger auf seine Lippen. Melusines stilles Verständnis verlieh Ludwig Sicherheit und Kraft. Nun umarmte er die Geliebte. Die Zärtlichkeiten vereinigten sich.

Am nächsten Morgen fühlte sich Ludwig gelöst und beschwingt. Er brachte Florian zur Schule. Danach wollte er einen Spaziergang machen und dabei über seine Zukunft nachdenken. Ludwig schwang sich ins Auto und fuhr nach Bottrop. Dort erklomm er die Halde Beckstraße und stieg auf das Tetraeder, das begehbare Stahlkunstwerk. Dies war einer von Ludwigs Lieblingsplätzen. Der weite Blick schweifte über das Revier tief unter ihm, über den Gasometer in Oberhausen hin nach Gelsenkirchen und Essen. Er atmete die kalte Winterluft tief ein. Ein Lächeln glitt über seine Züge. Dies war sein Zuhause. Sein Pott. Hier würde er nie mehr fortgehen. Komme, was wolle.

Das Ende der „Revier Zeitung" war traurig, doch zugleich eine Chance für einen Neuanfang. Obwohl Ludwig bereits vor mehr als einem Jahr von seinem Posten als Chefredakteur zurückgetreten war, war er von seinem Blatt nicht losgekommen. Nun zwang ihn die neue Situation, sich nach anderen beruflichen Perspektiven umzusehen. Allein mit gelegentlichen Gastbeiträgen in Regionalzeitungen konnte er sich finanziell nicht über Wasser halten.

Bisher hatte er hin und wieder Rundfunkbeiträge verfasst. Die Arbeit war aufwendiger als Artikelschreiben. Jede Situation, jede Aussage eines Beteiligten musste mit Originaltönen belegt werden. Zum Wort kam die Tonebene hinzu. Fernsehen hatte als dritte Dimension das Bild, bewegte Bilder. Dem Fernsehen gehörte die Zukunft. Neben dem öffentlich-rechtlichen WDR gab es in der Region immer mehr private Fernsehsender. Alle Stationen waren auf der Suche nach Beiträgen, mit denen sie das Interesse der Zuschauer wecken konnten. Ludwig hatte sich seit Jahren systematisch mit den Menschen des Reviers und ihrer Arbeit beschäftigt. Vor allem mit Bergleuten, die einen von allen geschätzten Beruf ausübten. Der Journalist wollte sich fortan verstärkt um das Fernsehen bemühen. Durchgefroren, aber voller Zuversicht machte sich Ludwig an den Abstieg und auf den Heimweg nach Essen.

Als er gutgelaunt ins Haus trat, fand er Post von seinem Rechtsanwalt vor. Der Advokat setzte ihn in Kenntnis, dass Grazia entgegen seiner Annahme auf dem alleinigen Sorgerecht für Anna bestand und an ihren finanziellen Forderungen festhielt. Ludwigs Stimmung schlug augenblicklich um. Seine Hoffnung schwand. Er sah keinen Ausweg, weder beruflich noch privat.

Melusine hatte ihm gestern Nacht geholfen, doch er konnte ihr nicht zumuten, ihn zu finanzieren und ihm in seinem Scheidungskrieg beizustehen. Am ärgsten schmerzte ihn die Aussicht, Anna über längere Zeit nicht zu sehen. Ludwig zog seinen Mantel wieder an, setzte sich ins Auto und fuhr ziellos umher. Am liebsten wäre er in eine Kneipe eingekehrt. Doch es war gerade erst Mittag, die meisten Pinten hatten noch geschlossen. Man konnte sich Schnaps im Supermarkt besorgen. Nein! Ludwig war kein Säufer und wollte es auch nicht werden – und Florian würde jeden Respekt vor ihm verlieren, wenn er ihn betrunken sähe. Auch Melusine könnte dies nicht tolerieren.

Der Gedanke an die Geliebte erwärmte Ludwigs Herz – kurz. Doch dann packte ihn wieder tiefe Verzweiflung. Was sollte er tun? Ludwig wusste nicht weiter. Er sah auf, merkte, dass er sich nicht weit von der Straße, in der Renata und Heiner wohnten, befand. Am liebsten wäre er zu ihr gegangen, um sie um Rat zu fragen. Doch die Hebamme war alt, nicht mehr gesund. Durfte er sie stören? Und wie konnte sie ihm helfen? Ludwig sehnte sich

nach seinem gütigen Onkel Anton. Der hätte bestimmt weiterge-
wusst. Doch der Done war seit Jahren tot.

Ludwig klingelte bei den Bialos. Heiner teilte ihm gleich
mit, dass Renata eine heftige Rheumaattacke erlitten hatte. Der
Gast wollte sich sofort wieder verabschieden, doch Heiner bemerkte seinen Zustand und fragte ihn nach dem Grund. Nach
einigem Hin und Her und zwei doppelten Klaren – „Schnaps haut
keinen Kerl um, er löst nur deine Maulsperre!" – gestand ihm
Ludwig seine Sorgen. Heiner lachte auf. „Das Weib hat einen
Willen wie ein Pferd und Haare auf den Zähnen. Aber ich werde
ihr, wenn es sein muss, jede Borste einzeln ausrupfen. Mach dir
keine Sorgen, Ludwig."

Heiner schickte den deprimierten Journalisten nach Hause und begab sich schnurstracks ins „Napoli". Grazia war dabei,
die Lieferanteneingänge zu kontrollieren. Als sie von Heiners
Begehr erfuhr, schaltete sie auf stur. „Heinrich, du weißt, dass
ich dich schätze. Aber misch dich gefälligst nicht in meine Privatangelegenheiten. Wenn es um diesen Waschlappen und seine
Schlampe geht, unterhalte dich mit meinem Avvocato." – „Jetzt
mach mal 'nen Punkt, du aufgeblasene Ziege! Ich hab dir immer
geholfen. Dir das Geld für deinen ersten Laden gegeben und die
Spaghetti-Klitsche hier mitfinanziert. Mir gehören immer noch
25 Prozent deiner Gemüsebuden und die Hälfte der Kaschem-
me hier. Schon vergessen, Mäuschen? Wenn du hier die Dicke
Bertha auffährst, werden Kredite und Beteiligung auf der Stelle
fällig."

„Von mir aus. Du kannst die achtzig Mille nächste Woche
haben ...", erwiderte Grazia gelassen. Heiner lachte. „Achtzig?
Aufwachen, Kleine! Zähl erst mal Zinsen, Gewinn, Tilgung und
meine Beratung – über Jahre! – dazu. Da sind wir schnell bei
einer Viertelmio. Plus Anwalt und Steuern – noch mal fuffzig-
tausend drauf. Also, wie isset, Carissima? Soll ich auch meinen

Rechtsverdreher bemühen? Oder können wir wie vernünftige Menschen reden?"

Diesem Argument wollte sich die Lokalpächterin nicht verschließen. Bei mehreren Grappas einigten sich die beiden auf die Grundzüge einer einvernehmlichen Lösung. Heiner würde seine Einlage und Beteiligung unter der Bedingung an Anna vererben, dass Mutter und Vater zu gleichen Teilen das Sorgerecht ausübten. Später, nach Schicht, tauchte Bülent auf. Er trank ebenfalls einige Schnäpse – „obwohl mich das in die Hölle bringt. Aber vielleicht ist es dort nicht so langweilig wie im Himmel", witzelte er.

Der Bergmann verstand sich hervorragend mit seinem Kumpel Heiner und freute sich über die prinzipielle Einigung. „Dann kannst du dich sofort scheiden lassen, und wir heiraten – noch bevor unser Kind geboren wird!" – „Idiot!", quittierte Grazia gereizt das Ausplaudern des Geheimnisses durch ihren Partner. – „Na, dann mal Glück auf bei euch!", stichelte Heiner. – „Das werden wir haben mit unserem Sohn. Und Grazia werde ich ihre freche Klappe stopfen …" – „Schmink dir das gleich ab, Freundchen", fuhr Grazia auf. „Wenn du mir noch einmal drohst …" Statt sich Grazias Verwarnung anzuhören, gab Bülent ihr einen schmatzenden Kuss auf den Mund, lachte laut und holte unter dem Tresen eine Flasche Raki hervor. Er schenkte Heiner und sich einen Doppelten ein und rief: „Glück auf, Glück auf, der Steiger kommt. Und meine Grazia schenkt ihn mir."

Wenige Tage später wurde Ludwig von seinem Anwalt unterrichtet, Grazias Rechtsvertreter lege Wert auf eine rasche Scheidung und sei im Gegenzug bereit, die bisherigen finanziellen Forderungen fallenzulassen sowie das Sorgerecht zu teilen. Ludwig stimmte umgehend zu. Er fühlte, wie Energie und Lebensfreude wieder von ihm Besitz ergriffen. Mittags fuhr er nach Köln und meldete sich an der dortigen Film- und Fernsehschule zu einem Intensivkurs an. Als Melusine nach der Arbeit heimkehrte, empfing Ludwig sie mit einem prächtigen Strauß roter Rosen. So dankte er der Gefährtin für ihre unbedingte Loyalität. „Mir bleibt ja nichts anderes übrig", lachte Melusine. „Erstens liebe ich dich, und …", sie senkte ihre Stimme, „… ich muss dir etwas gestehen …" Ludwig wurde ernst, ehe sie fortfuhr: „Ich stehe immer zu den Menschen, die mir nahe sind." Am frühen Abend lud Ludwig Melusine und Florian zum Essen ein.

Ludwig Gruber absolvierte den Lehrgang an der Fernsehschule mit gewohnter Disziplin. Er erlernte das Zusammenspiel von Bild, Ton und schriftlichem Konzept, die Arbeit mit der Kamera und die Tontechnik. Doch je intensiver der Journalist sich mit dem Medium Fernsehen beschäftigte, desto deutlicher wurde ihm, dass er von seiner Neigung und Begabung her Schreiber war. Nichts kam der stillen Recherche, dem ausformulierten Wort gleich, das man bereits wenige Stunden später in der Zeitung lesen und, anders als die Worte und Bilder von Funk und Fernsehen, ohne Aufwand für alle Zeiten aufheben konnte. Auch im Gedächtnis des Lesers, der sich, anders als der TV-Konsument, nicht mit Bildern berieseln lassen kann, sondern durch die Artikel arbeiten muss.

Ludwig beendete den neunmonatigen Kurs mit guten Zensuren. Er nahm sich vor, hin und wieder einen Fernsehbeitrag zu machen. Doch mehr zog es ihn zum Print-Journalismus. Während der TV-Ausbildung ergriff Ludwig jede Gelegenheit, Zeitungsartikel zu verfassen. Das half ihm, seinen Lebensunterhalt zu bestreiten, doch ebenso sehr bereitete es ihm Genugtuung, seine Ansicht in der Presse kundzutun und damit an der öffentlichen Diskussion teilzuhaben.

Zum 1. Januar 1995 wurde der Solidaritätszuschlag auf 7,5 Prozent der Einkommen-, Lohn- und Körperschaftssteuer festgesetzt. Die Steuer, die zur Finanzierung der deutschen Einheit beitragen sollte, war zuvor abgeschafft worden. Nun, nach den Wahlen, erhob die Bundesregierung wieder die Abgabe.

Ludwig vertrat in seinem Artikel für die „Essener Zeitung" die Meinung, dass der Solidaritätszuschlag mit seinen Einnahmen von rund zwanzig Milliarden Mark bei weitem nicht ausreiche, die Kosten der deutschen Einheit abzudecken. Andererseits genügte die Wertschöpfung des „Soli", das Konsumklima zu dämpfen und so die gesamte Volkswirtschaft in eine Rezession und damit die Arbeitslosigkeit in die Höhe zu treiben. „Die Steuer wird am Ende das Gegenteil ihrer guten Absicht erreichen – statt zu mehr Solidarität wird sie zur Jobvernichtung führen", schrieb Gruber und behielt recht.

Die Beschäftigungslosigkeit nahm von Jahr zu Jahr zu. Der Staat war nicht in der Lage, die deutsche Einheit in der bislang großzügigen Weise ohne eine rapide Neuverschuldung und ohne Steuererhöhungen zu finanzieren. Beides entzog der deutschen Volkswirtschaft Geld und führte so zu einem Rückgang des Wirtschaftswachstums, der von steigender Arbeitslosigkeit begleitet wurde.

Das laufende Jahr war für die Ruhrkohle ein gutes. Schon im Vorjahr hatte der Bergbaubereich aufgrund der günstigen Absatzlage 50 Millionen Tonnen Kohle verkaufen können. Die Halden waren auf 13 Millionen Tonnen geschrumpft. Der Konzern beschäftigte fast 80 000 Mitarbeiter.

1995 konnte die Ruhrkohle die Produktivität ihrer Zechen steigern. Um ihr technisches Know-how weiter zu bündeln, schloss die Ruhrkohle drei führende Hersteller von Bergbaumaschinen in ihrer Tochtergesellschaft Deutsche Bergbau Technik GmbH (DBT) zusammen. Die DBT beziehungsweise ihre Vorgängergesellschaften Westfalia Lünen und Hemscheidt hatten sich bereits in der Konstruktion von Strebausrüstungen etabliert. Ihre Ausbauschilde, Gewinnungsanlagen, Strebförderer und Steuersysteme sollten in der Zukunft auch international gefragt sein, was gute Geschäfte versprach.

Zu dessen 70. Geburtstag ehrte Ludwig Adolf Schmidt, den großen alten Mann der Industriegewerkschaft Bergbau und Energie, mit einer Rundfunksendung und obendrein mit einem Zeitungsartikel. Da er Schmidt seit über zehn Jahren nicht mehr persönlich gesehen hatte, stattete Ludwig ihm einen Besuch in dessen Wattenscheider Haus ab.

17 Jahre lang, zwischen 1969 und 1985, hatte Adolf Schmidt der IGBE vorgestanden. In seine Zeit als Vorsitzender fielen weichenstellende Entscheidungen für den deutschen Steinkohlenbergbau. Adolf Schmidt ließ die Meilensteine seiner Tätigkeit Revue passieren. Ludwig stellte Fragen, und der Gewerkschaftskämpe antwortete unbefangen. Sie sprachen über die Gründung der Ruhrkohle AG 1969 und den Abschluss des Hüttenvertrages zwischen Stahlindustrie und Bergbau im gleichen Jahr. Zwei Jahre später war die Anpassungsgeldregelung durchgesetzt worden, die das Alter, in dem Kumpel unter Tage in den Vorruhestand gehen konnten, auf 50 Jahre gesenkt hatte. Dies war eine notwendige menschliche Maßnahme gewesen, die zahllosen Kumpeln soziale Absicherung gebracht hatte. Gemäß der Maxime von Adolf Schmidt: „Kein Bergmann fällt ins Bergfreie." 1974 war der Kohlepfennig eingeführt und 1980 der Jahrhundertvertrag abgeschlossen worden, der der deutschen Steinkohle Planungssicherheit über die Abnahme der Kohle durch die Energieindustrie verschaffte.

Ludwig war beeindruckt von Schmidts Integrität, der Geradlinigkeit und der Klarheit seiner Denkens und seiner Sprache. Ludwig sah bestätigt, was er all die Jahre, in denen er Schmidts Arbeit verfolgt hatte, dachte: Hier saß kein Technokrat, der seine Materie kühl verwaltete. Der Bergbau war Adolf Schmidt seit seinem vierzehnten Lebensjahr, als er seine Lehre als Grubenschlosser begann, Lebensinhalt. Doch die gewaltigen Aufgaben, die Schmidt später als Gewerkschaftsvorsitzender zu leisten hatte, erforderten auch Pragmatismus und die Bereitschaft, Kompromisse einzugehen. „Politik ist die Kunst des Möglichen", zitierte der Journalist Otto von Bismarck, einst ein erbitterter Feind der Sozialdemokratie, doch ein Politiker mit einem sozialen Gewissen. Schmidt pflichtete dem Reichskanzler bei. Als die Strukturprobleme des deutschen Steinkohlenbergbaus unübersehbar geworden waren, galt es für die IGBE, entweder zu „krakeelen" und daneben zu stehen oder den anstehenden Prozess aktiv mitzugestalten. Der Tatkraft und dem Augenmaß des Gewerkschaftsführers war es zu danken, dass die Restrukturierungen im Bergbau ohne gravierende soziale Verwerfungen vonstatten gehen konnten. Immerhin war in seiner Zeit als Gewerkschaftsführer die Kohle-Belegschaft um 85 000 Kumpel zurückgegangen.

Adolf Schmidt hob hervor, dass die Rolle der Steinkohle in der Politik nicht hoch genug einzuschätzen war und blieb. So sei es immens wichtig gewesen, dass ein Vertreter des Bergbaus immer im Parlament gesessen habe. Schmidt selbst war vierzehn Jahre lang Mitglied des Bundestages gewesen. Dabei hatte er nichts von der Authentizität des Kumpels verloren. Stets war er für jedermann zu sprechen, besonders für seine alten Kollegen, nie gab er den großen Maxe oder gar den unnahbaren Funktionär. „Solche Menschen haben bei uns in der Gewerkschaft nichts verloren!", sagte Schmidt. Der scharfe Ton und sein entschlossener Blick machten deutlich, dass es ihm damit unmissverständlich ernst war.

Am Ende des Gesprächs betonte Schmidt, der sich auch im Alter kerzengerade hielt, Ludwig gegenüber die Richtlinie, an die er sich zeitlebens gehalten habe: „Wir machen mit anständigen Mitteln anständige Politik für anständige Leute."

Privat ging es Ludwig hervorragend. Er fand bei Melusine das Verständnis, nach dem er sich all die Jahre bei Grazia gesehnt hatte. Sie interessierte sich für seinen Beruf, wie er sich für den ihren. Melusine unterstützte Ludwigs „Fernsehlehre", wie er es nannte. Mit ihr konnte er seine weiteren Pläne erörtern, ohne befürchten zu müssen, dass sie ihn zu Entscheidungen drängte oder gar verlachte. Anfang Mai erging das Scheidungsurteil. Ludwig blieb ebenso wie Grazia der Verhandlung fern – man ließ sich von den Anwälten vertreten, die sich längst geeinigt hatten. Am Abend köpfte Ludwig eine Flasche Sekt und stieß mit Melusine auf seine wiedererlangte Freiheit an. „Ich werde alles daransetzen, dass dieser Zustand nicht lange währt", erwiderte sie und amüsierte sich über seinen verblüfften Gesichtsausdruck. Es dauerte einige Augenblicke, ehe Ludwig die Androhung als Kompliment begriff und einen kräftigen Schluck nahm.

Von seiner Tochter erfuhr Ludwig, dass Grazia Mitte Juni einen Sohn geboren hatte, der auf den Namen Alessandro-Deniz katholisch getauft worden war. Anna war sehr stolz auf ihren Halbbruder und beschäftigte sich so gern mit dem Säugling, dass sie lieber zu Hause bleiben wollte, als mit ihrem Vater und dessen Gefährtin und Florian in die Ferien zu fahren.

Die Reise führte die drei mit dem Auto nach Rügen. In Berlin machten sie Station. Sie übernachteten in derselben Pension am Ku'damm, in der Ludwig die Tage des Mauerfalls vor sechs Jahren erlebt hatte. Spätnachmittags fuhr das Trio mit der S-Bahn zum Bahnhof Friedrichstraße und lief über den Boulevard Unter den Linden zum Reichstag. Das deutsche Parlament war nach den Plänen des Verpackungskünstlers Christo und seiner Gefährtin Jeanne-Claude vollständig mit Kunststoffplanen verhüllt. Das wuchtige Gebäude bekam durch die Stoffbahnen, die in der warmen Abendbrise vibrierten, eine bis dahin nicht gekannte Leichtigkeit und Harmonie.

„Wozu das Einwickeln?", wollte Florian wissen. – „Einfach eine neue, nicht gekannte Form. Jeder kann sich darunter etwas anderes vorstellen. Woran denkst du dabei, Flori?", fragte Ludwig. – „Wie teuer das Verpacken war." Ludwig hatte gehört, dass es mehrere Millionen gekostet hatte, die genaue Zahl aber wieder vergessen. „Spielt das eine Rolle?" – „Na klar. Jemand muss es ja bezahlen. Und jemand anderes will damit Geld verdienen." – „Aber es ist Kunst, Flori", insistierte seine Mutter. – „Na und? Kunst ist ein Riesengeschäft. Ich weiß, dass Bilder von dem van Gogh für hundert Millionen Dollar verkauft werden." – „Heute!", meldete sich erneut Melusine. „Zu seinen Lebzeiten hat van Gogh kein einziges Bild verkaufen können." – „Sein Marketing war eben mau", konterte der Junge. „Aber dieser Christo kann es sicher besser. Sonst hätte er nicht die Erlaubnis bekommen, das Haus zu verhüllen und sich das Material zu besorgen. Und das Geld dafür."

Mutter und Sohn plauderten noch eine Weile weiter. Ludwig aber zeigte sich erstaunt über Florians Interesse. Der Junge besaß zweifelsohne kaufmännisches Talent. Zu Ludwigs Jugendzeit wollte man die Welt verbessern, verstand sich als Marxist, übersah dabei jedoch, dass Karl Marx das Kapital eingehend erforscht hatte. Florian und manche seiner Altersgenossen interessierten sich für Geld. „Was bedeutet dir Geld?", fragte ihn Ludwig unvermittelt. „Ein Mittel zum Zweck." – „Zu welchem?" – „Gut zu leben."

Nach Einbruch der Dunkelheit wanderten die drei über die Spree zur Museumsinsel. Später speisten sie in einem indischen Lokal in der Oranienburger Straße. Fröhlich plaudernd fuhren sie nachts in den Westen.

Am nächsten Morgen chauffierte Melusine sie über Stralsund und den Rügendamm auf die Insel. Sie hatten in einem kleinen Hotel in Kap Arkona zwei Zimmer gebucht. Das Wasser der Ostsee war kalt. Doch das Wetter war schön, und so machten sie Touren quer über die große Insel. Der erste Ausflug führte zur Kreideküste von Stubbenkammer. Ein anderer mit Bootsfahrt nach Hiddensee, wo der Dichter Gerhart Hauptmann seine Sommer verbracht hatte. Danach begann sich Florian von den „Alten" abzusetzen. Er spielte lieber mit der Dorfjugend Fußball und rauchte wohl heimlich mit seinen neuen Freunden Zigaretten und trank gelegentlich mit ihnen ein Bier. Zumindest kam er abends nicht berauscht nach Hause, und so ließ ihn seine Mutter mit gewollt strenger Miene gewähren.

Ludwig und Melusine genossen eine unbeschwerte Zeit miteinander. Als er ihr in einem intimen Moment gestand, er könne und wolle sich ein Leben ohne sie nicht mehr vorstellen, entgegnete Melusine nüchtern: „Das würde ich verbindlich machen." – „Du meinst mit Ring et cetera." – „Vor allem et cetera." Ludwig versprach es.

Nach zwei Wochen kehrten sie erholt nach Hause zurück. Ludwig begann die Arbeit an dem Abschlussfilm für die Fernsehschule. Als Titel hatte er sich „Der Weg der Kohle" ausgedacht. Ludwig musste nicht lange überlegen. Anders als die meist jüngeren Seminarteilnehmer wollte er sich nicht als fiktiver Erzähler versuchen. Dem ehemaligen Bergmann lag vielmehr daran aufzuzeigen, welche Bedeutung die deutsche Steinkohle nach wie vor für die Menschen des Reviers, ja des ganzen Landes besaß. Doch Gruber hatte den Ehrgeiz, keinen abstrakten Lehrstreifen abzuliefern, sondern einen persönlichen Film, der die Zuschauer einladen sollte, sich mit der Materie auseinanderzusetzen, indem sie sich mit den Akteuren identifizierten.

Die Darsteller wählte Ludwig aus seiner angeheirateten Familie und seinem Freundes- und Bekanntenkreis aus. Zu Beginn des Films wurde gezeigt, wie Carlo und Bülent auf Prosper-Haniel einfuhren. Ihre Arbeit vor Ort. Die Anstrengungen, die notwendige handwerkliche Sorgfalt, die souveräne Beherrschung der neuesten Technik, aber auch die Genugtuung nach der Maloche. Während die Kumpel sich in der Waschkaue säuberten, schwenkte die Kamera zur abgebauten Steinkohle. Auf der Verladerampe vor der Kokerei wurden die unterschiedlichen Verwendungszwecke der Kohle erläutert: „Zunächst die Stahlproduktion." Schnitt ins Innere der Kokerei.

Danach begleitete der Film den Koks auf seiner Fahrt und seinen Fall in die Hochöfen. Nächstes Thema: Verstromung. Der Streifen jagte weiter ins Steinkohlekraftwerk Walsum, wo Melusine die Kohlewaggons in Empfang nahm und den Zuschauer erklärend durch die Abteilungen des Werks begleitete.

Ein Filmschnitt führte in eine Winterlandschaft. Die Kamera folgte ins Innere des Hauses, wo Anna im Kinderzimmer ihr Brüderchen Alessandro-Deniz auf dem Wickeltisch pflegte, anzog, in sein Bettchen legte, das Licht löschte, die Zentralheizung aufdrehte, sich eine Leselampe anknipste und leise in die Kamera hauchte: „Die Fernwärme und der Strom sind aus Kohle – genauso wie der Plastikwickeltisch!"

Ein mit Kohle beladener Güterzug fuhr durch die Nacht. Schnitt. Die Kamera führte den Zuschauer in ein Degussa-Labor, wo der Chemiker Friedrich A. Bialo erläuterte, dass Kohle ein wichtiger Bestandteil der Kunststoffindustrie sei. Dann wurden entsprechende Produkte gezeigt: Autoersatzteile, medizinische Instrumente, Behälter, Verpackungen, Spielzeuge und schließlich der Babywickeltisch von Alessandro-Deniz. Am Ende des Films sah man, wie die Kumpel Carlo und Bülent mit Fritz und Melusine die Gläser hoben. Dabei rief Carlo: „Deutsches Bier ist garantiert nicht aus Kohle oder Chemie. Aber Kohle fördern macht durstig. Prost!" Die Runde stieß an und trank mit Genuss. Ende.

Als Ludwig im Schneideraum den fertigen Film auf dem Monitor sah, war er mit der eigenen Arbeit zufrieden. Doch in anerzogener Bescheidenheit und gewohntem Pflichtbewusstsein unterdrückte er seine Gefühle – ein Deutscher lebt nicht, um glücklich zu sein, sondern um seine Pflicht zu erfüllen – und sann über einen neuen Titel nach. Der alte erschien ihm plötzlich zu profan. Ludwig spürte, wie seine Spannung wuchs. Er sprang unvermittelt auf und kritzelte auf einen Zettel: „Kohleland".

Der Streifen wurde mit dem zweiten Preis ausgezeichnet. Das stachelte Ludwigs Ehrgeiz an. In der Praxis wollte er siegen. Dieses Ziel ließ sich allerdings nur erreichen, wenn er sich auf wenige Filme beschränkte und sich ansonsten auf seine Zeitungsbeiträge konzentrierte. Zu schreiben gab es ohnehin genug. Die allgemeine Wirtschaftskrise hatte unter anderem einen Rückgang der Steuereinnahmen zur Folge. Daher versuchte Bundesfinanzminister Theo Waigel, die Ausgaben des Bundes zumindest in Westdeutschland so weit wie möglich zu drücken. Gelegentlich nahm er sich damit zu viel vor. So forderte die Bundesregierung von den ohnehin finanziell stark belasteten Ländern, sich stärker als bislang an den Kohlebeihilfen zu beteiligen. Insbesondere bei der Produktion der Kokskohle wollte der Bund seinen Zuschuss von zwei Dritteln auf die Hälfte zu senken.

In einem Artikel mahnte Ludwig Gruber, die alten Bundesländer nicht zu vergessen. „Wenn die Wirtschaftskraft des industriellen Herzlandes NRW nachlässt, bleibt kein Geld für die Förderung des Ostens." Um eine größere Wirkung zu erzielen, platzierte der Autor seinen Beitrag in einer überregionalen Frankfurter Zeitung, die der Regierung nahestand. Die energischen Hinweise der Medien, vor allem aber die konsequente Haltung der Bevölkerung und der Tarifpartner, zeigten schließlich Wirkung. Statt ihre Unterstützung für den Steinkohlenbergbau wie geplant zu senken, steuerte Bonn bis 1998 jährlich die vereinbarten Summen für die Kohleverstromung an die Ruhrkohle bei. Dies geschah im Rahmen des Fünften Verstromungsgesetzes, das der Bundestag am 12. Dezember 1995 verabschiedete. Der Ende des Jahres auslaufende Jahrhundertvertrag wurde ab dem 1. Januar 1996 durch das Artikelgesetz neu geregelt. Diese Verordnung bedeutete eine gravierende Neuerung für die deutsche Kohle: Sie stand ab sofort im Verstromungssektor in direktem Wettbewerb mit ausländischer Importkohle. Dies bedeutete für die Bergbauunternehmen auch, dass sie die Schwankungen des Dollars ebenso mitzutragen hatten wie die der Weltmarktpreise.

Nach der Entscheidung des Parlaments rief der Wirtschaftsredakteur der Frankfurter Zeitung bei Gruber an und bedankte sich nochmals für dessen Artikel: „Ich bin überzeugt, dass Sie und alle, die für eine Beibehaltung des einheimischen Kohlenbergbaus eintreten, dies nicht nur aus Neigung und Überzeugung tun, sondern auch volkswirtschaftlich verantwortlich argumentieren."

Ende der Eiszeit
1996–2000

1996 wurde ein gutes Jahr vor allem für die Fußballfans im Revier. Und für den Bergmann Carlo Brandi. Am 18. Mai gewann Borussia Dortmund zum zweiten Mal in Folge die deutsche Fußballmeisterschaft. Für die Revierler war dies eine große Genugtuung. Wieder war es einer Mannschaft aus dem Pott gelungen, den arroganten Quasi-Abonnementsiegern aus München die wertvollste nationale Fußballtrophäe zu entreißen.

Carlo, Bülent und eine Handvoll Kumpel der Bergwerke Prosper-Haniel und Walsum feierten den Triumph der Borussen. Die Zecherei, das Jubeln und Triumphieren fanden kein Ende. Am Sonntagmittag erwachte Carlo mit einem gewaltigen Brummschädel. Siedend heiß fiel ihm ein, dass er Mario versprochen hatte, bei ihm vorbeizuschauen.

Die einstige Rivalität der Brüder war längst vergessen. Carlos Selbstbewusstsein durch seine anerkannte Arbeit als Kumpel und Marios Erfolge als Steuerberater bewirkten, dass die Brüder sich einander wieder stärker verbunden fühlten. Die Familie steht an erster Stelle, hatte Giuseppe Brandi seiner Brut immer wieder eingetrichtert. Carlo empfand das mittlerweile genauso.

Aber jetzt hätte er sich am liebsten umgedreht und weitergeschlafen. Nein, versprochen ist versprochen. So sprang Carlo unter die Dusche, zog sich an und machte sich auf den Weg nach Bochum. Mario hatte seine Geschwister und einige Freunde zu einem zwanglosen Beisammensein geladen. Anlass war sein Geburtstag eine Woche zuvor, den Mario nur mit seiner Frau und seinen Eltern gefeiert hatte. An einer Tankstelle besorgte Carlo drei Flaschen Sekt und einen Blumenstrauß für Schwägerin Tina.

Als Carlo eintraf, waren einige Gäste schon gegangen, denn man hatte sich bereits am späten Vormittag getroffen. Er wurde herzlich von Mario, Tina und Carla begrüßt. Carlo schwatzte kurz mit seiner Zwillingsschwester, die auch im Aufbruch war, weil sie früh am nächsten Morgen zu einem Fortbildungskurs ihrer Bank reisen wollte. Mario und Tina kümmerten sich um ihre Gäste, während sich Carlo am kleinen Büfett im Wohnzimmer labte. Danach langweilte er sich ein wenig, denn Mario debattierte mit seinen Bekannten, allesamt Steuerberater und Juristen. Deren Theorie- und Geschäftsquatsch interessierte den Kumpel nicht.

Er suchte nach einer triftigen Ausrede, um sich rasch zu verabschieden, da wurde seine Aufmerksamkeit von einer gutaussehenden Frau gefesselt. Sie war blond, blauäugig, großgewachsen, schlank. Eine deutsche Gretel, dachte Carlo für sich. Doch die Frau hatte etwas Besonderes, das spürte er – nur was? Er fing an, sie zu beobachten. Sie spielte mit einem kleinen Mädchen, dabei ging sie ungewöhnlich liebevoll mit dem Kind um, bewahrte sich aber Zurückhaltung und eigenständige Ruhe.

Carlo war alles andere als schüchtern. Besonders Frauen gegenüber. Gefiel ihm eine, dann zögerte er nicht, sie anzusprechen. Für gewöhnlich. Doch heute fehlte ihm der Mut. Komisch, dachte Carlo, sie wirkt doch nicht abweisend. Wahrscheinlich mag ich mich nicht bei meinem Bruder als Schürzenjäger aufspielen. Doch die Frau gefiel ihm ausnehmend gut, vielleicht war er deshalb ein wenig gehemmt. Als Carlo an ihr vorbeischlenderte, hob die Blonde den Kopf und lächelte ihn an.

„Wollen Sie so gut sein, uns etwas zu trinken zu holen?", meinte sie mit dunkler Stimme. – „Klar, gern. Sofort!"

Er beeilte sich, Limonade in drei Gläser zu füllen, wobei er prompt ein wenig verschüttete. Seine Aufgeregtheit ärgerte Carlo und stachelte ihn zur Flachsigkeit an. „Moderne Frauen lassen sich wohl gern bedienen?", fragte er grinsend, das Tablett balancierend. – „Unmoderne ebenfalls", parierte die Angesprochene. „Um ehrlich zu sein, ich bin auch allein imstande, uns eine Limo zu holen ...", sie lächelte fein, „... doch ich spürte, dass Sie mich beobachteten und nicht so recht wussten, wie Sie mich ansprechen sollten ..." – „Und da wollten Sie mir helfen? Das ist aber lieb." Carlo versuchte, überlegen zu wirken.

„Nein. Ich wollte mich schlicht mit Ihnen unterhalten." – „Mann! Sie gehen aber ran." – „Haben Sie den Eindruck?" Die nüchterne Entgegnung ließ Carlo gegen seine Gewohnheit erröten. Er schüttelte seinen Kopf. „Entschuldigung, ich wollte Sie nicht kränken." – „Das tun Sie keineswegs." Sie sah ihn offen an, zögerte kurz, dann streckte sie ihre Hand aus. „Ich bin Verena Nowak." Carlo ergriff ihre Rechte. Sie war warm und fest, fühlte sich gut an. Er musste sich zwingen, Verenas Hand loszulassen. Erst auf ihre Nachfrage nannte er seinen Namen; allmählich gewann er seine Selbstsicherheit zurück.

Verena strahlte Wärme aus. Ehe Carlo sich's versah, hatte er sich in sie verliebt. Sie war keineswegs eine Anmacherin, wie Carlo vorgegeben hatte, um seine Schüchternheit zu verdecken. Im Gegenteil: Verena war zurückhaltend, doch offen. Carlo erfuhr, dass Verena um ihre Tochter Juliana trauerte. Das Mädchen war im Alter von drei Jahren an einer Immunschwäche gestorben. Julianas Vater Gabriel, ein brasilianischer Ingenieur, hatte den Tod seines Kindes nicht verkraften können. Er verfiel der Schwermut und kehrte in seine Heimat zurück. Verena gab ihren Beruf als Grundschullehrerin auf. Sie konnte nach dem Verlust ihrer Tochter den tagtäglichen Umgang mit Kindern nicht mehr aushalten. „Ich hatte ständig Angst um die Kleinen. Jedes Mädchen und jeder Junge erinnerte mich an meine Juliana." Verena atmete durch, Carlo vermied es, sie dabei anzusehen. Da wurde ihm klar, dass ihn mehr als eine flüchtige Sympathie oder ein Begehren mit Verena verband.

Beide saßen stumm nebeneinander. Carlo wollte seine Hand nach seiner neuen Bekannten ausstrecken, ja sie in die Arme nehmen und trösten. Da wandte sich das kleine Mädchen erneut an Verena. „Warum redet ihr nicht weiter?", fragte sie ihre große Freundin, um unvermittelt fortzufahren: „Ich will wieder mit dir spielen." Sie sprang auf und ergriff die Frau bei der Hand – wie gern hätte Carlo ebenso gehandelt und ihre warme, feste Hand in die seine genommen. Verena erhob sich und folgte dem Mädchen. Dabei warf sie Carlo einen Blick zu, der ihn bat, auf sie zu warten. Er nickte ihr zu. Sie verstanden sich ohne Worte.

Carlo brachte Verena nach Hause. Er blieb wie selbstverständlich bei ihr. Carlo entwickelte an der Seite seiner Geliebten eine ihm bislang unbekannte Behutsamkeit und Zärtlichkeit. Er, der sich immer viel auf seine Freiheit, muntere Unverbindlichkeit und Frechheit zugute hielt und sich dabei wohl und selbstsicher gefühlt hatte, empfand nun Fürsorge für die Gefährtin.

Verena verdiente ihr Geld als Bürokraft in der Kanzlei eines Bochumer Anwalts. Gelegentlich half sie auch in Marios Büro aus. Sie leistete ordentliche Arbeit. Doch es war für sie lediglich ein Job. Das war ihr bewusst, und auch Carlo spürte es. Er redete ihr vorsichtig zu, doch wieder in ihrem alten Beruf zu arbeiten. Verena war gerührt. Sie hatte befürchtet, dass Carlo als Bergmann sich nicht mir einer Studierten liieren wollte. Doch der war im Gegenteil stolz auf seine Gefährtin und bestärkte sie nach Kräften. Das half. Nach einiger Zeit fand Verena wieder Mut, sich beim Schulamt um eine erneute Anstellung zu bewerben. Da sie gute Leistungen vorzuweisen hatte und ihr Direktor den damaligen Grund ihrer Kündigung kannte, empfahl er der Behörde ihre Wiedereinstellung und erklärte sich bereit, Verena in seiner Schule zu beschäftigen. Als sie das amtliche Schreiben in Händen hielt und dessen Inhalt überflog, schossen Tränen in ihre Augen. Abends feierte sie mit Carlo ihre Wiederberufung mit einer Flasche Sekt. Carlo umarmte die Geliebte innig. Nie zuvor hatte er sich einem Menschen so nahe gefühlt.

Carlo brachte wieder Zuversicht in Verenas Leben. Seine Unbekümmertheit, sein Humor, sein unverstellter Stolz auf die Gefährtin, vor allem aber seine stets fühlbare Liebe vermittelten ihr ein Gefühl der Geborgenheit. Verena war im Grunde zaghaft, ein Charakterzug, der sich durch die lange Krankheit und den Tod ihrer Tochter verfestigt hatte. Carlos Munterkeit und Entschlossenheit gaben Verena Selbstvertrauen. Als der Geliebte sie nach wenigen Wochen aufforderte, ihn zu heiraten, wollte sie dies zunächst als verliebten Jux abtun. Doch beim Blick in seine Augen sah Verena Entschlossenheit. Carlo spürte die Unsicherheit der Geliebten, er überwand sie in seiner direkten Art.

Der Bergmann nahm Verenas Hand in seine kräftige Rechte und sprach mit klarer Stimme: „Ich bin katholisch. Und halber Italiener. Ich mache zwar gern Scherze – aber nicht mit der Ehe. Ich bin schon 36. Ich habe so lange gewartet, bis ich die richtige Frau gefunden habe. Du bist es. Dich will ich heiraten. Ich meine es ernst." Er hielt Verenas Hand behutsam, aber dennoch fest, als er bestimmt hinzufügte: „Ich werde dir ein guter Mann sein. Du kannst dich auf mich verlassen." Sie nickte stumm. Am folgenden Montag bestellten sie das Aufgebot.

Während Carlo und Verena ihr privates Glück genossen, sorgten sich die Menschen über die sich stetig verschärfende Wirtschaftskrise und die damit verbundenen Verluste von Arbeitsplätzen. Bereits im Januar 1996 hatte der Aufsichtsrat der AEG die

Schließung des Elektrokonzerns beschlossen. Das 113 Jahre alte Unternehmen hatte vor allem aufgrund fehlerhaften Managements den Anschluss an die weltweite Entwicklung in der Elektrobranche verpasst. Zehntausende Beschäftigte verloren ihre berufliche Existenz. Anfang Mai ging der Vulkan-Werftenverbund, das größte deutsche Schiffbauunternehmen, bankrott. Erneut standen Tausende Arbeitnehmer vor dem Nichts.

Die Gewerkschaften sahen sich veranlasst, in einer machtvollen Demonstration für die Rechte der Arbeitnehmer einzutreten. Am 15. Juni 1996 kamen 350 000 Menschen in Bonn zusammen, um gegen Versuche der Regierung, das Arbeitsrecht zu deregulieren und Karenztage im Krankheitsfall einzuführen, zu protestieren. Ludwig filmte die Veranstaltung für einen regionalen Privatsender.

Der starke Protest ließ sich in eindrucksvolle Bilder umsetzen. Doch der kurze Bericht beschränkte die Aussage des Autors darauf, die Demonstration richte sich gegen Sozialabbau und trete für die verbrieften Rechte der Arbeitnehmer ein. Das war Ludwig zu pauschal. Er begriff, dass die Funktion des Fernsehens, insbesondere bei kleinen regionalen Anbietern, in erster Linie darin bestand, Bilder und Stimmungen einzufangen. Für die ausführliche Erklärung des Geschehens waren Zeitungen besser geeignet.

Bei der Übertragung von Sportereignissen hingegen war das Fernsehen konkurrenzlos. Am letzten Junitag zeigten die TV-Stationen das Endspiel um die Fußballeuropameisterschaft zwischen Deutschland und Tschechien im Londoner Wembley-Stadion. Oliver Bierhoff erzielte in der Verlängerung das Golden Goal. Damit gewann die deutsche Nationalelf nach einem packenden Spiel die Fußballeuropameisterschaft mit 2:1. Nach dem Schlusspfiff fielen sich Ludwig und Florian, die das Spiel gemeinsam zu Hause vor dem Fernsehapparat verfolgt hatten, in die

Arme. Danach eilten sie in die Essener Innenstadt und sangen in der Fußgängerzone im Knäuel mit anderen Fußballfreunden ausgelassen: „So ein Tag, so wunderschön wie heute – so ein Tag, der dürfte nie vergehn!" Zwischendurch tranken sie in einer Kneipe Bier, ehe sie jubelnd weiterzogen. Irgendwann kehrten sie Arm in Arm heim. An diesem Abend hegte Ludwig erstmals väterliche Gefühle für Florian.

Am 12. September öffnete in Oberhausen das CentrO seine Pforten. Ludwig begleitete die Einweihung des größten Einkaufszentrums Europas mit einem TV-Team. In einem kurzen Rückblick anhand historischer Schwarzweißaufnahmen erläuterte sein Film, dass der Käufermarkt sich auf dem Gelände des ehemaligen Hütten- und Walzwerks der Firma Thyssen befand. Das Areal maß 70 000 Quadratmeter. Durch einen Umschnitt auf Farbaufnahmen des Geländes aus der Vogelperspektive – zu diesem Zweck flogen Ludwig und sein Kameramann erstmals in einem Hubschrauber mit – wurde der zeitliche und wirtschaftliche Umbruch verdeutlicht. Wo einst Stahlwerker in Schutzkleidung vor den glühenden Schlünden der Hochöfen ihre knochenharte Arbeit verrichteten, waren nun adrette Verkäuferinnen in mehr als 200 Geschäften beschäftigt. Sie berieten die Kunden bei ihren Einkäufen von Kleidung, Lebensmitteln bis zur Unterhaltungselektronik und Schmuck.

Damit nicht genug. Die Kamera ging mit den Besuchern zu Restaurants und Speiseständen der Imbissmeile. Die Bilder folgten einem Kind, das Pommes frites verschnabulierte, die leere Tüte in einen Abfalleimer stopfte und seinen Eltern zurief: „Und jetzt rein ins Vergnügen!" Die Kamera begleitete die Familie in ein Schwimmbad und flog anschließend über Sport- und Freizeitanlagen. Nachtaufnahmen zeigten Kino- und Theaterbesucher, die man später beim Tanz in Diskotheken wiedererkannte. Am Ende verteilte ein Zeitungsjunge „CentrO! CentrO!"-Gazetten an Passanten, die eifrig darin blätterten. Da griff sich der Junge das letzte Exemplar und las laut vor: „Europas größtes Einkaufs- und Freizeitzentrum in Oberhausen schafft 6000 Arbeitsplätze!" Darauf der Zeitungsjunge: „Das ist was für Petra. Die will Friseurin lernen."

Das Feature kam gut bei den Zuschauern an, und so bat die Redaktion Ludwig, weiterhin Filme für den öffentlich-rechtlichen Sender zu drehen. Als Nächstes verfasste Gruber dennoch wieder einen Zeitschriftenartikel. Denn die Umstrukturierung der vormaligen Ruhrkohle AG zum RAG-Konzern war ein zu wichtiger und komplexer Vorgang, um ihn in einem knappen TV-Feature zu beschreiben. Die effektive Arbeit der Ruhrkohle überzeugte die Politiker zunehmend. Daher mischten sie sich immer weniger in die Firmenstrategie ein. Seit Beginn der neunziger Jahre flossen die öffentlichen Hilfsmittel pauschal an die Unternehmensleitung, damit diese die Gelder möglichst optimal im Konzern einsetzen konnte.

Eine längerfristig orientierte Strategie wurde von dem seit 1995 amtierenden Vorstandsvorsitzenden Gerhard Neipp systematisiert. Der Ruhrkohlechef und seine Vorstandskollegen konstruierten einen Konzern, der sich in Richtung eigenständiges Unternehmen entwickeln sollte. Voraussetzung hierfür war die Zustimmung der Bundesregierung als entscheidender Unterstützerin des Steinkohlenbergbaus. Bonn verlangte für seine prinzipielle Zustimmung freilich eine Gegenleistung. Die Ruhrkohle musste sich verpflichten, fortan aus ihrem profitablen „weißen" Bereich, also aus der Chemie, dem Energiebereich sowie aus dem Immobiliensektor, jährlich zunächst 50, später 100 Millionen Mark an den Bergbau, den „schwarzen" Bereich, abzuführen. Das war eine gewaltige Summe. Neipp und seine Managementkollegen sahen dies als große Aufgabe. „Diese Strategie war riskant, aber zugleich eine unternehmerische Herausforderung. Hätten wir uns nicht darauf eingelassen, wären wir ein reiner Subventionsbetrieb geblieben", berichtete ein Manager. Die Konzernleitung akzeptierte die Bedingung der Bundesregierung und gewann auf diese Weise Spielraum als Unternehmer. Der Konzern konnte fortan noch effektiver, also gewinnorientierter, arbeiten.

So entstand aus der Ruhrkohle AG die RAG. Deren Tochterfirma RAG Beteiligungs-GmbH umfasste die weißen Konzernfirmen. Die Aufgabe, jährlich mindestens 100 Millionen Mark zu erlösen, war ein permanenter Antrieb. „Dies ist keineswegs ein Schlusspunkt. Es ist vielmehr ein Anfang. Die Herausforderung, profitabel zu wachsen, wird die Unternehmen der RAG und damit den gesamten Konzern immer stärker motivieren und am Ende in eine Rolle als selbständiges Unternehmen treiben", schloss der Autor seinen Beitrag. Er gab ihm den Titel „Ein Konzern auf dem Weg in die Zukunft".

Zukunftsweisend war auch der Neubau der Firmenzentrale an der Rellinghauser Straße in Essen, der im selben Jahr bezogen wurde. Der Architekt Walter Brune hatte ein Hochhaus für die Führungsgesellschaft entworfen sowie drei weitere mehrgeschossige Bürobauten, in denen die maßgebenden Töchter des Konzerns – die Rütgers AG, die Ruhrkohle Handel GmbH sowie später die Immobiliensparte – für sich und dennoch in enger Anbindung an die Verwaltung arbeiten konnten. Als Verbindungstrakt diente ein zentral platzierter Pavillon mit viel Glas für Transparenz und Licht. Klare, schnörkellose Linien, zurückgenommene Materialien und sachliche Gestaltung kennzeichneten den Neubau, der, so der Architekt, „ein in die Zukunft hineingebautes Objekt" sein sollte.

Die intensive Beschäftigung mit dem Essener Konzern lehrte Ludwig Gruber, dass dieser über den Steinkohlenbergbau hinaus wesentlichen Anteil an der Zukunftsgestaltung des Reviers haben würde. Der Journalist wollte den Lauf der Entwicklung genau beobachten.

Drei Jahre später, nachdem er sich in einer Reihe weiterer Artikel mit dem Unternehmen befasst hatte, sollte Ludwig Gruber erneut einen Film über die deutsche Steinkohle drehen. Der traurige Anlass war die Stilllegung der Kokerei Kaiserstuhl. Die Koksfabrik war die modernste Anlage in Deutschland. Erst acht Jahre zuvor hatte sie ihren Betrieb aufgenommen. Doch die Außerdienststellung der Thyssen-Krupp-Hochöfen in Dortmund infolge der Stahlkrise bedeutete, dass der lokale Großabnehmer entfiel – die übrigen deutschen Hochöfen wurden bereits von anderen Kokereien versorgt.

Ludwigs Film zeigte die gewaltige, moderne Anlage. Arbeiter und Manager kamen zu Wort, und diese Beiträge wurden mit Sequenzen aus der Einweihung und dem Betrieb der Koksfabrik unterschnitten. Die Beschäftigten waren zornig, traurig, ratlos. Ein Volkswirt äußerte Unverständnis. „Qualitätsstahl aus Deutschland hat Zukunft. Dafür wird man weiterhin Koks brauchen. Es ist volkswirtschaftlich unsinnig, ausgerechnet die modernste Koksfabrik jetzt abzuschlagen. Es wäre viel klüger, das Werk, wenn es sein muss, mit öffentlicher Unterstützung, am Laufen zu halten und in wenigen Jahren wieder hochzufahren, statt die moderne Anlage jetzt gleich dichtzumachen."

Während die RAG in den letzten Jahren des ausgehenden Jahrhunderts mit der Bundesregierung hart um die Zukunft des deutschen Steinkohlenbergbaus rang, hatten die Kumpel und an ihrer Seite die Gewerkschaften und Beschäftigten für ihre Rechte demonstriert. So bildeten am 14. Februar 1997 220 000 Menschen ein 93 Kilometer langes Band der Solidarität quer durch das Revier.

Knapp einen Monat später, am 6. März, trafen sich Bundeskanzler Helmut Kohl und der Chef der IGBE, Hans Berger. Von dem Optimismus, mit dem Berger in das Gespräch gegangen war, war am Abend nicht mehr viel übrig. Ein sichtlich enttäuschter

Gewerkschaftsführer trat vor die Kameras. Die Bundesregierung hatte ein Zurückfahren der Kohlebeihilfe von gegenwärtig 8,9 Milliarden auf 7 Milliarden für das Jahr 2000 und eine weitere Kürzung um über 5 Milliarden bis 2005 in Aussicht gestellt. Das ließ nichts Gutes für die Fortsetzung des Gesprächs am darauffolgenden Dienstag hoffen.

„Museumsbergbau …", Carlo, der gemeinsam mit Verena die Sendung verfolgte, hieb auf den Tisch, „… so weit kommt's noch! Das lassen wir uns nicht bieten. Wir Kumpel werden uns ganz schnell ganz heftig räuspern. Da wird einigen Herrschaften Hören und Sehen vergehen!" Er lächelte bestimmt. „Denen wird nichts übrigbleiben, als hinzuschauen und uns Bergleute endlich ernst zu nehmen!" Verena blickt Carlo verständnislos an: „Wie meinst du das?" Carlo antwortete nicht. Er schnappte sich das Telefon, ging ins Nebenzimmer und schloss die Tür hinter sich. Verena konnte gerade noch das Wort „Streik" verstehen.

Am nächsten Morgen begannen die Zechen den Kohleabbau sukzessive zu drosseln. Auf Prosper-Haniel in Bottrop diskutierten Carlo und seine Kollegen aufgebracht, ob man zur 12-Uhr-Schicht noch einfahren solle. Zwei Stunden später waren die Kumpel wieder über Tage. Die Streikaktionen weiteten sich rasch aus, und ähnlich wie im Februar gingen die Menschen auf die Straße: Autobahnen wurden blockiert, um auf die Nöte der Bergleute aufmerksam zu machen. Dann setzte sich der lange Zug der Kumpel in Bewegung: Am darauffolgenden Montag waren bereits 15 000 Bergleute nach Bonn gezogen, um für ihre Rechte und realistische Zukunftsabmachungen für die Kohle zu demonstrieren. Die Parteizentralen der Regierungsparteien CDU und FDP wurden umstellt; vor dem Hauptquartier der Liberalen hatten sich Kumpel angekettet und so den Zugang verstellt.

Am nächsten Mittag wollten Bundesregierung, Kohleländer und Gewerkschaftsvertreter sich erneut zusammensetzen.

Das gab vielen Bergleuten Gelegenheit, allein durch ihre Präsenz den Druck auf die Verhandlungspartner aufrechtzuerhalten. „Wir pennen hier, keine Frage. Die sollen nicht denken, dass wir für unser warmes Heia-Bett daheim unseren Kampf unterbrechen!", beschied Carlo. Das Angebot, im Erich-Ollenhauer-Haus, der SPD-Zentrale, Unterschlupf zu suchen, lehnten die meisten Kumpel ab. Carlo grinste seine Kameraden an: „Wer uns einen Gute-Nacht-Kuss geben will, muss schon zu uns rauskommen", witzelte er, ehe er sich in eine Plane mummelte, die ihn vor der kalten Märznacht nur wenig schützen konnte. Derweil fror sein Kumpel Salvatore bereits erbärmlich. „Bei uns ist jetzt schon Frühling, hier immer noch Winter", grummelte der Sizilianer. „Denk dran, warum wir hier sind – da wird's dir warm ums Herz!", beschied ihm der Freund. „Müsst ihr Italiener eigentlich dauernd quatschen?", frotzelte Franz-Josef, den Carlo von Prosper kannte. „Ja, ja, eine deutsche Eiche ist halt stumm …", entgegnete Carlo und schloss die Augen.

Mehrere hundert Kumpel überschritten schließlich die Bannmeile, um dem Bundeskanzler nachdrücklich ihre Existenzgefährdung zu demonstrieren. Doch anders als 108 Jahre zuvor, als der eitle Kaiser Wilhelm II. eine Delegation von Bergarbeitern empfing, verweigerte Helmut Kohl den Kumpeln und ihren Vertretern das Gespräch. Er lasse sich nicht unter Druck setzen, ließ der Regierungschef wissen und sagte das anberaumte Treffen kurzerhand ab. Ratlosigkeit und Ärger machten sich unter den Kumpeln breit.

„Wir wollen Arbeit! Wir wollen Arbeit!", skandieren die einen, andere machten aus ihrer Wut kein Hehl und brüllten sich ihren Ärger und ihre Angst vor der Zukunft aus dem Leib. „Ich könnt alles kurz und klein hauen, so sauer bin ich", keuchte Franz-Josef. „Wenn das hier wieder nur eine Verarsche wird, mach ich's auch …" – „Mann, beruhig dich!", mahnte Carlo seinen Begleiter. „Wenn wir jetzt ausrasten, ist das für die ein gefundenes Fressen." – „Der Lafontaine hat gerade gesagt, dass wir mit Leuten verhandeln, die ihr Wort nicht halten – warum sollen wir's tun?", entgegnete Franz-Josef. „Immer schön brav – nee, danke. Ich hätt echt Lust …" Carlo packte Franz-Josef am Arm. „Mach keinen Mist. Die Sache muss friedlich bleiben. Sympathien sind schnell verprügelt. Wenn hier was schiefgeht, dann vergeigen wir alle Unterstützung für unseren Protest, kapiert das doch!", erwiderte Carlo, der begriff, dass man seine Forderungen verteidigen musste, am Ende jedoch eine Einigung zu stehen hatte.

Als Hans Berger vor die Bergleute trat, um ihnen den Stand der Verhandlungen mit der Bundesregierung zu erläutern, und die Kumpel dazu bewegen wollte, die Regierungshauptstadt zu verlassen, schallten ihm ein ohrenbetäubendes Pfeifkonzert und „Judas!"-Rufe entgegen. Die Stimmung heizte sich weiter an.

Schließlich siegte die Vernunft. Die Worte des Sprechers der Fraktion Bündnis 90/Die Grünen waren auch bei den aufgebrachtetsten unter den Kumpeln auf fruchtbaren Boden gefallen: „Heute Morgen hat euch der Dicke im Kanzleramt provozieren wollen. Ihr wart klug genug, nicht darauf einzugehen …", beschwichtigte Joschka Fischer die Menge.

Ein neues Kohle-Spitzengespräch war für Donnerstag anberaumt worden. Viele Kumpel entschieden sich, in der Nähe des Geschehens auszuharren und so den Druck aufrechtzuerhalten. „Wir bleiben da", verkündeten auch die Männer von Carlos Trupp. Die Kumpel hatten sich aus der Bannmeile zurückgezogen und nahmen schließlich das Angebot an, in einer Zeltstadt zu kampieren, die am Müngersdorfer Stadion in Köln errichtet worden war. An die 8000 Bergleute fanden hier Unterschlupf.

Nach einer heißen Suppe rollte sich Carlo am Abend in den Schlafsack ein. Früh am nächsten Morgen wollten die Bergleute wieder in Bonn sein. Auch wenn der Ausgang der morgigen

Gespräche noch ungewiss war, hatte Carlo ein gutes Gefühl. Der Protest der Kumpel war massiv gewesen, aber ohne größere Zwischenfälle verlaufen. Die Bergleute hatten Vernunft bewiesen – blieb zu hoffen, dass die Verhandlungspartner dies auch tun würden. Um Carlo herum klönten die Kumpel vor und in ihren Zelten, rauchten und lachten. Carlo war zwar hundemüde, aber stolz und zufrieden. Die Bergleute standen eisern zusammen, wenn es ernst wurde. Er war glücklich, dass er zu dieser Gemeinschaft gehörte.

Der massive Protest der Bergleute und ihrer Unterstützer blieb nicht ohne Eindruck auf die Bundesregierung. So rückte Bonn von seinem Plan ab, die Zuschüsse zum Steinkohlenbergbau drastisch zurückzufahren, und begnügte sich mit einem Kompromiss. In der Kohlepolitischen Vereinbarung vom 13. März einigten sich Vertreter der Bundesregierung, der Bergbauländer Nordrhein-Westfalen und Saarland, der Gewerkschaft und der Bergbauunternehmen auf das Ziel, „einen lebenden und gesamtwirtschaftlich vertretbaren Bergbau (zu) erhalten".

Konkret bedeutete dies, dass die Fördermenge von 45 Millionen Tonnen pro Jahr in 1997 auf rund 30 Millionen Tonnen in 2005 zurückgeschraubt wurde; durch Still- und Zusammenlegungen musste die Zahl der Zechen von siebzehn auf neun reduziert werden, darüber hinaus könnten Kokereien geschlossen werden. Die Zuwendungen des Bundes sollten bis 2005 von 10,4 Milliarden auf 5,5 Milliarden jährlich zurückgehen. Doch der bitterste Schluck aus der Vereinbarungspulle war der Abbau von Arbeitsplätzen: statt der nun 84 000 Menschen sollten Ende 2005 nur noch knapp die Hälfte im Bergbau tätig sein.

Das bot erheblichen sozialen Sprengstoff, und wieder einmal mussten sich alle Seiten bemühen, diesen Stellenabbau so ausgewogen und sozialverträglich wie möglich zu gestalten. Die glänzendere Seite der Medaille war, dass die Kohlepolitische Vereinbarung dem deutschen Steinkohlenbergbau bis 2005, also für fast ein Jahrzehnt, Planungssicherheit gewährte. Und sie forderte, dass die deutschen Steinkohlegesellschaften in Zukunft ein Unternehmen bilden sollten.

1997 brachte noch eine weitere wichtige Neuerung: Mit dem 17. Dezember veränderte sich das Fünfte Verstromungsgesetz vom Dezember 1995, das den Beitrag zum Absatz deutscher Steinkohle für den Einsatz in Kraftwerken und zur Stahlerzeugung regelte. Nun, im Steinkohlenbeihilfegesetz, wurden bis 2005 die Finanzplafonds festgeschrieben, die den Bergbauunternehmen aus Mitteln des Bundeshaushaltes zur Verfügung gestellt wurden: Von 1998 bis einschließlich 2000 sollten sieben Milliarden D-Mark fließen, ab 2001 nahm der Betrag ab, bis er 2005 schließlich noch 3,8 Milliarden Mark betragen würde.

Carlo hielt Wort. Er war Verena ein guter Ehemann, der ihr Halt gab. Nach einer Weile wünschte sich Verena wieder ein Kind. Ein Bedürfnis, das ihr nach Julianas Tod undenkbar erschienen war. Als sie Carlo davon erzählte, war er begeistert. Als Verena jedoch Bedenken wegen ihres Alters äußerte, sie würde in wenigen Monaten 38 Jahre alt, meinte Carlo in seiner praktischen Art: „Ich bin Kumpel. Vom Kinderkriegen habe ich keine Ahnung. Am besten gehst du zum Frauenarzt, der kennt sich da besser aus."

Durch eine Freundin erhielt Verena die Adresse eines Gynäkologen in ihrer Nachbarschaft. Dr. Sergej Rubenstein war ein aus Russland zugewanderter Mediziner. Er sprach ein grammatikalisch einwandfreies Deutsch, allerdings mit stark russisch gefärbtem Akzent. Seine langsame Sprache kontrastierte mit dem feinfühligen Gesicht, den introvertierten grauen Augen, die sich hinter den scharfen Gläsern einer randlosen Brille versteckten. Der Arzt untersuchte die Patientin sorgfältig. Als Verena ihn zaghaft auf eine zurückliegende Operation ansprach, bei der ihr vor Jahren ein Eileiter entfernt worden war, beruhigte sie der Gynäkologe. Darüber müsse sie sich keine Gedanken machen. Der Eingriff sei gut verheilt, und ein Eileiter reiche aus, „um noch ein halbes Dutzend Kosaken, Pardon, Bergleute zur Welt zu bringen".

Nachdem Verena sich wieder angekleidet hatte, bat sie der Arzt, Platz zu nehmen. Er setzte sich ihr gegenüber an seinen Schreibtisch. Rubenstein sah seine Patientin aufmunternd an, ehe er sachte anhob. „Es ist alles in Ordnung, Frau Brandi …" – „Aber?" Verena glaubte ein Zögern in Rubensteins Gesagtem zu hören. Angst stieg in ihr auf, ihre Glieder verkrampften sich. „Kein Aber!" Der Arzt spürte die Furcht seines Gegenübers.

„Sie möchten Kinder?", fragte er mit betont ruhiger Stimme. – „Ja. Kann ich denn keine mehr bekommen?" Verenas Stimme klang gepresst. „Hat die Operation doch bleibende Schäden hinterlassen?" – „Nein, es ist …" – „Eine Zyste? Ein Myom? Oder gar …" Verena fehlte die Luft zum Weitersprechen.

Die Frau war ein Hypochonder! Gegen Angst waren rationale Argumente nutzlos, hier halfen allein Vertrauen und Geduld. Rubenstein fasste seinen Beruf als Arzt und Helfer auf. So nahm er sich Zeit, um seine panische Patientin zu beruhigen. „Es ist wirklich alles in Ordnung. Nur ich würde …" Verena klammerte sich an der Schreibtischkante fest. „Also doch … ist es sehr schlimm? Unheilbar?"

Rubenstein wusste, dass er nun deutlich werden musste, ohne grob zu sein und die Furchtsame noch mehr zu verschrecken. „Frau Brandi. Jetzt ist es genug. Beruhigen Sie sich bitte – und vertrauen Sie mir. Nochmal: Es ist alles in Ordnung. Ich wollte lediglich sagen, dass Sie, wenn Sie ein Kind möchten, nicht mehr zu lange warten sollten …" – „Bin ich zu alt? Oder … zu krank? Mein Mann wartet draußen. Sollen wir ihn reinholen?", fragte Verena bang. „Keins von alledem, Frau Brandi. Nehmen Sie Ihren Mann und gehen Sie nach Hause. Sie sind 38 Jahre alt … da sollten Sie nicht mehr zu viel Zeit verlieren, bevor Sie schwanger werden!"

Der Arzt erhob sich und gab zu verstehen, dass die Konsultation hiermit beendet sei. Er lächelte seine Patientin aufmunternd an, geleitete sie zur Tür des Sprechzimmers hinaus und reichte Verena die Hand, um sich zu verabschieden. „Also, Frau Brandi, nur Mut …" Carlo, der nicht gewusst hatte, was schwerer wog, die Peinlichkeit, im Wartezimmer einer Frauenarztpraxis zu sitzen, oder seine Sorge um Verena, sprang von seinem Stuhl auf und sah Rubenstein erwartungsvoll mit bangem Blick an.

Die strahlende Miene des Arztes und dessen ausgestreckte Rechte ließen Carlos Furcht augenblicklich in Begeisterung umschlagen. Statt ihm die Hand zu geben, umarmte er den Arzt. Die kräftigen Bergmannsarme umschlossen den schmächtigen Mediziner hart und nahmen diesem kurzfristig die Luft zum Atmen. Als Carlo Rubenstein losließ, meinte der: „Aber ich habe doch nichts getan. Ich habe lediglich …" – „Nein! Sie haben Verena die Angst genommen … und mir auch."

Drei Monate später wurde Verena schwanger. Rubenstein betreute die werdende Mutter mit einer Mischung aus Fürsorge und Derbheit. Auf diese Weise gelang es ihm, ihre Angst, ob das Kind und sie gesund seien, zu dämpfen. Als Verena im siebten Monat der Schwangerschaft erneut in Panik geriet, gab sich Rubenstein grob: „Ich würde mir wünschen, dass jede Patientin eine derart komplikationslose Schwangerschaft hätte wie Sie. Und auch die Geburt wird völlig normal verlaufen!" – „Woher wollen Sie das wissen, Herr Doktor?" – „Sie sind gesund. Ohne jeden Befund. Der Fötus ist gut entwickelt. Besser geht's nicht!" – „Aber ich habe Angst, dass … könnte nicht …", hob Verena an. „Kein Aber! Ihnen fehlt nichts." – „Vielleicht ist von der Eileiteroperation doch etwas zurückgeblieben …" – „Das haben wir schon besprochen. Kein Befund!" – „Wollen Sie nicht eine

Blutanalyse vornehmen?" – „Nein! Ich habe Ihr Blut untersucht. Es ist tadellos."

Der Arzt stand auf. „Ihre Bedenken in Ehren, Frau Brandi. Doch ich habe noch andere Patientinnen. Frauen, die tatsächlich krank sind und dringend medizinischer Betreuung bedürfen." Er wusste, dass Verena durch den Tod ihres Kindes traumatisiert war und ihr die Arztbesuche halfen, ihre Angst zu lindern.

Trotzdem sah Rubenstein Verena streng an. „Wenn ich noch eine Patientin wie Sie hätte, könnte ich meine Praxis dichtmachen. Sie und Ihr zukünftiges Kind sind gesund. Ab mit Ihnen – ich will Sie erst in vier Wochen wieder hier sehen."

Eine „gute Nachricht für die Menschen in den deutschen Steinkohlerevieren" konnte der Vorstandsvorsitzende der RAG, Gerhard Neipp, im Juli 1998 überbringen: Nach Prüfung der Wettbewerbsbedingungen hatte die EU-Kommission in Brüssel grünes Licht für die Übernahme der Saarbergwerke AG und der Preussag Anthrazit GmbH gegeben. Das Essener Unternehmen verpflichtete sich dafür, sich von einem Teil seines Importkohlegeschäftes zu trennen.

Die Erlaubnis zur Fusion wurde von Regierung und Opposition, der Gewerkschaft Bergbau und Energie sowie Unternehmen gleichermaßen begrüßt. Nun war der Weg frei für die offizielle Gründung der Deutschen Steinkohle AG, die alle Montanaktivitäten unter dem Dach der RAG bündeln sollte. Zum Sitz der DSK wurde Herne bestimmt. Hier, am Shamrockring, schließt sich der Kreis. Das Hauptquartier der Deutschen Steinkohle befindet sich nur einen Katzensprung vom einstigen Wohnhaus des William Thomas Mulvany, der Mitte des 19. Jahrhunderts mit seinen Zechen Shamrock, Hibernia, Erin und weiteren einen Grundstein für die Bedeutung des Steinkohlereviers an der Ruhr und das Wohlergehen seiner Menschen gelegt hatte.

Der Vorstandsvorsitzende der neuen Deutschen Steinkohle musste die mit der Bundesregierung erzielte Einigung umsetzen, also ohne betriebsbedingte Kündigungen fast 50 000 Stellen abbauen. Nur auf diese Weise ließ sich die Zukunft der deutschen Steinkohle sichern. Gleichzeitig musste er das eherne Versprechen einhalten, dass weiterhin kein im Bergbau Tätiger ins Bergfreie fallen durfte. Soziale Verantwortung, politische Notwendigkeiten, wirtschaftliche Gegebenheiten und der Einsatz für die Rechte der Arbeiter mussten unter einen Hut gebracht werden.

Verena brachte, wie von ihrem Arzt vielfach vorhergesagt, einen gesunden Jungen zur Welt. Rubenstein begleitete die komplikationslose Geburt und sprach der Gebärenden im Kreißsaal mit ruhiger Stimme Mut zu, während die Hebamme und der behandelnde Arzt ihre Arbeit taten. Carlo, den Verena mit ihrer Angst angesteckt hatte, war nicht in der Lage gewesen, der Niederkunft beizuwohnen. Rubenstein wollte vermeiden, Carlo die frohe Botschaft seiner Vaterschaft zu übermitteln, denn er fürchtete, von dem glückseligen Kumpel erdrückt zu werden. So verließ der Arzt mit gewollter Verzögerung den Kreißsaal. Carlo war unterdessen bereits informiert worden.

Rubensteins Sorge stellte sich als nicht unberechtigt heraus. Mittlerweile nämlich hatten der Bergmann und sein Bruder Mario, die gemeinsam vor dem Kreißsaal hockten, die trotz ausdrücklichem Alkoholverbot eingeschmuggelten zwei Flaschen Prosecco längst geleert. Der angeheiterte Carlo sprang auf Rubenstein zu, drückte dem Arzt einen schmatzenden Kuss auf die hohe Stirn und versicherte dem verdutzten Mediziner: „Das werde ich Ihnen nie vergessen, Dottore!"

Eine Woche später fand die Taufe des Säuglings in der Bottroper Kirche St. Elisabeth statt. Die anschließende Feier hatte Carlo im Familienrestaurant „Napoli" ausrichten wollen. Doch damit rührte er bei seinem Vater Giuseppe unwillentlich an eine unverheilte Wunde. „Ich geh nicht in dieses Hexenbude. Niemals. So lange ich lebe …" Giuseppe bekreuzigte sich rasch. – „… danach wirst du kaum Gelegenheit haben", witzelte Carlo. „Und jeder Streit muss einmal ein Ende haben. Grazia gehört zur Familie!" – „Sie ist undankbare Schlange!", brüllte Giuseppe. „Eine Betrügerin. Ich hab sie nach Faustos Tod – ruh in Frieden – zu uns genommen. Aus Nächstenliebe, alles für die Familie! Sie durfte sogar in meine Lokal arbeiten!"

Der Alte schnappte kurz nach Luft, ehe er mit anschwellenden Schläfenadern weitertobte. „Und diese undankbare Miststück! Diese, diese … hat mein gute Herz ausgenutzt. Immer tiefer hat sie sich gebissen in das Fleisch unserer Familie wie Zecke. Gleichzeitig hat sie Heinrich gemacht schöne Augen – wie Dirne …" – „Aber Babbo, Heinrich ist doch …" Giuseppe schrie den Einwand seines Sohnes nieder. „Hure bleibt Hure! Und dann hat sie auch noch meine Tochter, meine Carla, deine Schwester, aus meinem Ristorante herausgedrängt, diese Diebin."

Carlo befürchtete, sein Vater werde einen zweiten Schlaganfall erleiden, wenn er sich weiterhin derart aufregte. Doch seine Versuche, den tobenden „Babbo" zu beschwichtigen, waren vergebens. Der unverminderte Groll des Vaters und die aufkommenden Erinnerungen an die vergangenen bitteren Auseinandersetzungen gemahnten Carlo, dass es sinnlos oder zumindest noch zu früh war, den Familienstreit beilegen zu wollen. Selbst die Freude über seinen Enkel würde Giuseppe Brandis alte Verletzungen nicht lindern. Statt Frieden in der Familie zu schaffen, würde lediglich neuer Zank aufkeimen und die Tauffeier vergiften. Das Glück über die Geburt seines Sohnes hatte Carlo glauben lassen, die Familie werde sich versöhnen.

Es passte Carlo ganz gut, dass Grazia, wie sie ihn am Telefon wissen ließ, am Taufsonntag eine große geschlossene Gesellschaft in ihrem Ristorante zu bewirten hatte und unabkömmlich war. Unter diesen Umständen würde sie nicht bei der Familienfeier aufkreuzen.

So bildeten die Familien des jungen Ehepaares, die Brandis und die Nowaks, den Kern der Festgemeinde, ergänzt durch vier Kumpel, die Carlo aus seinem Pütt eingeladen hatte. Man traf sich in einem Café in der Bottroper Innenstadt. Zwischen Kirche und Feier machte sich Carlo auf den Weg, um Renata und Heiner aus Herne abzuholen. Carlo, der Renata von klein auf kannte, mochte die alte Hebamme. Er bewunderte ihren klaren Kopf und schätzte ihre direkte Art. Und Heinrich hatte ohnehin seit der Auseinandersetzung damals um seine Berufswahl einen besonderen Platz in Carlos Herzen. Sooft er konnte, schaute Carlo bei Renata und Heiner vorbei, ging ihnen mit Besorgungen und Erledigungen zur Hand. Auch in der Zeit seiner ersten Verliebtheit in Verena vergaß er nie, die beiden zu besuchen.

Renata hatte den lebhaften Carlo seit seiner Kinderzeit gerngehabt. Später kam hinzu, dass er ebenso wie ihr Vater, ihr Bruder Otto, ihr Neffe Heinrich, vor allem aber ihr geliebter Mann Anton Bergmann war. So verschieden die Charaktere und die Herkunft der Männer waren, so unterschiedlich der verschlossene Zuwanderer Leo Bialo, sein Sohn Otto, der unerschrockene Heinrich, der warmherzige Anton und der temperamentvolle Carlo auch aussahen – zwei Züge einte alle Kumpel: Sie waren allzeit hilfsbereit und solidarisch. Renata erfreute sich an Carlos direkter Art, seinem Witz und seiner Pragmatik. Darin erinnerte er Renata an ihren vor einem halben Jahrhundert verstorbenen Vater. Doch Carlo war offener und viel gesprächiger. Er berichtete Renata von seiner Verliebtheit zu Verena, vom Glück ihrer Partnerschaft, aber auch von den hypochondrischen Ängsten seiner Frau. Renata zeigte durchaus Verständnis dafür.

„Weißt du, Carlo, früher hieß das Zauberwort in Deutschland Disziplin. Damit wurden alle Bedürfnisse und Ängste der

Menschen zugedeckt. Ob eine Frau Kinder wollte oder nicht, sie hatte zu gehorchen und zu tun, was ihr Vater, ihr Mann oder ihre Schwiegermutter von ihr verlangten. Ob eine Frau sich vor der Niederkunft fürchtete – was die natürlichste Sache der Welt ist, denn Geburt und Tod liegen näher beieinander, als wir zugeben wollen –, kümmerte keinen. Die Frau musste funktionieren. Für ihre Ängste interessierte sich niemand. Meine Mutter starb bei meiner Geburt. Das hat meinen Vater tief getroffen. Er hat sich von diesem Verlust nie erholt. Doch sprechen konnte er darüber nicht. Das ist heute glücklicherweise anders."

Carlo war von Renatas Temperament, aber auch von ihrer Feinfühligkeit begeistert, als die Hebamme ihm erzählte, dass sie stets als Erstes versucht hatte, die Ängste der Gebärenden zu mildern. „Jede Kreatur hat Angst. Selbst Tiere. Und die Menschen erst recht. Statt die Angst zu leugnen, sollte man versuchen, dieses Gefahrensignal ernst zu nehmen und damit umzugehen."

Daraufhin bat Carlo Renata, mit Verena zu reden. Renata ging auf die junge Frau ein und sprach auch deren hypochondrische Ängste an. Sie gewann rasch Verenas Vertrauen. Die erfahrene Hebamme wusste, dass es sinnlos war, zu versuchen, einer Schwangeren die Angst wegzureden. Stattdessen erzählte Renata Verena von der tiefen Befriedigung der Frauen, die Kinder zur Welt bringen. Mutterglück sei ihr selbst trotz ihres Berufes nie vergönnt gewesen. Die alte Dame tat Verena leid, sie versuchte, Renata zu trösten, was ihre eigenen Ängste in den Hintergrund drängte.

Renata war eine gute Zuhörerin. Sie fragte die junge Lehrerin nach ihrem Beruf. Verena berichtete ihr vom Geschehen in der Schule. Über die einzelnen Schüler, die Schwierigkeiten, den Kindern von türkischen Zuwanderern, deren Eltern sich vielfach nur in ihrer Muttersprache unterhielten, die Grundlagen der deutschen Sprache beizubringen. „Manchmal tut es mir im

Herzen weh. Die Kinder sind aufgeweckt, das sehe ich an ihren lebendigen Augen und an ihrer guten Auffassungsgabe bei Spielen und im Sport. Aber viele von ihnen kommen ohne minimale Deutschkenntnisse in die Schule. Manche können in der ersten Klasse nicht einmal die Frage nach ihrem Namen ‚Wie heißt du?' verstehen. Bis wir so weit sind, dass diese Schüler dem Unterricht folgen können, vergeht ein gutes halbes Jahr. Das hält die ganze Klasse auf. Unterdessen haben Klassen mit vorwiegend deutschen Schülern bereits einen gewaltigen Vorsprung. Durch die Förderung der deutschsprachigen Eltern wird der Abstand immer größer. Das heißt, die türkischen Kinder geraten bereits in der Schule dermaßen ins Hintertreffen, dass es ihnen später im Berufsleben fast unmöglich wird, angemessene Stellen zu finden."

Renata erwähnte den Beruf des Bergmanns, bei dem neben Fleiß, Körperkraft und natürlicher Intelligenz auch Geschicklichkeit und vor allem Zuverlässigkeit gefragt waren. Doch noch während sie davon sprach, kam ihr die stetige Drosselung der deutschen Steinkohlenförderung und als deren Folge das Zechensterben in den Sinn. Nach dem Krieg hatten 600 000 Bergleute durch ihre harte Arbeit die Grundlage des industriellen Wiederaufbaus geschaffen. Nun waren nach Ludwigs Bericht insgesamt knapp 72 000 Arbeiter und Angestellte beschäftigt. Davon arbeiteten 35 000 Kumpel unter Tage. Zwar wurden nach wie vor Lehrlinge im Bergbau ausgebildet, aber in viel geringerem Maße als früher. Und die Anforderungen an die jungen Menschen waren gestiegen. Man musste andere Wege gehen und neue Berufe für Hauptschulabgänger finden.

Verena befürwortete Ganztagsschulen, um die Schüler so weit wie möglich nach dem Unterricht fördern zu können. Daneben plante sie eine unentgeltliche Hausaufgabenbetreuung. „Da würde ich am liebsten mitmachen!", rief Renata spontan, besann sich jedoch ihres Alters. „Aber ob ich es jeden Tag in die Schule schaffe ..."

– „Dann werden die Schüler zu dir kommen. Das wird ihr Verantwortungsgefühl stärken." Renata lächelte – sie verstand: Verena sah in ihr eine soziale Aufgabe für ihre Schüler. Renata dagegen hatte den Kindern lediglich bei der Beherrschung der deutschen Sprache helfen wollen. Um Verena zu zeigen, dass sie ihre Absicht durchschaute, bemerkte sie schließlich: „Hoffentlich fallen deine Schüler bei einer so alten Schreckschraube nicht in Ohnmacht."

„Unsinn! Ich wäre froh, wenn ich deine Lebenserfahrung hätte, Renata!" Heiner, der ins Zimmer getreten war, nachdem er sich bei den „Frauengesprächen" verdrückt hatte, antwortete an Renatas statt: „Sei glücklich, Mädchen, dass du sie nicht besitzt – der Preis ist hoch: Alter macht hässlich, jeder Knochen tut einem weh, Krankheiten, dann Siechtum …" Renata fiel ihm ins Wort. Sie durften die Ängstliche nicht schrecken. „Verena, nur Mut! Der Lebensritt lohnt sich! Die größte Freude sind Kinder, auch wenn sie Schwierigkeiten beim Lernen haben."

Die Aussprache mit Renata ermutigte Verena. Sie versuchte sich ein Beispiel an der Vitalität ihrer alt-neuen Freundin zu nehmen. Verena und Carlo wollten Renata und Heinrich unbedingt als Gäste auf der Tauffeier ihres Kindes begrüßen. Um es den alten Herrschaften möglichst bequem zu machen, mietete Carlo einen Van für einen Tag. Der Bergmann führte Renata zum Auto, half ihr beim Einsteigen. Heinrich kletterte vorsichtig auf die Rückbank. Carlo chauffierte mit größter Rücksichtnahme. „Du musst nicht im Kriechgang dahinschleichen. Wir sind doch kein Gefahrguttransport. Ich hab's mein Lebtag gern flott gehabt, mach mich auf meine alten Tage nicht zum nuklearen Brennelement. Wir haben's eher mit der alten Kohle. Und jetzt drück mal ordentlich auf die Tube, Junge, sonst kommen wir als Letzte zum Fest. Ich bin gern pünktlich!" – „Keine Angst, Renata. Du sollst auf deine Kosten kommen!" Carlo ahnte nicht, wie sehr er mit seinen Worten recht behalten sollte.

Carlo, Renata und Heinrich erschienen tatsächlich mit kleiner Verspätung auf der Tauffeier. Renata hakte sich bei Carlo unter, er führte sie in den Saal. Heinrich stapfte mit dem Geschenk unter dem Arm hinterher. Sofort sprang Verena auf und lief, vor Glück strahlend, mit ihrem kleinen Sohn im Arm auf Renata zu, um ihr den neuen Erdenbürger zu präsentieren. Renata betrachtete den Säugling, der in ein blaues Plaid gehüllt war. Auch mit mehr als 90 Jahren war für Renata die Faszination der Neugeborenen ungebrochen. Fast alles war fertig, zumindest angelegt an dem Kindlein, das mit herabhängenden Lippen friedlich schlief und keine Notiz nahm von der Aufregung der sogenannten Erwachsenen um das eigene Zur-Welt-Kommen.

Als sich Renata nach dem Namen des Kindes erkundigte, sagte Verena mit hoher Stimme: „Sergio!" Sie deutete dabei auf einen Herrn, der neben sie getreten war. Er war zierlich, mit dunklem Bart, hoher Stirn und fein geschwungener Nase, auf der eine randlose Brille schwebte, durch die graue Augen aufmerksam das Geschehen musterten. Als Renata den Mann ansah, wurde sie von einer seltsamen Stimmung erfasst. Sie kannte diesen Blick. Doch woher? Ihr Gedächtnis ließ nach.

Unterdessen stellte Verena den Mann als ihren Arzt, Dr. Sergej Rubenstein, vor. „Ich wollte unseren Sohn Sergej nennen. Doch Carlo wollte seinem Vater eine Freude mit einem italienischen Namen machen und so haben wir ihn Sergio getauft", berichtete Verena. Renata hörte ihr kaum zu. Sie blickte nur noch mit großen Augen den Gast an.

Rubenstein! Ihr Gegenüber bemerkte, wie fasziniert ihn Renata betrachtete. Er wandte sich mit klarer Stimme an sie. „Sie sehen mich an, als ob Sie mich kennten. Verzeihen Sie mir, aber ich kann mich nicht erinnern, dass wir uns schon einmal begegnet sind …" Renata atmete mehrmals durch, ehe sie sich so weit gefasst hatte, dass sie antworten konnte: „Dafür sind Sie zu jung, mein Herr." Renata genoss die verständnislose Verlegenheit, die ihre Antwort auslöste. Sogar ein Lächeln gelang ihr. Schnell war sie wieder Herr ihrer Gefühle: „Vor einigen Jahren … geben wir der Wahrheit die Ehre: vor einigen Jahrzehnten … brachte mich ein Kollege von Ihnen zur Welt …" – „Zur Welt brachte Sie Ihre Mutter …" – „Nein. Die verstarb noch vor meiner Geburt. Ins Leben holte mich …", Renata fühlte ihr Herz gegen die Rippen trommeln, „Dr. Samuel Rubinstein."

Der Arzt sah Renata verblüfft an. „Rubinstein?" – „Ja!", antwortete sie bestimmt, „Samuel Rubinstein." Die Gesichtszüge des Arztes entspannten sich. Er räusperte sich: „Da ist zweifellos eine große Ähnlichkeit zu meinem Familiennamen." Auf Renatas fragenden Blick eingehend, antwortete der Doktor: „Ihr Geburtshelfer hieß Rubinstein – wie der Edelstein. Meine Familie dagegen heißt Rubenstein. Das leitet sich wohl vom Namen Ruben ab."

„Setzt euch doch, wenn ihr euch so viel zu erzählen habt", unterbrach Verena. „Besser ist das", stimmte Renata zu. „Bringen Sie mich zu meinem Platz, Herr Doktor?" – „Gern!" Kaum, dass sie sich gesetzt hatten, hob Renata wieder an: „Wenn es sich, wie Sie meinen, lediglich um den Namen Ruben handelt, wieso dann der Zusatz ‚Stein'?" Die Geistesgegenwart der Greisin imponierte dem jungen Arzt und nötigte ihm ein anerkennendes Lächeln ab. „Eins zu null für Sie, Frau …?" – „Kraus. Renata Kraus." – „Ich muss zugeben, dass ich mir bislang über meinen Namen den Kopf nicht allzu sehr zerbrochen habe. Ich weiß lediglich, dass es ein jüdischer Name ist. Meine Familie ist nicht gläubig. Wir kommen, wie Sie gewiss an meiner Aussprache erkannt haben, aus Russland. In der Sowjetunion hat man uns buchstäblich zu Juden gestempelt, indem man ein ‚J' im Pass vermerkt hat. Obgleich wir Russen waren wie alle anderen." – „Offenbar nicht", betonte Renata. – „Warum?" – „Sonst hätte man Ihnen kein ‚J' in den Pass gestempelt." Der Arzt lachte bitter auf. „Zwei zu null für

Sie, Frau Kraus. Wir … ich wollte es nicht wahrhaben." – „Wir spielen hier nicht Fußball. Und was Sie wahrhaben wollen oder nicht, ist Ihr Ding. Mich interessiert, ob eventuell eine verwandtschaftliche Beziehung zwischen meinem Dr. Rubinstein und Ihrer Familie besteht."

Der wache Geist und das selbstbewusste Auftreten Renatas beeindruckten Rubenstein zunehmend. Gleichzeitig rührte ihn der Versuch der alten Dame, durch ihn eine Brücke zwischen ihrer Vergangenheit und der Gegenwart, zwischen Jugend und Alter zu schlagen. „Woher stammte Samuel Rubinstein?" erkundigte er sich. – „Seine Familie kam aus Markt Berolzheim, einer kleinen Stadt in Franken, also aus Nordbayern."

Der versonnene Blick von Frau Kraus bestätigte Rubenstein, was er ohnehin ahnte: Die alte Dame hatte den Arzt geliebt. Das war rührend, doch es wäre unehrlich, aus falscher Rücksichtnahme der Greisin etwas vorzumachen, was sie ohnehin eher früher als später durchschaut hätte. „Ich glaube nicht, dass unsere Familien miteinander verwandt sind. Die Rubensteins stammen aus Galizien in Ostpolen. Während des Zweiten Weltkriegs gelang den Familien meiner Eltern die Flucht in die Sowjetunion. Dort wurden sie nach Birobidschan in Ostsibirien deportiert. Erst nach Stalins Tod 1953 durften sie nach Moskau. Mutter und Vater arbeiteten beide als Lehrer. Ich wurde 1960 geboren. Ich wollte schon als Kind Arzt werden." – „Warum?", wollte Renata wissen. – „Gute Frage." Rubenstein dachte konzentriert nach, ehe sich seine Gesichtszüge aufhellten. „Als kleiner Junge war ich oft krank. Ich musste in die Klinik. Die Ärzte haben mich gesund gemacht, und …", er lächelte, „… sie waren in imposante weiße Kittel gekleidet. So einen wollte ich auch mal tragen und dabei Menschen helfen."

Er blickte Renata aufmunternd an. „Zunächst ließ man mich wegen meines ‚J' nicht zum Medizinstudium zu. Doch nach einigen

Jahren als Krankenpfleger – da durfte ich immerhin schon eine weiße Montur tragen – erhielt ich doch einen Studienplatz. Als nach meinem Examen durch den Zusammenbruch der Sowjetunion die Ausreise in den Westen möglich wurde, habe ich davon Gebrauch gemacht. Ich bin nach Deutschland gekommen, wo ich am Uniklinikum Aachen zum Facharzt für Frauenheilkunde ausgebildet wurde."

„Warum sind Sie nicht nach Israel gegangen, in die Heimat der Juden?", fragte Renata. – „Israel ist ein jüdischer Staat. Doch ich fühle mich nicht als Jude. Ich glaube nicht an Gott. Weder an einen jüdischen noch an einen christlichen. Ich verstehe mich als Europäer. Also bin ich in das europäische Land eingewandert, das mir aufgrund seiner Kultur, seiner Sprache und seines wirtschaftlichen Standards am meisten zusagte. Und das war Deutschland. Die Jahre hier haben mir bewiesen, dass dies eine richtige Entscheidung war. Ich fühle mich in Deutschland zu Hause, besonders im Revier mit seinen geraden Menschen."

„Die deutsche Sprache war Ihnen vertraut?" Rubenstein verstand. Ihm gefiel die Beharrlichkeit der Hebamme. „Sie haben mit Ihrem Hintergedanken recht, Frau Kraus. Meine Großeltern sprachen Jiddisch. Das entspricht weitgehend dem Mittelhochdeutschen. Daher auch meine Vertrautheit mit der deutschen Sprache …" – „… und mit der deutschen Kultur." – „Wenn Sie so wollen", lächelte der Arzt. – „Es ist so. Einerlei, ob ich es will. Aber ehrlich gesagt, ich will es tatsächlich. Eben weil mein alter Freund Dr. Rubinstein Jude war."

Renata hielt inne, ehe sie fortfuhr: „Stellen Sie sich vor, auch er glaubte nicht an Gott. Aber im Alter fand er wieder zum Judentum." – „Wann war das?" – „In den dreißiger Jahren …" – „Eben. Die Nazis zwangen ihn dazu." – „Die sowjetischen Behörden stellten Ihre Familie ebenfalls in die jüdische Ecke …" – „Das ist vorbei!", antwortete Rubenstein energisch. – „Hoffentlich", meinte Renata.

„Ich möchte Sie um einen Gefallen bitten. Wäre es Ihnen möglich, mich auf den israelitischen Friedhof zu begleiten?" Rubenstein wollte spontan ablehnen. Doch Frau Kraus imponierte ihm. Vor allem aber beeindruckte ihn, dass sie einem alten Freund über dessen Tod hinaus treu geblieben war. „Da ich Ihre Gesellschaft und Ihren Geist schätzen gelernt habe, bin ich bereit, Ihnen überallhin zu folgen. Fast überallhin. Mit dem Tod – also auch dem Friedhof – lassen Sie uns bitte noch ein bisschen Zeit. Dann gehe ich selbstverständlich mit Ihnen." – „Sie sind ein Schlingel, Dr. Rubenstein, wenn ich so sagen darf. Aber Sie sind charmant – und das weiß eine Frau, gleich welchen Alters, zu schätzen", stellte Renata lächelnd fest.

Die Tauffeier ging unterdessen munter weiter. Die Gäste waren fröhlicher Stimmung, dafür sorgten neben guten italienischen und deutschen Speisen reichlich Bier und Rotwein. Entscheidend war jedoch die allgemeine Freude über den neuen Erdenbürger. Die Familien der Eltern waren stolz und hocherfreut über das Kind. Lilian musste immer wieder zum Taschentuch greifen; sie war gerührt, nun endlich Großmutter zu sein. Jahrelang hatte sie gewartet, doch weder ihre Tochter Carla noch Schwiegertochter Tina hatten ihr das Glück eines Enkelkindes geschenkt.

Giuseppe war von seinem ersten Enkel hingerissen und wartete sehnsüchtig darauf, dass der Säugling erwachte, damit er sich an dessen großen dunklen Augen und, wie Giuseppe behauptete, seinem Lächeln für den Großvater erfreuen konnte. Als dies infolge des Lärms und Gesangs schließlich geschah, lächelte das „carissimo bambino" keineswegs, sondern erhob deutlich vernehmbar sein kräftiges Stimmchen. Reflexhaft griff Giuseppe nach seinem Enkel, den ihm Verena nach kurzem Zögern überließ. Verena hatte Angst, der Säugling könne sich bei den vielen Besuchern anstecken. Sie hatte ihn möglichst wenigen Gästen auf den Arm geben wollen, doch Giuseppe dies zu verweigern, brachte Verena nicht übers Herz.

Der Großvater wiegte das Bündel Mensch mit sachten Bewegungen. Doch Sergio ließ sich von den liebevollen Anstrengungen seines Opas nicht beeindrucken und schrie weiter. Giuseppe übersah geflissentlich die Gestik der Mutter, die nach ihrem Kind greifen wollte. Er schob sein breit lachendes Gesicht über den lärmenden Kleinen und sang mit heiserer, doch zarter Stimme „Ninna nanna fai la nanna ... tutto chieto, tutto tace ...“ Endlich ergriff der murmelnde Gesang des Glückstrahlenden seinen Enkel, sein Schreien verstummte, die Züge des Säuglings entspannten sich.

Giuseppe Brandi wollte ein Lächeln im Gesicht seines Enkels erkennen. Der Großvater sang weiter: „Ninna nanna, ninna oh ... la daro' all'uomo nero, che la tiene un anno intero ...“ Verena wandte sich an Carlo. „Was singt dein Vater da?“ – „Ein Ninnananna, ein Schlaflied. Aus Neapel. Das hat Babbo uns früher schon immer vorgebrummt ...“ – „... wie süß“, lächelte Verena. Wohlweislich verschwieg Carlo seiner Frau den „schwarzen Mann“, den sein Vater in dem traditionellen Liedchen gerade besungen hatte.

Renata beobachtete gerührt das Geschehen. Es dauerte nicht lange, bis Verena, gefolgt von Carlo, an den Tisch der greisen Hebamme trat. Verena hielt Renata den kleinen Sergio hin. Erneut besah Renata das Baby aufmerksam und strich ihm mit den Fingern behutsam über die Wangen. Endlich wandte sie ihr Gesicht wieder der Mutter zu. „Ein Kind, das von so viel Sehnsucht und Bangen auf seinem Weg zur Welt begleitet wird, sollte glücklich sein ...“ Verena wollte den Säugling nun Sergej hinüberreichen, bei einem Arzt war ihr Kind gut aufgehoben, doch der schüttelte lächelnd seinen Kopf. „Danke. Soweit ich es sehe, ist das Kind gesund. Das genügt. Ich will mich hier nicht vom Funktionieren seiner Blase überzeugen müssen.“ Die Mutter zwang sich zu einem Lächeln, ihr Mann fing schallend an zu lachen. Renata sah ihren Nachbarn gewollt streng an. „Sie sind aber sehr empfindlich, Herr Dr. Rubenstein ..."

Im Herbst 1998 standen Bundestagswahlen an. Die Unzufriedenheit der Bevölkerung mit der harschen Art, mit der die Bundesregierung einschneidende Kürzungen im Steinkohlenbergbau durchzusetzen versuchte und dies teilweise auch fertigbrachte, war einer der Gründe für die hohen Stimmenverluste der Union im größten Bundesland Nordrhein-Westfalen und damit für die Niederlage der konservativ-liberalen Koalition. Die Bürger trauten Kanzler Kohl nach sechzehn Jahren im Amt keinen neuen Aufbruch zu notwendigen Reformen zu. Stattdessen schenkten die Deutschen ihr Vertrauen dem niedersächsischen Ministerpräsidenten und SPD-Spitzenkandidaten. Gerhard Schröder bildete gemeinsam mit den Grünen und deren heimlichem Vorsitzenden Joschka Fischer das Regierungsbündnis.

Die neue Regierung hatte zunächst Fortune. Die Weltwirtschaft boomte, die Aktienmärkte meldeten täglich neue Rekorde. Bundeskanzler Schröder bewies Tatkraft und Durchhaltevermögen. Nach dem Rücktritt des SPD-Vorsitzenden und Finanzministers Oskar Lafontaine von seinen Ämtern übernahm Schröder auch die Führung der Sozialdemokraten. Der neue Finanzminister Hans Eichel nutzte die Gunst der Stunde. Durch den Verkauf von Mobilfunklizenzen und von Teilen der Telekom erzielte er Milliardenerlöse, die zum Abbau der Staatsschulden verwendet wurden. Die Regierung Schröder/Fischer verbreitete Optimismus.

Auch Ludwig Gruber war voller Zuversicht. Das Verhältnis zu Melusine hatte sich zu einer stabilen und innigen Liebesbeziehung entwickelt, die beiden Partnern Halt und Lebensfreude schenkte. Besonders stolz war Ludwig auf seine Tochter Anna, die eine Klasse im Gymnasium übersprungen und nach einem

Einser-Abitur an der Universität Münster ihr Medizinstudium aufgenommen hatte.

Florian hatte im Sommer zuvor ebenfalls sein Abi gebaut. Nach dem Zivildienst hatte er begonnen, Betriebswirtschaft und Jura zu studieren. Bei allem Ehrgeiz aber war Florian kein Streber. Er besaß eine aufgeschlossene, fröhliche Art, die ihm die Herzen vieler Mitmenschen öffnete. Und Florian war ein begeisterter Fußballspieler. Er kickte als Stürmer bei Rot-Weiss Essen. Florian war ein lupenreiner Amateur, er spielte in der dritten Mannschaft des Vereins. Zweimal die Woche trainierte er mit seiner Elf. An den anderen Tagen nutzte Florian die Angebote seines Sportvereins und betrieb Leichtathletik.

Daneben absolvierte er ein Praktikum bei der Deutschen Steinkohle. Vier Wochen lang fuhr Florian ins Bergwerk Lippe ein. Die Seilfahrt hinab stimulierte ihn Tag für Tag. Das Glücksgefühl, nach Sekunden die Furcht während der rasenden Fahrt zu überwinden, euphorisierte ihn immer wieder. Wenn die Tiefenangst in glückselige Erregung umschlug, weitete sich das Bewusstsein, steigerte jeden aufgenommenen Reiz, das Tempo der Fahrt, den brausenden Wind, die Scherze der Kumpel, das Rattern des Korbes, den dunklen Film der vorbeirasenden Schachtwand mit den gelegentlichen, blitzartigen Lichtstreifen, wenn man eine Zwischensohle passierte.

Schließlich das Abbremsen, der schwindelnde Moment des Stehenbleibens, die zugstarke Bewetterung, die Fahrt und schließlich der schweißtreibende Marsch durch die feuchtwarmen Strecken, das Donnern des Walzenschrämladers, das Rumpeln der Förderbänder, der trockene Humor der Bergleute, ihre raue Sprache. Die effektive Maloche der Kumpel mit exakten, trainierten Bewegungen, wo jeder Griff saß, und die souveräne Beherrschung der mächtigen Maschinen und deren Computersteuerung – die Arbeit unter Tage begeisterte Florian dermaßen, dass er sich vornahm, sein Jurastudium abzubrechen, sich auf Betriebswirtschaft zu konzentrieren und im Anschluss daran Wirtschaftsingenieurwesen zu studieren. Florian wusste noch nicht genau, welche Funktion er später anstreben sollte, nur so viel: Manager auf alle Fälle, aber kein steriler Schreibtischjob, vielmehr eine Aufgabe, die ihn in ständigen Kontakt zum Bergbau und den Kumpeln versetzen sollte.

Am Freitagabend, eine Woche vor Ablauf seines Grubenpraktikums, trainierte Florian mit seiner Mannschaft bei Flutlicht für das kommende Sonntagsspiel. Nach der Übung versammelten sich die Amateure noch kurz im Vereinsheim unter der Fotografie von Helmut Rahn, dem berühmtesten Rot-Weiss-Kicker. Man trank rasch ein Bier miteinander. Danach fuhr Florian mit dem Rad nach Hause, duschte und wechselte die Klamotten. Als er piekfein zur Disco-Night aufbrach, bat ihn Melusine, beim Heimkommen die Lichter zu löschen. „Im Gegenteil! Come on baby light my fire …", trällerte Florian, grinste die Mutter an, schwang sich aufs Rad und verschwand um die Straßenecke.

Mitten in der Nacht klingelte das Telefon. Immer wieder. Endlich torkelte Ludwig schlaftrunken an den Apparat in seinem Arbeitszimmer. Am anderen Ende war die Polizei. Sie fragte nach Familie Gingolt. Ludwig war mit einem Schlag wach. Er ahnte, dass Florian etwas zugestoßen sein musste, und gab sich als dessen Vater aus, um Melusine den Schock zu ersparen. Der Beamte teilte Ludwig mit, Florian habe einen Verkehrsunfall erlitten. Sein Sohn habe das Bewusstsein verloren und liege auf der Intensivstation des Universitätsklinikums Essen. Über die Schwere der Verletzung könne er nichts sagen. Der behandelnde Arzt meine, es sei ernst. Er wolle mit den Eltern in der Klinik sprechen.

Ludwig lief es kalt über den Rücken. Tränen schossen ihm in die Augen. Lieber Gott, lass den Flori durchkommen!, sandte er erstmals seit seiner Kindheit ein Stoßgebet gen Himmel. Das gab ihm Kraft. Er zwang sich zur Ruhe und zu nüchternem Nachdenken. Ohne Melusine in die Klinik zu fahren und sich weiterhin als Florians Vater auszugeben kam nicht in Frage. Er musste die Mutter wecken und sie ins Krankenhaus begleiten. Obgleich Ludwig ihr die Nachricht so behutsam wie möglich beizubringen versuchte, brach Melusine zusammen. Die anfängliche Starre ging in Weinkrämpfe über. Die Hilflosigkeit Melusines mobilisierte Ludwigs Kräfte. Er verzichtete darauf, einen Arzt zu rufen. Stattdessen führte er Melusine zum Auto und chauffierte sie in die Uniklinik.

Auf dem Weg zur Intensivstation machte Ludwig sogleich den behandelnden Arzt auf Melusines Zustand aufmerksam. Der Mediziner erfasste die Situation. Er versicherte dem Paar, der Patient sei stabil, der junge, sportlich trainierte Mann werde gewiss durchkommen. Der Doktor verabreichte Melusine eine Beruhigungsspritze: Danach kümmerte sich eine Krankenschwester um sie. Im Stationszimmer klärte der Arzt Ludwig ungeschminkt über den Zustand seines Sohnes auf. Florian sei vom Wagen eines offenbar angetrunkenen Fahrers erfasst und von seinem Fahrrad auf die Straße geschleudert worden. Er habe einen Schädelbruch erlitten, auch das Gehirn sei verletzt worden. „Ihr Sohn ist ins Koma gefallen. Die Gehirnströme sind stabil. Doch wie sich das Trauma langfristig auswirken wird, wissen wir nicht. Alles ist möglich. Er kann vollständig genesen, aber auch bleibende Schäden zurückbehalten, schlimmstenfalls ein Dauerkoma. Ich will Sie nicht beunruhigen, Herr Gingolt, aber Sie müssen mit allem rechnen."

Ludwig dankte dem Arzt. Danach brachte er die benommene Melusine nach Hause und rief – es war mittlerweile früher Samstagmorgen – seine Tochter in ihrem Münsteraner Studentenheim an. Anna reagierte besonnen. „Ich nehme den nächsten Zug zu euch. Ich kümmere mich um Melusine, damit du jederzeit zu Flori kannst." Zwei Stunden später traf Anna ein. Ludwig fuhr wieder in die Klinik, wo der diensthabende Arzt ihm mitteilte, dass der Zustand des Patienten unverändert sei. Sobald sich etwas Neues ergebe, werde er benachrichtigt. Ein Blick auf Florian wurde dem Besucher aus Rücksicht auf die anderen Patienten verwehrt.

Ludwig verließ unverrichteter Dinge die Klinik. Auf dem Heimweg quälte er sich mit zahllosen Fragen. Warum hatte er Flori nicht mit dem Auto in die Disco gebracht? Weshalb musste der Junge mit dem Rad fahren? Warum hatte der Besoffene ausgerechnet Florian angefahren? Was würde jetzt mit dem Jungen geschehen? Auf diese Fragen und Erwägungen gab es keine schlüssigen Antworten. Doch einem grundlegenden Vorwurf musste sich Ludwig stellen. Warum hatte er Melusine nicht längst geheiratet? Er hatte die Angst vor dem erneuten Scheitern einer Ehe über die eigene Liebe gestellt und die Bedürfnisse Melusines ignoriert. Damit musste Schluss sein! Er wollte fortan uneingeschränkt der Gefährtin beistehen. Wenn sich nur alles zum Guten wenden würde.

Anna hatte das Schlafzimmer abgedunkelt und Melusine so lange die Hand gehalten und sanft auf sie eingeredet, bis diese eingedämmert war. Nachdem ihr der Vater von Florians unverändertem Befinden berichtet hatte, organisierte Anna das weitere Vorgehen. Sie beorderte Ludwig ins Schlafzimmer, damit er neben Melusine wachen konnte.

Dann rief Anna einen ihr aus Münster bekannten Neurologen an und erkundigte sich mit den wenigen ihr zur Verfügung stehenden Informationen nach dessen Meinung. Seine unter Vorbehalt geäußerte Diagnose war nicht ermutigend. Die Medizinstudentin behielt sie für sich. Als die Wirkung der Spritze nachließ, wurde Melusine wieder von Verzweiflung und starker Unruhe geplagt. Anna verständigte den ärztlichen Bereitschaftsdienst. Der Mediziner verabreichte Melusine eine weitere Beruhigungsspritze, worauf sie wieder in einen leichten Schlaf fiel. Auf Annas Bitten verschrieb der Arzt Melusine das angstlösende Präparat Tavor.

Am Montagmorgen verständigte sie die Technische Leitung des Kraftwerks Walsum, dass Frau Gingolt wegen Krankheit die nächsten Tage zu Hause bleiben müsse. Als Melusine gegen Viertel vor sieben aus ihrem Schlafzimmer trat, teilte ihr Anna mit, dass sie bereits die Firma über ihr Fernbleiben informiert habe. Melusine dankte der jungen Frau und sah in diesem Augenblick, dass in einem kleinen Schälchen eine Pille des verschriebenen Medikaments bereitlag. Melusine fiel Anna in die Arme. Sie bebte und zitterte. Nach einer Weile setzten sich die beiden an den Frühstückstisch. Anna sagte bestimmt: „Heute gibt's Kamillentee statt Kaffee." Melusine kam ein Lächeln über die Lippen. Anna gab die gestrenge Schwester.

Melusine bedankte sich bei Anna für ihre spontane Hilfsbereitschaft und meinte, sie fühle sich wieder stabiler. Anna könne nach Münster zurückkehren. „Kommt nicht in Frage!", entgegnete die Studentin. „Ich bleibe in Floris Nähe, bis es ihm wieder gutgeht." Gemeinsam fuhren sie in die Klinik. Die Mutter durfte einen kurzen Blick auf ihren Sohn werfen. Der behandelnde Neurologe teilte ihnen mit, nun müsse man die Untersuchungsergebnisse der kommenden Tage abwarten.

Nach drei Tagen informierte der Arzt die Angehörigen über die Resultate. Florian sei außer Lebensgefahr. Er werde in Kürze in die neurologische Abteilung verlegt. Wie befürchtet, müsse mit längerfristigen Folgen des Hirntraumas gerechnet werden. Das Sprachzentrum sei offensichtlich in Mitleidenschaft gezogen worden. „Hier erhoffen wir uns jedoch eine rasche Besserung. Ernster erscheinen mir die Schädigungen der motorischen Regionen – hier können bleibende Folgen nicht ausgeschlossen werden."

Melusines weitere Fragen beantwortete der Nervenarzt vage. Die bisherigen Erkenntnisse seien vorläufig, jeden Tag kämen neue Informationen hinzu. Es bestehe durchaus Hoffnung auf eine vollständige Genesung. „Dies dürfen wir nie ausschließen. Im Gegenteil, wir müssen mit aller Kraft darauf hinarbeiten ... und dem Patienten unbedingte Zuversicht vermitteln."

Anna und Ludwig reagierten unterschiedlich auf die ermutigenden Nachrichten und den Schock der Mutter. Ludwig quälte sich mit Schuldgefühlen und versuchte, seiner Geliebten Tag und Nacht zur Seite zu stehen. Seine ständige Präsenz bedrückte Melusine zunehmend. Anna dagegen hielt sich zurück und beschränkte sich darauf, die notwendigen Dinge des Alltags zu regeln. Sie brachte Melusine zu ihrem alten Hausarzt nach Wuppertal-Elberfeld, der Melusine für die nächsten Tage krankschrieb.

Daneben bemühte sich Anna, das Helfersyndrom ihres Vaters zu lockern und ihn wieder an seine Arbeit zu bringen. Ludwig Gruber ließ sich nur schwer in seiner Wächter- und Beschützerrolle einschränken. „Melusine braucht meine Hilfe!", beharrte er. „Sicher, Papi. Aber sie braucht auch ein Stück Freiheit, um mal durchzuatmen und zu lernen, selbständig mit ihrer neuen Situation umzugehen", antwortete Anna. Ludwig gestand sich schließlich ein, dass seine Tochter recht hatte. Anna bot sich auch an, Melusine täglich ins Krankenhaus zu begleiten und sie gegebenenfalls „und nur, wenn sie es wünscht, zu unterstützen".

Ludwig war beeindruckt von Annas Tatkraft. Gleichwohl mahnte er sie, nach Münster zurückzukehren. „Wenn's wieder so weit ist. Jetzt ist mein Platz bei euch", sagte sie mit fester Stimme. „Aber du vernachlässigst dein Studium, das dir so am Herzen liegt", mahnte Ludwig. „Eben weil mir mein Studium am Herzen liegt, bleibe ich hier. Medizin bedeutet, Menschen zu helfen. Jetzt brauchen Flori und Melusine meine Hilfe. Also ist mein Platz bei ihnen und nicht in dem Versteck hinter meinen Büchern."

Annas Worte zeigten dem Vater, dass er sich keine Sorgen um seine Tochter machen musste. Anna wusste, was sie wollte, und würde ihren Weg gehen. Da Ludwig Melusine bei Anna in guten Händen wusste, befolgte er tatsächlich deren Rat und begann wieder zu arbeiten.

Die Situation der deutschen Steinkohle hatte sich seit Herbst 1998 stabilisiert. Bundeskanzler Schröder sprach sich unzweideutig für den Erhalt der deutschen Steinkohlenförderung aus. Das vermittelte nicht nur den Kumpeln und dem Management der Deutschen Steinkohle, sondern den Menschen im gesamten Revier Sicherheit und Zuversicht.

Der Boom an den internationalen Aktienmärkten kurbelte die Volkswirtschaften in den meisten entwickelten Ländern an. Auch in Deutschland nahm 1999 das Wirtschaftswachstum um 1,6 Prozent zu, gleichzeitig sanken die Staatsschulden und ging die Arbeitslosigkeit zurück.

Die vermeintlich ungebremste Rally an den Börsen entwickelte sich nach dem altbekannten Muster. Wegweisende Innovationen – einst waren es die Erfindung der Eisenbahn, der Telegraphie, des mechanischen Webstuhls, nun die digitale Informationstechnologie – verhießen enorme Gewinnsteigerungen und heizten so die Gier der Investoren an. Jeder wollte an den Gewinnen teilhaben und kaufte die Aktien der entsprechenden Unternehmen. Auf diese Weise kamen Firmen mit neuen Technologien zu üppigen Mitteln.

Die immer schneller steigenden Kurse der Technologieaktien wirkten wie Doping an den Börsen. Neues Geld wurde in den Markt gepumpt. Alle Kurse schossen weiter in die Höhe, rosige Zukunftsaussichten galten mehr als reale Unternehmenserträge. Die Börsen liefen heiß, bis schließlich die Kursblase platzte, um am Ende zu Bewertungen zu finden, die die realen Werte der Unternehmen widerspiegelten.

„Das Platzen der Börsenblase wird Millionen Arbeitsplätze vernichten", überschrieb Ludwig, der die Entwicklungen exakt beobachtet hatte, seinen Kommentar. Die Vorhersage einer drastischen Steigerung der Beschäftigungslosigkeit erschien dem Wirtschaftsredakteur einer Essener Zeitung als Schwarzmalerei. Doch er schätzte Ludwig Gruber als sorgfältigen Analytiker, und so ließ er dessen Artikel als „Die andere Meinung" abdrucken. Ludwig war froh um seine journalistische Arbeit. Sie lenkte ihn vom Leid seiner Familie ab, deren Krisenmanagement bei Anna in sicheren Händen ruhte.

Wenige Tage nach seinem Unfall war Florian aus dem Koma erwacht. Anna besuchte ihn jeden Vormittag in der Klinik. Sie hatte unterdessen auch Melusine dazu gebracht, wieder ihre Arbeit im Kraftwerk aufzunehmen. Nach Feierabend eilte die Mutter zu ihrem Sohn. Anfangs war sie tief deprimiert, denn Florian hatte die Sprache verloren, und wegen seiner gestörten Motorik waren seine Bewegungen unkoordiniert.

Ausnahmsweise wollte Anna eines späten Nachmittags noch einmal nach Florian sehen. Auf dem Weg ins Hospital stieß sie unvermittelt auf den Cousin ihrer Mutter, Carlo. Er hockte, sichtlich erschüttert, auf einer Bank vor dem Krankenhaus und rauchte eine Zigarette. Neben ihm saß ein Herr mit Brille. Anna begrüßte Carlo. „Ich wollte deinen Bruder besuchen … das tut mir alles echt leid … hoffentlich kommt er wieder auf Trab …", stammelte Carlo. Anna musste ihre Verwunderung verbergen. Bislang kannte sie Carlo nur als Scherzbold, der stets gute Laune und vor allem Zuversicht verbreitete. Doch offenbar waren ihm die Witzeleien vergangen.

„Sie haben mich nur ganz kurz zu ihm gelassen. Wir sind ja nicht verwandt. Ich durfte nur rein, weil der Herr Doktor dabei war …" – „Sergej Rubenstein", stellte sich dieser vor und streckte Anna seine Hand hin. Diese ergriff sie sogleich: „Freut mich. Ich bin Anna Gruber. Tante Renata hat mir schon von ihnen vorgeschwärmt ..." – „Geschwärmt? Und das soll ich Ihnen glauben ...", lächelte Rubenstein. – „Können Sie, müssen Sie aber nicht", parierte Anna. Rubenstein wollte das Wortgeplänkel weiterführen, als Carlo ihn unterbrach: „Eigentlich seid ihr ja Kollegen ..." – „Na ja, noch nicht ..." Anna wandte sich an Rubenstein: „Ich studiere Humanmedizin in Münster ..."

Der Arzt und die angehende Medizinerin begannen eine Fachsimpelei über Florians Zustand. Carlo hörte nicht hin. Ihm war die Krankenhausatmosphäre auf den Magen geschlagen. Und der Anblick Florians, der hilflos in seinem Bett lag, hatte ihm den Rest gegeben. Zu seiner Erleichterung sah Carlo Grazias Ex-Mann auf dem Parkplatz aus seinem Auto steigen. Ludwig hatte das Grüppchen schon gesehen und kam winkend auf die drei zu.

Anna wurde knallrot, als ihr Vater plötzlich vor ihr stand. „Papi, was machst du denn hier ... um die Zeit?" – „Das Gleiche wie du, nehme ich an", entgegnete Ludwig. „Nach Flori schauen!" – „Das musst du verschieben", beschied Anna. „Ich geh jetzt rauf zu ihm. Mehr als ein Besucher ist zu viel ... du kannst dich ja später mit Meli abwechseln." Ludwig beugte sich dem Willen seiner Tochter.

Diese wandte sich an Rubenstein. „Hat mich gefreut, Sie kennenzulernen!" Das sieht man, dachte der Vater bei sich. Anna strahlte Rubenstein an, machte auf dem Absatz kehrt und verschwand im Krankenhaus.

„Tolles Mädchen", murmelte Sergej. – „Und bald Kollegin vom Dr. Rubenstein", meinte Carlo stolz. Er machte Ludwig Gruber und Sergej Rubenstein miteinander bekannt. – „Meine Tante Renata hat mir von Ihnen erzählt ...", hob Ludwig an. – „Unser Familienfunk funktioniert reibungslos", lachte Carlo. „Aber wir stehen hier rum wie bestellt und nicht abgeholt. Vorschlag: ein Bier!?" Gruber und Rubenstein willigten ein.

Es wurden mehrere Biere. Ludwig, Carlo und Sergej verstanden sich prächtig. Schnell war man beim Du. Ludwig war froh, von seinen Sorgen um Florian für ein paar Stunden abgelenkt zu sein. Sergej fragte Ludwig nach seiner Tätigkeit. „Ich bin Wirtschaftsjournalist." – „Eigentlich", Carlo hob sein Glas, „bist du ja was viel Vernünftigeres: Du bist Bergmann. Glück auf!" Die Männer nahmen einen kräftigen Schluck. – „Wie wird man vom Kumpel zum Schreiber?", wollte der Arzt wissen. – „Einen wesentlichen Anteil daran hatte mein Onkel Anton."

Wie immer, wenn Ludwig an Done dachte, merkte er, wie sehr er den Onkel und die Vaterfigur immer noch vermisste – fast ein Vierteljahrhundert nach Antons Tod. „Anton Kraus. Der Ehemann von ..." – „Tante Renata natürlich", ergänzte Rubenstein. „Allmählich blicke ich durch, wie euer Clan zusammenhängt ..."

Als sich das Trio Stunden später auf den Heimweg machte, beschlossen sie, sich fortan regelmäßig zu treffen. „Wisst ihr was, wenn der Florian wieder auf den Beinen ist, dann nehmen wir ihn in unseren gerade gegründeten Club auf", schlug Carlo vor. „Einverstanden!", sagten Ludwig und Sergej wie aus einem Mund. „Dann sind wir eine richtige Viererbande", lachte Rubenstein.

Dank der disziplinierten Arbeit mit der Logopädin gewann Florian rasch seine Sprachfähigkeit wieder. Bereits zwei Wochen nach Aufnahme des Sprechtrainings konnte er sich wieder mit seiner Mutter unterhalten. Sein Wortschatz war fast vollständig – wenn ihm ein Begriff fehlte, eine Person oder ein Ereignis entfallen war, konzentrierte sich der junge Mann bis zur Verkrampfung. Die Mutter reagierte darauf hilflos; es schmerzte sie ebenso wie Florians mitunter schleppende Sprache und seine nach wie vor gestörte Feinmotorik, die ihn selbst im Rollstuhl hilflos machte.

Florian spürte den Kummer der Mutter und mahnte sie: „Nimm dir ein Beispiel an Anna." – „Was macht Anna besser als ich?" – „Sie streichelt mich", lächelte Florian scheu. – „Das lässt du dir gefallen? Seit du zehn Jahre alt bist, hast du dich nicht mehr von mir streicheln lassen …", wunderte sich Melusine. „Anna ist nicht meine Mutter." Florian grinste, ehe er fortfuhr: „Nein. Am Anfang hab ich mich auch bei Anna dagegen gewehrt. Sie hat einfach weitergemacht. Und das tut mir gut. Ich bin jetzt im Gefängnis. Im Knast meines kaputten Hirns. Da ist es verdammt einsam." Florian versuchte vergeblich, die aufsteigenden Tränen niederzukämpfen, ehe er fortfuhr. „Annas Zärtlichkeit ist wie ein Bad … ein warmes Meer."

Zu Hause fiel Melusine Anna um den Hals. Sie hielt die junge Frau lange umschlungen. Als sie endlich losließ, sprudelte es aus der Mutter heraus: „Woher nimmst du nur die Kraft, Kind?" – „Das ist die Liebe", antwortete Anna ohne Zögern. „Flori und ich waren meist wie Hund und Katz. Wir waren auf euch eifersüchtig. Aber als ich Flori so hilflos daliegen sah, begriff ich: Er ist mein Bruder. Da weiß man, was man zu tun hat." – „Aber woher schöpfst du die Energie?" – „Flori macht jeden Tag Fortschritte. Mal größere, mal kleinere. Aber es geht aufwärts. Was er geschafft hat, ist doch toll. Er kann wieder denken und reden. Das macht mich glücklich und gibt mir Mut."

Florians geistige und sprachliche Erholung machte dank seiner unermüdlichen Übungen und des liebevollen Beistandes seiner Familie rasche Fortschritte. Acht Wochen nach seinem Unfall war seine Sprachfähigkeit wiederhergestellt. Durch Sing- und Sprechübungen gelang es ihm, auch die anfänglichen Ausspracheschwierigkeiten zu überwinden. Die motorischen Störungen der linken Körperseite, vor allem die partielle Lähmung des linken Beins, blieben trotz zähen Trainings. Die Auswertung einer Reihe neurologischer Untersuchungen einschließlich einer Kernspinanalyse ergab, dass dafür unheilbare Gehirnschädigungen verantwortlich waren. Durch weitere physiologische Übungen konnten partielle neurologische und muskuläre Ersatzfunktionen erzielt werden. Mit einer vollständigen Heilung sei jedoch nicht zu rechnen, meinte der Leiter der Neurologischen Abteilung. Ein Urteil, das sein Kollege vom Universitätsklinikum Münster später bestätigen sollte.

Nach dem Gespräch mit dem Chefarzt wollte Florian allein gelassen werden. Selbst Anna bat er fortzugehen. Florian versank in tiefe Verzweiflung. Er spielte mit dem Gedanken, seinem Leben ein Ende zu setzen. Er war Sportler, ein ehrgeiziger, körperbetonter junger Mann, der eine Managementkarriere im Steinkohlenbergbau anstrebte, in dem er selbst Hand mit anlegen würde. Er wollte nicht als Behinderter dahinvegetieren, anderen ständig zur Last fallen, von ihnen abhängig sein. Sein wertloses Leben in einem Akt der Selbstbestimmung zu beenden, erschien Florian die würdigste Lösung.

Die Entscheidung verlieh dem Patienten Gelassenheit. Abends empfing er seine Mutter sowie Anna und dankte ihnen für ihren Beistand. Melusine war über Florians Stärke erfreut, Anna dagegen beunruhigt. Zunächst war es lediglich ein unbestimmtes Gefühl. Doch je länger sie nachdachte, desto alarmierter wurde sie. Vormittags, nachdem man ihn über das Untersuchungsergebnis informiert hatte, war Florian derart verzweifelt gewesen, dass er sie weggeschickt hatte. Abends schien er gefasst. Offensichtlich hatte der Bruder eine Entscheidung getroffen. Doch keine positive, sonst hätte er seiner Mutter und ihr gegenüber seine Pläne für ein intensiviertes Training, Studium, Hobby entwickelt. Nichts von alledem. Nur stille Entschlossenheit. Das konnte nur eines bedeuten.

Ohne ein Wort zu sagen, verließ Anna das Haus und raste wieder in die Klinik. Sie lief in die Neurologische Abteilung, setzte sich über den Widerstand des Personals hinweg, rannte in Florians Zimmer, wo sie ans Bett des Kranken stürzte. „Das darfst du nicht tun!", rief sie und umarmte den Bruder. Nachdem er die Nachtschwester weggeschickt hatte, begründete Florian mit erzwungener Fassung seinen Entschluss. „Niemand wird mich dazu zwingen, als Krüppel weiterzuleben!" – „Du sprichst wie ein Nazi! Krüppel. Lebensunwertes Leben. Logische Konsequenz: Euthanasie." – „Die haben Menschen umgebracht. Ich dagegen entscheide selbst, dass ich so nicht dahinvegetieren will …" – „Das ist das Gleiche!", rief Anna. „Mord bleibt Mord. Du bist nicht Herr über Leben und Tod. Weder bei anderen noch bei dir." – „Über mein Leben entscheide nur ich!", beharrte Florian.

Anna begriff, dass sie sich nicht auf einen Streit einlassen durfte. Sie ergriff Florians kaputte linke Hand. Er versuchte, sich zu entziehen, schämte sich jedoch seiner Schwäche und ließ Anna gewähren. Erst als sie spürte, dass der Bruder sich beruhigte, begann Anna sanft auf ihn einzureden. „Ist es nicht ein Wunder, Flori, dass du wieder denken und sprechen kannst?" – „Aber ich kann mich nicht bewegen wie ein normaler Mensch!" – „Sei glücklich mit dem, was du hast. Millionen wären froh, wenn sie reden könnten, wenn sie sich wie du bewegen könnten. Aber mein Herr Bruder besteht darauf, 100 Meter in 11,8 Sekunden zu laufen." Ein Grinsen stahl sich auf Florians Gesicht, das aber bei Annas folgenden Worten sogleich wieder erlosch: „Wenn es ein paar Sekunden länger dauert, wirft er lieber sein Leben, seine Begabung, seine Familie weg."

Annas Stimme zitterte. Florian war nicht in der Lage zu antworten. Sie verharrten lange ohne ein Wort. Schließlich erschien die Nachtschwester erneut und bat die Besucherin höflich, aber bestimmt zu gehen. „Gleich", versprach Anna. Als sie wieder allein waren, drückten sich die Geschwister die Hand. „Das war eine Abmachung. Ja, Flori?" Er nickte. „Danke."

Am folgenden Tag verließ Florian auf eigene Verantwortung das Krankenhaus. Er blieb eine Woche zu Hause, während der er sich die notwendigen Studienunterlagen verschaffte. Danach chauffierte ihn Anna in die Reha-Klinik Bad Oeynhausen, ehe sie nach Münster weiterfuhr, um ihr Studium fortzusetzen.

Anna versäumte durch Florians Unfall ein Semester. Doch durch konzentriertes Lernen holte sie den Stoff in den Semesterferien nach, belegte die fehlenden Seminare im nächsten Semester und legte die Prüfungen im folgenden Halbjahr ab. Zwischendurch fuhr sie jeden zweiten Tag nach Bad Oeynhausen. Auf Annas Rat nahm Florian neben seinen physischen Übungen auch die Hilfe eines Psychotherapeuten in Anspruch. Die körperliche und die seelische Betreuung stabilisierten Florian. Er selbst dagegen behauptete, dass Annas Besuche ihm die größte Unterstützung bedeuteten. Tatsächlich freute sich Florian bereits den ganzen Tag auf Anna – und bei ihrem Abschied tröstete er sich mit dem Wissen, dass sie am übernächsten Tag wiederkäme.

Die Besuche vergingen wie im Flug. Beide waren euphorischer Stimmung. Florian gestand sich ein, dass er sich in Anna verliebt hatte. Bei ihrem letzten Treffen während seiner Kur empfing er sie – erstmals auf einen Stock statt auf eine Krücke gestützt – mit einer roten Rose. Anna umarmte ihn stürmisch. Florian erklärte ihr verlegen, die Blume sei kein Ausdruck seines Dankes. „Die Rose ist mein Signal für die Zukunft." Anna gab vor, nicht zu verstehen, doch Florian überwand seine Schüchternheit und erklärte, er wolle mit Anna zusammenbleiben. „Wenn du mich nimmst, obgleich ich die 100 Meter nicht mehr in 11,8 Sekunden schaffe."

Der Hinweis versetzte Anna einen Stich. Sie musste jetzt deutlich werden. „Ich hab dich wahnsinnig gern, Flori. Das weißt du. Aber als Bruder." – „Wir sind doch keine Geschwister. Unsere Eltern sind befreundet. Das ist alles. Keiner verbietet uns, zusammen zu sein." – „Das stimmt, Flori. Aber niemand zwingt uns, zusammen zu sein. Ich liebe dich – wie einen Bruder. Und weil ich mich um dich gekümmert habe, hast du dich in mich verliebt. Das ist ganz natürlich. Du wirst dich noch oft verlieben …" – „Spar dir dein pseudopsychologisches Gesülze!", forderte Florian sie barsch auf.

Trotz der Zurückweisung fand Florian seine Fassung rasch wieder. Beide bemühten sich um einen betont lockeren Plauderton, doch der Zauber der zarten Verliebtheit, dem Florian dauerhafte Gestalt verleihen und den Anna als geschwisterliche Nähe abtun wollte, war verflogen. Am Ende tauschte man flüchtige Wangenküsse. Anna fuhr bedrückt nach Münster, während Florian seinen Stock zertrümmerte und hemmungslos weinte. Er nahm sich vor, in Zukunft seine Gefühle besser zu verbergen und härter um jedes Ding zu kämpfen.

Am 23. September 2000 fuhr Ludwig für eine Reportage nach Duisburg. In Rheinhausen wurde der Hochofen 1 des Stahlwerks gesprengt. Bereits sieben Jahre zuvor, 1993, war das Feuer im letzten Hochofen in Rheinhausen ausgegangen. Nach der Stilllegung des riesigen Stahlwerks, die trotz der massiven Proteste der Stahlarbeiter und ihrer verbündeten Kumpel erfolgte, war die Anlage zunehmend verfallen. Das Stahlwerk und der Hochofen 2 waren bereits im Februar und im April in die Luft gesprengt worden.

Ludwig ging es durch Mark und Bein, als das Ungetüm von einem gewaltigen Sprengsatz nach links zu Boden gestürzt wurde und eine riesige Staubwolke aufstob. Das ist das Ende einer Ära, wusste Ludwig. Er war beklommen. Zu den besten Zeiten in den sechziger Jahren hatten hier 16 000 Mitarbeiter pro Jahr 2,3 Millionen Tonnen Roheisen produziert. Mit der Errichtung eines Stahlwerks in Rheinhausen war bereits 1896 begonnen worden. Nur ein Jahr später wurden die ersten beiden Hochöfen angeblasen. Vor dem Ersten Weltkrieg war Rheinhausen – damals hieß es noch Friedrich-Alfred-Hütte – das größte Stahlwerk Europas gewesen. Ludwig empfand ebenso wie die Menschen im Revier Schmerz über den Verlust dieses bedeutenden Denkmals der Industriekultur und -geschichte, das nun dem Erdboden gleichgemacht worden war. Nachdem die Staubwolke sich gesenkt hatte, herrschte bedrückende Stille. Auch den anderen Berichterstattern und TV-Crews hatte es die Sprache verschlagen.

Deprimiert machte sich der Journalist auf den Weg nach Hause. Aus einer Telefonzelle rief er Sergej in seiner Praxis an. Die Sprechstundenhilfe stellte ihn sofort ins Arztzimmer durch. „Du klingst niedergeschlagen, Ludwig", stellte der Doktor fest. „Wollen wir uns heute Abend sehen?" Ludwig freute sich, dass sein neuer Freund seine Stimmungsschieflage sofort erkannt und selbst ein Treffen vorgeschlagen hatte. „Ich trommle noch Carlo dazu, und dann sehen wir uns um acht", verkündete der Arzt.

Als Ludwig um Punkt acht das verabredete Lokal betrat, saßen Sergej und Carlo schon am Tisch und plauderten lebhaft. Carlo sprang auf und hieb Ludwig mächtig auf die Schulter: „Na, Alter, wird's wieder?" Sergej hatte Carlo also bereits berichtet. „Was zwickt dich denn?" – „Ich war heute in Rheinhausen ..." – „Verstehe. Da vergeht einem das Lachen."

Ludwig setzte sich und bestellte ein Bier. Er berichtete seinen Kumpanen von seinen Eindrücken bei der Sprengung des Stahlwerks. „In meinen Augen ein doppelter Fehler. Zum einen haben sie ein unersetzbares Industriedenkmal einfach platt gemacht. Und zum anderen bin ich mir nicht sicher, ob es auf längere Sicht sinnvoll ist, unsere Stahlindustrie derart zu drosseln. Eines Tages werden wir auf Importe angewiesen sein. Und die Existenzgrundlage vieler Familien ist jetzt schon weg." – „Das zieht einen bestimmt ganz schön runter, darüber zu schreiben", ahnte Carlo. – „Manchmal ja, Aber das darf man meinen Artikeln nicht anmerken", erwiderte Ludwig. „Ich will möglichst objektiv berichten und vor allem den Menschen im Revier Mut machen …" – „Also ein Überzeugungstäter", meinte Sergej. Ludwig lachte. „Immer gewesen!"

„Welcher Artikel hat dir in letzter Zeit besonders viel Spaß gemacht?", wollte Sergej wissen. Der Journalist überlegte nicht lange. „Vergangenen Sommer habe ich ein Porträt über Horst Szymaniak gemacht …" – „Szymaniak …", rätselte Sergej, „… ach, du meinst Schimanski, den Duisburger Polizisten im Fernsehen …" – „Mann, Sergej", unterbrach ihn Carlo heftig. „Du dampfst wohl nur auf Lokomotive Moskau. Horst Szymaniak, unser Schimmi – das ist … das war einer der ganz Großen …" – „Der intelligenteste deutsche Spieler. Jedenfalls auf dem Fußballfeld. Der konnte sich im ärgsten Gewühl die Kugel angeln. Ein kurzer Blick – Schimmi wusste, wo jeder Mitspieler stand – und dann ein ruhiger flacher, mustergültiger Pass, damit der Kicker den Ball nicht verfehlen konnte, und – bums! – gab's vor dem gegnerischen Tor Alarmstimmung. Tja …", Ludwig hielt kurz inne, ehe er fortfuhr, „… leider hat der Schimmi seine Intelligenz auf dem Rasen geparkt. Im wirklichen Leben haben ihn gelegentlich alle guten Geister verlassen."

Carlo referierte kurz den Werdegang des Fußballspielers aus Erkenschwick, der es vom Kumpel auf Ewald in die deutsche Nationalmannschaft geschafft hatte. „Hab mal gelesen, als der noch Amateur war und sonntags gut gekickt hatte, haben ihm am nächsten Tag die Kumpel im Pütt gesagt, er soll den Abbauhammer beiseite packen und erstmal 'ne Runde ratzen …" – „Ich weiß noch, wie ich 58 bei der Weltmeisterschaft am Radio klebte – Szymaniak war als linker Läufer der Held …", erinnerte sich Ludwig, „… da wart ihr beiden Frischlinge noch gar nicht auf der Welt …" Während Sergej grinste, konnte sich Carlo nicht enthalten, Ludwig zu necken: „Altes Eisen eben!"

Der Zuruf hinderte Ludwig nicht daran, weiter von der glanzvollen Karriere des Kickers, die ihn aus dem Revier auch nach Italien und Spanien geführt hatte, zu berichten. „Dann hatte er dauernd Pech – aus der Nationalelf haben sie ihn wegen einer Kneipentour rausgeschmissen. Am Ende standen unweigerlich schlechte Vereine." – „Und seine Kohle war auch bald futsch …", unterbrach Carlo. Ludwig redete ungerührt weiter: „Letztes Jahr ist er fünfundsechzig geworden. Da habe ich ihn interviewt." – „Und, wie isser?", wollte Carlo wissen. – „Der hat das Herz auf dem rechten Fleck. Er ist offen und geradeheraus. Lebt bescheiden – und ist zufrieden. Andere wären bitter darüber, dass nicht alles so gerade gelaufen ist. Schimmi überhaupt nicht – das hat mich beeindruckt."

Am nächsten Tag wurde Florian von Melusine und Ludwig aus der Reha-Klinik abgeholt. Er richtete sich rasch zu Hause ein und nahm sein Studium mit ungebrochener Energie wieder auf. Parallel dazu trainierte er in der Behindertenriege seines Sportvereins. Florian übte zunächst Bogenschießen. Dadurch wurde der behinderte linke Arm allmählich gestärkt, und Florian war gezwungen, ihn koordiniert zu bewegen. Darüber hinaus war Bogenschießen eine hervorragende Konzentrationsübung.

Der große Eifer, mit dem er sein Studium betrieb, und sein sportlicher Ehrgeiz gaben Melusine zu denken. Sie riet ihrem Sohn, die Dinge etwas unverkrampfter anzugehen und dabei auch die jungen Frauen nicht zu vergessen. Florian wich aus. Als die Mutter immer wieder auf das Thema zurückkam, wurde der Sohn deutlich. Eine Mutter genüge ihm. Er brauche auch keine Krankenschwester. „Von Schwestern hab ich sowieso erst mal genug." Melusine fragte nicht weiter nach.

Anna gratulierte ihrer Großtante Renata zum 94. Geburtstag. Die alte Dame war an diesem Nachmittag bester Laune, dafür sorgte nicht zuletzt der von Heiner spendierte Sekt, dem das Paar bereits munter zugesprochen hatte. Renata erkundigte sich eingehend nach Annas Fortkommen. Als die Studentin ihr erzählte, sie lerne für das Physikum und habe bereits einen Platz für ihr klinisches Semester, strahlte die alte Hebamme vor Stolz. „Wenn du Ärztin wirst, Anna, erfülle ich mir auf meine alten Tage endlich, endlich meinen Wunschtraum." Die drei stießen an und riefen: „Glück auf!"

Später zog sich Heiner zurück. Er sei müde. „Ich bin dem Alkohol entwöhnt wie ein trockengelegter Zechbruder", witzelte der Bergmann. Renata dagegen blieb munter. Als beide Frauen unter sich waren, wollte Renata von Anna erfahren, ob sie einen festen Verehrer habe. Die Antwort, dafür sei noch lange Zeit, missfiel der Älteren. „Nichts auf Erden hat lange Zeit", meinte Renata streng, „schon gar nicht die Liebe." Um dagegenzuhalten, berichtete Anna von Florians Antrag und ihrer Ablehnung, was Renata trocken mit „Du bist eine dumme Gans!" quittierte. Annas Feststellung, sie empfinde Florian als Bruder, ihr fehle das aufregende Gefühl der Verliebtheit, die „Schmetterlinge im Bauch", verärgerte Renata.

„Kein Mensch hat Schmetterlinge im Bauch. Das ist die Erfindung von Schriftstellern, die keine Ahnung vom Leben haben. Lass dir von einer Veteranin der Liebe etwas sagen. Verliebtheit vergeht, sie wird, wenn die Beziehung etwas taugt, zu Freundschaft und Liebe." – „Aber ich kann doch nicht mit einem Mann ins Bett gehen, den ich nur gern habe …" – „Ich war 1938 mit einem Mann zusammen, der fast vierzig Jahre älter war als ich. Aus Mitleid. Weil er Angst hatte. Und ich bin noch heute stolz darauf."

Renatas Augen leuchteten, nahmen für einen Moment jugendlichen Glanz an. Anna war gerührt. Dennoch bestand sie auf ihrer Ansicht. „Ich brauche Verliebtheit." – „Des Menschen Wünsche sind sein Himmelreich. Aber in diesem Fall auf Dauer auch die Hölle der Einsamkeit." Anna verstand den Blick des Geburtstagskindes auf die Sektflasche und füllte die geleerten Gläser nach.

Einen Monat später erlitt Heiner einen tödlichen Herzinfarkt. Bei der Beerdigung auf dem Friedhof der Bonifatiuskirche an der Mont-Cenis-Straße versammelte sich die ganze Familie. Heinrichs Geschwister Emil, Friedrich A. und Lilian mit deren Mann Giuseppe Brandi. Mario und Tina hatten sich ebenso eingefunden wie Carla und Carlo mit Verena, die den kleinen Sergio im Kinderwagen schob. Grazia, die einen prächtigen Kranz mit riesiger Schleife hatte liefern lassen, erschien im engen schwarzen Kostüm mit großem Hut. An ihrer Seite ging sichtlich erschüttert ihr Mann Bülent. Er dachte mit Wehmut an die vielen Abende mit Heiner im „Napoli". Der Bergmann hielt seinen Sohn Alessandro-Deniz fest an der Hand.

Renata, die sich um aufrechte Haltung bemühte, hatte sich bei Anna und Ludwig eingehakt. Florian drückte sich an die Seite seiner Mutter. Als ihn Anna erblickte, begann ihr Herz zu rasen. Was war mit ihr geschehen? War es lediglich der Ärger über Florians barsche Reaktion auf ihre Zurückweisung seines Antrags? Oder mochte sie ihn doch mehr, als sie sich einzugestehen wagte? Anna bemerkte, dass Florian wie zufällig zu ihr sah. Sobald sich ihre Blicke begegneten, senkte er seine Augen. Feigling!, wütete Anna. Doch ihre Aufmerksamkeit hatte heute Renata zu gelten.

Das ist das Ende! Diese nüchterne Feststellung beherrschte Renatas Bewusstsein. Der vitale Heiner war der längste Begleiter in ihrem Leben gewesen. Er war ein Bergmann wie ihr Done. Trotz seiner Veranlagung, die ihn zum Außenseiter hätte stempeln können, widersetzte er sich jeglichem Selbstmitleid. Heinrich war ein selbstbewusster Kumpel, den nichts zu zerbrechen vermochte, weder die harte Arbeit unter Tage noch die Entbehrungen der Kriegsgefangenschaft, ja nicht einmal die Verachtung vieler für seine gleichgeschlechtliche Neigung. Heinrich Bialo war ein wahrer Kamerad. Ein Mann, auf den sich jeder, vor allem aber seine Tante, ihr Lebtag verlassen konnte.

Das Spiel der kleinen Kapelle und der Gesang des Knappenchors der einstigen Zeche General Blumenthal „Glück auf, Glück auf, der Steiger kommt!", vor allem aber das Lied „Ich hatt' einen Kameraden, einen bessern findst du nit!" trafen Renata ins Herz. Nach ihrem Mann, ihrem geliebten Done, war nunmehr auch ihr bester Gefährte für immer gegangen. Einen besseren gab es in der Tat nicht – auch keinen vergleichbaren.

Carlo waren während des Trauergottesdienstes die Tränen über die Wangen gelaufen. Jetzt, am offenen Grab, verlor der Bergmann endgültig die Fassung und schluchzte laut. Er hatte nie vergessen, wie Heiner ihm vor vielen Jahren geholfen hatte, bei seinem Vater durchzusetzen, dass er Bergmann werden durfte. Carlo wollte Heinrich Bialo als Mensch und als Kumpel ein ehrendes, liebevolles Angedenken bewahren.

Für Renata kam es nun darauf an, die ihr verbleibende Zeit in Würde zu verleben. Zunächst widersetzte sich Renata Ludwigs Drängen, fortan bei seiner Familie zu wohnen. Damit würde sie den letzten Rest an Unabhängigkeit einbüßen. Doch die Vernunft sagte ihr, dass sie mit nunmehr Mitte neunzig immer stärker auf die Unterstützung ihrer Mitmenschen angewiesen sein würde.

Daher stimmte Renata schließlich zu, die Weihnachtstage in Melusines Haus gemeinsam mit Ludwig und den Kindern zu verbringen. Danach würde man weitersehen. Weihnachten wurde, anders als Ludwig und Melusine geplant hatten, nicht zum beschaulichen Familienfest. Denn Florian, dessen weitgehende Genesung an diesen Tagen gefeiert werden sollte, entzog sich dem Zusammensein.

Er reiste mit seiner Behindertensportgruppe zum Wintertraining nach Griechenland. Als Anna davon erfuhr, empfand sie dies als Schlag ins Gesicht. Sie hatte Florian monatelang fast täglich besucht, ihm liebevoll zur Seite gestanden, ja ihm seine Selbstmordgedanken ausgeredet. Nach dem Zusammentreffen bei Onkel Heinrichs Beerdigung hatte sie Florian angerufen und ihn um eine Aussprache gebeten. Flori wollte es sich überlegen. Und nun machte er sich aus dem Staub – aus verletzter Eitelkeit, weil sie seinen Antrag nicht sogleich jubelnd angenommen hatte.

Anna verstand seine Verbitterung, aber rechtfertigte sie seine fortwährende Gekränktheit und die Kränkungen, die er ihr zufügte? Renata ahnte, weshalb Anna trotz aufgesetzter guter Laune in unbeobachteten Momenten verzagte. „Wenn du so alt werden willst wie ich, ohne wahnsinnig zu werden, gib es auf, Männer verstehen zu wollen. Die meisten von ihnen besitzen keinen Verstand – und noch weniger Einfühlungsvermögen", mahnte sie Anna. „Aber du hast doch auch Onkel Anton gefunden …", widersprach Anna. – „Ja. Mit fast sechzig! Nachdem ich mich ein halbes Leben mit Idioten und Egoisten herumgeschlagen hatte …" – „Florian ist kein Idiot!" – „Aber ein Egoist. Gewiss liebt er dich, sonst hätte er dir keinen Heiratsantrag gemacht. Aber nachdem du abgelehnt hast, suhlt er sich in seiner Gekränktheit. Die ist ihm mittlerweile wichtiger als seine Liebe."

„Nein! Da kenne ich meinen Flori besser", fuhr Anna auf. – „Ich hoffe, du behältst recht, mein Kind. Aber meine Erfahrung lässt mich befürchten, dass Florian, ebenso wie den meisten Mackern, die männliche Ehre – ich bin mit über neunzig immer noch nicht dahintergekommen, was das ist, die zehn Zentimeter zwischen den Beinen oder irgendeine überdrehte Windung im Gehirn? – wichtiger ist als ihr persönliches Glück. Von dem ihrer Frauen ganz zu schweigen. Darum kümmert sich ohnehin kein Kerl." Anna bewunderte Renatas Humor, ihre Direktheit und ihre Vitalität. Dennoch wollte sie wie jede Verliebte die Botschaft einer anderen, einer Älteren zudem, nicht wahrhaben.

Am Weihnachtsabend rief Florian an. Er wünschte alles Gute zum Fest und teilte am Ende des kurzen Gesprächs seiner Mutter mit, er habe sich verlobt. Melusine war konsterniert. Sie wusste,

274

dass es zwischen ihrem Sohn und Anna gefunkt, aber wie in fast jeder Beziehung auch gekracht hatte. Nun hatte Florian die Flinte ins Korn geworfen und sich mit einer ominösen Sabine liiert, von deren Existenz die Mutter bislang nichts gewusst hatte. Sie hätte die junge Frau gern kennengelernt. Gehörte sie zu Florians Gruppe? Melusine richtete Florians Glückwünsche aus – behielt aber die Mitteilung seiner Verlobung für sich, um Anna nicht zu verletzen.

Die Rücksichtnahme war vergeblich. Denn Florian informierte kurz darauf Anna per SMS: „bin verlobt. sabine auch behindert. du bist frei." – Und du bist ein rücksichtsloser Trottel!, fuhr es in Anna auf. Wütend schleuderte sie das Handy in ihre Tasche. Dumme Kuh!, schalt sie sich. Ständig überlegst du, wie du anderen helfen kannst. Dauernd nimmst du Rücksicht auf alle, außer auf dich selbst. Da brauchst du dich nicht zu wundern, dass andere mit dir umspringen, wie sie wollen!

Anna kramte ihre Schminktasche heraus, um sich für die Bescherung herzurichten. Nein! Nicht schon wieder das Gute-Laune-Theater für die Familie! Anna kritzelte einen Zettel. Ohne weiter an die anderen zu denken, packte sie ihren Rucksack und lief aus dem Haus. Sie verbrachte Weihnachten allein in ihrem Zimmer in Münster. Dort gestand sie sich nach langem Grübeln, dass es sinnlos war, die Gesetze der Liebe oder gar jene des männlichen Verhaltens ergründen zu wollen. Florian würde tun, was ihm gefiel. Anna nahm sich vor, fortan auf ihre eigenen Bedürfnisse zu achten. Weiterhin wollte sie den Kontakt zu ihrem Vater und Melusine einschränken. Denn dabei würde sie zwangsläufig Florian und seiner Verlobten begegnen, was ihre Seelenqual unnötig verstärken würde. Anna beschloss, die Verbindung zu ihrer Mutter und deren neuer Familie zu vertiefen, die in letzter Zeit wegen Florian oft hatte zurückstehen müssen.

Wechselseitige Rücksichtnahme hinderte Melusine und Ludwig, den Grund für Annas unerwartete Abreise zu erwähnen.

Renata beobachtete amüsiert die gefassten Gesichter der Eltern am Gabentisch und meinte leichthin: „Eine schöne Bescherung haben uns die Kinder bereitet." Die Bemerkung löste die Spannung. Ludwig herzte seine Tante und meinte zu Renata gewandt: „Eine Überraschungsgabe habe ich nicht auf den Tisch gelegt." Er ergriff Melusines Hand und bat sie, seine Frau zu werden. Was wiederum Renata zu der Bemerkung animierte: „Wie sagt doch unser Goethe so schön: ‚Benutze redlich deine Zeit! Willst was begreifen, such's nicht weit!' Wozu der junge Schnösel eine Woche braucht, das erledigt der Vater fix in sieben Jahren. Hauptsache, du bist am Ende zu Verstand gekommen. Lasst euch gratulieren, Kinder. Glück auf!"

Rechtzeitig zum Jahreswechsel kehrte Florian von seiner Sport- und Verlobungsreise zurück. Melusine vermied es, ihm Vorhaltungen zu machen. Doch Florian spürte ihre Gekränktheit. „Das war keine offizielle Verlobung, Mama. Ich wollte euch lediglich über meine Entscheidung informieren. Ich würde euch Sabine gern vorstellen – wie wär's mit Silvester?"

Melusine willigte ein. Sie wollte natürlich so schnell wie möglich die zukünftige Ehefrau ihres Sohnes kennenlernen. Als Sabine abends mit Florian eintraf, waren Melusine und Ludwig erschüttert. Die Frau war älter als Florian, und überdies saß sie im Rollstuhl. Sabine war querschnittsgelähmt. Sie gab sich freundlich, aber bestimmt, weiblichen Liebreiz ließ sie vermissen. Offensichtlich empfand auch Renata nur wenig Sympathie für Sabine, denn mit Hinweis auf ihr hohes Alter zog sie sich früh am Abend zurück.

Kurz vor Mitternacht kam Florian zu seiner Mutter in die Küche. Er hob fragend seinen Kopf. Melusine reagierte zunächst nicht. Erst als Florian die Mutter bat, ihm offen ihre Meinung zu sagen, brach es aus Melusine heraus: „Sie ist die falsche Frau für dich, Flori." – „Weil sie querschnittsgelähmt

ist!" – „Quatsch! Weil sie gut zehn Jahre älter ist als du ..."
– „Neun!" – „... und was noch ärger ist, Sabine fehlt jegliche
weibliche Wärme ..." – „Als Querschnittsgelähmte musste sie
sich alles erkämpfen. Das macht hart ..." – „Mag sein. Ich bin
überzeugt, du hast diese Frau als Kontrastprogramm zu Anna
gewählt. Trotz ist immer ein schlechter Ratgeber. In Liebes-
dingen aber ist er katastrophal." – „Anna hat mich nicht gewollt!" – „Blödsinn! Sie war verwirrt. Sie musste sich über ihre
Gefühle erst klarwerden. Doch statt ihr ein wenig Zeit zu lassen,
hast du die beleidigte Leberwurst gespielt und bist davongelaufen ..." – „Gehumpelt." – „Hör endlich auf, dir selbst leidzutun,
Florian! Danke Gott, dass du so glimpflich davongekommen
bist!" – „Sabine hat dieses Glück nicht gehabt." – „Florian ..."
Melusine nahm den Kopf ihres Sohnes in die Hände, wie sie
es getan hatte, als er noch ein kleiner Junge war. „... du warst
ein so weiches, zärtliches Kind. Dein Mitleid ehrt dich, aber als
Basis für eine lebenslange Beziehung ist es zu wenig." – „Im
Lauf der Zeit wird mehr hinzukommen. Unsere Beziehung
wird wachsen und gedeihen ..."

Melusine spürte die wachsende Unsicherheit ihres Sohnes.
Dies gab ihr einen Funken Hoffnung. „Flori, wie wär's, wenn du
zunächst Anna, die sich so um dich gekümmert hat, die gleiche
Geduld entgegenbrächtest wie Sabine? Meinst du nicht, dass
Anna dies verdient hätte?" – „Ja ... schon. Aber dafür ist es jetzt
zu spät ... Ich habe mit Sabine geschlafen." – „Na und?" – „Na
und?!", fuhr Florian auf. „Sabine ist eine behinderte Frau. Sie hat
sich auf eine Beziehung mit mir eingelassen. Da darf ich sie nicht
enttäuschen. Ich muss sie heiraten." – „Du musst gar nichts!",
rief Melusine. Doch sie wusste, dass es zwecklos war, ihren Sohn
überreden zu wollen. Florian war ein gewissenhafter Junge, der
das, was er für seine Pflicht hielt, auch durchführte – und sei es auf
Kosten seines Lebensglücks.

Mutter und Sohn kehrten ins Wohnzimmer zurück. Um Mitternacht stießen die beiden Paare mit Sekt auf ein „Glückliches neues Jahr" an. „Und auf Frieden!", meinte Ludwig unvermittelt. „Ach, Ludi! Dir steckt immer noch die Kriegsangst in den Knochen, obgleich du erst Jahre nach dem großen Töten geboren wurdest. Damit ist längst Schluss. Sogar der Kalte Krieg ist vorbei. Im 21. Jahrhundert herrscht endlich Frieden!", dozierte Florian. – „Ich hoffe, du behältst recht." – „Sicher, Ludwig, ihr Journalisten seid Berufspessimisten!" – „Das ist unsere Aufgabe", betonte Ludwig und forderte damit Melusines Widerspruch heraus. „Nicht an Silvester! Heute Abend wollen wir das Beste glauben. Für uns und alle anderen Menschen: Glück auf!"

Mit vereinten Kräften

2001–2002

Damit es nicht beim frommen Wunsch blieb, bestellten Melusine und Ludwig wenige Tage später das Aufgebot. Die Frage der Trauzeugen bereitete dem Paar kräftiges Kopfzerbrechen. Ursprünglich sollten ihre Kinder die Eheschließung bestätigen. Doch die Eltern wollten ein Zusammentreffen von Florian, Sabine und Anna vermeiden. Um Anna und Renata eine Freude zu bereiten, machten Ludwig und Melusine die beiden zu ihren Trauzeuginnen. Als sie Renata die Bitte antrugen, zögerte sie kurz, lächelte dann beide wissend an und meinte trocken: „Ich hoffe, dass auch Anna mit mir zufrieden sein wird." Ludwigs betroffene Miene veranlasste Renata, versöhnlich fortzufahren: „So einer Ehre darf ich mich selbstverständlich nicht entziehen. Wer weiß, ob man mich in den nächsten 95 Jahren noch einmal darum bitten wird."

Erst als sie das Standesamt im Herner Rathaus betraten, kam Ludwig in den Sinn, dass vor mehr als drei Jahrzehnten im selben Gebäude Renata mit seinem Onkel Anton den viel zu kurzen Bund fürs Leben geschlossen hatte. Jetzt erst begriff Ludwig die zwiespältige Reaktion Renatas auf seine Bitte um ihre Zeugenschaft. Aber nun konnte er nicht mehr umdisponieren, es wäre peinlich für alle Seiten gewesen.

Natürlich hatte Renata ihren Anton im Sinn. Doch die Fährnisse ihres langen Lebens hatten sie gelehrt, das Schicksal ohne Groll anzunehmen. Die Gelassenheit des Alters mündete bei Renata in einer Haltung der heiteren Neugierde. Was mochte das Schicksal noch für sie bereithalten? Renatas Lebenshunger war ungebrochen. Daher folgte sie der Trauzeremonie mit fröhlicher Anteilnahme. Es gelang ihr sogar, mit einem gewagten Scherz die sich zunächst verhalten gebende Anna aus der Reserve zu locken. „Die Bräute werden immer jünger. Ich habe es mit knapp sechzig geschafft, Meli ist Mitte vierzig, hoffentlich bleibt mir da noch Zeit, bis zu deiner Hochzeit das Kleid zu wechseln, Ännchen." – „Ganz sicher! Und anpreisen musst du dich nicht. Denn du wirst sowieso meine Trauzeugin." – „Na, dann bleibt mir nichts mehr zu tun, als meine Unterschrift unter euren Ehekontrakt zu setzen", betonte Renata an das Hochzeitspaar gewandt und fuhr fort: „Glück auf und Gottes Segen!"

Die Planung der Hochzeitsfeier hatte Ludwig und Melusine vor Schwierigkeiten gestellt. Sie wollten alles vermeiden, was diesen Tag hätte trüben können – so auch ein Zusammentreffen von Anna, Florian und Sabine. Deshalb hatte Melusine schweren Herzens auf die Anwesenheit ihres Sohnes verzichtet. Man würde zu einem späteren Zeitpunkt mit Florian und Sabine feiern. Das frisch getraute Paar wollte seine beiden Zeuginnen zu einem gepflegten Essen in ein Lokal unweit der Villa Hügel einladen. Von dort konnte man den Blick auf den Baldeneysee genießen, wo einst ein Bootsrempler Ludwig und Melusine zusammengebracht hatte.

Aus dem Plan wurde nichts. Denn beim Verlassen des Standesamtes wurden Ludwig und seine drei Frauen von Herbert Lary, dessen ehemaliger Sekretärin Frau Kulitzki, Robert Walter von der Gewerkschaft Bergbau, Chemie, Energie sowie Manfred Jochimsen vom Heizkraftwerk Walsum mit dicken Blumensträußen begrüßt. Die frisch getrauten Grubers waren verblüfft. „Wie haben Sie denn von unserer geheimen Hochzeit erfahren?", wollte Ludwig wissen. „Ein guter Journalist liest alles, sogar die Aufgebote", lachte der ergraute Lary und schüttelte Melusine und Ludwig die Hand und wünschte den beiden Glück.

Danach fuhr die Gesellschaft mit einem Kleinbus zur Zeche Zollverein. Im dortigen Restaurant hatten sich alle ehemaligen Mitarbeiter der „Revier Zeitung" versammelt, flankiert von Melusines Kollegen von der Steag, Arbeitnehmervertretern und einer Reihe Journalisten von Zeitung, Funk und Fernsehen. Lary hielt eine Rede über die guten, alten Zeiten, als die „Revier Zeitung" von über 100 000 Kumpeln gelesen wurde, die mit ihrer harten Arbeit den Wiederaufbau Deutschlands und dessen Wirtschaftswunder erst möglich machten. „Lasst uns diese Maloche nie vergessen, Freunde!", schloss er.

Ludwig hatte auf keinen Fall eine Rede halten wollen, doch er konnte die nostalgischen Worte seines einstigen Chefs nicht unerwidert lassen. „Keine Sorge, lieber Herbert. Niemand, der das Revier und seine Menschen kennt, niemand, der mit der deutschen Nachkriegsgeschichte vertraut ist, kann, will oder wird die Leistungen der Kumpel je vergessen. Aber wie wir auch in unserer ‚Revier Zeitung' erfahren haben, hat es keinen Sinn, im Gestern zu verharren und früheren Zeiten nachzuweinen, in denen angeblich alles gut war. Man muss immer das Beste aus der gegenwärtigen Lage machen. Und das heißt in unserem Fall: Wir müssen die Zukunft der deutschen Steinkohle und des Reviers sichern. Glück auf!"

Es wurde eine fröhliche Hochzeitsfeier in der früheren Kompressorenhalle der Zeche. Renata war bester Laune. Durch zwei Glas Sekt angefeuert, bestand sie darauf, von Ludwig zu einem kurzen Walzer aufs Parkett geführt zu werden. Ludwig kam ihrer Aufforderung mit Freude, aber auch mit der notwendigen Rücksichtnahme nach. Anna unterhielt sich derweil mit den Journalisten und Gewerkschaftern, die in der Regel doppelt so alt wie sie waren, über die Zukunft der Medizin. Heutzutage gebe es mehr Ärzte als Bergleute. Das Gesundheitswesen werde die Bedeutung des Bergbaus in Zukunft übertreffen, meinte ein Fernsehredakteur. Ein Bergbau-Gewerkschafter widersprach ihm heftig. Anna genoss die angeregte Unterhaltung.

Erst gegen Mitternacht verließ das frischgebackene Ehepaar Gruber mit der betagten Trauzeugin Renata das Zollverein-Casino. Anna war schon früher gegangen. Sie fuhr zu ihrer Mutter ins „Napoli". Grazia schloss ihre Tochter in die Arme. Sie hielt sie lange fest. Als sie sich löste, bemerkte Anna ein Glitzern in Grazias Augen. „Warum hast du mich so lange warten lassen?", fragte die Mutter vorwurfsvoll, hielt jedoch inne, winkte quasi sich selbst ab. „Hauptsache, du bist wieder zu deiner Mama gekommen. Danke. Danke, figlia mia! Du sollst wissen, dass du bei deiner Mutter immer willkommen bist. Immer!"

Grazias Stimme wurde rau. Sie ergriff Annas Hand und führte sie zu ihrem Stammplatz. Die Lokalchefin ließ den Kellner eine Flasche Prosecco bringen, öffnete sie mit geübtem Handgriff und schenkte Anna und sich ein. Mutter und Tochter tranken auf das Wiedersehen. Danach rief Grazia Bülent an und forderte ihn auf, er solle mit dem kleinen Alessandro „augenblicklich herkommen". Der Hinweis ihres Mannes, dass es schon nach zehn Uhr sei, der Kleine schlafe und er selbst morgen Frühschicht fahren müsse, rührte Grazia nicht. „Seine Schwester ist endlich da. Sie will ihren kleinen Bruder sehen. Also muss er jetzt kommen. Egal, wie spät es ist."

Anna hatte Mühe, Grazia zu überzeugen, das Kind nicht wecken zu lassen. Stattdessen versprach sie, in den nächsten Tagen vorbeizukommen, um den Jungen zu besuchen. Die Mutter wollte das nicht gelten lassen. Alessandro sei nicht irgendein Junge, „sondern dein Bruder. Und du wirst ihn nicht irgendwann sehen, sondern heute, jetzt!" Anna fügte sich. So war ihre Mutter nun mal, und sie würde sie nicht ändern können.

Grazia begnügte sich nicht damit, Anna zum Bleiben in ihrer Wohnung einzuladen. Sie rief auch ihre Cousins Mario und Carlo sowie Cousine Carla an, um ihnen von der Rückkehr ihrer „verlorenen" Tochter zu berichten und sie aufzufordern, sogleich ins „Napoli" zu kommen, um Anna zu begrüßen. Bei Tina und Mario ging niemand an den Apparat. So hinterließ Grazia auf dem Anrufbeantworter ihre Weisung, dass die beiden sich unverzüglich im „Napoli" einzufinden hätten. Carla schlug Grazias Einladung glattweg aus. Sie mochte Anna, aber warum sollte sie ihrer einstigen Piesackerin Grazia einen Gefallen tun und antanzen, wenn sie pfiff? Carlo brauchte man nicht überreden. Bei allem Familienglück zischte der gesellige Carlo abends gern ein oder mehrere Biere in einer Kneipe. So kam ihm die Einladung seiner Cousine gerade recht. Die alten Streitereien hatte er längst vergessen.

Carlo erzählte munter von der Arbeit unter Tage. Grazias Mahnung, es doch seinem Vater Giuseppe und seinem Onkel Heinrich nachzutun und die Arbeit als Bergmann aufzugeben, quittierte Carlo mit Gelächter. „Ich bin Püttrologe durch und durch! Kann so wenig mit der Maloche am Berg aufhören wie eine Katze mit dem Mausen …", Carlo lachte erneut schallend, „… oder du mit dem Streiten. Gott hat mich zum Bergmann gemacht, und dabei bleibe ich. Und wenn es nur noch eine Zeche im Revier gibt und wenn ich für umme schuften müsste – ich bleibe Bergmann, so lange ich meinen Helm auf dem Kopf halten kann."

„Dummkopf!", hob Grazia an. „Für umme ist der Tod. Für umme würde ich mich nicht mal mit dir streiten …" – „Das verstehst du nicht", meinte Carlo kopfschüttelnd. Mit einem Mal hielt er inne, sein Gesicht leuchtete auf. „Lass es dir von deinem Mann Bülent erklären. Der fährt sogar doppelt so gern ein wie ich. Einmal, weil er ein echter Kumpel ist. Zum zweiten aber, um seinem Weib zu entkommen." Carlo lachte brüllend laut über seinen Witz. Grazia warf ihm ein „Stronzo!" an den Kopf, ehe sie ebenfalls lachen musste und dem Kellner durch einen Wink zu verstehen gab, Carlo noch ein Pils zu kredenzen.

Grazia wollte von ihrer Tochter genau über den Fortgang des Studiums informiert werden. Wie lange sie noch an der Universität bleiben müsse? Wo sie anschließend ihre Praxis aufmachen würde? „Was kostet das? Ich strecke dir das Geld vor! Wozu der Bank Zinsen in den Rachen werfen? Wir rechnen das gleich durch …" Anna duckte sich unter dem Trommelfeuer der Fragen.

Später kam Bülent hinzu. Die Kumpel klönten über ihre Arbeit unter Tage. Die weiterentwickelten Kohlenhobel, die Auswirkungen der zunehmenden Technisierung auf die Arbeit des einzelnen Kumpels, dessen Tätigkeit sich dadurch gravierend veränderte, sowie die schier unendlichen Kohlevorräte. „Unser Bergbau hat eine glänzende Zukunft!", gab sich Carlo überzeugt. „Unter uns sind endlose Kohlelager. Wir im Revier werden noch in Hunderten von Jahren Kohle fördern. Wenn es auf der Welt keinen Tropfen Erdöl mehr geben wird." – „Aber noch jede Menge Bier und Sekt", scherzte Bülent. Darauf stieß die Runde an: „Glück auf!"

Lange nach Mitternacht machte Grazia das Lokal dicht. Bülent, Anna und ihre Mutter fuhren im Taxi zu ihrer Wohnung. Leise führte Grazia Anna ins Kinderzimmer und wies stolz auf ihren Sohn Alessandro. Während Anna am Bett stand und ihren kleinen Bruder betrachtete, schluchzte Grazia auf. Anna nahm ihre Mutter in den Arm. Es dauerte eine Weile, ehe sich Grazia wieder gefangen hatte. „Du weißt nicht, wie sehr ich diesen Moment herbeigesehnt habe. Meine beiden Kinder zusammen!"

Anna nahm sich vor, ihre Mutter öfter zu besuchen. Sie musste lernen, Grazia mit ihren Schwächen und Stärken zu akzeptieren. Sie gestand sich ein, dass ihre hohen Ansprüche an sich selbst und andere ihr Leben schwierig gestalteten. Wäre sie von Anbeginn auf Floris Liebe eingegangen, hätte sie sich und ihm viel Leid erspart. Oder war es doch richtig gewesen, sich zu prüfen? Anna wusste es nicht. Doch sie war froh, wieder zu ihrer Mutter, ihrem Bruder und der Familie gefunden zu haben.

Obgleich die Lebensumstände des Paares sich nach der Hochzeit nicht veränderten – Ludwig und Melusine verrichteten wie zuvor ihr Tagwerk und kamen gut miteinander aus –, war Melusines Glück unübersehbar. Sie wirkte wieder fröhlich, hatte ihre alte Zuversicht zurückgewonnen und überwand die letzten Nachwirkungen des Schocks bei Florians Unfall. Warum habe ich Narr Meli nicht schon vor Jahren gefreit? Allem emanzipatorischen Gerede zum Trotz wurden die meisten Frauen offenbar nach wie vor gern geheiratet. Wahrscheinlich brauchten sie das standesamtliche Bekenntnis als Bestätigung, sinnierte Ludwig.

Doch auch Ludwig tat die Ehe gut. Er war stolz auf seine Frau, das gemeinsame Haus in Essen, fühlte sich sicher. Und die Kinder würden ihren Weg gehen, davon war Ludwig zutiefst überzeugt.

Wenige Wochen nach der Hochzeit lud Florian Melusine zu einem Abendessen ein. Dabei teilte er ihr mit, dass er und Sabine am 3. März heiraten würden. Ehe die Mutter reagieren konnte, bat Florian sie, nicht ihre Einwände zu wiederholen. Stattdessen fragte er die Mutter, ob sie seine Trauzeugin sein wolle. Melusine sah ein, dass es zwecklos gewesen wäre, weiter gegen die bereits gefallene Entscheidung oder gegen Sabine, die sie kaum kannte, anzureden. Damit hätte sie die Ehe nicht verhindert, sondern lediglich das Vertrauen Florians eingebüßt, der um ihr Wohlwollen, ja um ihre Liebe warb.

Als Antwort auf seine Frage drückte Melusine Florian einen Kuss auf die Stirn und meinte: „Klar! Ich bin noch in Heiratsübung." – „Prima, Mama. Aber ich werde nicht dich, sondern Sabine ehelichen." – „Das ist mir recht, sonst müsstest du zuvor meinen Mann erschlagen wie einst König Ödipus. Und so was tut mein Flori nicht." Der Sohn hatte seine Mutter noch nie derart unbeschwert und fröhlich erlebt. Er wünschte sich, dass die Ehe auch Sabine und ihn so glücklich machen würde, wie es bei seiner Mutter offensichtlich der Fall war.

Die Verbindung zwischen Sabine und Florian wurde mit einer schlichten Trauung auf dem Mülheimer Standesamt besiegelt. Neben Melusine war Sabines Bruder Gerhard, dem man den offenherzigen Kumpel ansah, dabei. Die Braut dagegen schien, trotz oder gerade wegen ihrer angestrengten Entspanntheit, verkrampft. In unbeobachteten Momenten sah sie Florian und ihren Bruder suchend an. Dieser hilflose Blick rührte Melusines Herz – trotz ihrer Skepsis.

Sabine war Anfang dreißig, querschnittsgelähmt. Ihr zukünftiger Mann fast ein Jahrzehnt jünger, seine Behinderung war weit weniger gravierend. Niemand konnte wissen, wie sich die Ehe entwickeln würde – Sabine ging dabei das weit größere Wagnis ein. Wenn Florian sich später anders besinnen sollte, stand sie allein vor einer ungewissen Zukunft. Melusine legte spontan ihre Hand auf Sabines kräftige Schulter. Sie erntete einen scheuen, ja dankbaren Blick. Doch bald waren die Anwesenden von dem weiteren Verlauf der Zeremonie gefangen. Nachdem das Jawort gegeben, die Unterschriften geleistet und die Eheschließung durch den Standesbeamten verkündet worden war, beugte sich Florian zu Sabine herab. Das Paar küsste sich zärtlich. Als die Angetraute ihre Augen öffnete, strahlte sie über das ganze Gesicht.

Die Ehe zwischen Sabine und Florian entwickelte sich allen Kassandrarufen und Befürchtungen zum Trotz zu einer innigen Gemeinschaft. Die Gewissheit der Liebe verlieh dem Paar ungeahnte Lebenskraft und Selbstbewusstsein. Sabine arbeitete sich von einer Behindertensportreferentin zur Vertrauensfrau der schwerbehinderten Menschen in der IG Bergbau, Chemie, Energie hoch. In ihrer Freizeit trainierte sie mit Florian. Beide waren mit Freude und großem Engagement bei der Sache. Dank der intensiven Übungen und einer begleitenden neurologischen Betreuung gelang es, die Behinderung von Florians linker Körperhälfte weitgehend zu überwinden, die gestörten Funktionen wurden von intakten Hirnpartien übernommen. Die zunehmende körperliche Fitness erhöhte Florians Wohlbefinden und seine Leistungskraft. So konnte er sein Tempo beim Studieren noch einmal kräftig steigern. Mit einer Sondergenehmigung seiner Fakultät gelang es ihm, sein Studium bereits nach sechs Semestern mit einem Prädikatsexamen zu beenden.

Mit knapp 24 Jahren war Florian Gingolt der jüngste Betriebswirt der Uni Bochum. Sein hervorragender Abschluss öffnete ihm alle Türen. Sogenannte Headhunter versuchten ihn mit der Aussicht auf ein hohes Einstiegsgehalt für internationale Beratungsfirmen oder Investmentbanken zu gewinnen. Doch Florian dachte nicht daran. Seine Liebe gehörte seit seinem Praktikum dem Steinkohlenbergbau. Daher bewarb er sich bei der Deutschen Steinkohle, absolvierte das Bewerbungsgespräch voller Konzentration und Motivation. Nach einer Trainee-Phase wurde Florian dem Assistenten des Vorstands zur Seite gestellt.

Sein Spezialgebiet war das Controlling. Diese Tätigkeit beschränkte sich keineswegs auf die Prüfung von Geschäftszahlen. Die Methode war vielmehr, durch eine ständige Beobachtung des Steinkohlenbergbaus optimale Arbeitsabläufe zu entwickeln und diese in die Praxis umzusetzen, was sich in den Erträgen niederschlagen sollte. Hier erhielt Florian Gelegenheit zu seiner liebsten Arbeit: Mit den Kumpeln und den Steigern sowie den Bergingenieuren in die Bergwerke einzufahren und vor Ort über eine ständige Verbesserung der Abläufe zu beraten und die Pläne in die Tat umzusetzen.

Ludwig Gruber beschäftigte sich in seiner journalistischen Arbeit weiterhin mit dem Steinkohlenbergbau und der deutschen Stahlindustrie. Parallel dazu beobachtete er den Ausbau der Hochschul- und der Medienlandschaft in Nordrhein-Westfalen. Der seit 1998 amtierende Ministerpräsident Wolfgang Clement setzte seinen ganzen Ehrgeiz daran, Industrie, Wissenschaft und Wirtschaft miteinander zu verknüpfen. Nur so konnte die Umstrukturierung von der Schwerindustrie-Region in eine zukunftsorientierte, integrierte Wissens- und Techniklandschaft gelingen. Bei dieser Herkulesarbeit gab es gelegentlich auch Pannen – wie die zeitweilige Förderung uneffektiv arbeitender Medienfirmen. Doch Missgeschick gehört zum realen Leben. Wenn man neue Wege beschreitet, gerät man mitunter auch in die Irre. Die Alternative wäre Untätigkeit, Stagnation und auf mittlere Sicht Rückschritt gewesen.

Gruber trat mit seinen Kommentaren in diversen Zeitungen für eine permanente Umstrukturierung der Wirtschaft ein. Sie musste sich an den Bedürfnissen der Menschen, einer geschützten Umwelt, aber auch an wirtschaftlicher Effektivität messen lassen. „Manche vergessen, dass das deutsche Wirtschaftswunder das Ergebnis harter Arbeit war. Die Spitzenposition der deutschen Wirtschaft im internationalen Vergleich werden wir nur halten können, wenn wir bereit sind, nach wie vor härter und effizienter zu arbeiten als unsere Konkurrenten in aller Welt. Stillstand darf es nicht geben", schrieb Ludwig in einem Artikel am Ende der Sommerferien.

Am Nachmittag des 11. September saß Ludwig im Lesesaal der wirtschaftswissenschaftlichen Fakultät der Uni Bochum, als er eine zunehmende Unruhe unter den Bibliothekaren und den Lesern bemerkte. Gruber erkundigte sich beim Aufsichtspersonal;

er erhielt widersprüchliche Auskünfte. Der Tenor lautete, in den USA habe sich ein furchtbares Flugzeugunglück ereignet. Ludwig fuhr schleunigst nach Hause. In der S-Bahn nach Essen diskutierten die Menschen aufgeregt, ohne Genaueres zu wissen.

Daheim am Fernsehgerät wurde der Journalist ebenso wie Millionen in aller Welt mit dem grausamen Geschehen der Terrorakte in New York und Washington konfrontiert. Anfangs weigerte sich Ludwig, zu glauben, was er sah. Er meinte, die Einschläge der Flugzeuge ins New Yorker World Trade Center seien TV-Animationen. Doch die Berichte der Korrespondenten, die Live-Reportagen, die schockierten Gesichter der New Yorker ließen keinen Zweifel daran, dass es sich um die Wirklichkeit handelte.

Melusine erschien am frühen Abend. Sie wirkte ratlos und verstört. Gebannt saßen beide vor dem Fernsehschirm. Renata, die in den vergangenen Monaten die meiste Zeit bei den Grubers verbracht hatte, ohne jedoch ihre eigene Wohnung aufgegeben zu haben, gesellte sich zu dem Paar. Auch sie war entsetzt – doch gefasst. Sie prahlte nicht mit ihren Erfahrungen im Bombenkrieg, sondern bedauerte, dass die lange Periode des Friedens wohl vorbei sei. „Dieser Tag hat die Welt verändert", stellte Bundespräsident Johannes Rau fest und sprach damit aus, was die Menschen überall dachten.

Ludwig teilte Renatas Meinung. Krieg lag in der Luft. Denn die Regierung der Vereinigten Staaten, deren Präsident selbst das Ziel eines Anschlags gewesen war, zeigte sich entschlossen, die Hintermänner der Attentäter zur Verantwortung zu ziehen. Das konnte nur eine Eskalation der Gewalt und weltweite kriegerische Auseinandersetzungen bedeuten. Tatsächlich stellte die Nato am folgenden Tag erstmals in ihrer Geschichte den kollektiven Verteidigungsfall fest. Das war eine Blankovollmacht zum Krieg. Bundeskanzler Gerhard Schröder sagte den Vereinigten Staaten uneingeschränkte Solidarität zu.

Ludwig Gruber musste an die Ereignisse am Vorabend des Ersten Weltkriegs denken, die er aus Geschichtsbüchern kannte. Die Ermordung des österreichischen Thronfolgers durch serbische Nationalisten hatte eine Eskalation in Gang gesetzt, die sich in einem jahrelangen gegenseitigen Abschlachten der Völker entladen sollte. „In Europa gehen die Lichter aus", stellte ein britischer Diplomat damals fest. Renata war seinerzeit bereits zur Schule gegangen. Ludwig fragte sie daher nach ihren Eindrücken und Erinnerungen.

Renata hatte die allgemeine Erregung, das plötzliche Auftauchen von Soldaten und das begeisterte Zusammenströmen von Freiwilligen, zu denen sich auch Bruder Otto gesellen wollte, noch im Gedächtnis. Entsprechend lebhaft erinnerte sie sich an die Kriegsjahre, die von der Trauer um ihren Bruder Heinrich und später von Hunger bestimmt wurden. „Nach dem Krieg waren alle sicher: So etwas werden sich die Menschen nie wieder antun. Zwanzig Jahre später gingen die Völker wieder aufeinander los. 1945, als hier alles in Schutt und Asche lag, glaubten wir, jetzt hätte jeder begriffen, dass Krieg und Gewalt geradewegs ins Verderben führen. Und jetzt sehen wir, dass es wieder Menschen gibt, die im Namen ihres Glaubens andere ermorden. Ihre Feinde werden nun zum Kreuzzug gegen den Heiligen Krieg blasen. Ich fürchte, die Menschen werden niemals klüger. Sie werden immer einen Vorwand für Kriege finden."

Renatas Worte stimmten die Grubers traurig, denn das Geschehen in New York und Washington, der Jubel darüber in manchen Teilen der Welt sowie die entschlossenen Reaktionen des Westens ließen einen Krieg der Kulturen oder vielmehr der Unkulturen befürchten. Normale Menschen verfügen über die Gnade des Verdrängens. Und so wandten sich die Grubers ebenso wie die meisten anderen trotz des sich abzeichnenden Krieges um Afghanistan wieder den Freuden und Sorgen des Alltags zu.

Ende November luden Florian und Sabine Melusine und Ludwig zum Abendessen in ihr Zuhause nach Mülheim ein. Die Grubers waren beeindruckt: Ludwig von der auf Sabines Behinderung zugeschnittenen Wohnung, Melusine von der modern eingerichteten Küche mit dem neuesten technischen Gerät. Am wichtigsten war ihr jedoch, dass die Kinder offensichtlich glücklich miteinander lebten.

Eigentlich wollten die Gastgeber bis zum Essen mit ihrer Überraschung warten, doch die Freude war so groß, dass Florian seiner Mutter vorab mitteilte, Sabine sei bereits im vierten Monat schwanger, und nach Aussagen der Ärzte entwickle sich der Fötus normal. Melusine machte sich sogleich Sorgen um Mutter und Kind. Wie würde die Geburt verlaufen? Würde es Sabine nicht zu viel werden, sich um einen Säugling zu kümmern? Wer würde das Kind versorgen? Wer es betreuen, wenn es später laufen lernte?

Doch bald schob Melusine ihre Bedenken beiseite. Ihr Sohn und seine Frau meisterten ihr Leben hervorragend. Sie würden auch ihren Enkel großziehen. Ihren Enkel! Melusine fiel Florian und Sabine um den Hals. „Ich werde Großmutter! Herrlich! Danke!"

Als Renata am nächsten Abend von Sabines Schwangerschaft erfuhr, freute sie sich mit der zukünftigen Großmutter und meinte schließlich: „Schade, ein bisschen früher, und ich hätte als Hebamme geholfen, dein Enkelkind auf die Welt zu bringen." Doch wie bei Renata üblich, ließ sie sich nicht von trübsinnigen Gedanken gefangen nehmen. Stattdessen freute sie sich schon auf den neuen Erdenbürger. Sie bat Ludwig und Melusine, sie „gelegentlich zum Kind zu bringen, wenn ich im Altersheim bin". Ludwig versuchte Renata – wie schon so oft – die Übersiedlung ins Seniorenheim auszureden. Doch nun ließ sich die alte Dame nicht mehr umstimmen.

Sie habe sich nach reiflicher Überlegung entschieden. „In meine Wohnung kann ich nicht mehr zurück. Ich weiß, ihr würdet mich aufnehmen. Habt ihr ja in den letzten Monaten bewiesen. Noch falle ich euch nicht allzu sehr zur Last. Aber ich will vermeiden, dass es so weit kommt. Und das lässt sich nicht verhindern. Das ist ein natürlicher Prozess, den das Alter mit sich bringt." Es falle ihr morgens immer schwerer aufzustehen. Sie tue es jedoch, um keine zusätzlichen Belastungen zu provozieren. Ihre Arthrosen machten es ihr zur Pein, das für sie zubereitete Mittagessen aufzuwärmen. Und abends sei ihr Tätigkeitsradius ebenfalls sehr eingeschränkt. Sie werde früh müde, während sie nachts stundenlang wach im Bett liege und sich nach einem Gespräch sehne: „Kurz und schlecht, ich muss mir eingestehen, dass ich bald ein Pflegefall sein werde. Und der gehört ins Seniorenheim."

Sie sah Melusine und Ludwig an, machte eine gewollt fröhliche Miene. „Ich hoffe, ihr besucht mich gelegentlich. Meine Nähmaschine geb ich euch als Pfand. Mit meinen krummen Arthrosepfoten krieg ich sowieso keine gerade Naht mehr hin …" Als Anna am Telefon von den Umzugsplänen hörte, kam sie am nächsten Vormittag zu Renata. Mit Vehemenz versuchte sie, die alte Dame von ihrem Vorhaben abzubringen. Die Unaufgeregtheit, mit der Renata alle Argumente Annas zurückwies, brachte diese zunehmend auf. „Ich werde nicht zulassen, dass du dich aufgibst und ins Pflegeheim flüchtest. Das ist wie ein Warten auf den Tod!", rief Anna. – „Das ganze Leben gleicht einem Wartesaal zum Tod. Das gilt nicht nur für Alte", meinte Renata ruhig. – „Aber ich will dich mitten im Leben halten. Bei mir!"

Anna ergriff Renatas kalte Hand. „Ich ziehe hierher und kümmere mich um dich!" – „Das wirst du schön bleiben lassen!", sprach die Alte mit einem Mal herrisch. „Du bist Anfang zwanzig. Du willst und du sollst Ärztin werden, keine private Altenpflegerin!" Danach erzählte Renata Anna ausführlich aus ihrem

Leben. Sie habe ihr Dasein genossen und vielen Menschen helfen können, „doch mein Lebensziel habe ich nicht erreicht: Ärztin zu werden. Das lag auch an den Zeitumständen, vor allem aber an mir. Ich wollte ständig für andere da sein und ihnen helfen. Das ist richtig. Aber jeder Mensch ist in erster Linie für sich selbst verantwortlich. Das heißt: Man muss auch an sich selbst denken." Renata hielt kurz inne und fuhr dann fort: „Du lebst in einer besseren Zeit. Hoffentlich. Du studierst Medizin. Und mein größter Wunsch ist es, dich als Ärztin zu erleben. Du vollendest, wonach ich mein Lebtag gestrebt habe. Es wäre unverzeihlich, und ich würde keine Ruhe im Grab finden, wenn ausgerechnet ich dich bei deinem Studium behindert hätte!"

Alle Mühen Annas, Renata zu überzeugen, eine geringfügige Unterstützung der Älteren würde ihr Studium nicht aufhalten, sondern im Gegenteil dessen praktische Ausübung befördern, fruchteten nichts. Renata beharrte auf ihrer Entscheidung. Anna gestand sich ein, dass Renata nicht unrecht hatte. Die Pflege der Tante würde mit fortschreitendem Alter immer aufwendiger werden und schließlich ihr Studium beeinträchtigen. Als sie Renata zum Abschied behutsam umarmte, fuhr ihr die Alte zärtlich übers Haar und meinte: „Pass auf, dass du nicht in der Rolle des guten Kumpels aufgehst, sonst findest du – ähnlich wie ich – erst mit sechzig einen Mann."

Anfang Februar brachten die Grubers und Anna Renata in den Seniorenwohnpark am Koppenburger Hof. Renata hatte sich ausbedungen, in ihren Geburtsort Herne zurückzukehren. Nachdem Ludwig und Melusine gegangen waren, half Anna Renata beim Einordnen der Kleider, Bücher und Unterlagen. Dabei fiel ein älteres Porträtfoto aus einem Album heraus. Das Schwarzweißbild zeigte einen bärtigen Herrn, dessen Augen hinter einer Nickelbrille einen gütigen, aber zugleich skeptischen Ausdruck hatten. In der Ecke stand mit schwarzer Tinte eine Widmung:

„Meiner Renata. Gehe einen glücklichen Lebensweg. Dein Samuel Rubinstein. Herne, 17. Oktober 1934."

Renata bat Anna, das Bild an sich zu nehmen. Die Studentin weigerte sich. Die Widmung deute auf eine starke persönliche Beziehung hin. „So ist es, Anna. Ich habe dir oft von Samuel erzählt. Meinem Mentor und schließlich, in seiner Not, meinem Geliebten. Er wollte unbedingt eine Ärztin aus mir machen. Jetzt ist er mit dir fast am Ziel. Das Bild soll dich begleiten und dir ein Vermächtnis sein. Dr. Rubinstein war stets für seine Patienten da. Wie es sich für einen guten Mediziner gehört." Anna sah, dass Tränen in Renatas Augen stiegen. Sie umarmte die Tante und nahm das Bild an sich. Am frühen Abend fuhr sie zurück nach Münster.

In ihrer Studentenbude klemmte Anna das Foto in einen einfachen Glasrahmen und hängte es über ihren Schreibtisch. Sie betrachtete das Gesicht genau, suchte nach Ähnlichkeiten zwischen dem alten Dr. Rubinstein und dem jungen Dr. Rubenstein. Anna musste lachen. Sie war genauso beharrlich wie ihre Großtante Renata. Samuel Rubinsteins Bild war Anna, wie Renata beabsichtigt hatte, tatsächlich ein Ansporn, oft bis spät in die Nacht zu pauken. Auch sie wollte eine gewissenhafte Ärztin werden, die sich um ihre Patienten kümmerte und Freude an ihrer Tätigkeit hatte.

Nachdem er Renata ins Seniorenheim begleitet hatte, eilte Ludwig wieder nach Hause an seinen Computer. Seit Jahresanfang 2002 war der Euro in zwölf Ländern der Europäischen Union im Umlauf. Die Währung galt bereits seit drei Jahren im bargeldlosen Zahlungsverkehr, doch nunmehr mussten die Bürger ausschließlich mit den neuen Münzen und Scheinen zurechtkommen.

Am schwersten fiel das den Deutschen. Denn die D-Mark war das Symbol und der Begleiter des Wirtschaftswunders und des deutschen Wohlstands. Sie war die härteste Währung in der

EU gewesen. Manche Experten und viele Bürger fürchteten, der Euro werde wegen der mangelnden Haushaltsdisziplin von Staaten wie Italien und Griechenland rasch an Wert verlieren. Die Deutschen, so die Angst, könnten daher ähnlich wie 1923 und 1948 erneut durch Inflation ihr Erspartes und damit ihren Wohlstand einbüßen. Um diesen Befürchtungen vorzubeugen, hatte der frühere Finanzminister Theo Waigel auf den Kriterien von Maastricht bestanden, die allen Mitgliedsländern harte Haushaltsdisziplin abverlangten. Dieses Instrumentarium sollte für eine stabile Währung sorgen, die der exportorientierten deutschen Wirtschaft von Nutzen sein würde, meinte Ludwig Gruber.

Wegen seiner eindeutigen Befürwortung der neuen Währung gaben ihm Kollegen den Spitznamen Mr. Euro. Der Journalist nahm dies als Kompliment und unterzeichnete seine Wirtschaftskolumne in einer Essener Zeitung fortan mit Mr. Euro. Das war bald Ludwigs Markenzeichen. Denn rasch wurde deutlich, dass die neue Währung eine würdige Nachfolgerin der D-Mark war.

Im Februar kommentierte Gruber den Beschluss des Bundesrates zum Ausstieg aus der Atomenergie. Wegen der ungelösten Entsorgungsfrage sowie nicht auszuschließender Sicherheitsmängel hatten sich die Mehrheit des Bundestages sowie des Länderparlamentes auf einen Atomkonsens geeinigt. Er sah vor, dass die neunzehn Kernkraftwerke in Deutschland sukzessive bis 2021 abgeschaltet werden sollten. Unter dem Titel „Retterin in der Not" kommentierte Ludwig die Renaissance der deutschen Steinkohle. „Wie gut, dass wir nicht auf die kurzarmigen Profit-Propheten gehört und unsere Kohlezechen dichtgemacht haben. Deutschland, Europas größte Wirtschaftsnation, wäre fortan ausschließlich auf Energieimporte angewiesen. Dies bedeutet vor allem beim Erdöl Abhängigkeit von einem Rohstoff, dessen Reserven begrenzt sind und dessen Exportländer in Krisenregionen, vor allem im Nahen Osten, liegen. Wenn es dort zu Konflikten oder Kriegen kommt, wird der Ölpreis in Höhen schießen, die wir uns noch nicht vorstellen können. Spätestens dann werden die einstigen Propheten des Kohleausstiegs bekehrt werden und nach dem Abteufen neuer Schächte im Revier rufen", schrieb Gruber.

Im April besuchten Ludwig und Melusine Florian und seine Frau, die kurz vor der Niederkunft stand. Ursprünglich hatten sie Renata mitnehmen wollen, doch diese zog es vor, das Seniorenheim so wenig wie möglich zu verlassen. Renata hatte sich ziemlich schnell an ihr neues Zuhause gewöhnt. Anfangs war ihr ein wenig bange vor der veränderten Umgebung. Doch bald war sie froh über ihren Entschluss. Denn bei Ludwig und Melusine fühlte sie sich trotz oder gerade wegen deren besonderer Fürsorge stets als Gast. Obgleich Renata mit fast 96 Jahren die älteste Bewohnerin war, wurde sie rasch ein aktives Mitglied des Seniorenheims.

Renata war nach wie vor voller Neugierde auf das Leben um sie herum. Rheuma und Arthrosen sowie nachlassende Körperkräfte behinderten sie in ihren Aktivitäten. Doch sie war keineswegs bereit zu resignieren, sich in ihr Bett zu legen und sich zu Tode pflegen zu lassen. Ihre Vitalität und ihre lebenslange Hilfsbereitschaft bewegten Renata, sich um die übrigen Heimbewohner zu kümmern. Da ihre Augen intakt waren und sie mit einer schwachen Nahsichtbrille auskam, engagierte sich Renata in zwei Lesekreisen. Im einen diskutierte sie mit anderen Heimbewohnern über Schriftsteller, die den Literaturnobelpreis gewonnen hatten. Bislang hatte man sich hauptsächlich mit Gerhart Hauptmann und Thomas Mann beschäftigt und ein wenig Hermann Hesse und Heinrich Böll gelesen. Renata regte sogleich an, auch ausländische und zeitgenössische Autoren zu studieren und zu besprechen. So widmete man sich bald Saul Bellow, Gabriel García Márquez und Nagib Machfus. Aus den eintönigen Treffen wurden rasch temperamentvolle Sitzungen, in denen über Bücher und Autoren heftig debattiert und manchmal auch gestritten wurde.

Weit wichtiger als der Bücherdebattierclub, der sich wöchentlich traf, waren Renata ihre „Lesereisen". Sie besuchte jeden Tag einen bettlägerigen Patienten und las eine Weile aus der Zeitung oder einem bevorzugten Buch vor. Das tägliche Gespräch, die geistige Herausforderung regten die älteren Herrschaften an. Nicht jeder Betreuer war von Renatas eigenständigem Handeln angetan, doch bei den Bewohnern erfreute sie sich zunehmender Beliebtheit.

Anna und ihr Vater Ludwig, die sie abwechselnd fast täglich besuchten, spürten, dass Renata in ihrem neuen Zuhause heimisch wurde. Beide waren froh, dass Renata nicht auf ihre wohlmeinenden Ratschläge gehört und bei ihnen geblieben war.

Anna konzentrierte sich stärker auf ihr Studium. Die Praxis der klinischen Semester bewies ihr, dass die Wahl des Faches richtig war und spornte sie noch mehr an. Planmäßig bereitete sie sich auf ihr Staatsexamen vor. Ihre Zielstrebigkeit fiel den Professoren auf. Und so bot ihr der Ordinarius für Neurologie, Professor Mühlstein, bereits vor ihrem ersten Staatsexamen an, eine Doktorarbeit über „Bewegungswahrnehmungsstörungen bei Patienten mit Erkrankungen des Kleinhirns" zu schreiben. Anna sagte sogleich zu. Fortan verbrachte sie einen großen Teil ihrer Zeit in der Bibliothek, in den Labors des Neurologischen Institutes sowie zu Hause am Computer, wo sie im Internet recherchierte.

Ludwig dagegen beobachtete mit zunehmender Spannung das wirtschaftliche Geschehen im Revier. Die RAG wuchs als Konzern allmählich zusammen. Der Journalist begriff, dass es zu dieser wirtschaftlichen Entwicklung keine Alternative gab. Daher war er überzeugt, dass man das Tempo der Konzentration beschleunigen solle, da der Prozess der Globalisierung stetig voranschritt. Wer in einer globalisierten Welt mithalten wollte, musste besser aufgestellt und schneller sein als die internationale Konkurrenz.

Mit seinem Teilkonzern Rütgers und dessen Beteiligungen bei Firmen im In- und Ausland war das Unternehmen im Chemiebereich bereits gut vertreten. Doch spätestens im Jahr 2002 warf der Essener Konzern sein Auge auf ein Filetstück der deutschen chemischen Industrie, die Degussa.

Die Degussa, die Deutsche Gold- und Silber-Scheideanstalt, war 1873 in Frankfurt am Main entstanden. Nach der Gründung des Deutschen Reiches 1871 hatten große Mengen von Münzen der bisherigen deutschen Länder ihre Gültigkeit eingebüßt – das darin enthaltene Edelmetall sollte aber nicht verlorengehen. Daher wurde eine Metallscheideanstalt größeren Umfangs benötigt. Ihre Erträge machten es der Degussa möglich, rasch ihre Kompetenzen auch auf das Feld der chemischen Industrie auszudehnen. So wurde sie zum weltgrößten Produzenten für Spezialchemie. Ende des 20. Jahrhunderts verschmolz man die Degussa mit der Veba-Tochter Hüls zur Degussa-Hüls. Hauptaktionär war die Veba. Mit der Fusion von Veba und Viag zur E.on im Jahr 2000 wurde die Degussa-Hüls wiederum gemeinsam mit der Viag-Tochter SKW Trostberg zur „neuen" Degussa.

Noch vor der Entstehung der E.on hatte die Veba ihr Interesse an einer Übernahme der Ruhrgas bekundet. Ruhrgas – in den zwanziger Jahren von Zechen und Hüttenwerken als Aktiengesellschaft für Kohleverwertung gegründet und seither für die Weiterleitung von Kokereigasen verantwortlich – stand finanziell hervorragend da. Auch die Ruhrkohle, die seit ihrer Gründung entscheidende Anteile an der Ruhrgas hielt, wollte diese ganz in ihr Aktienportfolio heimführen, nahm aber letztlich davon Abstand.

Ein starker Bewerber war nun die Veba und somit die spätere E.on. Schließlich entschied sich die RAG als letzter Ruhrgas-Aktionär, ihre 18,4-prozentige Beteiligung an der Ruhrgas der E.on zu überlassen. Allerdings legte das Kartellamt vorerst sein Veto ein, was eine sogenannte Ministererlaubnis notwendig machte. Nach sorgfältiger Prüfung der volkswirtschaftlichen Notwendigkeiten erteilte das Bundeswirtschaftsministerium im September 2002 die Erlaubnis für die Übernahme der Ruhrgas durch E.on.

Die RAG erhielt von der E.on – bislang mit fast 65 Prozent größter Anteilseigner der Degussa – im Gegenzug für die Ruhrgas Anteile an dem Chemiekonzern. Der erste Schritt war getan. Ruhrgas, so verlautete es aus der Essener Konzernzentrale, sei eine finanzielle Option gewesen, die Degussa hingegen eine strategische Entscheidung für die Zukunft. In einer zweiten Phase plante man, 30 Prozent der Stimmrechte und damit die Kontrollmehrheit bei der Degussa zu erlangen. Bis 2004 sollte die Mehrheit der Anteile erworben werden. Zu diesem Zweck wurden größere Kapitalmengen benötigt. Man begann, den Verkauf lukrativer Unternehmenstöchter zu erwägen.

Mit zunehmendem Alter kümmerte sich Ludwig neben seinem beruflichen Engagement mehr um seine Familie und seine Hobbys. Als Fußballfan genoss er mit Freunden den Erfolg der Reviermannschaften. Anfang Mai, nach einem 2:1-Sieg gegen Werder Bremen, stand Borussia Dortmund als Deutscher Fußballmeister fest.

Ludwig würdigte das Ereignis in einem Rundfunkkommentar: „Ein verdienter Erfolg der schwarz-gelben ‚Bienenelf' auf dem Fußballplatz – doch mehr noch war es ein Triumph des Gehirns am Spielfeldrand, Matthias Sammer. Der geborene Dresdner ist ein Fußballkind reinsten Leders. Sein Vater war Nationalspieler und Trainer. Er brachte dem Rotschopf von Kindheit an alle Fußballkniffe bei. Bereits als Zwanzigjähriger spielte Matthias in der ersten Mannschaft von Dynamo Dresden und in der DDR-Auswahl. 1989 und im folgenden Jahr wurde er mit dem Verein ostdeutscher Fußballmeister.

Nach der Wende ging Sammer als Profi zum VfB Stuttgart. Nachdem er hier 1992 deutscher Meister geworden war, zog es den Kicker nach Italien zu Inter Mailand. Danach kehrte der Sachse nach Deutschland zurück, mitten zu uns ins Revier. Seit 1993 spielte der Mittelfeldstratege bei Borussia Dortmund. 1995 und 1996 wurde er mit den Schwarz-Gelben erneut Deutscher Fußballmeister. Im Jahr darauf gewannen die Borussen den UEFA-Pokal der Champions League – Kopf der Mannschaft war wiederum Matthias Sammer. Er galt als Musterschüler des Trainer-‚Generals‘ Ottmar Hitzfeld.

Der schonungslose Einsatz forderte von Sammer einen nicht wiedergutzumachenden Tribut. In der folgenden Saison stand nach einer Serie von Knieverletzungen und Operationen fest, dass Sammers Körper den Belastungen des Profisports nicht länger standhalten konnte. Mit 31 Jahren, nach 74 Einsätzen in der Nationalmannschaft, davon 23 für die DDR-Auswahl, musste Sammer als Sportinvalide abtreten.

Doch der ambitionierte Kicker dachte nicht daran zu resignieren. Im Gegenteil, Sammer machte seinen Trainerschein. Nach Hitzfelds Abgang trat der Fußballfanatiker im Herbst 2000 dessen Stelle als Übungsleiter bei seinen Dortmunder Borussen an. Als Trainer ist Sammer nicht weniger ehrgeizig und temperamentvoll wie zuvor als Feldspieler. Hier kann er seine Systematik einbringen. Sammer ist es gelungen, seine Leidenschaft und sein Denken auf die Mannschaft zu übertragen. Und so profitieren alle, Kicker und Fans, von dem Fußballverrückten.“

Eine Woche später gewann Schalke 04 das DFB-Pokalfinale in Berlin mit einem 4:2-Sieg gegen Bayer Leverkusen. Florian hatte ursprünglich mit Ludwig zum spannenden Endspiel reisen wollen. Doch er war kurz zuvor Vater geworden und wollte Sabine mit dem Säugling nicht allein lassen. Nach Absprache mit seinem Stiefvater verschenkte Florian die Eintrittskarten an Carlo und Sergej, die sich freudig auf den Weg ins Olympiastadion machten.

Melusine und Sabine waren sich mit der Zeit nähergekommen. Sabine war gerührt über die Nervosität ihrer Schwiegermutter vor ihrer ersten Geburt. „Du bist ja aufgeregter als ich!", stellte sie lachend fest. Was Melusine mit umwerfender Logik parierte: „Schließlich werde ich zum ersten Mal Großmutter, nicht du." Sie und Ludwig berichteten bei dieser Gelegenheit vom Leben Renatas, die Tausenden von Kindern zur Welt geholfen habe. Sabine war so beeindruckt, dass sie spontan beschloss, ihre Tochter nach Renata zu benennen. Doch nach der ohne Komplikationen verlaufenen Geburt in der Frauenklinik des Mülheimer Evangelischen Krankenhauses stellte sich heraus, dass es sich um einen Jungen handelte. Da der Gynäkologe auch nach der letzten Ultraschalluntersuchung von einem Mädchen ausging, waren die Eltern zunächst ratlos, entschieden sich aber nach kurzer Beratung für Felix. Der Junge sollte Glück haben und bringen.

Als Renata von der Geburt erfuhr, ließ sie durch Anna dem Kind den alten Beißring mit einem kleinen silbernen Anhänger, auf dem „Glück auf!" eingraviert war, überbringen, den ihr ein dankbares Elternpaar in der Schwarzmarktzeit nach dem Krieg verehrt hatte.

Als Anna das Geschenk Renatas übergab und den Kleinen erstmals sah, schloss sie das Kind sogleich in ihr Herz. Das war ein Anlass für die längst fällige Versöhnung mit Florian. Sie fielen einander in die Arme. Sobald sie sich voneinander lösten, meinte Florian: „Es ist gut so. Wir waren uns zu nahe." Nach einem Blick auf seinen Sohn ergänzte er verzückt: „Und so einen tollen Knaben wie Felix hätten wir zwei nie fertiggebracht." Worauf Anna ein „Trottel!" entfuhr. Doch dann besann sie sich auf eine wichtige Lebensweisheit ihrer Großtante Renata: „Wer sich durch jeden Tinnef beleidigen lässt, ist ein Dummkopf", und nahm sich vor, stattdessen Florian als solchen zu betrachten und froh zu sein, sich nicht mit ihm liiert zu haben. Doch seine Bemerkung hatte Anna einen Stich versetzt, der ihr nicht weniger wehtat als einst. Hoffentlich sind nicht alle Kerle so taktlos wie er!, wünschte sie sich.

Die Freundschaft zwischen Ludwig und Florian hatte sich im Lauf der Jahre gefestigt. Nicht unerheblichen Anteil daran trug die „Viererbande", der sich Florian mit Freuden nach seiner Entlassung aus der Reha-Klinik angeschlossen hatte. Der Jungmanager, der Journalist, der Bergmann und der Arzt trafen sich unregelmäßig, doch häufig. Es war ihnen ein Bedürfnis, miteinander zu politisieren, über die Zukunft des Reviers zu debattieren oder schlicht zu tratschen. Dabei gerieten sie sich mitunter in die Haare, doch sie versöhnten sich rasch, denn sie mochten einander.

Ludwig bewunderte die berufliche Konsequenz und den zunehmenden Erfolg Florians. Dessen Tüchtigkeit blieb der Unternehmensführung nicht verborgen. Das Management der Deutschen Steinkohle wusste Gingolts Effizienz zu schätzen. Er wurde in die Personalabteilung berufen. Bald darauf versetzte man Florian in den Planungsstab der Konzernzentrale, wo er sich in ähnlicher Funktion mit dem Bereich Steinkohle zu befassen hatte. Ludwig Grubers vorsichtige Nachfragen über die Zukunft des Steinkohlenbergbaus stießen bei Florian jedoch auf professionelle Diskretion. Auch dies flößte dem Journalisten Respekt ein. Florian würde seinen Weg gehen.

Im Herbst des Jahres 2002 standen Bundestagswahlen an. Der erste Elan und die damit verbundene Hochstimmung der Regierung Schröder waren vorbei. Die Union drängte wieder an die Macht, an die sie sich während der sechzehnjährigen Kanzlerschaft Helmut Kohls gewöhnt hatte. Tatsächlich waren die Aussichten der Konservativen nicht schlecht. Denn nach dem Platzen der Börseneuphorie im Jahr 2000 und vor allem nach dem 11. September des Folgejahres war die Weltwirtschaft in eine anhaltende Krise geraten, die besonders im Exportland Deutschland spürbare Folgen zeitigte. Die Zahl der Arbeitslosen nahm wieder zu.

Diese für die Opposition günstigen Rahmenbedingungen wusste die Union jedoch nicht für sich zu nutzen. Nach langen Querelen erzwang der CSU-Vorsitzende und bayerische Ministerpräsident Edmund Stoiber seine Nominierung als Kanzlerkandidat der konservativen Parteien. Der exzellente Administrator, doch farblose CSU-Amtswalter hatte außerhalb Bayerns aber nur geringe Chancen gegen den charismatischen Vollblutpolitiker Gerhard Schröder, dessen unverkrampftes Auftreten viele Sympathien erntete.

Hinzu kamen Glück und die Fähigkeit des Bundeskanzlers, rasch Gelegenheiten zu erkennen und zu nutzen, der der steife Stoiber wenig entgegenzusetzen hatte. Am Ende gab die Haltung zu Krieg und Frieden den Ausschlag. Der Bundeskanzler, der Amerika nach den Terroranschlägen des 11. September 2001 Deutschlands uneingeschränkte Solidarität versichert hatte, erkannte, dass die Regierung Bush auf einen Krieg mit dem irakischen Diktator Saddam Hussein zusteuerte. Gerhard Schröder aber wollte diesen Krieg um fast jeden Preis vermeiden und wusste dabei die große Mehrheit der Bevölkerung hinter sich. Stoiber dagegen eierte in dieser Frage zwischen Loyalität zu Washington und der Absicht, eine deutsche Beteiligung an einem Waffengang zu vermeiden. Das schadete der Glaubwürdigkeit des Unionskandidaten und kostete ihn am Ende den Sieg.

Bei der Wahl am 22. September entschied schließlich eine äußerst knappe Mehrheit zugunsten von Rot-Grün. Es war bezeichnend, dass eine außenpolitische Frage, auf die Deutschland kaum Einfluss hatte, für die Wahlen zum Bundestag ausschlaggebend war. Dagegen bestanden bei innenpolitischen Themen – abgesehen von Aspekten der inneren Sicherheit – keine gravierenden Meinungsverschiedenheiten. Der finanzielle Rahmen war durch die Weltkonjunktur sowie die deutsche EU-Mitgliedschaft weitgehend abgesteckt.

Gerhard Schröders Sozialdemokraten und die Grünen, wieder unter der faktischen Führung Joschka Fischers, einigten sich rasch auf eine Fortsetzung ihrer Koalition. Doch der Schwung und die Zuversicht von 1998 fehlten. So war, anders als vor vier Jahren, nicht mehr von einer drastischen Verminderung der Beschäftigungslosigkeit die Rede. Damals hatte Gerhard Schröder versichert, wenn es der SPD-geführten Regierung nicht in wenigen Jahren gelänge, die Zahl der Arbeitslosen dauerhaft unter drei Millionen zu senken, dann habe sie versagt und verdiene nicht, im Amt zu bleiben. Davon war eine Legislaturperiode später, als sich die Zahl der Menschen ohne Beschäftigung der Fünf-Millionen-Grenze näherte, nicht mehr die Rede.

Die vier Jahre im Amt des Bundeskanzlers hatten Schröder reifen lassen. Er hatte einsehen müssen, dass es nicht genügte, strategische Reformen, die der Volkswirtschaft Zugkraft verleihen und damit auch mehr Arbeitsstellen schaffen sollten, auf den Weg zu bringen. Hinzu kommen mussten permanente Maßnahmen zur Reduzierung der Arbeitslosigkeit, zumindest aber eine effektivere Verwaltung der Anliegen der Nichtbeschäftigten.

Neuer Minister für Wirtschaft, Arbeit und Soziales wurde Wolfgang Clement. Der bisherige Ministerpräsident Nordrhein-Westfalens verfügte über reichlich Erfahrung bei der Umstrukturierung seines Flächenlandes.

Ein nachhaltiger Erfolg bei der Senkung der Arbeitslosigkeit war Clement nicht vergönnt. Das lag nicht zuletzt an der begrenzten Einflussmöglichkeit eines Ministerpräsidenten auf die nationalen Rahmendaten der Volkswirtschaft. Als Bundeswirtschaftsminister saß Clement nun an den wichtigen Steuerungshebeln des Staates. Seine Tragik war indessen, dass Ende 2002 die globalen, europäischen und nationalen Bedingungen keine grundlegenden Reformen zur Verbesserung der deutschen Volkswirtschaft zuließen. Die Weltkonjunktur lahmte, die Europäische Kommission achtete auf eine peinliche Einhaltung der Maastricht-Kriterien, und durch die Wiedervereinigung wurden jährlich rund 80 Milliarden Euro nach Ostdeutschland transferiert, das heißt, diese Summe musste netto im Westen verdient und durch Kreditaufnahmen finanziert werden. Da blieben wenig Mittel für durchgreifende Veränderungen – über deren Notwendigkeit sich jedoch Politiker und Volkswirte einig waren.

„Jetzt gilt es!", schrieb Ludwig in einem Kommentar zum Regierungsprogramm der alt-neuen Regierung Schröder. Obgleich die Mittel und damit der finanzielle Spielraum der Regierung äußerst eng seien, bleibe ihr nichts übrig, als zügig eine Deregulierung des Arbeitsmarktes einzuleiten, damit die Lohnnebenkosten zu senken und gleichzeitig den sozialen Besitzstand und die Rechte der Arbeitnehmer zu sichern. „Dies ist die Quadratur des Kreises. Doch wenn sie nicht gelingt, wird die Arbeitslosigkeit zunehmen und parallel dazu der Rückhalt der Regierung in der Bevölkerung sinken."

Die RAG setzte auch 2002 die Konzernmodernisierung und -bündelung fort. Anfang des Jahres hatte der Konzern von E.on und RWE deren Anteile am Steinkohleverstromer Steag erworben und war somit in den Besitz der unternehmerischen Führung der Tochtergesellschaft gelangt. Was die Degussa anbelangte, war man in der Essener Konzernleitung entschlossen, die Einflussnahme auszuweiten, und unterbreitete daher im Juni den Aktionären ein Angebot für die Übernahme des Spezialchemieunternehmens. Auch in der Zechensparte gab es eine wichtige Neuigkeit: Auf dem Bergwerk Ost wurde der umgebaute Schacht Lerche wieder in Betrieb genommen. Er war um 370 Meter tiefer geteuft worden und sollte nun der Versorgung mit frischen Wettern, Kühlwasser und elektrischer Energie dienen.

Carlo war mit einem Tablett an den Tisch der Viererbande getreten und reichte jedem ein Glas Klaren, um auf Schacht

Lerche anzustoßen. „Wie groß sind die Kohlevorräte hier?", wollte Sergej wissen. „Die deutsche Steinkohle reicht für 400 Jahre", antwortete Ludwig. „Hält uns also noch aus", scherzte Carlo. Unvermittelt wurde er ernst: „Florian, wird mein Sergio eines Tages auf Donar anlegen können?" – „Donar?", fragte Sergej. Ludwig erläuterte rasch, dass nördlich von Hamm bereits in den siebziger und achtziger Jahren erfolgreiche Probebohrungen durchgeführt worden waren. Die Lagerstättenbedingungen der Steinkohle waren dort sehr günstig. Experten rechneten mit einer möglichen jährlichen Fördermenge von drei Millionen Tonnen. Insgesamt wurde von 100 Millionen Tonnen bester Steinkohle ausgegangen, die im Donarfeld in der Erde lagerten.

„Gerade erzählt ihr mir von einem neuen Schacht. Jetzt ist's gleich ein ganzes Bergwerk? Ich dachte, eure Zechen werden eher dichtgemacht ...", bohrte Sergej nach. „Du hast richtig gehört. Ein neues, supermodernes Bergwerk. Auf dem letzten Stand der Technik. Der Energieverbrauch steigt und steigt. Außerdem muss, seit der Hüttenvertrag ausgelaufen ist, Deutschland mehr und mehr Koks importieren. Denn seit dem Ende des Abkommens zwischen Steinkohlenförderung und Stahlindustrie sind bei uns über zehn Millionen Tonnen Kokereikapazität stillgelegt worden. Der Preis für Koks wird sich vervielfachen. Denk nur, wie rasant China sich entwickelt. Da werden die Rohstoffe knapp", führte Ludwig aus.

„Und wir haben unsern liebsten Rohstoff direkt unterm Hintern", fügte Carlo hinzu und wandte sich an Florian: „Ich hab dich was gefragt." Doch Ludwig wollte sich nicht das Wort nehmen lassen. „Weltweit wird die Kohle einen Aufschwung erleben. Sowohl als Energieträger als auch als Rohstoff in der Stahlerzeugung. Nach Berechnungen des World Coal Institute werden 40 Prozent der weltweiten Stromerzeugung durch die

Kohle gedeckt. In Deutschland sogar nahezu 50 Prozent, Braun- und Steinkohle zusammengenommen. Und der Energiehunger nimmt stetig zu. Nach Einschätzungen der US-Regierung wird sich bereits bis 2015 der Anteil der Kohle am Weltenergiever- brauch nahezu verdoppeln."

„Und die Kohle ist politisch unabhängig – Hauptförderlän- der wie die USA und Australien, Indonesien und Südafrika sind politisch ungleich stabiler als der unruhige Nahe und Mittlere Osten, wo das Erdöl sprudelt. Wir tun also besser denn je daran, unseren heimischen Energieträger, die Steinkohle, zu hegen und zu pflegen", schloss Ludwig seine Ausführungen. Rasch fügte er noch hinzu: „Außerdem ist das eine ideale Gelegenheit, unsere Bergbautechnik auf dem neuesten Stand zu erproben. Was uns wiederum international gut aufstellt."

Sergej lenkte das Gespräch wieder auf Carlos Anliegen: „Wann wird es losgehen auf Donar?", wollte er wissen. – „In gut zehn Jahren könnte es so weit sein." – „Und, Florian, wird Sergio eines Tages auf Donar einfahren?", fragte Carlo. Flori- an imponierte Carlos Beharrlichkeit. Hinter seiner Spaßvogelei verbarg sich ein ernsthafter Kern. Carlo war mit Leib und Seele Bergmann, und er wollte, dass sein Sohn die Familientradition der Brandis und der Bialos weiterführte. „Wenn die Vernunft sich durchsetzt und wenn ihr Kumpel weiter wie bisher für die Kohle kämpft, dann wird sie uns erhalten bleiben", versicherte der Manager dem Bergmann. – „Glück auf!", rief Sergej und hob sein Glas. „Dann gibt's weiter kleine Bergleute, denen ich auf die Welt helfen kann …"

Melusine genoss ihr Dasein als Großmutter. An manchen Tagen fuhr sie nach der Arbeit zunächst schnurstracks nach Mül- heim, um mit ihrem Enkelkind zusammen zu sein. Sabine, die selig über ihr Mutterglück war, konnte die instinktive Anhäng- lichkeit ihrer Schwiegermutter nachfühlen. Da Florian unter der

Woche selten vor neun Uhr abends nach Hause kam, waren Sabine die Besuche Melusines als Abwechslung von der täglichen Routine einer jungen Mutter willkommen.

Melusine erzählte Sabine von Florians früher Kindheit. Er war ein ruhiger Säugling gewesen, der bereits nach wenigen Wochen die Nacht durchschlief. Als kleiner Junge war er zärtlich und weich. „Doch die Trennung vom Vater hat Florian furchtbar zugesetzt. Er wurde plötzlich aggressiv und unkonzentriert." Erst infolge von Melusines Verbindung mit Ludwig und der damit wieder einziehenden häuslichen Harmonie habe der Junge allmählich seine Ruhe gefunden. Nachdem er aus ersten Eifersüchteleien herausgewachsen war, gewann er ein gutes Verhältnis zu Ludwig, ein auskömmliches mit Anna. „Und der viele Sport hat Flori gutgetan, hat ihm geholfen, zu einer ausgeglichenen Persönlichkeit heranzureifen." Nach seinem schweren Unfall habe die Mutter wieder einen Absturz befürchtet.

Sabine sagte unvermittelt: „Ich weiß, dass Anna einen ganz entscheidenden Anteil daran hat, dass Flo wieder auf den Weg gekommen ist. Dabei kommt man sich zwangsläufig näher." Sie lächelte die Schwiegermutter an. „Aber am Ende ist dein Sohn bei mir gelandet. Das macht uns beide glücklich und gibt uns Sicherheit. So habe ich endlich den Mut gefunden, mich anderen wieder zu öffnen und meine Gefühle zu zeigen …" – „… und Flori blüht bei dir richtig auf. Auch sein beruflicher Erfolg kommt nicht von ungefähr", wusste Melusine. – „… der Duft deines Enkels auch nicht", ergänzte Sabine trocken. „Das Kind hat die Hosen gestrichen voll." Gemeinsam wechselten Großmutter und Schwiegertochter die Windeln.

Privatdozent Dr. habil. Rietzler lehrte Theoretische Neurologie. Er hatte Anna in sein Büro gebeten. Die Bücher auf den Regalen des kleinen Zimmers waren wie Soldaten aufgereiht.

Dazwischen waren Plexiglas- und Kunststoffmodelle des Gehirns sowie von Nervensystemen platziert. Rietzler sollte für den Lehrstuhlinhaber Professor Mühlstein Annas künftige Doktorarbeit betreuen. Der Neurologe entsprach keineswegs dem deutschen Klischee des zerstreuten Professors. Rietzler war ein präziser Denker und besaß die Fähigkeit, klar zu handeln. Davon zeugten auch sein sorgfältig aufgeräumter Schreibtisch, seine elegante Kleidung und seine sorgfältige Sprache.

Rietzler hob Annas analytische Denkfähigkeit hervor, die ihre Exposés erkennen ließen. „Sie haben das Zeug zur Wissenschaftlerin, Frau Gruber." Der Dozent wollte die Studentin fördern, indem er sie für ein Auslandsstipendium am Institut für Neurobiologie an der Medical School in Harvard, USA, vorschlug. Anna war wegen der Anerkennung ihrer Arbeit verlegen, aber auch stolz. Doch nachdem sich ihre Aufregung gelegt hatte und sie wieder klar denken konnte, bedankte sich Anna für die Ermutigung, meinte jedoch, sie könne ein Auslandsstipendium aus familiären Gründen nicht wahrnehmen.

Damit wollte sich der Forscher nicht zufriedengeben. „Dann nehmen Sie Ihren Freund eben mit. Oder suchen sich in Amerika einen neuen. So wie Sie aussehen, dürfte Ihnen das nicht schwerfallen." Anna musste lächeln. Rietzler, im Institut „Eisblock" tituliert, hatte also durchaus ein Auge für weibliche Reize. „Ich muss Sie enttäuschen. Es handelt sich nicht um einen Freund, sondern um meine Großtante."

Dies wollte der Dozent schon gar nicht gelten lassen, auch nicht, nachdem Anna ihm berichtet hatte, dass Renata bereits 96 Jahre alt sei. Die amerikanische Forschungsstätte sei ein weltweit führendes Institut. Jeder ambitionierte Neurologe müsse die Chance nutzen, an diesem Ort wissenschaftlich zu arbeiten. Anna dankte dem Dozenten, meinte aber, das ändere nichts an ihrer familiären Verpflichtung. Als Rietzler merkte, dass seine logischen Argumente

gegen Annas Liebe und Pflichtgefühl gegenüber Renata nichts auszurichten vermochten, verabschiedete er seine künftige Doktoran-
din, nicht ohne sich zuvor eingehend nach ihrer „offenbar äußerst
bemerkenswerten Großtante" zu erkundigen.

Als Anna zwei Tage später Renata im Seniorenheim aufsuchte, fand sie die alte Dame aufgebracht vor. Renata warf der
Großnichte Bequemlichkeit und Egoismus vor. „Der Herrgott
hat dir Talent geschenkt und die Gelegenheit, es zu entwickeln.
Und was tust du? Du benutzt mich als Ausrede für deine Faul-
heit!" Anna wollte heftig widersprechen. Doch sie besann sich.
Renata, offenbar von Neuro-Rietzler angestachelt, sah in dem
Auslandsstipendium einen Glücksfall und drängte Anna unmissverständlich, diese Chance unter keinen Umständen zu
verpassen.

Anna entgegnete Renata, sie könne ebenso wie das Gros der
Kommilitonen durchaus ihr Studium in Deutschland beenden.
„Auch in Münster arbeiten hervorragende Wissenschaftler. Zum
Beispiel das Plappermaul Rietzler. Auch in Deutschland gibt es
Nobelpreisträger ..." Doch Renata ließ die Argumente der Nichte nicht gelten. Anna verstand auch, weshalb. Die Tante hatte
viele Jahre ihres Lebens danach gestrebt, Medizin zu studieren
und Ärztin zu werden. Nun, im Alter, erwartete sie, dass Anna
das vollbrachte, was ihr selbst nicht vergönnt gewesen war. Daher
wollte sie vermeiden, dass die Nichte ihren Lebenstraum gefähr-
dete, schon gar nicht durch ihre Schuld.

Anna versprach, sich zu informieren. Ihre Recherche im
Internet sowie die Durchsicht einschlägiger Fachzeitschriften ergab, was sie ohnehin wusste. Das von Rietzler ausgewählte Institut
besaß Weltruf, ein Forschungsaufenthalt an dieser Stätte wäre für
Anna der Einstieg in die oberste Liga der Neurowissenschaftler –
weltweit. Bei einem weiteren Besuch bestand Renata darauf, dass
ihre Erbin „diese einmalige Gelegenheit wahrnimmt". Das tem-

peramentvolle, unbeugsame Auftreten Renatas überzeugte Anna davon, dass die Tante trotz ihres hohen Alters noch keineswegs hinfällig war. Darüber hinaus war das Stipendium zunächst auf sechs Monate angelegt, damit Anna wie geplant ihr Staatsexamen in Münster ablegen konnte. Danach würde sie weitersehen.

So fügte sich Anna schließlich mit schlechtem Gewissen dem vereinigten Druck von Tante und akademischem Mentor. Dies war der Beginn ihrer vielversprechenden Karriere als Ärztin und Neurologin. Anfang März begab sich Anna mit bangem Herzen vor dem unbekannten Land und seinen Menschen, aber auch voller Neugier auf die wissenschaftlichen Möglichkeiten nach Harvard.

Wach und lebendig
2003

Eine Woche später, am 20. März, begann der Angriff der Truppen der Vereinigten Staaten, Großbritanniens und weiterer Verbündeter auf den Irak. Der Krieg fand ohne Billigung des UNO-Sicherheitsrates statt. In ganz Westeuropa, auch in Spanien und Italien, deren Soldaten am Waffengang teilnahmen, wurden Friedensdemonstrationen abgehalten. Besonders massiv war der Protest in Deutschland. Kein normaler Mensch hegte Sympathien für den irakischen Gewaltherrscher Saddam Hussein. Doch der überwiegende Teil der deutschen Bevölkerung hatte aus den Weltbränden des soeben abgelaufenen 20. Jahrhunderts gelernt, dass Krieg und Gewalt kein probates Mittel der Politik sind. In Berlin, aber auch in den Städten des Reviers kam es immer wieder zu Demonstrationen gegen den Irakkrieg. Selbst Ungläubige besannen sich des christlichen Gebotes der Gewaltlosigkeit und der Mahnung Jesu: „Wer das Schwert ergreift, wird durch das Schwert umkommen."

Entgegen den Befürchtungen mancher Fachleute, der Krieg werde sich in die Länge ziehen, nahmen die alliierten Verbände bereits nach weniger als zwei Wochen die irakische Hauptstadt Bagdad ein. Viele Iraker, besonders die Schiiten im Süden des Landes und die Kurden im Norden, begrüßten die Invasionssoldaten als Befreier. Bald war das gesamte Land erobert. Saddam floh, seine Diktatur brach zusammen. Einen Monat nach Beginn der Kampfhandlungen verkündete US-Präsident Bush an Bord eines amerikanischen Flugzeugträgers: „Mission accomplished!" – das Ziel des Feldzugs sei erreicht, der Krieg gewonnen, der Irak solle mit Hilfe der USA und ihrer Verbündeten zu einer Demokratie umgeformt werden. Derweil verhöhnte US-Verteidigungsminister Donald Rumsfeld Deutschland und Frankreich, deren Regierungen gegen einen Waffengang opponiert hatten, als „altes Europa" und stellte ihnen als Muster das neue Europa gegenüber, unter dem er Polen, Ungarn, Rumänien und andere früher von der Sowjetunion beherrschte Staaten zusammenfasste, die sich nun mit Kampfeinheiten am Krieg gegen den Irak beteiligten.

Die US-Euphorie hielt indessen nur wenige Wochen an. Denn rasch wurde deutlich, dass die irakische Bevölkerung nicht von amerikanischen Truppen besetzt und zur Demokratie nach angloamerikanischen Vorstellungen genötigt werden wollte. Anschläge gegen US-Soldaten häuften sich, Anhänger des Baath-Regimes Saddam Husseins erhoben ihre Waffen. Islamistische Untergrundkämpfer sickerten vermehrt ins Land ein. Der Irak wurde zur Drehscheibe des Terrorismus – es trat genau das Gegenteil dessen ein, wofür die USA in den Krieg gezogen waren. Die Massenvernichtungswaffen, mit deren Bedrohungspotenzial Washington den Feldzug begründet hatte, waren unauffindbar. Wahrscheinlich hatte sie Saddam bereits vor Jahren vernichten lassen. Die konsequente Politik Berlins, die USA im Kampf gegen den internationalen Terror aktiv zu unterstützen – etwa durch deutsche Verbände im Rahmen der Vereinten Nationen zur Friedenssicherung in Afghanistan –, gleichzeitig aber vehement jeden Kriegseinsatz gegen den Irak abzulehnen, erwies sich als richtig. Sie wurde von der Bevölkerung befürwortet.

Der anerkannten Außenpolitik stand eine Wirtschaftspolitik gegenüber, der entscheidende Erfolge versagt blieben. Die Arbeitslosenzahl hatte sich im Winter bedrohlich der Fünf-Millionen-Grenze genähert. Beraten vom VW-Personalchef Peter Hartz, wurden im Wirtschafts-, Arbeits- und Sozialministerium Modelle entwickelt, mit deren Hilfe die Beschäftigungslosigkeit langfristig gesenkt werden sollte. Die taktische Zielrichtung war, die Lohnneben- und dadurch die Arbeitskosten insgesamt zu senken, Anreize für Existenzgründungen durch Beschäftigungslose zu schaffen, durch die Zusammenlegung der Unterstützung von Langzeitarbeitslosen und Sozialhilfeempfängern ein Instrumentarium zur Beschäftigungsförderung zu etablieren und gleichzeitig die Tätigkeit des Bundesarbeitsamtes und seiner Dependencen effektiver zu gestalten. Dies sollte unter anderem durch die Umbenennung der Behörde in „Bundesagentur für Arbeit" deutlich gemacht werden.

Doch die Umsetzung der Hartz-Programme schuf noch keine Arbeitsplätze. Dazu brauchte es die Mitarbeit der Unternehmen. Und trotz ermäßigter Steuersätze war die volkswirtschaftliche Großwetterlage nach wie vor so wenig verheißungsvoll, dass eine Reihe von Firmen ihre Erträge zu erhöhen suchte, indem sie die Zahl der Beschäftigten massiv senkte. Dies wiederum hatte eine stetige Zunahme der Arbeitslosenzahl zur Folge. Minister Clement war um sein Amt wahrlich nicht zu beneiden.

Die RAG gab ihrer Geschäftspolitik eine andere Priorität. Durch seine Wurzeln im Steinkohlenbergbau fühlte sich der Konzern dem Gemeinwohl auf doppelte Weise verpflichtet. Die Erhaltung der Steinkohlenförderung würde eine nationale deutsche Energiereserve sichern. Die Steinkohle sollte auf effektivste Weise abgebaut werden. Der technische Standard der deutschen Bergwerke war weltweit führend, musste die höchsten Sicherheitsauflagen erfüllen und gleichzeitig die Abbaukosten trotz der im Vergleich zu anderen Ländern ungünstigen geologischen Bedingungen – Kohlevorkommen in 1000 und mehr Meter Tiefe – so niedrig wie möglich halten. Die permanente Rationalisierung sollte jedoch ohne betriebsbedingte Kündigungen vonstatten gehen. Da der Konzern sich verpflichtet hatte, seinen schwarzen Bereich, den Bergbau, mit jährlich 100 Millionen DM aus dem weißen Bereich – Stromerzeugung, Immobilien und anderen Konzernteilen – zu unterstützen, um die öffentlichen Beihilfen möglichst niedrig zu halten, suchte das Gesamtunternehmen ständig nach neuen Geschäftsfeldern, um die Erträge zu steigern.

Eine Strategie war die 1999 erfolgte Gründung des Tochterunternehmens Coal International. Diese Firma setzte die Arbeit der 1980 mit 50 Millionen Mark Stammkapital ins Leben gerufenen Ruhrkohle International GmbH fort und baute sie aus. Auf globaler Ebene hatte man mehrere Standbeine gewählt: die weltweite Kohleproduktion, bei der man sich durch Exploration und Aufschluss neuer Kohlefelder in Übersee engagierte, den internationalen Kohlehandel, die Vermarktung deutscher Steinkohle auf nationaler Ebene und die Bergbautechnik.

Im internationalen Kohlemarkt hatte sich der Konzern in Kohlegesellschaften in Nordamerika, Venezuela und Australien eingekauft. Die RAG-Trading GmbH, die sich des globalen Kohlehandels annahm, gründete Niederlassungen vor allem in Asien – so in Singapur und in Mumbai –, während die Deutsche Bergbau Technik sich dem Export von Bergbautechnik widmete. Sie engagierte sich vermehrt in Fernost sowie in Australien und den Vereinigten Staaten. Die RAG Verkauf GmbH nahm sich der Vermarktung der Steinkohle im deutschen Inland an. Durch die Kohlegruben in den USA und Australien, die das schwarze Gold teilweise im Tagebau preiswert förderten, sollten Gewinne erzielt werden, die helfen würden, Verluste in Deutschland auszugleichen.

Im Jahr 2003 wurden in der RAG entscheidende Weichen für die Zukunft des Konzerns gestellt. Ende Januar wurde der

Verkauf der Ruhrgasaktien an die E.on vollzogen. Im Gegenzug übernahm die RAG 46,48 Prozent des Spezialchemieunternehmens Degussa. Angestrebt wurde eine Aufstockung dieses Anteils um etwas über drei Prozent bis zum Mai des folgenden Jahres. Der Essener Konzern würde dann mehr als die Hälfte an der Degussa halten.

Die kohlepolitische Vereinbarung des Jahres 1997 hatte vorgesehen, dass für die Zeit nach 2005 früh genug eine Anschlussregelung getroffen werden sollte. So einigten sich Mitte Juli 2003 die Bundesregierung und Vertreter des Landes Nordrhein-Westfalen, des Bergbaus und der Industriegewerkschaft Bergbau, Chemie, Energie erneut auf kohlepolitische Beschlüsse. Die Vereinbarungen sollten eine Laufzeit von 15 Jahren haben und beinhalteten zudem konkrete Finanzierungszusagen – und damit Planungssicherheit für den deutschen Bergbau. Die Steinkohlenförderung, so die Beschlüsse, sollte bis 2012 auf 16 Millionen Tonnen pro Jahr zurückgefahren werden. Auch die Unterstützung für den deutschen Steinkohlenbergbau durch die öffentliche Hand würde weiter zurückgeschraubt werden.

Trotz dieser Einschnitte war der Rückhalt der einheimischen Kohle in der deutschen Bevölkerung nach wie vor überwältigend: über 60 Prozent der Befragten sprachen sich für eine Fortführung der Zuschüsse für die heimische Kohlenförderung aus. Eine nationale Energiereserve in Zeiten globaler Krisen gab den Menschen gerade in der ungewissen weltpolitischen Lage Sicherheit.

Annas E-Mails aus Harvard klangen immer zuversichtlicher. Auch bei den allsonntäglichen Telefonaten schien sie der Familie angetan von ihren neuen Lebensumständen. Ludwig war erleichtert, dass Anna sich schnell an den amerikanischen Studien- und Krankenhausbetrieb gewöhnte. Der Campus war, wie er aus Zeitungsberichten wusste und Anna ihm bestätigte, ein in sich geschlossener Mikrokosmos, in dem die junge Deutsche rasch studentische Freunde gewann. Leistung war hier oberstes Gesetz, das dermaßen uneingeschränkt gelebt wurde, dass es selbst der strebsamen Anna mitunter zu viel wurde.

Sie wollte Amerika, God's own country, das in zahllosen Songs und Büchern verklärt, aber auch harsch kritisiert wurde, kennenlernen. Stattdessen wurde sie von ihren Professoren zur Mitarbeit an interessanten, doch zeitintensiven Forschungsexperimenten herangezogen. Bald ließ sich Anna von der ungebremsten Lernatmosphäre anstecken und war mit Feuereifer bei ihrer Arbeit. Ludwig Gruber war stolz auf seine Tochter und überbrachte jedes Mal deren Grüße an Renata, die Annas Studienende entgegenfieberte wie ein Kind der Bescherung. Als Ludwig eine entsprechende Bemerkung machte, nickte Renata zustimmend. „Genau so ist es, mein Lieber! Wenn Anna Ärztin ist, habe ich mein Lebensziel erreicht." Renata lächelte versonnen. „Zumindest eine wichtige Etappe." – „Und welche soll die nächste sein?", wollte Ludwig wissen. Die alte Dame antwortete nicht. Ludwig ahnte, was Renata im Sinn hatte. „Meinst du deinen hundertsten Geburtstag?" – „Sei still!", befahl Renata unwirsch. Ludwig musste grinsen. Offenbar wurde die Tante auf ihre fortgeschrittenen Tage abergläubisch.

Derweil besuchte Melusine zumindest jeden zweiten Tag ihr Enkelkind. Und freute sich an den ständigen Lernfortschritten von Felix. Die größte Genugtuung bereitete ihr, dass der kleine Wurschtl seine Großmutter offenbar erkannte, was er durch ein zufriedenes Grunzen kundtat. Am Wochenende wurde Florian von Ehefrau und Mutter über die Entwicklung seines Kindes genauestens unterrichtet – ob er wollte oder nicht.

Im Sommer 2003 wurde die drei Jahre zuvor stillgelegte Kokerei Kaiserstuhl an die Volksrepublik China verkauft. Die Anlage würde von chinesischen Fachkräften demontiert, ins Reich der Mitte transportiert und dort wiederaufgebaut werden.

Diese spektakuläre Transaktion war Ludwig eine großangelegte dreiteilige Reportage wert. Zunächst berichtete er von Kaiserstuhl, dann über die entlassenen Arbeiter und ihre Angehörigen. Anhand von drei Familienschicksalen verdeutlichte der Journalist die schwierige Situation, in die die Schließung der Kokerei die Menschen gebracht hatte. Es folgte ein Exkurs über die volkswirtschaftliche Lage.

Allmählich nahm die Weltkonjunktur Fahrt auf. Die Stahlproduktion stieg weltweit an. Die Preise für Koks kletterten unaufhörlich. Und noch vor diesem Preisanstieg hatten chinesische Staatsunternehmen zu einem Spottpreis eine der modernsten Kokereien der Welt gekauft. Hätten die deutschen Unternehmer die Anlage eingemottet, statt sie komplett stillzulegen, hätten sie das Werk bald wieder in Betrieb nehmen und rentabel Koks produzieren können, der für die Stahlerzeugung unentbehrlich war. So ging das Werk in den Fernen Osten, wo es dazu dienen würde, preiswerten chinesischen Stahl herzustellen. In wenigen Jahren würde man für teures Geld eine neue Kokerei errichten müssen. „Hier sind strategische Fehler im globalen Wettbewerb begangen worden", monierte Ludwig. Diese waren das Ergebnis einer kurzsichtigen und pessimistischen Unternehmenspolitik, der ein langer Atem und vor allem ein übergreifendes Konzept fehlten. Auch die Tageszeitung „Die Welt" übte scharfe Kritik: Es bestehe durchaus die Gefahr, dass die Stahlindustrie aus Deutschland vertrieben würde.

In einem eigenen Artikel beschäftigte sich Ludwig mit dem geplanten Wiederaufbau der ehemaligen Kokerei Kaiserstuhl in der Nähe von Zaozhuang in der Provinz Shandong. Bei seinen Recherchen wurde dem Journalisten deutlich, welche entscheidende Rolle die Steinkohle für die chinesische Wirtschaft spielte. Ein Viertel der weltweiten Förderung von vier Milliarden Tonnen wurde in der Volksrepublik abgebaut. Sie stand damit an erster

Stelle der steinkohlefördernden Länder vor den USA und Indien. Doch die Sicherheitsbedingungen im chinesischen Bergbau waren mangelhaft. Besonders in älteren und kleineren Gruben waren sie katastrophal. Innerhalb eines Jahres verloren nach offiziellen Angaben 6000 chinesische Kumpel bei Bergwerksunglücken ihr Leben; die tatsächliche Zahl mochte weit höher liegen. Um international anerkannt und wettbewerbsfähig zu sein, musste China seine Sicherheitsstandards den globalen Maßstäben anpassen. Ludwig begriff, dass dies auch einen riesigen Abnahmemarkt für die in Deutschland produzierte Bergwerks- und Sicherheitstechnik bedeutete.

Am Abend kramte der Journalist auf seinem Laptop Notizen hervor, die er sich kürzlich zur Deutschen Bergbau Technik gemacht hatte: „Das in Lünen beheimatete, hochprofitable Unternehmen ist auf dem besten Weg, weltweit die Nummer eins im Bereich der Bergbautechnik zu werden. Hochleistungstechnologie ‚Made in Germany' ist international gefragt: Die DBT ist bereits Weltmarktführer im Bereich Strebausrüstungen. Sie liefert präzise Schildausbauten, Walzenlader, Hobelanlagen und Transportsysteme. Tochtergesellschaften in allen wichtigen Kohleförderländern sorgen für internationale Vernetzung. Bei Ausbauschilden, einer Maschine, die den Strebraum offen hält und den Strebförderer automatisch vorrücken kann, verfügt sie bereits über einen Marktanteil von 70 Prozent.

In der Volksrepublik China pflegt die Deutsche Bergbau Technik eine Partnerschaft mit der Shenhua Shendong Coal, einer der größten Kohlegesellschaften im Reich der Mitte. Ein anderer wichtiger Markt ist Indien. Das Land beginnt, seine wirtschaftlichen Muskeln spielen zu lassen – und braucht dazu jede Menge Energie und Stahl. Der Mechanisierungsgrad im indischen Bergbau ist gering, somit besteht hier großer Bedarf an technologischem Know-how und Gerät.

Geschäftsbeziehungen bestehen auch zu mittel- und osteuropäischen Ländern: Polen, Slowenien und Tschechien werden in den kommenden Jahren ihren Untertagebergbau modernisieren. Mit russischen Unternehmen ist die Deutsche Bergbau Technik ebenso im Gespräch. Ihr technisches Know-how und ihr Können dienen auch dazu, gebrauchte Betriebsmittel und Bandanlagen, Schilde, Getriebe und Motoren zu überholen und sie fit für den nächsten zuverlässigen Einsatz unter Tage zu machen.

Der internationale Erfolg der Lünener Firma ist nicht nur hierbei eng mit dem deutschen Bergbau verknüpft. Vor Ort, unter den schwierigen tektonischen Bedingungen, die den Abbau in großer Tiefe erfordern, kann am besten erforscht und erprobt werden, was später internationalen Einsatz findet.«

Im Schlussteil seiner Reportage wollte Ludwig seinen Lesern Shanghai als Beispiel für die boomende chinesische Wirtschaft vorstellen. Er informierte sich im Internet. Der Publizist war überwältigt von der Dynamik der 20-Millionen-Stadt. Überall wurde gebaut. Mehr als 3000 Hochhäuser reckten sich in den Himmel, keines war älter als ein Dutzend Jahre. Ende des Jahres würde dort die in Deutschland entwickelte Magnetschwebebahn Transrapid ihren Betrieb aufnehmen. Mit bis zu 430 Stundenkilometern jagte die Bahn in acht Minuten die 30 Kilometer zwischen dem Flughafen und dem Finanzdistrikt hinunter. In Deutschland war man über eine Teststrecke für den Transrapid im Emsland nicht hinausgekommen.

Die chinesische Volkswirtschaft wuchs jährlich um acht bis zehn Prozent. In der südchinesischen Metropole betrug die Steigerung sogar doppelt so viel. Der Energie- und Stahlhunger des Landes erschien nahezu grenzenlos. Dies bedeutete, dass die globale Konjunktur rapide zunehmen und die Energiepreise steigen würden, auch die für Kohle. Deutschland konnte sich glücklich schätzen, im Ruhrgebiet über ein nahezu unbegrenztes Kohlereservoir zu verfügen. Die Zechen mussten erhalten, gepflegt und ständig modernisiert werden.

Mitten in Ludwigs Recherchen platzte ein Anruf aus dem Seniorenheim. Renata sei am frühen Morgen gestürzt und habe sich den linken Oberschenkelhals gebrochen. Sie sei bereits operiert und habe den Eingriff gut überstanden. „Aber sie wird wohl auf lange Zeit bettlägerig bleiben", meinte der behandelnde Arzt und ergänzte, dass dies eine erhöhte Thrombosegefahr bedeute. Zudem wäre es bei dem hohen Alter der Patientin unwahrscheinlich, dass sie ihre Mobilität wiedererlangen würde.

Die Nachricht von Renatas Unfall traf Ludwig wie ein Keulenschlag. Das ist der Anfang vom Ende, fürchtete er. Noch vergangenen Sonntag hatte Ludwig Renata wie üblich zum Tee auf die Margarethenhöhe geholt. Renata hatte sich bewusst munter gegeben. Gemeinsam hatten sie Anna in Boston angerufen.

Als Anna berichtete, man habe ihr bereits jetzt in Harvard ein Postdoktorandenstipendium im Fachbereich Neurobionik angeboten, erreichte die Genugtuung von Vater und Tante einen Höhepunkt. Doch bis dahin war noch viel Zeit. Renata, die ihre Großnichte zum Studium in den USA gedrängt hatte, ermutigte sie nunmehr, zumindest bis zum Staatsexamen in den Staaten zu bleiben und „alles Wissen mitzunehmen, das dir möglich ist. Und das ist eine ganze Menge." Renata hob ihren Blick und sah Ludwig verschmitzt an, während sie in das Telefon sprach. „Aber vergiss dein Privatleben nicht. Du sollst nicht nur studieren, sondern auch Spaß haben, Kind."

Auf der anderen Seite des Ozeans grinste Anna. Wenn sie die geballten Empfehlungen Renatas umsetzte, müsste sie täglich mindestens zwanzig Stunden aktiv sein. Sie machte sich Sorgen um das Wohlbefinden der Großtante. Auf ihre konkreten Fragen erhielt sie nur ausweichende Antworten. Geistig war Renata rege wie eh und je, doch Anna wurde das Gefühl nicht los, dass Renata sich zwang, gegenüber der Jüngeren einen körperlich munteren Eindruck zu erwecken. Auch aus ihrem Vater, dem Renata striktes Redeverbot erteilt hatte, was ihre Gesundheit anbelangte, konnte Anna nur vage Aussagen herausbekommen. Am Ende des Gespräches war die junge Frau voller Sorge um die Großtante. Sie nahm sich vor, baldmöglichst nach Deutschland zu fliegen und sich um Renata zu kümmern.

Mit schwerem Herzen klappte Ludwig den Laptop zu und machte sich auf den Weg in die Klinik. Renata war blass, die Greisin wirkte klein und zerbrechlich in ihrem Bett. Sobald sie ihren Besucher erkannte, kam Leben in ihre Augen. Sie versuchte sich aufzustützen. Renata verlangte von Ludwig, sich beim Stationsarzt dafür einzusetzen, sie rasch wieder ins Seniorenheim zu entlassen. Als Gruber mit dem Mediziner sprach, lächelte dieser unwillkürlich. „Ihre Tante hat eine umwerfende Lebenskraft und Energie. Vor allem aber einen eisernen Willen. Ich habe keinen Zweifel, dass sie gesund wird. Aber der Heilungsprozess braucht seine Zeit. Zumal im fortgeschrittenen Alter. Ich habe Frau Kraus versprochen, sie zum frühestmöglichen Zeitpunkt zu entlassen. Aber erst, wenn es medizinisch unbedenklich ist. Und daran werde ich mich halten. Selbst wenn sie mir täglich drei Boten auf den Hals hetzt." Die Männer schüttelten sich die Hand.

Im Rahmen seiner Arbeit überprüfte Florian regelmäßig die Effizienz der einzelnen Konzernsparten. Dabei wurde ihm immer wieder bewusst, wie eng seine unmittelbare wie auch die fernere Familie mit dem Konzern verwoben war. Seine eigene Mutter war nach wie vor für die Steag tätig. Sein Stiefvater Ludwig hatte beim letzten Treffen der Viererbande von seinem neuesten Filmprojekt erzählt, für das er unter anderem eine Liegenschaft der Immobiliensparte porträtiert hatte. Renatas Neffe Friedrich A. Bialo leitete, kurz vor dem Eintritt in seinen Ruhestand, ein Forschungslabor bei der Degussa, in dem hautverträgliche Farben getestet wurden.

Und Carlo war Kumpel auf Prosper-Haniel. Florian nahm sich vor, bei nächster Gelegenheit Carlo auf Prosper mit seiner Visite zu überraschen. Die Vorstellung, wieder einzufahren, brachte Abwechslung in den von Datenanalysen geprägten Arbeitsalltag in der Essener Konzernzentrale.

Die Geschichte der Steag war Florian ebenso vertraut wie deren Bedeutung für die Gegenwart und die Planungen des Unternehmens. Der Energieversorger war Mitte der dreißiger Jahre in Essen gegründet worden. Nun war die Firma der fünftgrößte deutsche Stromproduzent und der zweitgrößte Steinkohleverstromer. Fast 4000 Menschen waren hier beschäftigt. Das Unternehmen betrieb acht Steinkohlekraftwerke in Deutschland, davon fünf an Rhein und Ruhr, mit zusammen installierten 7000 Megawatt. Dazu kamen zwei Industriekraftwerke in Leuna in Sachsen-Anhalt und Köln-Godorf. Darüber hinaus betrieb die Energiefirma seit 1999 das Steinkohlekraftwerk Termopaipa in Kolumbien.

Im November 2003 sollte das Kraftwerk im türkischen Iskenderun ans Netz gehen. Der Bau und die Betriebsführung dieses Steinkohlekraftwerks war mit 1,5 Milliarden Euro die bis dahin größte Investition in der Firmengeschichte. Gleichzeitig würde das Kraftwerk die umfangreichste bislang getätigte deutsche Investition in der Türkei sein. In der Zukunft würde das Unternehmen auch in Ostasien vertreten sein: Das Kraftwerk in Mindanao, Philippinen, würde voraussichtlich Ende 2006 seinen Betrieb aufnehmen. Im gleichen Jahr plante die Steag den Bau eines neuen Steinkohlekraftwerkes – des ersten seit 15 Jahren in Deutschland – in Duisburg-Walsum. Die 800 Millionen Euro teure, technologisch höchstmoderne Anlage würde nach ihrer Fertigstellung 750 Megawatt ins Netz speisen.

Auch auf der Innovationsebene war das Unternehmen wegweisend. Seine Ingenieure hatten das sogenannte CCEC-Konzept (Clean Competitive Electricity from Coal) entwickelt, bei dem

Strom aus einer geringeren Menge Brennstoff als bislang erzeugt wird, was zu einem erheblich verminderten Kohlendioxidausstoß führt. Dies war ein wichtiger Beitrag zu den Anforderungen der globalen Klimapolitik, wie sie auf den Umweltkonferenzen 1992 in Rio und 1997 in Kyoto festgelegt wurden.

Die Redakteurin eines lokalen Fernsehsenders hatte Ludwig um einen Beitrag gebeten: „Nicht länger als neun Minuten. Schwerpunkt Architektur und Strukturwandel." Der Journalist hatte spontan zugesagt, obwohl er sich in letzter Zeit wieder mehr aufs Schreiben konzentriert hatte. Doch das visuelle Medium des Fernsehens hatte seinen Reiz – verbunden mit vielen Zuschauern und einem ordentlichen Honorar.

Bewahren und neu gestalten – in diese Richtung wollte Ludwig seinen Film machen. Als Erstes fiel ihm die Essener Zeche Zollverein ein. Hier ließe sich sein Motto gut illustrieren. Nein, Zollverein war in aller Munde, seit das einzigartige Industrie-Ensemble 2001 von der Unesco in die illustre Runde des Weltkulturerbes aufgenommen worden war. Ludwig dagegen wollte die Aufmerksamkeit der Zuschauer auf weniger bekannte Objekte lenken. Die Fortbildungsakademie Mont-Cenis in Herne-Sodingen kam ihm in den Sinn. Der Glaskubus auf Fichtenstämmen über dem Gelände der ehemaligen Zeche Mont-Cenis würde ein paar spektakuläre Bilder hergeben. Genauso wie das im Jahr 2001 eröffnete Consol-Theater im früheren Lüftermaschinenhaus der Grube Consolidation 3/4/9 in Gelsenkirchen, die 1994 dichtgemacht hatte.

Ludwig entschied sich schließlich für Moers-Meerbeck, die größte noch existierende zusammenhängende Bergarbeitersiedlung des Reviers. Im kommenden Jahr würde sie ihren 100. Geburtstag feiern. Ludwig war beeindruckt vom Zustand der Gebäude. Die Siedlung hatte nichts gemein mit den grau-verrußten Backsteinbauten, die uniform aufgereiht wie Soldaten von alten Fotografien vertraut waren. Die meisten eingeschossigen Häuser waren bereits rundum saniert, weiß verputzt, vor grünen Fensterläden prangten bepflanzte Blumenkästen, vor den Eingängen erstreckten sich gepflegte Rasenstücke.

Moers-Meerbeck gehörte zur Immobiliensparte der RAG. Sie betreute neben Gewerbeflächen rund 70 000 Wohnungen, in denen im Revier und im Raum Aachen rund 200 000 Menschen ihr Zuhause fanden. Während Ludwig die Siedlung filmen ließ, wurde ihm zunehmend bewusst, dass „Steine ohne Menschen" nicht sein Ding und auch nicht jenes der Zuschauer im Revier waren. Die Häuser waren für ihre Bewohner gebaut worden. Ludwig wollte diese Menschen zeigen. Einst waren es Bergleute gewesen, die hier ihr Zuhause hatten. Dazu wollte er auch Renata befragen, die – fast genauso alt wie Moers-Meerbeck – sicher noch die eine oder andere Erinnerung an den Alltag in ihrem Elternhaus in einer Zechensiedlung hatte.

In einem Telefongespräch hatte Friedrich A. Bialo Florian bestätigt, dass die Degussa, das drittgrößte deutsche Chemieunternehmen, weltweit die Nummer eins in der Spezialchemie war. Der Ingenieur konnte sogleich mit Zahlen und Forschungsprojekten aufwarten: Für das laufende Jahr 2003 erwarte man mit über 46 000 Mitarbeitern weltweit einen Umsatz von über elf Milliarden Euro. „Durch große Investitionen in F und E – Forschung und Entwicklung – werden wir uns optimal für die Zukunft aufstellen."

Bialo lenkte Florians Aufmerksamkeit auf einige der wichtigsten Ideenschmieden der Degussa. Er berichtete dem Jungmanager von sogenannten Projekthäusern, in denen Spezialisten der Degussa mit Universitäten und Forschungseinrichtungen für jeweils drei Jahre gemeinsam an der Entwicklung neuer Technologien arbeiteten. Ein Folgeschritt aus diesen Projekten sei die Etablierung von „Science to Business"-Zentren, in denen die neuen Ideen zusammen mit der Industrie marktgerecht umgesetzt werden würden. Hier plane man ein Zentrum für Elektronikanwendungen im Nanobereich. Auch in der sich rasant entwickelnden Biotechnologiesparte würde in den kommenden Jahren in einem derartigen Zentrum die Gesamtkette von der Erfindung und Forschung zum fertigen Produkt und dessen Erprobung unter einem Dach angesiedelt werden.

Schließlich unterbrach Florian den Redefluss von Friedrich A. Bialo. Florian überlegte kurz, ob er Renatas Neffen zum nächsten Treffen der Viererbande einladen sollte. Er verwarf die Idee und wollte erst seine Freunde dazu befragen. So beließen der Ingenieur und der Jungmanager es bei einer losen Verabredung „auf bald".

Seit seinem Praktikum im Bergwerk Lippe war Florian der Steinkohlenbergbau eine Herzensangelegenheit. Die Deutsche Steinkohle beschäftigte derzeit fast 45 000 Mitarbeiter; 22 800 davon arbeiteten unter Tage. Die Kohleförderung belief sich auf 25,7 Millionen Tonnen, daneben produzierte man zwei Millionen Tonnen Koks. Immer wieder ließ Florian sich über den Stand der Ausbildung im Steinkohlenbergbau unterrichten und suchte das Gespräch mit Ausbildern und deren Schützlingen. 2003 würden 850 Auszubildende ins erste Lehrjahr einrücken, im Bergwerk Walsum allein mehr als 100.

„Die begehrtesten technischen Lehrberufe bei der Steinkohle sind der des Mechatronikers – Mechaniker und Elektrotechniker in einem –, des Industrie- und Bergmechanikers sowie des Elektronikers für Betriebstechnik. Die Ausbildung bei der Deutschen Steinkohle ist wegen ihres hohen Niveaus sehr begehrt. Experten ihres Fachs unterweisen die jungen Menschen, das technische Lehrgerät ist auf dem neuesten Stand. Wer nach Abschluss der Lehre nicht von der Steinkohle übernommen werden kann, findet aufgrund der exzellenten Ausbildung ohne Probleme eine Anstellung in einer anderen Branche", versicherte der Betreuer der Auszubildenden auf Walsum seinem Besucher Florian.

Ludwig und Melusine besuchten Renata täglich im Krankenhaus. Der Heilungsprozess ging überraschend schnell voran. Nach vier Wochen durfte Renata wieder zurück ins Seniorenheim. Bei einem Besuch Renatas erfuhren Florian und Sabine, dass die Rekonvaleszentin mit ihrer täglichen Physiotherapie nicht zufrieden war. Zudem zeigte sich Renata ganz vernarrt in den kleinen Felix, was wiederum dessen Mutter für sie einnahm. So bot Sabine der ungeduldigen Patientin an, mit ihr dreimal wöchentlich – in Übereinstimmung mit dem Haustherapeuten – heilgymnastische Übungen zu machen. Renata hatte zunächst Bedenken wegen der notwendigen Fahrgelegenheit für die querschnittsgelähmte Sabine. Doch diese erklärte ihr, sie fahre seit ihrem zwanzigsten Lebensjahr Autos, die speziell auf ihre Behinderung eingerichtet seien.

Als Sabine am folgenden Vormittag mit dem kleinen Felix auf dem Schoß in ihr Zimmer gerollt kam, war Renata hingerissen. Zunächst herzte sie das Kind, dann gab sie sich alle Mühe, den Anweisungen der Mutter zu genügen. Renata ermutigte die Heiltherapeutin, sie nicht zu schonen. „Das darfst du erst in drei Jahren. Bis dahin bin ich – ebenso wie du – noch im ersten Jahrhundert." Sabine war über den Ehrgeiz der Patientin verblüfft. Doch sie begriff sogleich, was die Feder ihres Antriebs war. Renata wollte sich nicht vom Alter behindern lassen. Beide Frauen verstanden einander. Fortan verbrachte Sabine viel Zeit bei Renata, deren Tapferkeit und Vitalität sie ebenso bewunderte wie die alte Dame die unsentimentale Handlungsweise, die Willensstärke und Hilfsbereitschaft ihrer behinderten Besucherin.

Das Laufen fiel Renata zwar schwer; es bereitete ihr, was sie sich nicht anmerken lassen wollte, große Schmerzen. Doch sie übte unverdrossen. Bei einem sonntäglichen Besuch verblüffte sie Ludwig. Zunächst, indem sie ihm auf dem Gang des Seniorenheims an zwei Krücken entgegengehumpelt kam. Dann, als sie unvermittelt verkündete: „Junge, ich brauche deine Hilfe." Das waren neue Töne. Renata tat sich schwer, ihre Mitmenschen um Hilfe zu bitten, das wusste der Neffe. So glaubte Ludwig zunächst, er solle die alte Dame beim Gehen stützen. „Das meine ich nicht. Noch komme ich allein vor und zurück. Du musst mich bei was anderem unterstützen. Ich will nämlich meinen Geburtstag feiern", beschied Renata. – „Das tun wir doch jedes Jahr", wandte Ludwig ein. „Nein, richtig groß feiern …" – „… aber es ist doch kein …" – „… nein, kein runder Geburtstag. Und – noch – nicht mein hundertster. Rechnen kann ich noch, du Schlaumeier", lächelte Renata. „Trotzdem: Ich will feiern. Siebenundneunzig ist doch schon was, oder?" – „Natürlich, Renata", lenkte Ludwig ein. „Was hast du dir vorgestellt?" – „Ein ordentliches Fest, das allen lange in Erinnerung bleiben soll!"

Beim nächsten Treffen der Viererbande sprach Ludwig das Thema von Renatas großer Geburtstagsfeier an. „Warum die Eile?", wollte Florian wissen. – „Die überlebt uns sowieso alle", lachte Carlo. – „Lass mal", meinte Rubenstein ernst. „Ich habe oft erlebt, dass Patienten eine Vorahnung hatten. Nach ihrem Unfall hat sie jetzt wahrscheinlich Angst. Aber wie ich eure Übermutter kenne, würde sie das nicht zugeben. Also will sie kräftig feiern …"

„Aber wie und wo? Habt ihr eine Idee?", fragte Ludwig. – „Auf Prosper", wieherte Carlo. „Mit der alten Hex' auf der Sohle …" – „Scherzkeks", unterbrach ihn Florian. „Kannst du nicht mal ernst bleiben?" – „Wozu? Hier geht's doch nicht um Leben oder Tod", konterte Carlo. – „Wer weiß?", warf Rubenstein ein. – „Ihr seid ewige Miesepeter", seufzte Carlo mit gespielter Verzweiflung. „Lasst uns lieber noch 'ne Runde bestellen. Das bringt uns auf andere Gedanken."

„Hast du gut zu tun?", wandte sich Florian an Sergej. – „Dank eurer tätigen Manneskraft hier im Revier alle Hände voll", lachte Rubenstein. „Die Praxis läuft prima. Ich muss dringend investieren. Wir brauchen ein besseres Ultraschallgerät und außerdem …" – „Bitte keine Details, Sergej, sonst wird's Carlo schlecht. Er ist da familienbedingt zart besaitet!", witzelte Ludwig. – „Woran sitzt du gerade?", entgegnete der Arzt. Ludwig seufzte. – „Apropos Modernisierung …" Florian fiel ihm ins Wort. „Unser guter Dampfer RAG könnte auch ein wenig frischen Wind brauchen …" – „Bist du mit euren Zahlen nicht glücklich?", wollte Ludwig wissen. Florian sah seinen Stiefvater skeptisch an. „Ich hätte den falschen Job, wenn ich mit Zahlen glücklich wäre. Nein, im Ernst, die Zahlen sind zufriedenstellend. Mich beschäftigt vielmehr das strukturelle Problem des Konzerns …" – „Warum denn einfach, wenn's kompliziert geht …", quatschte Carlo dazwischen. Florian fuhr unbeirrt fort: „Seit ihrer Gründung kann die RAG nur in eingeschränktem Maß Gewinne machen."

„Kannst du das genauer erklären?", wollte Sergej wissen. „Die Erträge der weißen Sparte müssen die Defizite in der Kohleförderung ausgleichen …", hob Florian an. „Du behauptest also, wir Kumpel hängen am Chemietropf …" Sergej unterbrach Carlo: „In eurem Konzern sind, soviel ich weiß, an die 100 000 Menschen beschäftigt. Ich könnte mir denken, dass eine solche Verflechtung einzelne Betriebssparten bremst." – „Du hast recht, Sergej – und auch wieder nicht. Unsere fast 78 000 Mitarbeiter sind ganz gewiss nicht inaktiv …" – „Das will ich wohl meinen!" Carlo schlug mit der Faust auf den Tisch. „Im Pütt ist niemand faul, lahm oder sonst was! Dafür ist da unten kein Platz, ihr Schlaumeier. Wir Kumpel malochen mit ganzer Kraft. Seit jeher", eiferte sich der Bergmann. „Sicher, Carlo!", bestätigte Ludwig. „Es geht allein darum, Solidarität im Konzern wie in der Gesellschaft zu üben. Wir wissen alle, was Deutschland den Kumpeln zu verdanken hat …"

Carlo starrte missmutig in sein Bierglas, während Florian seine Ideen weiter ausführte. „Genau. Ich will einfach deutlich machen, dass ein neuer Schwung und klare Ziele notwendig sind, um unseren Konzern kräftig voranzubringen."

Das Gespräch beschäftigte Ludwig nachhaltig. Florian hatte recht mit seiner Einschätzung. Doch eine Umstrukturierung eines derart riesigen Konzerns war komplex und konnte nicht von heute auf morgen geschehen. Welcher Manager oder Politiker wäre bereit, die Verantwortung für einen derartig tiefgreifenden Wandel zu übernehmen? Ludwig seufzte und wandte sich wieder seinem aktuellen Artikel zu, einem Beitrag über die Mitbestimmung. Sogenannte Wirtschaftsliberale, deren einziger Maßstab der Shareholder-Value, der kurzfristige Gewinn pro Aktie, war, die sich weder um die soziale Situation der Mitarbeiter oder gar der Gesellschaft scherten, forderten vehement die Abschaffung der Mitbestimmung. Die Kapitalseite sollte nach ihrem Denken ausschließlich die Unternehmensentscheidungen treffen – ohne Beteiligung der Beschäftigten.

Sozial verantwortungsbewusste und weit vorausschauende Manager wussten, dass ein effektiver Konzern auf die Erfahrung und die Mitarbeit der Beschäftigten angewiesen ist. In seinem Beitrag führte Ludwig die Mitbestimmung als entscheidendes Element des deutschen Wirtschaftswunders an. Er erwähnte die unmissverständliche Haltung der Industriegewerkschaft Bergbau, Chemie, Energie und deren Vorgängerin, der Industriegewerkschaft Bergbau, die die moderate Haltung der Bergleute, aber auch der gesamten deutschen Arbeitnehmerschaft auf die Rechte und Pflichten des seit 1951 bestehenden Montanmitbestimmungsgesetzes zurückführten. „Wenn dieses Gesetz fällt, dann brennt in deutschen Betrieben das Dach", zitierte Gruber Gewerkschafter und andere Arbeitnehmer. „Wir lassen uns unsere Rechte nicht stehlen!"

Das sei auch nicht nötig, meinte der Journalist. Er erinnerte sich an ein Gespräch mit dem Chef eines süddeutschen Energiekonzerns, der zu Beginn seiner Karriere als Manager in England und Spanien gearbeitet hatte. „Wer die Verhältnisse in Ländern ohne Einbeziehung der Arbeitnehmer in den Aufsichtsrat kennt, der empfindet die deutsche Mitbestimmung als Segen für alle Seiten: für das Unternehmen, die Belegschaft und die Volkswirtschaft." Dem sei nur hinzuzufügen, „dass die Mitbestimmung zum Wohle aller gegen Inkompetenz und finanzielle Abzocke verteidigt werden muss".

Am Abend half Melusine Ludwig beim Ordnen von dessen Steinkohle-Archiv. Aus dem kleinen Regal und Rollregister aus den ersten Reviertagen war längst ein beachtlicher Aktenschrank geworden. In Hängeregistern, nach Themen und Jahren sortiert, verwahrte Ludwig Zeitungsausschnitte, Fotomaterialien, Gesprächsnotizen und Informationen, die er aus dem Internet heruntergeladen und ausgedruckt hatte.

Melusine begutachtete die Vorabinformationen zu einer Kampagne, die die Deutsche Steinkohle im Herbst starten wollte. Mit eingängigen Motiven, witzigen Wort- und Bildkombinationen und Slogans wie „400 Jahre ab heute" und „Die Zukunft ist schon lange unter uns" sowie knappen, allseits verständlichen Erläuterungen in Zeitschriften und auf Plakatwänden wurde auf die heimischen Kohlereserven und deren energie- und volkswirtschaftliche Bedeutung aufmerksam gemacht. Melusine gefiel besonders, dass einfache Motive wie Regenschirme oder Emotionen weckende Kinderbilder verwendet wurden, Ludwig hingegen favorisierte die politische Komponente, die in einem eindringlichen Bild von zwei schwerbewaffneten Untergrundkämpfern aus dem Nahen Osten, wo ein Großteil des Öls gefördert wurde, plakativ dargestellt wurde.

Ende August erhielt Ludwig das Angebot, mit einer Gruppe Journalisten überregionaler Zeitungen ins Bergwerk Prosper-Haniel, das riesige Verbundwerk, zu dem vier ursprünglich eigenständige Bergwerke zusammengeschlossen worden waren, einzufahren. Gruber rechnete rasch nach: Er war seit mindestens fünfzehn Jahren nicht mehr unter Tage gewesen. Er sagte begeistert zu und machte sich an einem Freitagmittag auf den Weg in Richtung Bottrop.

In einem Verwaltungsgebäude der Zeche versammelte sich die Gruppe, die sich vor Ort ein Bild von der Arbeit der Kumpel machen wollte. Vertreter des Bergwerks und der Deutschen Steinkohle gaben den Besuchern eine kurze Einführung in die Entstehung der Kohlevorkommen sowie die Funktionsweise einer Zeche. Ludwig, der gut mit der Materie vertraut war, staunte über die vielen technischen Fortschritte, die seit seiner Zeit als Kumpel gemacht worden waren. Besonders faszinierten ihn die Ausführungen über die Erschließung neuer Kohlefelder. Sie wurden mittels des satellitengesteuerten Navigationssystems GPS sowie Lasertechnologie punktgenau eingemessen, bevor Probebohrungen durchgeführt wurden.

Die Teilnehmer an der Grubenfahrt lauschten aufmerksam den Verhaltensmaßregeln, die unter Tage galten. Manche konnten ihre Unruhe nicht verbergen. Andere gaben sich professionell, berichteten von früheren Einfahrten und prahlten mit Sachkenntnissen. Eine sichtlich nervöse Journalistin aus Berlin erkundigte sich, wie lange heute im Bergwerk gearbeitet werde. Schließlich sei Freitagnachmittag – ob man die Besuchergruppe nicht unter Tage vergessen würde? Mit kaum unterdrückter Heiterkeit erläuterte der leitende Ingenieur, dass auf Prosper-Haniel rund um die Uhr – auch an Wochenenden – Schicht gefahren würde.

Der Trupp begab sich – getrennt nach Männlein und Weiblein – in die Besucherkaue. Ludwig schmunzelte, als er die vertraute Kluft ausgehändigt bekam – nur dass die hier für die Besucher fein zusammengefaltet war, während er einst zu Penzberger Zechentagen stets nur ein Bündel Klamotten in die Hand gedrückt bekommen hatte. Gruber entledigte sich seiner Kleidung und zog die bereitgestellte Unterwäsche, die feste Hose, das blau-weiß gestreifte Hemd und die Socken an, streifte die Jacke über und knotete das Halstuch fest. Da spürte er sein Herz rasen. Aus Nostalgie? Aus Nervosität? Wahrscheinlich war es eine Mischung aus beidem.

In der Lampenstube wurden die Teilnehmer der Gruben-fahrt mit Kopflampen und CO-Filtern, die bei einem Brand das lebensgefährliche Kohlenmonoxid in Kohlendioxid umwandeln, ausgerüstet. Einer der Betreuer erläuterte rasch das computer-gesteuerte Zeiterfassungssystem, das registrierte, wer wie lange unter Tage war. Angetan mit festen Sicherheitsschuhen, Helmen, Beinschonern, Schutzbrille und Handschuhen machte sich das Trüppchen auf den Weg. Vor einem Förderturm wurde ein Erin-nerungsfoto geschossen.

Während die elf Personen der Besichtigungstour bequem im untersten Teil des Fahrkorbes Platz fanden, quetschten sich die Kumpel, die zur Schicht einfuhren, in die anderen drei Eta-gen. Das Schutzgitter des Förderkorbs rauschte hinunter, die Schachttore schlossen sich, das Anschlagsignal ertönte. Der Korb setzte sich in Bewegung, gewann rasch an Geschwindigkeit und ratterte in die Tiefe. Strömende Luft und Wassertropfen kühlten die Gesichter. Die ängstlicheren der Laienknappen hielten sich an den Ketten an der Wand des Korbs oder auch aneinander fest.

Ludwig musste plötzlich gegen die Tränen ankämpfen. In sein Glücksgefühl über den rasenden Fall mischte sich Wehmut – Erin-nerungen an die eigene Arbeit als Bergmann und an seinen Onkel Anton, der die Fahrt in die Tiefe unzählige Male absolviert hatte.

Nach knapp 90 Sekunden war der Korb in 1000 Meter Tiefe angelangt. Diejenigen Teilnehmer, die von der Fahrt weiche Knie hatten, waren froh, dass das Trüppchen am Füllort im Untertage-bahnhof in einen Zug einsteigen konnte, der es durch verschiedene Strecken zu den Abbaustrecken und Streben bringen würde. Der Wetterstrom blies den Besuchern kräftig entgegen. Ludwig warf noch rasch einen Blick in das Glashaus, aus dem die Förderkörbe beaufsichtigt wurden. Überall Computersteuerungen, die mit den Kontrollstellen über Tage vernetzt waren. Längst hatte die Elektro-nik Einzug gehalten in das einstige Malocherreservat.

Der Zug rumpelte zum Ende des Hauptquerschlages. Einer der Ingenieure erläuterte den Journalisten, wie die Strecken aufgefahren wurden. Er erklärte die Funktion der Vortriebsmaschine und die Einbringung des Stahlbogenausbaus, mit dem das Gebirge am Hereinbrechen gehindert wurde. Die obligatorische Frage, wie denn die riesigen Maschinen und großen Materialmengen nach unter Tage gelangten, blieb nicht aus. Der Techniker führte aus, wie die Vortriebsmaschinen, Kipplader, Förderbänder und schließlich die Kohlehobel und Walzenschrämlader und Lokomotiven zunächst in Einzelteilen ihre Reise in die Tiefe antraten, wo sie dann zusammengebaut wurden. Das Erstaunen über diese Leistung stand den meisten Zuhörern ins Gesicht geschrieben.

Nach einer kurzen Fahrt in einer Einschienenhängebahn und einem Fußmarsch war man vor Ort, wo die Kohle abgebaut wurde, angelangt. Die ruhige Art und die kompetente Ausstrahlung der Bergbauingenieure, die ihre Ausführungen mit Anekdoten und Witzen auflockerten, verfehlten nicht ihre Wirkung auf die anfangs ängstlichen Besucher. Die Faszination dieser eigenen Welt hier unten tief in der Erde tat ihr Übriges. Ludwig beobachtete amüsiert die Kollegin, die anfangs befürchtet hatte, ihr Wochenende unter Tage verbringen zu müssen. Sie war nun sichtlich begeistert, Zeit schien keine Rolle zu spielen, und sie stellte eine Frage nach der anderen. Sie traute sich sogar mit Ludwig und vier anderen Besuchern in einen Streb hinein, in dem man nur kauern konnte.

Ein leises Zittern des Bodens kündigte den Kohlehobel an. An einer Stahlkette rauschte er herbei. Seine Stahlmeißel schälten die Kohle aus dem Flöz. Als der Hobel vorübergedonnert war und der Staub sich legte, war es für einen kurzen Moment ganz still. Gegenüber glitzerte das schwarze Gold. „Das hat vor uns nur der liebe Gott gesehen", wisperte die Berlinerin Ludwig ins Ohr. Das war zwar sentimental, gefiel ihm aber gut.

Ludwig schwankte zwischen Euphorie und einer leisen Trauer, dass er seinen Beruf als Bergmann hatte aufgeben müssen. Die Einzigartigkeit des von ihm einst erlernten Handwerks wurde ihm wieder einmal bewusst. Ludwig war stolz auf die große Tradition des Bergbaus, dem eine nahtlose Verbindung mit der modernsten Technik geglückt war. Er war stolz auf die Menschen, die dies rund um die Uhr in schwierigen und gefährlichen Arbeitssituationen bewältigten. Er schwor sich, weiterhin mit der Feder – dem Computer, korrigierte er sich schmunzelnd selbst, doch auch das Schreiben war trotz der Technik im Kern gleich geblieben – für die Belange der Kumpel, für den Erhalt bestehender und das Abteufen neuer Kohlebergwerke zu kämpfen.

Der kleine Trupp kroch zurück zu den übrigen Besuchern, denen es im niedrigen Streb zu eng gewesen war und die daher am Förderband gewartet hatten. Auf den mit Stahlseilen verstärkten Förderbändern rumpelte die Rohkohle – Kohle mit Bergen vermischt – dem Füllort entgegen. Ludwig schnappte sich zwei Kohlebrocken. Einen steckte er in die Hosentasche, den anderen überreichte er der Berlinerin. „Frisch für Sie abgebaut. Eine kleine Erinnerung ans Revier, die Sie nach Berlin begleiten soll", lachte Ludwig. Die Journalistin strahlte ihn an.

Nach fast drei Stunden war der Besuch des Flözes H auf Prosper-Haniel beendet. Die Laienknappen sahen mittlerweile wie echte Malocher aus: Gesichter und Kluft waren mit Kohlestaub verschmiert. Doch die Mienen glühten – die Einfahrt in die Zeche hatte alle Teilnehmer begeistert. Ludwig freute sich – je mehr gute, fundierte Berichte über den Steinkohlenbergbau erschienen, desto besser für das Revier und seine malochenden Kumpel.

Noch vor dem Duschen und dem Umziehen traf sich die Gruppe zu einer kurzen Nachbesprechung plus kleinem Umtrunk mit den Bergbauingenieuren, die nicht müde wurden, Fragen zu beantworten. Einige Journalisten kritzelten Informationen und gerade gewonnene Eindrücke auf die bereitgelegten Blöcke. Ludwig und ein Kollege einer süddeutschen Zeitung wollten noch mehr über die komplizierten Computersysteme wissen, die die Arbeit im Pütt steuerten und überwachten.

Danach zerstreuten sich die Journalisten rasch. Gruber hätte gern noch mit der Dame aus Berlin geplaudert – um zu erfahren, was sich in der Stadt getan hatte seit seinem letzten Aufenthalt dort mit Melusine und Florian vor acht Jahren im Sommer 1995. Doch sie war schon auf dem Weg zum Parkplatz, drehte sich kurz um, winkte Ludwig zu – und hielt das Kohlestück in die Höhe.

Ludwig dankte für das Erinnerungsfoto und machte sich ebenfalls auf. Seine Hoffnung, im Pütt auf Carlo zu treffen, hatte sich nicht erfüllt – doch das wäre bei über 4000 Menschen, die auf Prosper-Haniel ihre Arbeit verrichteten, ein allzu großer Zufall gewesen.

Statt gleich nach Hause zu fahren, machte der Journalist noch einen kurzen Abstecher auf den „Monte Schlacko". Die Halde Haniel, aufgetürmt aus Bergen, dem Gestein, das bei der Kohleförderung mit ans Tageslicht kam, ragte mehr als 100 Meter übers Land. Ludwig hatte heute keine Augen für den Kreuzweg, der auf die Halde führte, noch für das dort errichtete Amphitheater. Sein Blick schweifte weit über die Zeche Prosper-Haniel und über das Revier zu seinen Füßen.

Im September kehrte Anna aus Boston zurück, um sich auf ihr medizinisches Staatsexamen im Februar vorzubereiten. Sie machte zunächst Station bei ihrem Vater und Melusine auf der Margarethenhöhe. Nach einer herzlichen Begrüßung führte sie ihr erster Weg ins Seniorenheim zu Renata. Beide umarmten einander, danach fuhr die Tante ihrer Großnichte wie gewohnt übers Haar und sah sie dabei wissend an. „Du bist verliebt, Kind!", stellte sie fest. Anna nickte spontan. Daraufhin fragte sie lachend, woran Renata dies erkannt habe. „Na hör mal! Ich bin zwar schon

fast 97, aber nicht blind und taub. Du strahlst wie ein Honigku-
chenpferd ... so muss ich dreingeschaut haben, als ich meinem
Done begegnet bin. Mindestens!" Ihre Stimme wurde heiser.

Renata atmete tief durch, dann fing sie sich wieder. Ihr
Greisinnenantlitz wirkte mit einem Mal gelöst, die Falten glät-
teten sich. „Bald werde ich meinen Done wiedersehen." – „Damit
lass dir bitte viel Zeit, Tante Renata. Wir brauchen dich noch lange!" – „Ja, ja!" Renatas Züge gewannen wieder die übliche Le-
bensspannung, als sie Anna mit gespielter Strenge ansah. „Und
wer hat dir zu deinem Glück verholfen? Vielleicht ein Doktor?"
– „Genau!" – „Einer wie Dr. Rub...?" – „Nein, Dr. Thomas Jefferson ..." – „Willst du mich veräppeln? Das war doch der dritte amerikanische Präsident ...", begehrte Renata auf. „Und der
dürfte wohl längst tot sein." – „... Hayes!" Ehe Renata antworten
konnte, fuhr Anna fort: „Thomas Jefferson Hayes ist der Name
meines Liebsten." – „Schön! Und wer hat dich gezwungen, nach
Amerika zu gehen?" – „Du, Tante Renata ..." – „Eben. Du woll-
test dich hier in dein Schneckenhaus verkriechen und Trübsal blasen." – „Nein, ich wollte Ruhe haben und zu mir selbst finden."

Renata schüttelte energisch ihren Kopf. „Ruhe gibt es nur
unter der Erde – außer unter Tage, da ist es noch unruhiger als
hier. Hier oben, wo wir leben, ist ständig was los. Und das ist
richtig so. Ich kenne keinen Menschen, der zu sich selbst gefunden hat. Das behaupten lediglich die Philosophen, weil das ihr
Geschäft ist. Nein, Leben ist Bewegung, Aufregung, Unruhe."
Renata hielt inne. „Ich doziere ja selbst wie eine Philosophin. Ich
will, dass du mir endlich von deinem Liebsten erzählst." – „Sobald
du mich lässt, gern!"

Anna berichtete ihrer Großtante von Thomas Jefferson
Hayes. Er arbeitete als junger Forscher am selben Institut wie
sie. Das sei der Beziehung anfangs im Weg gestanden. Denn an
amerikanischen Universitäten und Arbeitsstellen werde peinlich

darauf geachtet, alles, was auch nur den Verdacht einer sexuellen Belästigung errege, zu vermeiden. Erst nachdem ihr Thomas Jefferson in einem Lokal seine Liebe gestanden, sie seine Gefühle mündlich erwidert und sie den Institutsleiter davon in Kenntnis gesetzt hätten, sei für ihre Beziehung der Weg frei gewesen. „Papperlapapp. So würden es die verklemmten amerikanischen Puritaner vielleicht gern regeln. Aber die Liebe lässt sich nicht bändigen, schon gar nicht von schmallippigen Moralisten. Habe ich recht, Kind?"

Anna nickte lachend. Ständig von Renata unterbrochen, erzählte sie über TJ Hayes, der eine steile Karriere als Neurologe vor sich habe. Dabei sei er alles andere als ein Stubenhocker und Streber. TJ sei ein hervorragender Sportler. Erst ein entsprechendes Stipendium habe ihm das Studium in Harvard ermöglicht – wo er für die Medizin und speziell die Nervenheilkunde Feuer gefangen habe. Außerdem sei er ein begabter Tänzer und habe eine schöne Stimme … „Kurz gesagt: ein Alleskönner. Aber so gehört sich's, wenn man verliebt ist. Außerdem hat auch mein Done eine feine Stimme gehabt, einen warmen Bariton …" Renata schweifte wieder ab. Später bereitete Anna ihr einen Fencheltee, half der Tante beim Zubettgehen und schlich sich auf Zehenspitzen davon, als diese einschlief.

Anna bezog Florians ehemaliges Kinderzimmer. Zwar beschwor ihre Mutter sie, in ihrem Heim zu wohnen. Doch dort herrschte ständig Trubel. Und Anna hatte mittlerweile gelernt, ihrer Einsicht und ihrem Willen zu folgen. So blieb sie bei den Grubers und besuchte sonntags Grazia, Bülent und ihren Bruder. Obgleich sie fast fünfzehn Jahre älter war als Alessandro-Deniz, hing sie an dem Kleinen und hatte ihn in Amerika vermisst. Alessandro wiederum bewunderte seine große Schwester sehr.

Während der Woche paukte Anna von morgens bis abends für ihre Prüfung. Die einzige Abwechslung war ein reger E-Mail-

Austausch mit ihrem Geliebten, ergänzt durch gelegentliche Telefonate sowie lange Gespräche mit dem Vater. Dabei erinnerten sie sich an ihre Spielübungen in früheren Jahren, als beide auf Englisch miteinander parlierten. „Du hast mich damals aufs US-Gleis gehoben", meinte Anna und forderte Ludwig auf, wieder mit ihr englisch zu sprechen. Doch der Vater schämte sich seiner unvollständigen Sprachkenntnisse und redete sich heraus. Anna nahm es hin. Wichtiger war ihr, dass die einstige Vertrautheit sich wieder einstellte. Die Gespräche mit dem Vater verliehen ihr neben den Botschaften ihres Thomas die nötige Kraft für die Anstrengungen der Prüfungsvorbereitungen.

Beim Familienessen am Samstagabend beobachtete Anna Florian unauffällig, aber eingehend. Kein Vergleich mit ihrem TJ! Gut, dass sie ihre momentane Verliebtheit, die sich aus dem Zusammensein nach seinem Unfall ergeben hatte, nicht durch eine feste Verbindung, ja eine Ehe, besiegelt hatten. Seit Anna ihren Thomas kannte, wusste sie, was Liebe bedeutete. Sie war heilfroh, dass alles so gekommen war. Und Flori machte mit seiner Sabine und dem kleinen Felix ebenfalls einen glücklichen Eindruck.

Derweil prostete sich die Familie zu. Melusine wünschte allen „Gesundheit und Glück", während Renata Annas Staatsexamen zumindest ebenso wichtig war. „Das ist mein größter Wunsch. Und mehr als das. Mein Vater war ein polnischer Bauernbursche, der ins Revier abgehauen ist und sich im Pütt vom einfachen Kohlenwäscher zum Steiger hochgearbeitet hat. Meine Mutter Anna habe ich nie kennengelernt, sie starb bei meiner Geburt. Wenn jetzt du, die neue Anna, Ärztin wirst, erfüllst du den Lebenstraum unserer Familie."

„Setz das Mädchen nicht zu sehr unter Druck", mahnte Ludwig. „Anna studiert Medizin, weil es für sie das Richtige ist, nicht um deine Wunschträume zu erfüllen. Außerdem braucht unser Land jeden Beruf." – „Auch den der Hebamme!", warf

Anna ein. „Obgleich wir wegen der Kinderunlust unserer Bürger ein schrumpfendes Volk sind." – „Das sehe ich anders", entgegnete Sabine. – „Ein einziges Kind zu haben ist aber nicht rekordverdächtig!", stichelte Ludwig. – „Bald sind's zwei!" Alle warfen den Kopf herum. Sabine sollte die frohe Nachricht näher erläutern. „Da gibt's nicht viel zu sagen. Ich bin im dritten Monat schwanger. Das ist alles." – „Ihr seid aber von der fixen Truppe! Felixchen ist gerade mal … ach was, Kinder, ich freu mich mit euch!", beschied Renata. Die Familie trank auf die Zukunft.

Am nächsten Tag wollte Anna ihre Mutter, Bülent und Alessandro besuchen, die abends zu einer Ferienreise in die Türkei aufbrechen sollten. Doch am späten Vormittag klingelte das Telefon. Am Apparat war Thomas Jefferson. Er meldete sich vom Flughafen Düsseldorf. TJ hatte es vor Sehnsucht nach Anna nicht ausgehalten, deshalb war er spontan nach Deutschland geflogen. Anna fuhr sofort los. Drei Stunden später brachte sie ihren Geliebten nach Hause.

Thomas Jefferson Hayes machte einen nachhaltigen Eindruck. Als großgewachsener Sportler, aber nicht nur. „Das is ja ein Schwatter!", entfuhr es Renata, die Ludwig natürlich zum Willkommenskaffee abgeholt hatte. – „Aber Renata!", zischte Ludwig. „Du redest wie eine Rassistin!" – „Quatsch keinen Unsinn!", konterte die Angesprochene. „Ich war immer auf Seiten der Schwachen und Verfolgten. Im Dritten Reich …" – „Die Hitlerei ist sechzig Jahre vorbei", unterbrach Anna die alte Dame. „Und mein Thomas Jefferson ist weder schwach noch verfolgt." – „Eben, sage ich doch." – „Man sagt nicht mehr Schwarzer", warf Ludwig ein. – „Weiß ist er aber auch nicht gerade", beharrte Renata. Anna beschied: „Thomas Jefferson ist Afroamerikaner." – „Nenn ihn, wie du willst. Er ist mir auf jeden Fall hochwillkommen."

Renata kramte kurz in ihrem Gedächtnis nach englischen Vokabeln. Dann wandte sie sich an den Gast. „Welcome to Germany, Mr. Thomas Jefferson. I am Mrs. Kraus." – „Thank you, Madam. Just call me TJ."

Alle bemühten sich, die anfängliche Befangenheit zu überwinden. Schließlich setzte sich die Familie mit dem Gast zu Kaffee und Kuchen. Ludwig parlierte mit dem Amerikaner in eingerostetem Englisch. Melusine hingegen konnte sich fließend mit TJ unterhalten und berichtete aufgekratzt von ihrem Studienaufenthalt in den USA vor vielen Jahren. Thomas Jefferson hörte artig zu. Derweil begutachtete Ludwig, ob der Kandidat seinen Vorstellungen vom zukünftigen Ehemann Annas gerecht würde. Zu einem Ergebnis kam er nicht. Welcher Vater mag schon seine liebevoll aufgezogene und behütete Tochter einem fremden Mann überlassen? Keiner ist gut genug.

Während sich Anna und TJ verliebte Blicke zuwarfen, versuchten die Eltern, das Gespräch in Gang zu halten. Anna fragte TJ vernehmlich, ob er nicht von der langen Reise müde sei. Dieser verneinte höflich und gabelte brav seinen Apfelkuchen. Renata, die die angespannte Erwartung der Verliebten spürte, brach endlich den Bann. Zu Anna gewandt meinte sie: „Dein Thomas Jefferson ist nicht müde. Er kann es kaum erwarten, mit dir zusammen zu sein …" – „Aber Renata!" Die Alte kümmerte sich nicht um den Einwand ihres Neffen Ludwig und fuhr mit erhobener Stimme fort: „Und du genauso, Anna. Also, was sitzt ihr hier rum wie die Ölgötzen? Marsch ins Bett." Statt erneut zu widersprechen, ergriff Anna TJs Hand und zog ihn mit sich. Derweil amüsierten sich Renata und Melusine über Ludwigs indignierte Miene.

Thomas Jefferson hatte Renatas Herz im Sturm erobert. Die alte Dame war angetan von der ansehnlichen, männlichen Erscheinung des Amerikaners. Seine warme, tiefe Stimme, seine graziösen Bewegungen und seine höfliche Art gefielen ihr ebenso wie sein unverkrampftes Lachen.

Am meisten imponierte ihr jedoch, dass Hayes sich aus kleinen Verhältnissen hochgekämpft und sein Medizinstudium mit Auszeichnung absolviert hatte, wie Anna stolz berichtete. Nunmehr war TJ an einem großen internationalen Forschungsprojekt beteiligt. Renata gab zwar vor, nichts von Neurologie zu verstehen – das traf gewiss auf die neuesten wissenschaftlichen Erkenntnisse zu. Doch die Grundzüge der Erforschung des Nervensystems interessierten Renata durchaus, und je mehr sie dank der Übersetzung Annas von TJ erfuhr, desto neugieriger wurde sie. Jede Antwort des angehenden Neurologen löste neue Fragen der ehemaligen Hebamme aus. Renata fühlte sich ausgesprochen wohl und angeregt in TJs Gesellschaft.

Ähnlich erging es Melusine, die von der Intelligenz und der Männlichkeit des Gastes schwärmte. Ludwigs Eifersucht glühte auf, was Melusine amüsierte. Der alte Dackel! Doch so waren die Männer. Florian und Sabine, die ebenfalls vorbeikamen, um Annas Freund zu begutachten, waren von der Sportlichkeit und Gelassenheit TJs beeindruckt. Florian nutzte darüber hinaus die Gelegenheit, sich in englischer Konversation zu üben.

Als Thomas Jefferson Hayes nach zehn Tagen in die Vereinigten Staaten zurückreiste, war Ludwig Gruber erleichtert. Am Abschiedsabend hatte ihm der amerikanische Arzt unwissentlich eine letzte kleine, doch schmerzliche Demütigung zugefügt. Als Anna nach dem Essen im Familienkreis Discomusik auflegte und mit dem Geliebten tanzte, waren alle Frauen von der natürlichen Musikalität TJs hingerissen. Melusine sprang mit jugendlichem Elan hinzu. Ludwig war trotz Melis mehrfacher Aufforderung zu schüchtern. Außerdem wollte er sich neben TJ nicht blamieren. Florian dagegen legte seine Scheu ab. Die Musik fuhr ihm in die Glieder, er war glücklich, dass sein Körper wieder uneingeschränkt funktionierte. Ludwig beobachtete missmutig die Damen. Ja, selbst Renata und Sabine hatten nur Augen für den schwarzen Tänzer. Am liebsten würden die dummen Kühe ihn in ihr Bett zerren! Selbst die Hundertjährige! Je oller, je doller!, giftete Ludwig und war froh, als er Renata um halb zwölf endlich ins Seniorenheim bringen durfte.

Statt anschließend gleich nach Hause zu fahren, parkte Ludwig seinen Wagen in der Nähe und machte einen längeren Nachtspaziergang. Als er um ein Uhr heimkehrte, waren alle bereits zu Bett gegangen. Und jetzt vergnügt sich der Kerl mit meinem Kind. Dieser …! Ludwig zwang sich, seine unschönen Gedanken zu unterdrücken. Sonst werde ich vor lauter Eifersucht noch zum rassistischen Idioten! Er schmiegte sich an seine schlafende Frau und hoffte, dass sie nicht von Thomas Jefferson träumte.

Am Morgen wachte der Vater und Ehemann gelassen auf. Er nahm sich vor, seine Gefühle besser in den Griff zu bekommen. Unter der Dusche lachte er über seinen dümmlichen Vorsatz. Besser politisch unkorrekt und fröhlich als kontrolliert und borniert, grinste Ludwig. Thomas Jeffersons Abreise am späten Vormittag sorgte dafür, dass die gute Laune des Hausherrn für eine Weile anhielt.

Anna nutzte die Zeit, die Intensität ihrer Prüfungsvorbereitungen noch einmal zu steigern. Diszipliniert saß sie nach einem kurzen Frühstück allmorgendlich um acht Uhr an ihrem Schreibtisch und paukte. Den Lernrhythmus unterbrach sie jeden zweiten Tag für eine einstündige Visite bei Renata, die ihr jedes Mal Mut machte und Zuversicht gab. Das Gleiche tat TJ mit einer Flut von E-Mails und täglichen Anrufen.

„Lass die Dinge sich entwickeln, am Ende findet sich immer eine Lösung. Die Erde wird sich auf jeden Fall weiter um die Sonne drehen", hatte Onkel Done seinem nervösen Neffen Ludwig wiederholt geraten. So hatte Ludwig es schließlich auch bei der Planung von Renatas Geburtstagsparty gehalten. Nach langem

Hin und Her hatte er sich endlich entschieden, das Fest im Speisesaal des Seniorenheims auszurichten. Das war nicht prunkvoll, aber praktisch. Renata, die vor ihrem Ehrentag ungewöhnlich aufgeregt war, hatte zugestimmt. Sie wollte auch ihre Heimmitbewohner an der Feier teilhaben lassen. Anna hatte den Saal in ein Blumenmeer verwandelt. Die Tische waren festlich gedeckt und geschmückt. Von der Decke baumelte eine Girlande in bunten Buchstaben: „Happy Birthday, Renata", und eine große, aus Goldfolie ausgeschnittene 97 tanzte hin und her.

Renata hatte darauf bestanden, dass die „alten Schachteln", wie sie ihre Mitbewohner nannte, zwischen den Familienmitgliedern platziert werden sollten. Doch an ihrem Ehrentisch wollte Renata außer Ludwig und Anna vor allem die nächste Generation versammelt wissen – „alt und klapprig bin ich selber – ich will junges Gemüse um mich haben". So sollten Verena mit dem kleinen Sergio und Sabine mit Felix am Tisch der Jubilarin Platz nehmen. Alessandro-Deniz wurde neben seiner großen Schwester Anna platziert, damit sie ihn während der Feier beaufsichtigen konnte. An Annas andere Seite hatte Renata Dr. Rubenstein gesetzt – und dann den Rest der Tischordnung Ludwig und Melusine überlassen.

Grazia hatte es sich nicht nehmen lassen, ein üppiges italienisches Büfett aufzubauen. Vier Kellner aus dem „Napoli" standen bereit, die Gäste zu umsorgen. Carlo hatte ein Dutzend Kumpel von Prosper-Haniel, die in ihrer Freizeit im Knappenchor sangen, gebeten, für Renata einige Bergmannslieder und Volksweisen zum Besten zu geben. Anna hatte über die Uni Münster eine Combo engagiert.

Die Bewohner des Heims hatten bereits zeitig an den Tischen Platz genommen. Allmählich trudelte auch die Familie ein. Anna half Renata in ihrem Zimmer, sich zurechtzumachen. Unterdessen lief unten Ludwig aufgeregt hin und her und begrüßte die Eintreffenden. Während Melusine mit Sabine schwatzte und Felix herzte, wieherten Bülent und Carlo in einer Ecke über einen Scherz. Verena trat mit Sergio auf dem Arm dazu und wollte mitlachen.

Lilian eilte auf ihre Brüder Emil und Friedrich A. zu und umarmte die beiden. Emil war alt geworden, fand Lilian, er war ja auch schon 75 – sie schob den Gedanken jedoch gleich beiseite, da er sie daran gemahnte, dass sie selbst nächstes Jahr ihren 70. Geburtstag begehen würde. Giuseppe, der beim Hereinkommen seiner Nichte Grazia kurz zugenickt hatte, lockte seinen Enkel herbei, der mit dem wenige Jahre älteren Alessandro-Deniz um die Tische flitzte. Der Großvater überhäufte Sergio mit Liebkosungen. Carla, Mario und Tina begrüßten die Familie, gingen zu ihren Plätzen und schüttelten den Heimbewohnern die Hand. Sergej Rubenstein stand verloren im Familiengetümmel, bis sich Grazia seiner annahm – „Sie sind doch der Kollege meiner Tochter!" – und ihm rasch erläuterte, wer zu wem gehörte.

Ludwig räusperte sich und bat die Gäste, Platz zu nehmen. Die Musiker stimmten ihre Instrumente. Carlos Kumpel zupften ihre kohleschwarzen Galauniformen mit den blankpolierten Goldknöpfen in Position, setzten die Kappen mit den Federbüschen auf und bezogen Stellung. Einer stimmte kurz ein „A" an, die anderen justierten ihre Stimmen entsprechend. Das Geräuschgewirr im Saal schwoll langsam an.

Endlich öffneten sich die breiten Flügeltüren, und Renata, die im Lauf der Zeit von einer normalgewachsenen Frau zur zierlichen Greisin geschrumpft war, tippelte mit einem Stock in der Rechten, links eingehängt bei Anna, in den Saal. Die Musiker spielten einen Tusch. Unter dem Beifall und den Hochrufen der Gäste geleitete Anna Renata zu ihrem Ehrenplatz. Ehe sie sich setzte, sah sich Renata um und lächelte freundlich in die Runde.

Sobald die Jubilarin Platz genommen hatte, eilte die Leiterin des Seniorenheims ans Pult und hielt eine langatmige Ansprache, in der sie Renatas Hilfsbereitschaft, ihren Lebensmut und andere lobenswerte Eigenschaften hervorhob.

Grazia beäugte mit strengem Blick das Büfett und erteilte den Kellnern letzte Anweisungen. Nachdem auch der Pfarrer und die Leiterin des örtlichen Hebammenvereins routiniert gleichermaßen wohlwollende, in ihrem Inhalt bekannte Lobreden gehalten hatten, spielte die Combo erneut einen Tusch. Das war das Zeichen für die Kumpel, den Evergreen „Glück auf, Glück auf, der Steiger kommt" anzustimmen. Renata lauschte dem Gesang mit einer Mischung aus Rührung und Ungeduld. Ihre Gedanken flogen zu ihrem verstorbenen Mann Anton, der die Weise auf seiner Zither gespielt und mit seiner schönen Stimme begleitet hatte. Wie an jedem Tag in ihrem Leben war Done auch heute für Renata präsent – doch jetzt durfte und wollte sie sich nicht von der Trauer und der Sehnsucht nach ihrem Mann überwältigen lassen.

Als das Lied zu Ende war und die Bergleute „O Täler weit, o Höhen" anstimmen wollten, hielt es Renata nicht länger auf ihrem Stuhl. Sie gab Anna und Ludwig mit einem Wink zu verstehen, dass sie ihr aufhelfen sollten. Renata ergriff ein Messer und schlug es klirrend so lange gegen ein Weinglas, bis Ruhe im Raum einkehrte. Der Chor setzte sich verdutzt hin. Nun deutete Renata nach vorn, worauf Anna zum Rednerpult eilte, das Mikrofon abmontierte und es der Jubilarin reichte. Renata pustete prüfend ins Gerät, vernahm ein Knacken aus dem Lautsprecher und begann unter „Bravo! Bravo!"-Rufen zu sprechen.

„Meine Geburtstagsfeier habt ihr euch schön ausgedacht, meine Lieben. Ihr gebt den Ton an, und ich nicke freundlich ab. Aber wenn ihr erlaubt, möchte ich auch etwas sagen. Fast hundert Jahre, also siebenundneunzig, um bei der Wahrheit zu bleiben, habe ich meinen Mund gehalten – zumindest vor Publikum. Privat habe ich immer meine Meinung deutlich gemacht." Die Familienmitglieder konnten ein Grinsen nicht unterdrücken. Renata fuhr unbeirrt fort. „Jetzt will ich öffentlich ein paar Worte wagen."

„Zunächst möchte ich danke sagen. Unserem Herrgott. Für das tolle und aufregende Leben, das er mir geschenkt hat. Oft habe ich mit dem Höchsten gehadert. Als er den Nazis erlaubte, ihre Lumpereien zu machen und meinen Freund, den Arbeiterdoktor Samuel Rubinstein, und viele, viele andere in den Tod zu treiben …" Renata kämpfte kurz mit ihren Gefühlen, ehe sie fortfuhr: „… weil damals so viele weggesehen haben und nichts wissen wollten.

Aber schließlich ging diese Katastrophe vorüber, die uns alle beinahe unsere Existenz gekostet hätte. Der Wiederaufbau war die beste Zeit unseres Landes und auch meines Lebens. Da haben alle angepackt. Keiner hat danach gefragt, wie viel er zu tun hatte, was er dafür bekam oder ob der andere mehr hatte. Alle haben malocht, so gut sie konnten. Am wichtigsten aber war damals die Arbeit unserer Kumpel. Ohne ihre Kohle wäre uns der A…llerwerteste abgefroren. Die Kohle hat uns alle gewärmt, und mit ihr hat man Deutschland wiederaufgebaut.

Das macht mich als Bergmannstochter besonders stolz. Mein Vater war ein polnischer Bauernjunge. Er hat sich vom Kohlenwäscher zum Steiger hochgearbeitet. Meine Brüder waren Kumpel. Mein Neffe Heiner, unser Giuseppe aus Italien. Sein Sohn ist auch Kumpel geworden – unser Carlo ist ein stolzer Bergmann auf Prosper-Haniel. Mein unvergessener Mann Anton war Bergmann, sein Neffe Ludwig war Bergmann, heute ist er Journalist …" Renata sah zu Ludwigs Platz, doch der war leer. „Vielleicht machen wir eine kleine Pause, bis alle wieder da sind", überlegte Renata laut. Anna gab den Musikern einen Wink. Sie begannen, einen langsamen Walzer zu spielen.

Im Vorraum hatte sich die Viererbande zusammengefunden. Carlo hatte vor der Rede noch rasch eine Zigarette rauchen wollen und sich verdrückt, als er Verenas missbilligenden Blick erhaschte. Sergej, der sich langweilte, weil seine Tischnachbarin Anna nur Augen für den kleinen Fratz neben sich hatte, folgte ihm. Florian, der sich verspätet hatte, war gar nicht erst in den Festsaal gegangen, als er seine Freunde draußen traf. Kurz darauf gesellte sich auch Ludwig dazu. Er wollte nachsehen, wo Florian blieb.

„Na, Florian, wie läuft's an den Schaltstellen der Macht?", feixte Carlo. „Danke der Nachfrage, Mr. Coal. Im Ernst: Ich habe noch nie einen so spannenden Prozess erlebt, wie er gerade stattfindet. Unsere Herausforderung ist, durch strategische Führung der einzelnen Konzerntöchter eine größere Dynamik insgesamt zu erreichen. Damit wird unser Unternehmen zunehmend attraktiv für den Finanzmarkt …"

„Wie soll das gehen?", wollte Ludwig wissen. „Es kommt jetzt darauf an, dass endlich ein klares Konzept ausgesprochen und umgesetzt wird …" Carlo schüttelte den Kopf. „Geschah denn bisher nichts?" – „Doch, aber man hatte zu viel Angst …" Florian lächelte wissend und fuhr fort: „… und Angst essen Seele auf. Zumindest lähmt sie oder macht zögerlich. Gerade unser Konzern aber braucht einen klaren Kurs. Besonders heute, in einer global vernetzten Welt."

„Geht's ein bisschen konkreter?", forderte Carlo. „Wie soll's mit der deutschen Kohle weitergehen?" – „Sie soll weitergefördert werden. Aber man kann nicht verlangen, dass ein Konzern nur dazu da sein soll, die Kosten für die Kohle mitzutragen, von der alle profitieren. Vom privaten Stromkunden bis zum Industriebetrieb." – „Was wird aus unseren Zechen?!", beharrte Carlo. – „Das muss die Politik entscheiden. Wenn sie eine deutsche Energiereserve haben will, muss sie dafür aufkommen." – „Jetzt reicht's aber!" Carlo wurde laut. „Zuerst redest du vom Konzern, jetzt von der Politik. Wer soll denn nun entscheiden?"

Carlos praktische Vernunft imponierte Ludwig und Sergej. Florian verstand, dass er deutlicher werden musste. „Am Ende müssen alle entscheiden." Noch ehe Carlo und die anderen etwas entgegnen konnten, fuhr der junge Mann bestimmt fort. „Doch wir als verantwortlicher Konzern müssen anfangen. Die RAG wird auf Dauer nur Erfolg haben, wenn sie Schwarz und Weiß trennt und damit die Wirtschaftskraft unserer Firma endlich entfesselt! Erst dann wird die Politik nachziehen. Doch bis dahin ist es noch ein weiter und mühsamer Weg."

„Mein einfacher und kurzer Weg führt jetzt zu Renata. Schließlich sind wir ihre Gäste. Und einen ordentlichen Durst hab ich auch", verkündete Carlo. In seinem Gefolge begaben sich die Freunde zurück in den Festsaal.

Dort hatte Renata bereits wieder das Wort ergriffen und unterhielt die Gäste mit der Schilderung der Freuden und Abenteuer ihres Hebammenberufes: „Ich habe allen zur Welt verholfen. Künstlern und Halunken, Geschäftsleuten und Schnorrern, Tunichtguten und vor allem natürlich unseren Kumpeln … So hat mich der Herrgott dafür entschädigt, dass es mir nicht vergönnt war, selbst Kinder zu gebären. Aber dafür hatte ich ja meine Männer. Done und auch meinen Heiner." Der Familie verschlug es den Atem, als die katholische Renata ihren schwulen Neffen als Quasiehemann würdigte.

Renata hatte noch vieles auf dem Herzen. Und gern hätte sie weitererzählt von ihrer Jugend, von ihrem Vater, von den Brüdern, dem viel zu jung verstorbenen Heinrich, dem aufrechten Otto und dem gerissenen Kurt, der es fertigbrachte, sich in jeder Lebenslage zurechtzufinden. Vor allem jedoch von Anton, ihrem geliebten Ehemann. Welches Glück hatte sie durch ihn erfahren! Doch aus den Blicken ihrer Gäste sprachen Müdigkeit und Erschöpfung. Viele Alte fühlten sich von ihren Familien hierher „auf den Parkplatz zum Friedhof abgeschoben", wie ein Heimbewohner kürzlich verbittert bemerkt hatte. Weshalb sollte sie die älteren Herrschaften mit Geschichten langweilen, die sie nicht interessierten, und die Jüngeren vom Essen und Trinken abhalten? So beendete Renata ihre Rede ziemlich abrupt: „Das war's für heute. Wer mehr von mir hören will, der hat jetzt Pech gehabt."

Da musste Renata unwillkürlich an eine Episode denken, die ihr unvergessener Mentor Samuel Rubinstein einmal erzählt hatte. An seinem letzten Geburtstag, nachdem Renata seine Stimmung mit einer Flasche Wein aufgeheitert hatte, erzählte der Arzt ihr von einem Jubiläum. „Einer meiner Patienten feierte seinen fünfundachtzigsten Geburtstag. Ich fragte ihn: ‚Was haben Sie in Ihrem langen Leben erfahren?' Der alte Herr dachte eine Weile nach, ehe er trocken antwortete: ‚Wenig Neues oder Bedeutsames.' – ‚Aber Sie begehen Ihren fünfundachtzigsten Geburtstag. Das ist viel mehr, als den meisten vergönnt ist. Da sollten Sie doch einiges durchlebt und verstanden haben …' Der Jubilar lächelte mich an und meinte: ‚Fünfundachtzig Jahre sind nicht so lang, wie Sie meinen, Herr Doktor. Das Fenster geöffnet, das Fenster geschlossen: fünfundachtzig Lenze.' Das ist ein trauriges Resümee", hatte Rubinstein bekannt.

Renata war nun zwölf Jahre älter als der Patient Rubinsteins. Was war ihr Fazit? Sie sprach mit fester Stimme: „Ich habe nicht nur das Fenster aufgemacht. Ich habe den frischen Wind des Lebens geatmet – auch wenn er mir gelegentlich heftig ins Gesicht geblasen hat. Ich habe mein Leben genossen!"

Erschöpft, doch zufrieden nahm Renata Platz. Als der Beifall der Anwesenden schließlich abebbte, nahmen die Musiker ihr Spiel wieder auf. Bald widmeten sich die Gäste dem Büfett und ihren Unterhaltungen.

Die meisten Heimbewohner gingen früh zu Bett, sodass die Familie schließlich unter sich war. Die Münsteraner Studentencombo spielte flott. Einige schwangen das Tanzbein. Lilian schwebte stolz am Arm ihres Ältesten vorüber, während Friedrich A. Verena formvollendet übers Parkett führte. Ludwig hatte sich von Melusine sogar überreden lassen, Grazia zu einem Tanz aufzufordern. Seine Exfrau, gestand sich Ludwig ein, fasste sich angenehm an und roch gut. Die Eltern sprachen über Annas Zukunft. Erstmals seit Jahren waren sie fähig, ruhig miteinander zu reden. In einer kurzen Musikpause verabschiedete sich Grazia von Ludwig, sie habe sich um den fachgerechten Abbau des Büfetts zu kümmern und anschließend ihren Sohn ins Bett zu bringen.

Ludwig gesellte sich zu Renata, die dem Treiben von ihrem Ehrenplatz aus lächelnd zusah. Die Musik setzte erneut ein. Anna wirbelte ausgelassen mit Sergej Rubenstein umher. Ludwig zog einen Stuhl heran und setzte sich neben die Tante. Spontan wollte er ihr eine Frage stellen, verkniff sie sich aber und wollte stattdessen wissen, ob Renata mit ihrem Fest zufrieden sei. „Toll habt ihr das gemacht, Ludwig. Ich danke dir."

Renata blickte den Neffen unverwandt an. „Du hast was anderes auf dem Herzen. Raus damit – schließlich kennen wir uns erst fast fünfunddreißig Jahre …" Das machte Ludwig Mut. „Renata, in deiner Rede …" – „… die du, mein Lieber, zum Teil geschwänzt hast …" – „… hast du uns eines nicht verraten." – „So? Was denn?" – „Das Geheimnis deines Lebens!" – „Ach, Ludwig, du Träumer. Es gibt kein Geheimnis." – „Dann lass mich wenigstens dein Lebensrezept wissen."

Die alte Frau verstand, dass der Neffe von ihr erwartete, dass sie ihm Mut machte. Bitte! Sie sah Ludwig fest an. „Niemals aufgeben! Und wenn das Glück mal darniederliegt, musst du ihm mit Zuversicht wieder auf die Beine helfen!"

Ludwig ergriff Renatas Hand, beugte sich zu ihr hinüber und drückte ihr einen Kuss auf die Wange. „Jetzt werd nicht sentimental, mein Junge." Renata lächelte. „Ich bin auf einmal schrecklich müde. Ich mach mal kurz die Augen zu …"

Ludwig ließ Renatas Hand los und stand auf, um sich etwas zu trinken zu holen. Auf dem Rückweg plauderte er länger mit Carlo und forderte ihn schließlich auf, mit ihm zur Jubilarin zu gehen. Sie bahnten sich einen Weg durch die Tanzenden.

Als Ludwig Renatas angesichtig wurde, erschrak er. Der Kopf der alten Dame war vornübergesunken, ihre Züge waren schlaff. Er trat mit Carlo rasch näher. Carlo wurde blass. Ludwig winkte Anna und Sergej herbei, die sogleich reagierten, ihren Tanz abbrachen und durch den Saal eilten.

Carlo murmelte: „Vielleicht war's doch besser, dass wir jetzt schon gefeiert …" Anna und Sergej sprangen hinzu. Sergej trat aus Versehen ans Stuhlbein. Renata schreckte hoch. Sie öffnete die Augen und strahlte die über sie Gebeugten an: „Was guckt ihr denn so? Habt ihr erwartet, dass mein Lebenslichtlein jetzt verlöscht? Keine Angst! Wer stirbt schon mit siebenundneunzig? Ich halt noch ein bisschen durch … Leben tu ich sowieso gern – und nun hab ich auch noch richtig Lust am Feiern bekommen! In drei Jahren machen wir eine richtige Sause! Nun tanzt mal schön weiter. Amüsiert euch, meine Lieben. Glück auf!"

Ludwig, Anna, Carlo und Sergej Rubenstein stimmten ein: „Glück auf!"